U0922543

CHINA DEVELOPMENT ZONES YEARBOOK

中国开发区年鉴

2011

中国财政经济出版社

图书在版编目（CIP）数据

中国开发区年鉴．2011/师荣耀主编．—北京：中国财政经济出版社，2013.1
ISBN 978－7－5095－4204－0

Ⅰ.①中…　Ⅱ.①师…　Ⅲ.①经济开发区－中国－2011－年鉴　Ⅳ.①F127.9－54

中国版本图书馆 CIP 数据核字（2012）第 313834 号

责任编辑：李　鹤　　　　责任校对：杨瑞琦
封面设计：张德林　　　　版式设计：兰　波

中国财政经济出版社出版

URL：http：//www.cfeph.cn

E－mail：cfeph @ cfeph.cn

社址：北京市海淀区阜成路甲 28 号　邮政编码：100142

营销中心电话：010－88190406　北京财经书店电话：010－64033436

北京富生印刷厂印刷　各地新华书店经销

787×1092 毫米　16 开　21.25 印张　531 000 字

2013 年 2 月第 1 版　2013 年 2 月北京第 1 次印刷

定价：400.00 元

ISBN 978－7－5095－4204－0/F·3422

（图书出现印装问题，本社负责调换）

本社质量投诉电话：010－88190744

中国开发区年鉴

编委会

中国开发区年鉴编辑部

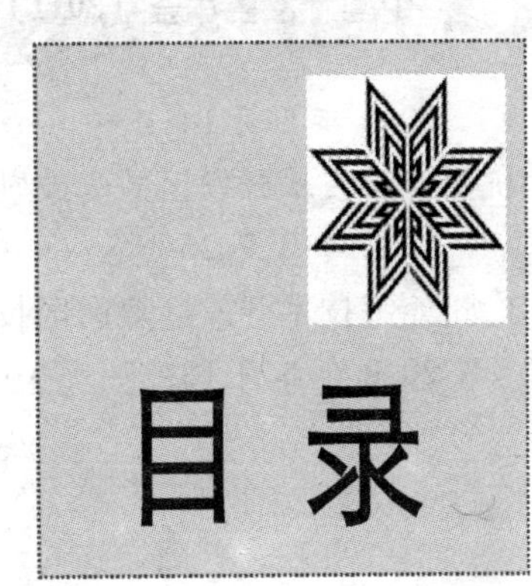

目录

文献法规篇

专题研究篇

综　合　篇

国家级经济技术开发区篇

其他开发区篇

统计资料篇

文献法规篇

国务院关于加快培育和发展战略性新兴产业的决定

国发［2010］32号　2010年10月10日

各省、自治区、直辖市人民政府，国务院各部委、各直属机构：

战略性新兴产业是引导未来经济社会发展的重要力量。发展战略性新兴产业已成为世界主要国家抢占新一轮经济和科技发展制高点的重大战略。我国正处在全面建设小康社会的关键时期，必须按照科学发展观的要求，抓住机遇，明确方向，突出重点，加快培育和发展战略性新兴产业。现作出如下决定：

一、抓住机遇，加快培育和发展战略性新兴产业

战略性新兴产业是以重大技术突破和重大发展需求为基础，对经济社会全局和长远发展具有重大引领带动作用，知识技术密集、物质资源消耗少、成长潜力大、综合效益好的产业。加快培育和发展战略性新兴产业对推进我国现代化建设具有重要战略意义。

（一）加快培育和发展战略性新兴产业是全面建设小康社会、实现可持续发展的必然选择。我国人口众多、人均资源少、生态环境脆弱，又处在工业化、城镇化快速发展时期，面临改善民生的艰巨任务和资源环境的巨大压力。要全面建设小康社会、实现可持续发展，必须大力发展战略性新兴产业，加快形成新的经济增长点，创造更多的就业岗位，更好地满足人民群众日益增长的物质文化需求，促进资源节约型和环境友好型社会建设。

（二）加快培育和发展战略性新兴产业是推进产业结构升级、加快经济发展方式转变的重大举措。战略性新兴产业以创新为主要驱动力，辐射带动力强，加快培育和发展战略性新兴产业，有利于加快经济发展方式转变，有利于提升产业层次、推动传统产业升级、高起点建设现代产业体系，体现了调整优化产业结构的根本要求。

（三）加快培育和发展战略性新兴产业是构建国际竞争新优势、掌握发展主动权的迫切需要。当前，全球经济竞争格局正在发生深刻变革，科技发展正孕育着新的革命性突破，世界主要国家纷纷加快部署，推动节能环保、新能源、信息、生物等新兴产业快速发展。我国要在未来国际竞争中占据有利地位，必须加快培育和发展战略性新兴产业，掌握关键核心技术及相关知识产权，增强自主发展能力。

加快培育和发展战略性新兴产业具备诸多有利条件，也面临严峻挑战。经过改革开放30多年的快速发展，我国综合国力明显增强，科技水平不断提高，建立了较为完备的产业体系，特别是高技术产业快速发展，规模跻身世界前列，为战略性新兴产业加快发展奠定了较好的基础。同时，也面临着企业技术创新能力不强，掌握的关键核心技术少，有利于新技术新产品进入市场的政策法规体系不健全，支持创新创业的投融资和财税政策、体制机制不完善等突出问题。必须充分认识加快培育和发展战略性新兴产业的重大意义，进一步增强紧迫感和责任感，抓住历史机遇，加大工作力度，加快培育和发展战略性新兴产业。

二、坚持创新发展，将战略性新兴产业加快培育成为先导产业和支柱产业

根据战略性新兴产业的特征，立足我国国情和科技、产业基础，现阶段重点培育和发展节能环保、新一代信息技术、生物、高端装备制造、新能源、新材料、新能源汽车等产业。

（一）指导思想。以邓小平理论和“三个代表”重要思想为指导，深入贯彻落实科学发展观，把握世界新科技革命和产业革命的历史机遇，面向经济社会发展的重大需求，把加快培育和发展战略性新兴产业放在推进产业结构升级和经济发展方式转变的突出位置。积极探索战略性新兴产业发展规律，发挥企业主体作用，加大政策扶持力度，深化体制机制改革，着力营造良好环境，强化科技创新成果产业化，抢占经济和科技竞争制高点，推动战略性新兴产业快速健康发展，为促进经济社会可持续发展作出贡献。

（二）基本原则。坚持充分发挥市场的基础性作用与政府引导推动相结合。要充分发挥我国市场需求巨大的优势，创新和转变消费模式，营造良好的市场环境，调动企业主体的积极性，推进产学研用结合。同时，对关系经济社会发展全局的重要领域和关键环节，要发挥政府的规划引导、政策激励和组织协调作用。

坚持科技创新与实现产业化相结合。要切实完善体制机制，大幅度提升自主创新能力，着力推进原始创新，大力增强集成创新和联合攻关，积极参与国际分工合作，加强引进消化吸收再创新，充分利用全球创新资源，突破一批关键核心技术，掌握相关知识产权。同时，要加大政策支持和协调指导力度，造就并充分发挥高素质人才队伍的作用，加速创新成果转化，促进产业化进程。

坚持整体推进与重点领域跨越发展相结合。要对发展战略性新兴产业进行统筹规划、系统布局，明确发展时序，促进协调发展。同时，要选择最有基础和条件的领域作为突破口，重点推进。大力培育产业集群，促进优势区域率先发展。

提升国民经济长远竞争力与支撑当前发展相结合。要着眼长远，把握科技和产业发展新方向，对重大前沿性领域及早部署，积极培育先导产业。同时，要立足当前，推进对缓解经济社会发展瓶颈制约具有重大作用的相关产业较快发展，推动高技术产业健康发展，带动传统产业转型升级，加快形成支柱产业。

（三）发展目标。到2015年，战略性新兴产业形成健康发展、协调推进的基本格局，对产业结构升级的推动作用显著增强，增加值占国内生产总值的比重力争达到8%左右。

到2020年，战略性新兴产业增加值占国内生产总值的比重力争达到15%左右，吸纳、带动就业能力显著提高。节能环保、新一代信息技术、生物、高端装备制造产业成为国民经济的支柱产业，新能源、新材料、新能源汽车产业成为国民经济的先导产业；创新能力大幅提升，掌握一批关键核心技术，在局部领域达到世界领先水平；形成一批具有国际影响力的大企业和一批创新活力旺盛的中小企业；建成一批产业链完善、创新能力强、特色鲜明的战略性新兴产业集聚区。

再经过10年左右的努力，战略性新兴产业的整体创新能力和产业发展水平达到世界先进水平，为经济社会可持续发展提供强有力的支撑。

三、立足国情，努力实现重点领域快速健康发展

根据战略性新兴产业的发展阶段和特点，要进一步明确发展的重点方向和主要任务，统筹部署，集中力量，加快推进。

（一）节能环保产业。重点开发推广高效节能技术装备及产品，实现重点领域关键技术突破，带动能效整体水平的提高。加快资源循环利用关键共性技术研发和产业化示范，提高资源综合利用水平和再制造产业化水平。示范推广先进环保技术装备及产品，提升污染防治水平。推进市场化节能环保服务体系建设。加快建立以先进技术为支撑的废旧商品回收利用体系，积极推进煤炭清洁利用、海水综合利用。

（二）新一代信息技术产业。加快建设宽带、泛在、融合、安全的信息网络基础设施，推动新一代移动通信、下一代互联网核心设备和智能终端的研发及产业化，加快推进三网融合，促进物联网、云计算的研发和示范应用。着力发展集成电路、新型显示、高端软件、高端服务器等核心基础产业。提升软件服务、网络增值服务等信息服务能力，加快重要基础设施智能化改造。大力发展数字虚拟等技术，促进文化创意产业发展。

（三）生物产业。大力发展用于重大疾病防治的生物技术药物、新型疫苗和诊断试剂、化学药物、现代中药等创新药物大品种，提升生物医药产业水平。加快先进医疗设备、医用材料等生物医学工程产品的研发和产业化，促进规模化发展。着力培育生物育种产业，积极推广绿色农用生物产品，促进生物农业加快发展。推进生物制造关键技术开发、示范与应用。加快海洋生物技术及产品的研发和产业化。

（四）高端装备制造产业。重点发展以干支线飞机和通用飞机为主的航空装备，做大做强航空产业。积极推进空间基础设施建设，促进卫星及其应用产业发展。依托客运专线和城市轨道交通等重点工程建设，大力发展轨道交通装备。面向海洋资源开发，大力发展海洋工程装备。强化基础配套能力，积极发展以数字化、柔性化及系统集成技术为核心的智能制造装备。

（五）新能源产业。积极研发新一代核能技术和先进反应堆，发展核能产业。加快太阳能热利用技术推广应用，开拓多元化的太阳能光伏光热发电市场。提高风电技术装备水平，有序推进风电规模化发展，加快适应新能源发展的智能电网及运行体系建设。因地制宜开发利用生物质能。

（六）新材料产业。大力发展稀土功能材料、高性能膜材料、特种玻璃、功能陶瓷、半导体照明材料等新型功能材料。积极发展高品质特殊钢、新型合金材料、工程塑料等先进结构材料。提升碳纤维、芳纶、超高分子量聚乙烯纤维等高性能纤维及其复合材料发展水平。开展纳米、超导、智能等共性基础材料研究。

（七）新能源汽车产业。着力突破动力电池、驱动电机和电子控制领域关键核心技术，推进插电式混合动力汽车、纯电动汽车推广应用和产业化。同时，开展燃料电池汽车相关前沿技术研发，大力推进高能效、低排放节能汽车发展。

四、强化科技创新，提升产业核心竞争力

增强自主创新能力是培育和发展战略性新兴产业的中心环节，必须完善以企业为主体、市场为导向、产学研相结合的技术创新体系，发挥国家科技重大专项的核心引领作用，结合实施产业发展规划，突破关键核心技术，加强创新成果产业化，提升产业核心竞争力。

（一）加强产业关键核心技术和前沿技术研究。围绕经济社会发展重大需求，结合国家科技计划、知识创新工程和自然科学基金项目等的实施，集中力量突破一批支撑战略性新兴产业发展的关键共性技术。在生物、信息、空天、海洋、地球深部等基础性、前沿性技术领域超前部署，加强交叉领域的技术和产品研发，提高基础技术研究水平。

（二）强化企业技术创新能力建设。加大企业研究开发的投入力度，对面向应用、具有明确市场前景的政府科技计划项目，建立由骨干企业牵头组织、科研机构和高校共同参与实施的有效机制。依托骨干企业，围绕关键核心技术的研发和系统集成，支持建设若干具有世界先进水平的工程化平台，结合技术创新工程的实施，发展一批由企业主导，科研机构、高校积极参与的产业技术创新联盟。加强财税政策引导，激励企业增加研发投入。加强产业集聚区公共技术服务平台建设，促进中小企业创

新发展。

（三）加快落实人才强国战略和知识产权战略。建立科研机构、高校创新人才向企业流动的机制，加大高技能人才队伍建设力度。加快完善期权、技术入股、股权、分红权等多种形式的激励机制，鼓励科研机构和高校科技人员积极从事职务发明创造。加大工作力度，吸引全球优秀人才来华创新创业。发挥研究型大学的支撑和引领作用，加强战略性新兴产业相关专业学科建设，增加急需的专业学位类别。改革人才培养模式，制定鼓励企业参与人才培养的政策，建立企校联合培养人才的新机制，促进创新型、应用型、复合型和技能型人才的培养。支持知识产权的创造和运用，强化知识产权的保护和管理，鼓励企业建立专利联盟。完善高校和科研机构知识产权转移转化的利益保障和实现机制，建立高效的知识产权评估交易机制。加大对具有重大社会效益创新成果的奖励力度。

（四）实施重大产业创新发展工程。以加速产业规模化发展为目标，选择具有引领带动作用，并能够实现突破的重点方向，依托优势企业，统筹技术开发、工程化、标准制定、市场应用等环节，组织实施若干重大产业创新发展工程，推动要素整合和技术集成，努力实现重大突破。

（五）建设产业创新支撑体系。发挥知识密集型服务业支撑作用，大力发展研发服务、信息服务、创业服务、技术交易、知识产权和科技成果转化等高技术服务业，着力培育新业态。积极发展人力资源服务、投资和管理咨询等商务服务业，加快发展现代物流和环境服务业。

（六）推进重大科技成果产业化和产业集聚发展。完善科技成果产业化机制，加大实施产业化示范工程力度，积极推进重大装备应用，建立健全科研机构、高校的创新成果发布制度和技术转移机构，促进技术转移和扩散，加速科技成果转化为现实生产力。依托具有优势的产业集聚区，培育一批创新能力强、创业环境好、特色突出、集聚发展的战略性新兴产业示范基地，形成增长极，辐射带动区域经济发展。

五、积极培育市场，营造良好市场环境

要充分发挥市场的基础性作用，充分调动企业积极性，加强基础设施建设，积极培育市场，规范市场秩序，为各类企业健康发展创造公平、良好的环境。

（一）组织实施重大应用示范工程。坚持以应用促发展，围绕提高人民群众健康水平、缓解环境资源制约等紧迫需求，选择处于产业化初期、社会效益显著、市场机制难以有效发挥作用的重大技术和产品，统筹衔接现有试验示范工程，组织实施全民健康、绿色发展、智能制造、材料换代、信息惠民等重大应用示范工程，引导消费模式转变，培育市场，拉动产业发展。

（二）支持市场拓展和商业模式创新。鼓励绿色消费、循环消费、信息消费，创新消费模式，促进消费结构升级。扩大终端用能产品能效标识实施范围。加强新能源并网及储能、支线航空与通用航空、新能源汽车等领域的市场配套基础设施建设。在物联网、节能环保服务、新能源应用、信息服务、新能源汽车推广等领域，支持企业大力发展有利于扩大市场需求的专业服务、增值服务等新业态。积极推行合同能源管理、现代废旧商品回收利用等新型商业模式。

（三）完善标准体系和市场准入制度。加快建立有利于战略性新兴产业发展的行业标准和重要产品技术标准体系，优化市场准入的审批管理程序。进一步健全药品注册管理的体制机制，完善药品集中采购制度，支持临床必需、疗效确切、安全性高、价格合理的创新药物优先进入医保目录。完善新能源汽车的项目和产品准入标准。改善转基因农产品的管理。完善并严格执行节能环保法规标准。

六、深化国际合作，提高国际化发展水平

要通过深化国际合作，尽快掌握关键核心技术，提升我国自主发展能力与核心竞争力。把握经济全球化的新特点，深度开展国际合作与交流，积极探索合作新模式，在更高层次上参与国际合作。

（一）大力推进国际科技合作与交流。发挥各种合作机制的作用，多层次、多渠道、多方式推进国际科技合作与交流。鼓励境外企业和科研机构在我国设立研发机构，支持符合条件的外商投资企业与内资企业、研究机构合作申请国家科研项目。支持我国企业和研发机构积极开展全球研发服务外包，在境外开展联合研发和设立研发机构，在国外申请专利。鼓励我国企业和研发机构参与国际标准的制定，鼓励外商投资企业参与我国技术示范应用项目，共同形成国际标准。

（二）切实提高国际投融资合作的质量和水平。完善外商投资产业指导目录，鼓励外商设立创业投资企业，引导外资投向战略性新兴产业。支持有条件的企业开展境外投资，在境外以发行股票和债券等多种方式融资。扩大企业境外投资自主权，改进审批程序，进一步加大对企业境外投资的外汇支持。积极探索在海外建设科技和产业园区。制定国别产业导向目录，为企业开展跨国投资提供指导。

（三）大力支持企业跨国经营。完善出口信贷、保险等政策，结合对外援助等积极支持战略性新兴产业领域的重点产品、技术和服务开拓国际市场，以及自主知识产权技术标准在海外推广应用。支持企业通过境外注册商标、境外收购等方式，培育国际化品牌。加强企业和产品国际认证合作。

七、加大财税金融政策扶持力度，引导和鼓励社会投入

加快培育和发展战略性新兴产业，必须健全财税金融政策支持体系，加大扶持力度，引导和鼓励社会资金投入。

（一）加大财政支持力度。在整合现有政策资源和资金渠道的基础上，设立战略性新兴产业发展专项资金，建立稳定的财政投入增长机制，增加中央财政投入，创新支持方式，着力支持重大关键技术研发、重大产业创新发展工程、重大创新成果产业化、重大应用示范工程、创新能力建设等。加大政府引导和支持力度，加快高效节能产品、环境标志产品和资源循环利用产品等推广应用。加强财政政策绩效考评，创新财政资金管理机制，提高资金使用效率。

（二）完善税收激励政策。在全面落实现行各项促进科技投入和科技成果转化、支持高技术产业发展等方面的税收政策的基础上，结合税制改革方向和税种特征，针对战略性新兴产业的特点，研究完善鼓励创新、引导投资和消费的税收支持政策。

（三）鼓励金融机构加大信贷支持。引导金融机构建立适应战略性新兴产业特点的信贷管理和贷款评审制度。积极推进知识产权质押融资、产业链融资等金融产品创新。加快建立包括财政出资和社会资金投入在内的多层次担保体系。积极发展中小金融机构和新型金融服务。综合运用风险补偿等财政优惠政策，促进金融机构加大支持战略性新兴产业发展的力度。

（四）积极发挥多层次资本市场的融资功能。进一步完善创业板市场制度，支持符合条件的企业上市融资。推进场外证券交易市场的建设，满足处于不同发展阶段创业企业的需求。完善不同层次市场之间的转板机制，逐步实现各层次市场间有机衔接。大力发展债券市场，扩大中小企业集合债券和集合票据发行规模，积极探索开发低信用等级高收益债券和私募可转债等金融产品，稳步推进企业债券、公司债券、短期融资券和中期票据发展，拓宽企业债务融资渠道。

（五）大力发展创业投资和股权投资基金。建立和完善促进创业投资和股权投资行业健康发展的配套政策体系与监管体系。在风险

可控的范围内为保险公司、社保基金、企业年金管理机构和其他机构投资者参与新兴产业创业投资和股权投资基金创造条件。发挥政府新兴产业创业投资资金的引导作用，扩大政府新兴产业创业投资规模，充分运用市场机制，带动社会资金投向战略性新兴产业中处于创业早中期阶段的创新型企业。鼓励民间资本投资战略性新兴产业。

八、推进体制机制创新，加强组织领导

加快培育和发展战略性新兴产业是我国新时期经济社会发展的重大战略任务，必须大力推进改革创新，加强组织领导和统筹协调，为战略性新兴产业发展提供动力和条件。

（一）深化重点领域改革。建立健全创新药物、新能源、资源性产品价格形成机制和税费调节机制。实施新能源配额制，落实新能源发电全额保障性收购制度。加快建立生产者责任延伸制度，建立和完善主要污染物和碳排放交易制度。建立促进三网融合高效有序开展的政策和机制，深化电力体制改革，加快推进空域管理体制改革。

（二）加强宏观规划引导。组织编制国家战略性新兴产业发展规划和相关专项规划，制定战略性新兴产业发展指导目录，开展战略性新兴产业统计监测调查，加强与相关规划和政策的衔接。加强对各地发展战略性新兴产业的引导，优化区域布局、发挥比较优势，形成各具特色、优势互补、结构合理的战略性新兴产业协调发展格局。各地区要根据国家总体部署，从当地实际出发，突出发展重点，避免盲目发展和重复建设。

（三）加强组织协调。成立由发展改革委牵头的战略性新兴产业发展部际协调机制，形成合力，统筹推进。

国务院各有关部门、各省（区、市）人民政府要根据本决定的要求，抓紧制定实施方案和具体落实措施，加大支持力度，加快将战略性新兴产业培育成为先导产业和支柱产业，为我国现代化建设作出新的贡献。

国务院关于中西部地区承接产业转移的指导意见

国发［2010］28号　2010年8月31日

各省、自治区、直辖市人民政府，国务院各部委、各直属机构：

产业转移是优化生产力空间布局、形成合理产业分工体系的有效途径，是推进产业结构调整、加快经济发展方式转变的必然要求。当前，国际国内产业分工深刻调整，我国东部沿海地区产业向中西部地区转移步伐加快。中西部地区发挥资源丰富、要素成本低、市场潜力大的优势，积极承接国内外产业转移，不仅有利于加速中西部地区新型工业化和城镇化进程，促进区域协调发展，而且有利于推动东部沿海地区经济转型升级，在全国范围内优化产业分工格局。为进一步指导中西部地区有序承接产业转移，完善合作机制，优化发展环境，规范发展秩序，现提出以下意见：

一、总体要求

（一）指导思想。深入贯彻落实科学发展观，紧紧抓住国际国内产业分工调整的重大机遇，以市场为导向，以自愿合作为前提，以结构调整为主线，以体制机制创新为动力，着力改善投资环境，促进产业集中布局，提升配套服务水平；着力在承接中发展，提高自主创新能力，促进产业优化升级；着力加强环境保护，节约集约利用资源，促进可持续发展；着力引导劳动力就地就近转移就业，促进产业和人口集聚，加快城镇化步伐；着力深化区域合作，促进要素自由流动，实现东中西部地区良性互动，逐步形成分工合理、特色鲜明、优势互补的现代产业体系，不断增强中西部地区自我发展能力。

（二）基本原则

——坚持市场导向，减少行政干预。遵循市场规律，尊重各类企业在产业转移中的主体地位，充分发挥市场配置资源的基础性作用；注重规划和政策引导，改善投资环境，完善公共服务，规范招商引资行为。

——坚持因地制宜，加强分类指导。从各地实际情况出发，立足比较优势，合理确定产业承接发展重点，防止低水平重复建设；进一步优化产业空间布局，引导产业集聚，推动重点地区加快发展。

——坚持节能环保，严格产业准入。加强生态建设，注重环境保护，强化污染防治，严禁污染产业和落后生产能力转入；发展循环经济，推进节能减排，促进资源节约集约利用，提高产业承载能力。

——坚持深化改革，创新体制机制。深化重点领域和关键环节改革，突破发展瓶颈，优化发展环境，增强发展活力和动力；扩大对内对外开放，加强区域互动合作，建立利益共享机制，实现良性竞争、互利共赢。

二、因地制宜承接发展优势特色产业

依托中西部地区产业基础和劳动力、资源等优势，推动重点产业承接发展，进一步壮大产业规模，加快产业结构调整，培育产业发展新优势，构建现代产业体系。

（三）劳动密集型产业。承接、改造和发展纺织、服装、玩具、家电等劳动密集型产业，充分发挥其吸纳就业的作用。引进具有自主研发能力和先进技术工艺的企业，吸引内外资参与企业改制改组改造，推广应用先进适用技术和管理模式，加快传统产业改造升级，建设劳动密集型产业接替区。

（四）能源矿产开发和加工业。积极吸引国内外有实力的企业，大力发展能源矿产资源开发和精深加工产业，加快淘汰落后产能。在有条件的地区适当承接发展技术水平先进的高载能产业。加强资源开发整合，允许资源富集地区以参股等形式分享资源开发收益。

（五）农产品加工业。发挥农产品资源丰富的优势，积极引进龙头企业和产业资本，承接发展农产品加工业、生态农业和旅游观光农业。推进农业结构调整和发展方式转变，加快农业科技进步，完善农产品市场流通体系，提升产业化经营水平。

（六）装备制造业。引进优质资本和先进技术，加快企业兼并重组，发展壮大一批装备制造企业。积极承接关联产业和配套产业，加大技术改造投入，提高基础零部件和配套产品的技术水平，鼓励有条件的地方发展新能源、节能环保等产业所需的重大成套装备制造，提高产品科技含量。

（七）现代服务业。适应新型工业化和居民消费结构升级的新形势，大力承接发展商贸、物流、文化、旅游等产业。积极培育软件及信息服务、研发设计、质量检验、科技成果转化等生产性服务企业，发展相关产业的销售、财务、商务策划中心，推动服务业与制造业有机融合、互动发展。依托服务外包示范城市及省会等中心城市，承接国际服务外包，培育和建立服务贸易基地。

（八）高技术产业。发挥国家级经济技术开发区、高新技术产业开发区的示范带动作用，承接发展电子信息、生物、航空航天、新材料、新能源等战略性新兴产业。鼓励有条件的地方加强与东部沿海地区创新要素对接，大力发展总部经济和研发中心，支持建立高新技术产业化基地和产业“孵化园”，促进创新成果转化。

（九）加工贸易。改善加工贸易配套条件，提高产业层次，拓展加工深度，推动加工贸易转型升级，鼓励加工贸易企业进一步开拓国际市场，加快形成布局合理、比较优势明显、区域特色鲜明的加工贸易发展格局。发挥沿边重点口岸城镇区位和资源优势，努力深化国际区域合作，鼓励企业在“走出去”和“引进来”中加快发展。

三、促进承接产业集中布局

加强规划统筹，优化产业布局，引导转移产业向园区集中，促进产业园区规范化、集约化、特色化发展，增强重点地区产业集聚能力。

（十）引导转移产业向园区集中。把产业园区作为承接产业转移的重要载体和平台，加强园区交通、通信、供水、供气、供电、防灾减灾等配套基础设施建设，增强园区综合配套能力，引导转移产业和项目向园区集聚，形成各具特色的产业集群。发挥园区已有重点产业、骨干企业的带动作用，吸引产业链条整体转移和关联产业协同转移，提升产业配套能力，促进专业化分工和社会化协作。

（十一）规范发展产业园区。统筹规划产业园区建设，合理确定产业定位和发展方向，形成布局优化、产业集聚、用地集约、特色明显的产业园区体系。支持符合条件的产业园区扩区升级。支持发展条件好的产业园区拓展综合服务功能，促进工业化与城镇化相融合。因地制宜发展特色产业园区，大力推进园区整合发展，避免盲目圈地布点和重复建设，防止一哄而起。

（十二）发挥重点地区引领和带动作用。按照推动形成主体功能区的要求，合理调整产业布局，在中西部地区着力培育和壮大一批承载能力强、发展潜力大、经济实力雄厚的重点经济区（带），促进产业集聚发展，发挥规模效应，提高辐射带动能力。

四、改善承接产业转移环境

完善基础设施保障，加强公共服务平台建设，打破地区封锁，消除地方保护，为承接产业转移营造良好的环境。

（十三）完善承接地交通基础设施。加强区域间交通干线和区域内基础交通网建设，加快发展多式联运，构建便捷高效的综合交通运输体系。促进物流基础设施资源整合和有效利用，完善现代物流体系，进一步降低物流成本。

（十四）强化公共服务支撑。发展跨区域产业技术创新战略联盟，建立完善公共信息、公共试验、公共检测、技术创新等服务平台，规范发展技术评估、检测认证、产权交易、成果转化等中介机构。加快社会诚信体系建设，建立区域间信用信息共享机制。

（十五）改善营商环境。规范政府行为，防止越位和错位，不得采取下硬性指标等形式招商引资，清理各种变相优惠政策，避免盲目投资和恶性竞争。整顿和规范市场秩序，促进投资贸易便利化。推进依法行政，加强知识产权保护，完善法制环境，保障投资者权益。

五、加强资源节约和环境保护

将资源承载能力、生态环境容量作为承接产业转移的重要依据，加强资源节约和环境保护，推动经济发展与资源、环境相协调。

（十六）严把产业准入门槛。产业承接必须符合区域生态功能定位，严禁国家明令淘汰的落后生产能力和高耗能、高排放等不符合国家产业政策的项目转入，避免低水平简单复制。全面落实环境影响评价制度，对承接项目的备案或核准严格执行有关能耗、物耗、水耗、环保、土地等标准，做好水资源论证、节能评估审查、职业病危害评价等工作。加强承接产业转移中的环境监测。

（十七）推进资源节约集约利用。加强耕地资源保护，防止在承接产业转移中侵占基本农田。制定相关行业建设用地控制标准，推广多层标准厂房建设，提高土地投资强度和用地密度。加强水资源保护和合理利用，建立和推行用水定额管理制度，大力提高废污水处理回用率。鼓励企业采用节能、节水、节材、环保先进适用技术，改造生产流程及实施相关项目建设，降低单位产出的能源资源消耗。鼓励和支持承接产业转移园区发展循环经济。

（十八）加大污染防治和环境保护力度。加强产业园区污染集中治理，建设污染物集中处理设施并保证其正常运行，实现工业废弃物循环利用。大力推行清洁生产，加大企业清洁生产审核力度。严格执行污染物排放总量控制制度，实现污染物稳定达标排放，完善节能减排指标、监测和考核体系。加强对生态系统的保护，着力改善生态环境。

六、完善承接产业转移体制机制

完善政府管理与服务，提高行政效能，深化经济体制改革，推动区域合作向纵深发展，创新产业承接模式，探索建立合作发展、互利共赢新机制。

（十九）深化行政管理和经济体制改革。加快转变政府职能，减少行政审批，简化办事程序，提高服务效率。推动相关行政许可跨区域互认，做好转移企业工商登记协调衔接。继续推进国有企业改革，大力发展非公有制经济，进一步放宽市场准入，扩大民间投资的领域和范围。发展和完善土地、资本、劳动力、技术等要素市场，促进生产要素优化配置。加快资源型产品价格和环保收费改革。

（二十）创新园区管理模式和运行机制。鼓励中西部地区通过委托管理、投资合作等多种形式与东部沿海地区合作共建产业园区，积极探索承接产业转移新模式，实现优势互补、互利共赢。支持中西部毗邻地区之间合作共建产业园区，创新管理体制和运行机制，实现资源整合、联动发展。

（二十一）加强区域互动合作。推动建立省际间产业转移统筹协调机制、重大承接项目促进服务机制等，引导和鼓励东部沿海地区产业向中西部地区有序转移。充分发挥行业协会、商会的桥梁和纽带作用，搭建产业转移促进平台。提升各类大型投资贸易会展活动的质量和水平。在中西部条件较好的地方设立承接产业转移示范区，充分发挥其典型示范和辐射带动作用。做好产业转移与对口支援、对口帮扶工作的衔接。

七、强化人力资源支撑和就业保障

大力发展职业教育和培训，促进农村劳动力转移，加强人才开发和就业服务，完善社会保障制度，为承接产业转移提供必要的人力资源和智力支持。

（二十二）加强职业技能培训。加快职业教育基础能力建设步伐，健全职业教育培训网络，重点建设一批高水平职业院校，推进公共实训基地建设。落实就读中等职业学校逐步免学费政策和职业培训补贴政策。支持职业院校面向产业转移需要，新增和调整相关专业，定向培养中高级技工和熟练工人。落实农民工培训补贴政策，切实做好农民工培训工作。

（二十三）完善就业和社会保障服务。健全就业服务体系，培育和完善统一开放、竞争有序的人力资源市场。鼓励各地引导社会资金投资建设适合农民工租住的住房，改善农民工居住条件。支持农村劳动力转移就业和返乡创业，加快建立和完善社会保险关系转移接续机制。

（二十四）引进高层次人才。创新高层次人才引进、使用、激励和服务保障机制，积极为高层次人才搭建创新创业平台。推动人才合理流动，实行来去自由的政策，吸引东部沿海地区和海外高层次人才根据本人意愿在中西部地区落户。

八、加强政策支持和引导

为进一步改善中西部地区投资环境，引导和支持产业有序转移和科学承接，在财税、金融、投资、土地等方面给予必要的政策支持。

（二十五）财税政策。中央财政通过加大

转移支付等政策，支持中西部地区改善民生和促进基本公共服务均等化，优化产业承接环境。对中西部地区符合条件的国家级经济技术开发区和高新技术开发区公共基础设施项目贷款实施财政贴息。对投资中西部地区国家鼓励类产业和外商投资优势产业的项目，在投资总额内进口的自用设备，按规定免征关税。完善和规范物流企业营业税差额纳税办法。

（二十六）金融政策。鼓励和引导金融机构对符合条件的产业转移项目提供信贷支持。鼓励金融机构在风险可控的前提下为东部地区企业并购、重组中西部地区企业提供支持。支持中西部地区金融机构参与全国统一的同业拆借市场、票据市场、债券市场、外汇市场和黄金市场的投融资活动。鼓励和引导外资银行到中西部地区设立机构和开办业务。有序推进村镇银行、贷款公司等新型农村金融机构试点工作。支持符合条件的企业发行企业债券、中期票据、短期融资券、企业集合债券和上市融资。

（二十七）产业与投资政策。修订产业结构调整指导目录和政府核准投资项目目录，强化对产业转移的引导和支持。根据中西部地区产业发展实际，研究制定差别化产业政策，适当降低中西部地区鼓励类产业门槛，适当下放核准权限。根据《外商投资产业指导目录》修订情况，加快修订《中西部地区外商投资优势产业目录》，增加劳动密集型产业类别。对符合国家产业政策的产业转移项目，根据权限优先予以核准或备案。支持在有条件的地方建设国家高技术产业基地。鼓励省级技术改造等财政专项资金优先用于符合条件的产业转移项目。支持中西部地区根据产业发展和自主创业的需要，设立产业投资基金和创业投资基金。

（二十八）土地政策。在坚持节约集约用地的前提下，进一步加大对中西部地区新增建设用地年度计划指标的支持力度，优先安排产业园区建设用地指标。严格执行工业用地最低出让价标准，进一步完善体现国家产业政策导向的最低价标准实施政策。探索工业用地弹性出让和年租制度。

（二十九）商贸政策。支持在条件成熟的地区设立与经济发展水平相适应的海关特殊监管区域或保税监管场所。支持有条件的沿边地区设立边境经济合作区、跨境经济合作区。培育和建设一批加工贸易梯度转移重点承接地。对加工贸易重点企业给予贷款支持。加大对“大通关”建设和口岸建设的支持力度，推进中西部地区与东部省份的区域通关改革。

（三十）科教文化政策。鼓励东部地区转让先进技术，大力发展跨区域产业技术创新联盟，促进中西部地区完善产业技术创新体系。加大对产业园区技术创新体系建设、知识产权运用以及自主知识产权产业化的支持力度，提高集成创新和再创新能力。鼓励东部地区高校、科研机构、企业与中西部地区开展多种形式的产学研合作，推动有条件的企业在中西部地区建立研发机构和中试基地。支持中西部地区高等学校提升人才培养与创新服务能力，结合产业转移重点办好特色专业。支持中西部地区文化产业振兴发展，加强公共文化服务体系建设，合理开发利用和保护历史文化资源，营造良好的人文环境。

引导和支持中西部地区承接产业转移，是深入实施西部大开发和促进中部地区崛起战略的重大任务。各地区、各部门要进一步统一思想，提高认识，切实加强工作指导，认真落实各项政策措施。中西部地区要结合自身实际，制定具体实施方案，完善各项配套措施，有序推进承接产业转移工作。国务院有关部门要按照职能分工，加强协作配合，在政策实施、体制创新等方面给予指导和支持，注意研究新情况、解决新问题，推动中西部地区承接产业转移工作健康开展。

国家发展改革委关于印发《加强区域产业创新基础能力建设工作指导意见》的通知

发改高技［2010］2455号　2010年10月13日

各省、自治区、直辖市及计划单列市、新疆生产建设兵团发展改革委：

为深入贯彻落实党中央、国务院关于提高自主创新能力、建设创新型国家的决策部署，国家发展改革委将围绕构建和完善各具特色和优势的区域创新体系，鼓励和引导地方建立长效的工作和投入机制，进一步加强区域产业创新基础能力建设，加快促进经济发展方式转变和结构调整。现将《加强区域产业创新基础能力建设工作指导意见》印发你们，请在工作中认真执行和落实。

附件：

加强区域产业创新基础能力建设工作指导意见

为深入贯彻落实党中央和国务院关于提高自主创新能力、建设创新型国家的决策部署，全面推进实施《国家中长期科学和技术发展规划纲要（2006~2020年）》和国家自主创新基础能力建设规划，进一步加强产业创新基础能力建设，构建和完善各具特色和优势的区域创新体系，提出如下指导意见。

一、加强区域产业创新基础能力建设的意义

区域创新体系是国家创新体系建设的重要组成部分，区域产业创新基础能力是区域创新体系建设的关键。加强区域产业创新基础能力建设，主要是建立和完善由国家和地方工程研究中心、工程实验室、企业技术中心、公共技术服务平台等创新平台构成的多层次产业创新支撑体系，对促进经济社会的持续快速健康发展具有重要的现实意义。

（一）加强区域产业创新基础能力建设是推进创新型国家建设的重要举措。围绕推动经济社会发展真正转向依靠创新驱动和提高劳动者素质的轨道，发挥不同区域产业创新资源的特点和优势，构建各具特色的区域创新体系，有利于实现自主创新能力的统筹协调发展，全面提升国家的整体创新能力，加快国家重大战略的实施进程，推进创新型国家建设。

（二）加强区域产业创新基础能力建设是夯实国家自主创新支撑体系的迫切需要。大力推进产业创新平台建设，促进国家和地方相关创新平台的优化布局与合作，进一步加强创新资源的高效整合和开放共享，有利于促进区域创新体系与技术创新体系、知识创新体系、国

防科技创新体系和科技中介服务体系等建设的相互融合，真正形成全方位推进国家创新体系建设的协调发展格局。

（三）加强区域产业创新基础能力建设是调整产业结构和转变经济发展方式的重要手段。针对国民经济发展的战略需求，着力区域创新基础能力的薄弱环节，通过强化产业创新平台建设，突破一批制约区域经济社会发展的关键共性技术，加快推进相关重大创新成果的产业化，有利于提升不同区域产业的层次和技术水平，进一步促进科技经济更加紧密结合，并不断探索创新驱动发展的新模式、新途径。

（四）加强区域产业创新基础能力建设是推进实施区域发展总体战略的重要支撑。围绕区域经济发展的战略需求，大力加强产业创新平台建设，提升区域创新基础能力，有利于推进建立区域间的协作创新机制，为西部开发、东北老工业基地振兴、中部崛起、东部率先发展提供动力支撑，加快推动形成主体功能定位清晰、东中西部良性互动的区域协调发展格局。

二、指导思想和基本原则

（一）指导思想。以科学发展观为指导，以促进结构调整和培育战略性新兴产业为主线，以推进经济发展方式转变为目标，按照国家自主创新基础能力建设规划明确的“着眼长远发展，优化整体布局，完善体制机制，提升创新能力”总要求，整合集聚创新资源，统筹创新平台建设，促进产学研用结合，大力提升区域产业创新基础能力，为经济社会持续健康发展和创新型国家建设提供有力支撑。

（二）基本原则。合理规划、特色发展。根据区域产业特色、资源禀赋和区位优势等，合理规划产业发展的区域创新基础能力建设方向和重点，加强国家和地方不同层面创新资源的有效对接，建设特色鲜明的多层次区域创新体系。

创新机制、整合资源。着眼国家创新体系建设的需要，探索建立国家和地方产业创新平台共享开放的运行机制和发展模式，有效整合区域创新资源，推进跨区域的产学研用合作，实现创新资源的优化配置和高效利用。

国家引导、地方为主。加强国家宏观政策和规划导向，发挥市场配置资源的基础性作用和公共财政投入的引导作用，鼓励和调动地方大力支持和加强自主创新基础设施建设，形成国家和地方相互联动的创新机制。

三、主要任务

（一）促进区域经济持续创新发展。提升区域产业创新基础能力，重点是围绕国家创新型城市、国家高技术产业基地建设以及地方特色产业链、地方主导产业发展确定的重点领域，强化产业创新平台建设，大力推进关键共性技术的研发和产业化，加快发展高技术产业，培育战略性新兴产业，调整振兴重点产业，广泛推广应用高新技术改造提升传统产业，不断注入区域经济持续增长动力。

（二）建立多层次区域创新体系。加大支持力度，进一步提升国家产业创新平台的能力和水平，充分发挥其对地方自主创新和经济发展的支撑和引领作用。鼓励和支持地方产业创新平台建设，促进跨区域、跨行业的联合，加快推进国家地方联合工程研究中心、国家地方联合工程实验室（以下简称国家地方联合创新平台）等创新平台布局，促进国家和地方产业创新平台的有机衔接和合作，强化不同区域研发、系统集成和工程化的能力，构建辐射带动作用强的区域创新源，推动形成各具特色、优势明显、高水平、多层次的区域创新体系。

（三）建立创新平台的高效运行机制。发挥市场配置资源的基础性作用和宏观政策规划的引导作用，推动技术、人才和资金等资源向创新平台的集聚，提高创新平台的运行效率和水平。探索长效的产业创新平台建设管理运行模式，推动建立国家地方互动协作的工作体系，大力推进产学研用的广泛合作，逐步形成利益共享、风险共担的创新机制，实现创新资源合理配置和高效利用。

（四）加速创新人才培养和集聚。依托产业创新平台和重大项目建设，凝聚和造就高端科技人才、管理人才，引进一批战略科学家和学术带头人，培养一批高素质的创新人才团队。建立和完善创新平台人才评价、激励机制，探索产学研用联合培养创新人才的新模式，推进建立创新人才在企业、高等院校、科研院所之间的流动机制，使创新平台真正成为创新人才的重要集聚地和各显其能的用武之地。

四、保障措施

（一）强化规划政策引导。根据国家自主创新基础能力建设的总体部署和要求，各省级发展和改革委员会（以下简称各省级发展改革部门）要结合本地经济和社会发展实际，会同有关方面研究制定本地自主创新能力建设规划，明确思路、发展方向、重点任务和目标，加强统筹协调，采取有针对性的政策措施，指导推进本地创新平台的建设。

（二）加强组织管理规范。各省级发展改革部门要把提升区域产业创新基础能力作为一项长期、日常的重要基础性工作来抓。要按照《国家高技术产业发展项目管理暂行办法》、《国家工程研究中心管理办法》、《国家工程实验室管理办法（试行）》、《国家认定企业技术中心管理办法》等有关规定，加强对国家工程研究中心、国家工程实验室、国家认定企业技术中心等建设和运行管理的指导，落实相关配套条件；根据《国家地方联合创新平台建设实施办法》（见附1），负责组织实施国家地方联合创新平台的建设。同时，要兼顾当前和长远，加强统筹，紧密结合本地区产业、经济的发展需要，对本地产业创新平台建设进行合理规划和布局，制定完善相应的管理规范，并加强与国家产业创新平台的有机衔接与合作。

（三）加大政府支持力度。国家发展和改革委员会（以下简称国家发展改革委）将进一步强化对产业创新平台建设的引导，会同有关部门研究制定鼓励产业创新平台建设的具体政策措施。省级发展改革部门要建立支持本地产业创新平台建设的计划支撑体系，安排专项资金和制定完善相关政策，创新支持方式和模式，激励、引导各方面共同推进国家和地方创新平台的建设，促进创新平台在产业标准、技术服务与扩散等方面发挥更大的作用。国家鼓励和支持跨区域和跨行业的创新平台建设。

（四）推进实施国家地方联合创新平台建设。围绕经济社会发展的战略需求和国家自主创新基础能力建设规划，加强区域创新基础能力建设，国家发展改革委将有计划、有步骤地布局一批国家地方联合创新平台。对符合条件的省级工程研究中心、工程实验室可命名为国家地方联合工程研究中心、工程实验室，或作为现有国家工程研究中心的分中心、国家工程实验室的分实验室，并对西部地区中部分特色突出、辐射带动作用强和行业影响明显的上述创新平台给予一定的资金支持。对于拟安排国家投资补助的西部地区国家地方联合创新平台，按照国家的统一规定和要求，原则上由相应的省级发展改革部门择优选择确定。

（五）探索创新管理方式。国家发展改革委要加强对国家地方联合创新平台建设的监督检查。各省级发展改革部门要加强对国家和地方创新平台建设的跟踪分析、研究，及时总结经验和教训，提出改进的对策措施和建议，积极促进创新平台与本地产业发展需求的紧密结合，切实发挥创新平台的功能和作用；要建立合理的动态考核评价体系和优胜劣汰的管理运行机制，加强对国家地方联合创新平台、地方创新平台的评估和检查，促进创新平台的良性发展。

附 1：

国家地方联合创新平台建设实施办法

第一章 总 则

第一条 为加强和规范国家地方联合创新平台的建设和运行管理，制定本办法。

第二条 本办法所称国家地方联合创新平台是指国家地方联合工程研究中心和国家地方联合工程实验室。

第三条 国家地方联合创新平台建设应围绕国家创新型城市、国家高技术产业基地建设以及地方特色产业链、地方主导产业发展对技术进步的迫切需求，建立工程化研究、验证的设施和有利于技术创新、成果转化的机制，加快科研成果向现实生产力转化，为实现区域经济持续发展提供技术支撑。

第四条 国家地方联合创新平台应承担以下主要任务：

（一）根据国家相关批复文件的要求，实现设定的研究开发和成果转化目标。

（二）开展产业关键共性技术开发，并为行业提供技术开发及成果工程化的试验、验证环境。

（三）承担国家、地方和行业下达的科研开发及工程化研究任务，并依据合同按时完成任务。

（四）将承担国家、地方和行业任务所形成的技术成果通过市场机制向行业转移和扩散，起到科研与产业之间的桥梁和纽带作用。

第五条 国家发展改革委负责对国家地方联合创新平台进行有关命名的审查，并给予相关的政策支持。各省级发展改革部门负责会同本级政府其他相关部门制定和发布本地创新平台建设的规划和有关政策等指导性文件，进行国家地方联合创新平台的组织申报、初审、评价等管理。

第二章 申报和审查

第六条 国家发展改革委负责对申报的国家地方联合创新平台进行复核，并对通过复核的创新平台进行命名。

第七条 省级发展改革部门负责国家地方联合创新平台的申报和审查工作，主要包括：

（一）组织本地区符合条件的单位申报国家地方联合创新平台，指导申报单位编制国家地方联合创新平台方案。

（二）组织对方案进行初审，并提出审核意见。

（三）将通过初审的项目、审核意见及相关材料一并报送国家发展改革委申请复核。

第八条 拟申请国家地方联合创新平台的单位，应编制国家地方联合创新平台方案（编制提纲见附 2）并向省级发展改革部门申报。方案需由符合省级发展改革部门规定资质的工程设计、咨询单位编写。

第九条 申请国家地方联合创新平台应具备以下条件：

（一）已经批复为省级工程研究中心、工程实验室等创新平台并运行 1 年以上。

（二）地方政府已有明确的财政资金支持计划或安排。

（三）符合区域发展规划和产业总体布局，属于地方主导产业、特色产业、国家创新型城市、国家高技术产业基地规划等确定的重点领域。

（四）能为解决当地产业或经济发展的瓶颈问题提供共性技术支撑，并对当地相关产业发展、结构调整有较好的辐射、带动作用。

（五）承担单位具有明显的创新资源优势，有比较好的技术研发、系统集成和工程化能力，有相应的基础设施配套条件。

（六）建设方案、目标和任务定位比较明确、合理，技术发展方向符合国家的产业技术政策。

第三章　建设和运行

第十条　国家发展改革委将根据年度国家投资预算，对西部地区中部分特色突出、辐射带动作用强和行业影响明显的国家地方联合创新平台给予一定的国家投资补助。

给予国家投资补助的国家地方联合创新平台，按照国家的统一规定和要求，原则上由相应的省级发展改革部门择优选择确定。

国家发展改革委负责对安排国家投资补助的国家地方联合创新平台建设情况进行跟踪、核查，并根据项目实施进展下达国家投资计划。

第十一条　省级发展改革部门负责对国家地方联合创新平台建设和运行进行管理，主要包括：

（一）指导和协调推进国家地方联合创新平台的建设工作，组织国家地方联合创新平台的验收工作以及验收后的运行管理和考核评价等工作。

（二）对于国家安排投资补助的国家地方联合创新平台，根据国家发展改革委的批复要求，组织项目单位编制项目资金申请报告，进行项目的审理和批复，并将批复文件及相关资料上报国家发展改革委备案，作为安排和下达国家投资计划的依据。

（三）根据国家有关规定建立相应的管理制度，完善管理规范，及时协调解决项目建设过程中的问题，配合有关部门做好相关工作。

（四）对国家地方联合创新平台项目安排配套资金，并通过相关计划支持其发展。

第十二条　项目承担单位负责国家地方联合创新平台的具体实施工作。

（一）按照有关批复文件的要求，落实建设与运行的支撑条件，筹措建设和运行经费，保障国家地方联合创新平台正常运行。

（二）承担国家和省有关部门委托的研发任务，保证国家地方联合创新平台的开放和共享，为国家和省相关重大战略任务、重点工程提供研发和试验条件。

（三）按照有关要求向审核部门报送项目实施情况和运行情况。

第十三条　项目承担单位应按照省级发展改革委部门批复资金申请报告的总体目标组织实施建设工作。实施过程中，项目出现重大情况需调整的，应编制项目调整报告报省级发展改革部门。对不能完成总体目标的项目，省级发展改革部门可根据国家地方联合创新平台实际运行状况，对国家地方联合创新平台提出重组、整合或撤销的意见，并上报国家发展改革委复核；对其他不影响项目总体目标实现的调整，由省级发展改革部门审核调整并抄报国家发展改革委。

第十四条　项目承担单位在每年1月底以前，将项目进度情况、存在的问题和解决措施等内容以书面形式报省级发展改革部门。省级发展改革部门于每年2月底以前，以正式文件向国家发展改革委提交项目进展情况报告。

第十五条　项目实施达到总体目标后，项目承担单位应及时做好项目验收准备工作，编制项目验收报告，并向省级发展改革部门提出项目验收申请。省级发展改革部门对项目验收报告的完整性进行审查后，组织专家组进行验收。省级发展改革部门根据专家组验收意见批复项目验收报告并报送国家发展改革委。

项目验收编制大纲由省级发展改革部门参照《国家工程研究中心管理办法》、《国家工程实验室管理办法（试行）》另行规定。

第四章　考核与评价

第十六条　项目实施过程中和验收后，省级发展改革部门组织对项目进行中期评估和后评估。

第十七条　国家地方联合创新平台实行优胜劣汰、动态调整的运行评价管理机制。省级发展改革部门委托中介评价机构对国家地方联合创新平台每3年进行一次运行绩效评价并于评价年的8月底前出具审核意见报国家发展改革委。国家发展改革委进行复核后统一对外发布。

评价办法参照国家相关管理办法的有关评价规定要求。

第十八条 国家地方联合创新平台考核评价结果分为优秀、良好、基本合格、不合格。评为基本合格的国家地方联合创新平台，国家发展改革委将给予警示。评为不合格的国家地方联合创新平台，予以撤销。

第五章 监督管理和法律责任

第十九条 国家发展改革委负责对国家地方联合创新平台情况进行稽察。省级发展改革部门和项目单位应配合财政、审计、监察等部门做好稽察、审计、监察和检查工作。

第二十条 凡不涉及保密要求的国家地方联合创新平台项目，均应采取适当方式向社会公开。

第二十一条 项目单位有下列行为之一的，可以责令其限期整改或取消命名，收回国家已拨付资金，并可视情节轻重提请或移交有关机关依法追究有关责任人的行政或法律责任：

（一）提供虚假情况，骗取国家补贴资金的。

（二）转移、侵占或者挪用国家补贴资金的。

（三）其他违反国家法律法规和本办法规定的行为。

第二十二条 各省级发展改革部门和评估、咨询单位及有关责任人在审查、评估、咨询、稽察、检查等过程中弄虚作假、玩忽职守、滥用职权、徇私舞弊、索贿受贿的，依法追究有关责任人的法律责任；构成犯罪的，由司法机关依法追究刑事责任。

第六章 附 则

第二十三条 本管理办法自发布之日起实行，由国家发展改革委负责解释。

附2：

国家地方联合创新平台方案编制提纲

一、摘要（4000字以内）

1. 国家地方联合创新平台名称。

2. 国家地方联合创新平台法人概况。

3. 项目方案编制依据。

4. 国家地方联合创新平台提出的主要理由。

5. 国家地方联合创新平台发展战略与经营计划。

6. 国家地方联合创新平台建设内容、规模、方案和地点。

7. 国家地方联合创新平台主要建设条件。

8. 国家地方联合创新平台建设取得的成绩。

9. 结论与建议。

二、国家地方联合创新平台建设的依据、背景与意义

1. 国家地方联合创新平台所在区域相关产业已是地方相关规划确定的发展重点，目前产业发展面临的瓶颈问题，及对区域经济社会发展的影响和作用。

2. 国家地方联合创新平台所在产业领域的主要发展状况及趋势预测。国家地方联合创新平台建设对当地相关产业发展、结构调整将产生的影响、作用和意义。

3. 国家地方联合创新平台所在产业领域的国内外市场状况分析与发展趋势预测，以及国内外技术发展状况、方向分析与趋势预测。国家地方联合创新平台在同行中所处的水平和影响力。

三、主要方向、任务与目标

1. 国家地方联合创新平台的发展战略与思路。

2. 国家地方联合创新平台的主要发展方向。

3. 国家地方联合创新平台的主要任务。

4. 国家地方联合创新平台的近期和中期目标。

四、组织机构、管理与运行机制

1. 国家地方联合创新平台法人单位情况。

2. 国家地方联合创新平台的机构设置与职责。

3. 主要技术带头人、管理人员概况及技术队伍情况。

4. 运行机制和激励机制。

五、国家地方联合创新平台发展现状

1. 研发、工程化和试验验证条件建设情况。

2. 现有技术、设备和工程状况。

3. 原材料、动力、供水等配套及外部协作条件。

4. 主要技术、工艺设计方案。

六、其他需说明的问题

七、相关附件

地方对拟申报国家地方联合创新平台的省级创新平台的批复文件及批复时所依据的环评、土地或房屋、资金、法人等证明材料。

国家发展改革委、科技部、工业和信息化部、公安部、财政部、环境保护部、商务部、海关总署、税务总局、工商总局、质检总局关于推进再制造产业发展的意见

发改环资［2010］991 号　2010 年 5 月 13 日

各省、自治区、直辖市、计划单列市及新疆生产建设兵团发展改革委、经贸委（经委、经信委、工信委、工信厅）、科技厅（委、局）、公安厅（局）、财政厅（局）、环境保护厅（局）、商务厅（局）、国税局、地税局、工商局、各出入境检验检疫局、质量技术监督局，海关总署广东分署、天津、上海特派办，各直属海关，国务院有关部门：

为全面贯彻落实《循环经济促进法》，培育新的经济增长点，促进我国循环经济尽快形成较大规模，建设资源节约型环境友好型社会，现提出推进我国再制造产业发展的意见：

一、推进再制造产业发展的重大意义

再制造是指将废旧汽车零部件、工程机械、机床等进行专业化修复的批量化生产过

程，再制造产品达到与原有新品相同的质量和性能。再制造是循环经济“再利用”的高级形式。

加快发展再制造产业是建设资源节约型、环境友好型社会的客观要求。再制造与制造新品相比，可节能60%，节材70%，节约成本50%，几乎不产生固体废物，大气污染物排放量降低80%以上。再制造有利于形成“资源—产品—废旧产品—再制造产品”的循环经济模式，可以充分利用资源，保护生态环境。

加快发展再制造产业是培育新的经济增长点的重要方面。我国汽车、工程机械、机床等社会保有量快速增长，再制造产业发展潜力巨大。2008年汽车保有量达4957万辆（不含低速汽车），机床保有量达700多万台，14种主要型号的工程机械保有量达290万台。其中大量装备在达到报废要求后将被淘汰，新增的退役装备还在大量增加。发展再制造产业有利于形成新的经济增长点，为社会提供大量的就业机会。

加快发展再制造产业是促进制造业与现代服务业发展的有效途径。再制造是制造与修复、回收与利用、生产与流通的有机结合。汽车零部件再制造产品主要用于维修，既能提高维修技术质量，又能提高维修效率和效益。国外经验表明，当再制造零部件占维修配件市场的65%时，汽车维修速度将增加8倍。发展再制造产业还能使制造企业有能力投入更多精力进行新产品研发和设计，形成良性循环，对推动我国制造业的产业结构调整、产品更新换代、技术进步和人员素质提高十分有利。

二、我国再制造产业发展现状

2005年，国务院在《关于加快发展循环经济的若干意见》中明确提出支持发展再制造。2005年，经国务院批准，国家第一批循环经济试点将再制造作为重点领域。2008年，《循环经济促进法》将再制造纳入法律范畴进行规范。目前，我国汽车零部件再制造试点取得了初步成效，到2009年底，已形成汽车发动机、变速箱、转向机、发电机共23万台套的再制造能力，并在探索旧件回收、再制造生产、再制造产品流通体系及监管措施等方面取得积极进展。再制造基础理论和关键技术研发取得重要突破，开发应用的自动化纳米颗粒复合电刷镀等再制造技术达到国际先进水平。工程机械、机床等再制造试点工作也已开展。

目前我国再制造产业发展面临的突出问题是：再制造产业发展尚处于起步阶段，再制造作为新的理念还没有被消费者及社会广泛认同；再制造旧件来源及再制造产品销售渠道不够畅通；再制造技术和管理水平不高，产品质量良莠不齐；报废汽车回收管理等相关法规亟待修订，有关管理制度急需健全，技术标准还不完善；缺乏政策激励。

三、推进再制造产业发展的指导思想和基本原则

（一）指导思想。以邓小平理论和“三个代表”重要思想为指导，深入贯彻科学发展观，落实节约资源和保护环境的基本国策，紧紧围绕提高资源利用效率，从提高再制造技术水平、扩大再制造应用领域、培育再制造示范企业、规范旧件回收体系、开拓国内外市场着手，加强法规建设，强化政策引导，逐步形成适合我国国情的再制造运行机制和管理模式，实现再制造规模化、市场化、产业化发展，努力将再制造产业培育成为新的经济增长点，推动循环经济形成较大规模，加快建设资源节约型、环境友好型社会。

（二）基本原则。一是坚持政府引导与市场机制相结合。通过法规规范、政策引导，发挥市场配置资源的基础性作用，调动市场主体的积极性。二是坚持统筹规划与重点突破相结合。加强规划指导，防止低水平重复建设，继续推进再制造试点示范，由点到面，有序推进。三是坚持科技创新与体系建设相结合。鼓励科技创新，解决再制造共性、关键技术问题，加强再制造标准体系、旧件回收体系、再

制造产品流通体系等建设。四是坚持严控质量与加强监管相结合。不断提高产品质量，降低产品成本，加强对再制造产品和市场监管，维护消费者权益。

四、推进再制造产业发展的重点领域

（一）深化汽车零部件再制造试点。以推进汽车发动机、变速箱、发电机等零部件再制造为重点，加大资金投入，消除制度瓶颈，完善回收体系，规范流通市场，努力做大做强。在此基础上，将试点范围扩大到传动轴、压缩机、机油泵、水泵等部件。同时，继续推进大型旧轮胎翻新。

（二）推动工程机械、机床等再制造。组织开展工程机械、工业机电设备、机床、矿采机械、铁路机车装备、船舶及办公信息设备等的再制造，提高再制造水平，加快推广应用。

五、加强再制造技术创新

（一）加快再制造重点技术研发与应用。加强再制造产品设计技术和产品剩余寿命评估、经济环保的拆解和清洗、微纳米表面工程、无损检测等技术的研发，开展旧件性能评价、再制造产品安全检测等方面的技术攻关。鼓励生产企业、研究设计单位开展有利于再制造的环境友好设计。

（二）加强再制造技术研发能力建设。依托国内有基础的技术研发单位和企业，加快建立再制造国家工程研究（技术）中心和再制造产品质量检验检测中心，鼓励科研院所和企业开展联合攻关和产业化示范。做好国外先进技术与国内成熟适用技术的衔接，形成再制造关键设备生产研发体系。

六、加快再制造产业发展的支撑体系建设

（一）完善再制造旧件回收体系。加快完善有利于再制造产业发展的废旧汽车零部件、工程机械、机床等的逆向回收物流体系，加强有效分类和回收管理，形成与再制造规模相匹配的旧件收集能力。

（二）建立再制造产业发展标准体系。研究建立再制造标准体系，制定再制造技术标准和规范，包括再制造技术通则、旧件检测与评价技术标准、再制造工艺技术规范和再制造管理标准等。

（三）规范再制造环保安全保障体系。根据国家相关标准和技术规范，对再制造过程中产生的各类废物分类储存管理，提高后续废物再利用潜力，减少废物的处理处置量，消除再制造产品的安全环保隐患。

（四）推动再制造服务体系建设。在部分定点维修网点（含汽车“4S”店）设立再制造产品专柜，建立再制造产品连锁示范店和售后服务点。选择若干制造企业和维修企业，开展再制造产品生产与售后服务一体化试点。

七、完善再制造产业发展的政策保障措施

（一）编制再制造产业发展规划。按照《循环经济促进法》的要求，组织编制再制造产业发展规划，明确近期中期发展目标和重点，提出促进再制造产业健康发展的政策措施，分步骤、分阶段组织实施。

（二）完善促进再制造产业发展相关法规。尽快修订《报废汽车回收管理办法》，适当取消对报废汽车“五大总成”强制回炉的限制。根据再制造产品原料自身的安全环保风险及国内实际需要，建立鼓励、限制、禁止进口的分类管理制度，制定再制造旧件和再制造产品的进出口管理目录及管理办法，并规范再制造企业管理，强化企业社会责任意识。

（三）完善促进再制造产业发展的经济政策。制定发布《再制造产品目录》，研究对列入目录的再制造产品的财政税收优惠政策；推动银行业金融机构为再制造提供信贷、担保等投融资服务。循环经济专项资金要将再制造技术研发、示范和推广项目作为支持重点，推动再制造产业发展。鼓励政府机关、事业单位优先采用再制造产品。

（四）建立再制造监督管理制度。完善再制造产品标识制度，有效保护知识产权和消费

者权益，建立再制造信息管理系统，加强对拆解企业的监管，防止可再制造的旧件流失，加强进出口旧机电产品检验和监管。

（五）培养专业人才。鼓励在高等院校和职业技术学校有关专业课程中设立再制造课程，通过校企合作、订单式培训、在岗人员技能培训等多种模式，加快培养技术人才，为再制造产业发展提供人才保障。

（六）加大宣传力度。广泛宣传再制造在节约资源、保护环境中的重要意义。通过编写针对不同用户和消费群体的宣传资料，设立再制造产品体验馆，举办再制造技术、产品、工艺设备展览会和再制造发展论坛，召开现场会、经验交流会等多种形式，普及再制造知识，引导用户和消费者使用再制造产品。

八、加强对再制造产业发展的组织领导

（一）建立协调机制。各级循环经济发展综合管理部门要充分发挥牵头作用，切实履行循环经济组织协调、监督管理的职责，工信、科技、公安、财政、环保、商务、海关、税务、工商、质检等各有关部门要按照各自职责，密切配合，建立再制造产业发展协调机制，及时解决再制造产业发展中的问题，促进再制造产业健康发展。

（二）充分发挥行业协会和中介组织的作用。要充分发挥行业协会和中介组织在政府与企业之间的桥梁和纽带作用，开展再制造产业发展预测分析、法规政策研究、提供咨询服务、加强技术推广、宣传培训和国际交流与合作。

国家发展改革委、人民银行、银监会、证监会关于支持循环经济发展的投融资政策措施意见的通知

发改环资［2010］801号　2010年4月19日

各省、自治区、直辖市及计划单列市、新疆生产建设兵团发展改革委、经贸委（经委、经信委、工信委）；中国人民银行上海总部，各分行、营业管理部，省会（首府）城市中心支行；各省、自治区、直辖市银监局、证监局；各政策性银行，国有商业银行，股份制商业银行，中国邮政储蓄银行：

为贯彻落实《中华人民共和国循环经济促进法》（以下简称《循环经济促进法》）和《国务院关于加快发展循环经济的若干意见》（国发［2005］22号），加大对发展循环经济的投融资政策支持力度，促进循环经济形成较大规模，加快调整经济结构，转变经济发展方式，建设资源节约型和环境友好型社会，现就支持循环经济发展的投资融资政策措施意见通知如下：

一、充分认识加大投融资政策支持对发展循环经济的重要意义

（一）发展循环经济是国家经济社会发展的一项重大战略。循环经济是指在生产、流通和消费过程中进行的减量化、再利用、资源化活动的总称，是最大限度地节约资源和保护环境的经济发展模式，是实施可持续发展战略的重要内容。党中央、国务院高度重视发展循环经济。十六届五中全会指出，“要把节约资源

作为基本国策，发展循环经济，保护生态环境，加快建设资源节约型和环境友好型社会。”《国民经济和社会发展第十一个五年规划纲要》把发展循环经济作为重大战略任务。党的十七大提出了促进循环经济形成较大规模的更高要求。《循环经济促进法》将发展循环经济确立为国家经济社会发展的一项重大战略。国务院发布了《关于加快发展循环经济的若干意见》，提出要大力发展循环经济，实现经济、环境和社会效益相统一，并对发展循环经济工作作出了全面部署。

（二）发展循环经济需要建立投融资政策支持体系。发展循环经济既要充分发挥市场机制的作用，又要强调政府的主导作用，需要政府综合运用规划、投资、产业、价格、财税、金融等政策措施，建立一个良性、面向市场、有利于循环经济发展的投融资政策支持体系和环境，形成有效的激励机制，引导社会资金投向循环经济，有效解决发展循环经济投入不足的问题。各地区要把发展循环经济作为贯彻落实科学发展观、建设资源节约型和环境友好型社会的内在要求，作为调整经济结构、转变经济发展方式的突破口和重要抓手，增强紧迫感和责任感，建立健全投融资政策支持体系，加快促进循环经济形成较大规模，实现经济社会又好又快发展。同时，有关金融机构要抓住国家大力发展循环经济的有利时机，充分考虑循环经济企业和项目的特点，稳步有序开展促进循环经济发展的金融服务工作，努力通过加大对循环经济的金融支持，寻求新的盈利增长点。

二、充分发挥政府规划、投资、产业和价格政策的引导作用

（一）制定循环经济发展规划。各地循环经济发展综合管理部门要会同有关部门，按照《循环经济促进法》的要求，因地制宜，制定本地区“十二五”循环经济发展规划。发展规划应当包括规划目标、适用范围、主要内容、重点任务和保障措施等，并规定资源产出率、废物再利用和资源化率等指标。要把发展循环经济作为编制地区“十二五”规划的重要指导原则，放在重要位置，用循环经济理念指导编制各类专项规划、区域规划以及城市规划。要通过编制规划，确定发展循环经济的重点领域、重点工程和重大项目，为社会资金投向循环经济指明方向。国家发展改革委将适时发布地方循环经济发展规划编制指南。

（二）加大对循环经济投资的支持力度。各地发展改革委在制定和实施投资计划时，要将“减量化、再利用、资源化”等循环经济项目列为重点投资领域。对发展循环经济的重大项目和技术示范产业化项目，要采用直接投资或资金补助、贷款贴息等方式加大支持力度，充分发挥政府投资对社会投资的引导作用。

（三）研究完善促进循环经济发展的产业政策。各地发展改革委要依据国家产业结构调整的有关规定，立足现有基础和比较优势，认真清理限制循环经济发展的不合理规定，制订并细化有利于循环经济发展的产业政策体系，引导社会资金投向资源循环利用产业，加大循环经济技术、装备和产品的示范、推广力度，形成新的经济增长点。

（四）研究促进循环经济发展的相关价格和收费政策。各地发展改革委（价格主管部门）要逐步建立能够反映资源稀缺程度、环境损害成本的价格机制。鼓励实施居民生活用水阶梯式水价制度，合理确定再生水价格，提高水资源重复利用水平。要合理调整污水和垃圾处理费、排污费等收费标准，鼓励企业实现“零排放”。要通过调整价格和完善收费政策，引导消费者使用节能、节水、节材和资源循环利用产品，引导社会资金加大对循环经济项目的投入。

三、全面改进和提升支持循环经济发展的金融服务

（一）明确信贷支持重点。对由国家、省级循环经济发展综合管理部门支持的节能、节水、节材、综合利用、清洁生产、海水淡化和“零”排放等减量化项目，废旧汽车零部件、工程机械、机床等产品的再制造和轮胎翻新等再利用项目，以及废旧物资、大宗产业废弃物、建筑废弃物、农林废弃物、城市典型废弃物、废水、污泥等资源化利用项目，银行业金融机构应当按照商业可持续原则，综合考虑信贷风险评估、成本补偿机制和政府扶持政策等因素，要重点给予信贷支持；对列入国家、省级循环经济发展综合管理部门批准的循环经济示范试点园区、企业，银行业金融机构要积极给予包括信用贷款在内的多元化信贷支持，并做好相应的投资咨询、资金清算、现金管理等金融服务；深化延伸对循环经济产业配套服务的支持，积极支持示范市、县、园区的循环经济基础设施、相关公共技术服务平台、公共网络信息服务平台的建设和运营。同时，对生产、进口、销售或者使用列入淘汰名录的技术、工艺、设备、材料或产品的企业，银行业金融机构不得提供任何新增授信支持，原有的授信要逐步压缩和收回。

（二）积极创新金融产品和服务方式。银行业金融机构要充分利用国家实施循环经济发展战略带来的业务发展机遇，加强金融创新，提高金融服务的质量和效率。通过动态监测、循环授信等具体方式，积极开发与循环经济有关的信贷创新产品。拓宽抵押担保范围，创新担保方式，研究推动应收账款、收费权质押以及包括专有知识技术、许可专利及版权在内的无形资产质押等贷款业务。根据本机构的业务规模、授信行业和客户的风险特点，通过加强人员培训，引进有关专业人才，借助第三方评审或外包等方式，积累与循环经济有关的专业知识，努力提高本机构对涉及“减量化、再利用、资源化”的循环型企业和项目的授信管理能力。

四、多渠道拓展促进循环经济发展的直接融资途径

（一）积极通过各类债权融资产品和手段支持循环经济发展。对于综合经济效益好的国家、省级循环经济示范试点园区、企业，在符合条件的情况下，支持其发行企业（公司）债券、可转换债券和短期融资券、中期票据等直接融资工具。探索循环经济示范试点园区内的中小企业发行集合债券。鼓励各类担保机构为债权融资产品的发行提供担保服务。

（二）发挥股权投资基金和创业投资企业的资本支持作用。鼓励依法设立的产业投资基金（股权投资基金）投资于资源循环利用企业和项目，鼓励社会资金通过参股或债权等多种方式投资资源循环利用产业。加快实施新兴产业创投计划，发挥各级政策性创业投资引导基金的杠杆作用，引导社会资金设立主要投资于资源循环利用企业和项目的创业投资企业，扶持循环经济创业企业快速发展，推动循环经济相关技术产业化。

（三）积极支持资源循环利用企业上市融资。充分发挥资本市场在发展循环经济中的作用，鼓励、支持符合条件的资源循环利用企业申请境内外上市和再融资。在符合监管要求的前提下，鼓励企业将通过股票市场的募集资金积极投向循环经济项目。

五、加大利用国外资金对循环经济发展的支持力度

（一）加大国外贷款对循环经济项目的支持。积极支持符合条件的循环经济项目申请使用国际金融组织贷款和外国政府贷款。

（二）支持鼓励循环经济项目申请清洁发展机制项目（CDM）。各地循环经济发展综合管理部门要加强对循环经济项目投资主体的辅导，帮助其熟悉 CDM 项目基本规则和运作流程，同时引导一些潜在项目开展 CDM 合作。选择一些资源循环利用项目，支持开展相关的方法学研究。

六、加强工作协作，推动政策有效落实

（一）建立联动机制。各级循环经济发展综合管理部门要会同有关中国人民银行各分支机构、金融监管部门各派出机构，在政策、法规、规划、技术、项目信息、专家资源、人员

培训等方面建立信息共享机制，主动做好企业与金融机构间的对接工作。同时要结合发展循环经济示范试点工作，将循环经济成效好的企业、项目，以及资源环境效益差的企业、项目，告知人民银行各分支机构、金融监管部门各派出机构以及有关金融机构，供其决策参考。有关金融监管部门要对循环经济发展综合管理部门推荐的综合效益好的循环经济园区、企业、项目，在符合条件的前提下，核准证券发行。

（二）加强政策指导。各级循环经济发展综合管理部门要积极研究制定循环经济企业和项目的认定办法或标准，为中国人民银行各分支机构、金融监管部门派出机构和有关金融机构支持循环经济发展提供支撑。同时要根据各地循环经济的发展特点，会同相关部门研究制定相应的配套政策措施，实现各项政策对循环经济支持的协调配合。中国人民银行各分支机构、金融监管部门各派出机构要对循环经济金融服务进行跟踪监测，及时总结、评估，并加强与循环经济发展综合管理部门的沟通配合，建立定期通报制度，及时反馈信息。

（三）制定实施意见。各省级循环经济发展综合管理部门要会同中国人民银行各分支机构、金融监管部门各派出机构将本意见联合转至辖区内相关机构，并根据本意见制定辖区内的具体实施意见，并于2010年5月31日前报国家发展改革委（环资司）、中国人民银行（金融市场司）、中国银监会（政策法规部）和中国证监会（发行部）。本意见贯彻实施情况请及时反馈。

国家发展改革委办公厅关于当前推进高技术服务业发展有关工作的通知

发改办高技［2010］1093号　2010年5月12日

北京市、天津市、河北省、辽宁省、上海市、江苏省、浙江省、广东省、四川省、湖北省、湖南省、重庆市、深圳市、大连市发展改革委：

高技术服务业是高技术产业的重要组成部分和增长引擎，对于推进产业结构优化升级，提升产业竞争力具有重要支撑作用。大力发展高技术服务业，是促进高技术产业规模持续增长，提升高技术产业发展质量的必然选择，也是加快培育战略性新兴产业，实现“中国制造”向“中国创造”转变的迫切需要。高技术服务业主要包括信息技术服务、生物技术服务、数字内容服务、研发设计服务、知识产权服务和科技成果转化服务等知识和人才密集、附加值高的相关行业。

当前，我国正处于加快调整经济结构，转变发展方式的关键时期，全社会对高技术服务的需求日益增长，以加工制造为主的中小企业对研发设计服务和信息服务，高新技术企业对知识产权服务和科技成果转化服务等均提出了新的更高的要求。经国务院同意，目前国家发展改革委正会同有关部门着手研究起草加快发展高技术服务业的指导意见。为从实践中探索高技术服务业发展规律，经研究，我们拟在部分省市先期开展高技术服务业创新发展工作，为今后全面部署高技术服务业工作奠定基础。现将有关工作事项通知如下：

一、工作思路

以科学发展观为指导，以做强做大高技术

服务业为目标，依据地方条件和比较优势，着力推动重点领域改革，通过先行先试，完善体制机制；着力加强政府引导，促进产业集聚，创新服务模式；着力在带动性强的关键领域实现重点突破，加快建立健全高技术服务业体系，为高技术产业发展和产业结构调整提供有力支撑。

二、主要任务

（一）重点培育信息技术服务、生物技术服务、数字内容服务、研发设计服务、知识产权服务和科技成果转化服务等高技术服务行业。

（二）依托国家创新型城市建设，选择部分城市建立国家高技术服务产业基地，推动重点城市在服务模式、体制机制、政策措施、支撑体系建设等方面探索和完善推进高技术服务业发展的工作思路，促进高技术服务业集聚化。

（三）逐步建立和完善高技术服务业统计体系。经商国家统计局相关司局，各省市可按初步提出的高技术服务业统计目录进行统计试点工作（按照现行《国民经济行业分类》统计目录，高技术服务总量统计主要包括：一是第“G”类，信息传输、计算机服务和软件业；二是第“M”类，科学研究、技术服务和地质勘查业；三是第“L”类中的7450小类，即知识产权服务）。

三、工作重点

（一）信息服务

一是发展面向市场的高性能计算和云计算服务。加强对全国高性能计算中心的统筹规划，鼓励现有公立计算中心转变机制，采取单独和合作成立服务企业等方式，为全社会提供计算服务。大力发展云计算模式的平台运营和应用服务，促进已在内部应用云计算技术的企业进一步对外开展相关服务，推动有条件的制造企业通过云计算模式向服务转型。根据工作情况，选择部分城市作为云计算试验城市，组织国内骨干企业开展云计算服务。

二是开展物联网和下一代互联网应用服务。重点在精细农牧业、工业智能生产、交通物流、电网、金融、医疗卫生等领域开展物联网特色服务示范。按照国家统筹规划，加快互联网由IPv4协议向IPv6协议的转换，大力推动下一代互联网技术的应用，积极探索新技术条件下的服务模式创新。

三是促进软件服务化发展。推动软件开发与管理咨询的融合，提升龙头软件企业的咨询和服务能力，促进国内重点软件企业面向金融、电信、制造业等行业的知识库建设（包括标准规范、业务模型、数据模型、应用软件构件、行业信息化分析报告和软件解决方案等）。对引导软件企业提供SaaS（软件即服务）模式服务的应用聚合平台和技术服务平台加大推广应用力度，加强政府和企业业务外包管理支撑系统软件研发与应用，促进能源、交通等关键领域的实时数据库、智能管理信息系统软件研发和相关业务服务外包。

四是引导数字文化产业创新发展。加强数字动漫及数字影视、网络出版、3G手机内容服务等领域关键技术开发和应用平台建设，包括高计算能力的实时渲染系统研发和应用、中国风格动漫技法数字化与推广应用、自主动漫和游戏开发系统、数字出版服务平台、3G手机内容服务相关技术开发和服务模式创新、数字音视频及语义智能搜索引擎研发及应用、网络协同创作服务平台等。

（二）生物技术服务

大力发展临床前研究、药物安全性评价、临床试验及试验设计等专业化第三方服务，降低创新成本，提高创新效率；充分发挥现代中药、基因技术等研发优势，大力发展具有中国特色的药物研发外包服务；开展生物数据挖掘，建立生物信息共享体系，实现生物数据资源共享，为生物产业的快速发展提供关键数据资源和技术支撑服务。

（三）研发设计服务

在笔记本电脑、3G手机等重点领域扶持

发展一批高水平的设计企业，鼓励制造企业联合，或与相关企业合作成立专业设计服务企业；加强研发设计领域共性和基础性技术研发，在特色产业集群优势明显、研发设计服务需求迫切的重点地区，依托产业基地建设一批研发设计公共服务平台，通过扶持一批高水平设计企业，提升当地产业的产品研发设计能力。

（四）技术创新服务

一是提高知识产权服务能力。进一步开放专利等知识产权信息资源，鼓励全社会开发利用各类知识产权信息资源。在知识产权软件服务、专业知识产权数据库服务、知识产权咨询服务、知识产权质押贷款和其他投融资服务等增值服务领域扶持一批服务企业。支持各地有条件的公共知识产权机构进行企业化转制改革试点，或采取单独和合作成立服务企业等方式，为全社会提供高水平知识产权服务。

二是健全科技成果转化服务体系。支持各地积极探索，对各类技术转移机构加强引导，完善体制机制，建立有利于科技成果转化的市场环境。在节能环保、信息、生物、新材料、新能源等战略性新兴产业相关领域，扶持一批专业化的技术成果转化服务企业。鼓励现有科技成果转化服务企业进一步拓展服务领域，构建多领域、网络化的技术成果转化服务体系。引导科研院所和科技园区的科技成果转化机构采取单独或与社会投资机构合作等多种方式成立主营科技成果转化专业服务企业，提高科技成果转化效率。

四、工作要求

（一）要建立必要的工作组织协调机制，进一步解放思想、大胆实践，协调当地相关行业管理部门，推动高技术服务业体制机制创新，积极探索和创新高技术服务产业化发展模式。

（二）要研究制定相关政策措施。要根据本地区产业特色和对高技术服务的需求，会同地方相关部门，研究制定促进高技术服务业发展的政策措施，对重点领域尽可能给予政策和资金支持。

（三）要从本地区实际出发，组织编制本地区推进高技术服务业工作方案，于 2010 年 7 月 30 日前报国家发展改革委（高技术司）。工作方案应包括总体工作思路、工作目标、主要任务和政策措施等。在总结工作方案实施情况的基础上，及时组织编制本地区高技术服务业发展规划。

（四）要建立并不断完善高技术服务业统计体系。各地发展改革委应与当地统计部门密切配合，结合当地实际情况，从 2010 年开始做好高技术服务业统计试点工作。

（五）要结合国家创新型城市建设，遴选部分重点城市建立高技术服务产业基地。请在高技术服务业工作方案中提出基地建设相关建议，包括基地建设工作思路、工作目标、主要任务和政策措施等内容。高技术服务产业基地认定有关工作另行通知。

（六）要及时总结工作情况，分析存在问题，提出政策措施建议，并及时将相关工作情况报送国家发展改革委（高技术司）。

我们将与相关方面协调配合，及时总结先行先试地区的工作经验，推广成功模式，逐步形成政策措施建议。并将视情况对有典型示范作用的高技术服务产业基地重点项目，采取后补助方式给予一定资金支持。

河南省人民政府关于进一步促进产业集聚区发展的指导意见

豫政［2010］34号 2010年3月10日

各市、县人民政府，省人民政府各部门：

为进一步明确产业集聚区（以下简称集聚区）功能定位，抓好关键环节，完善推进机制，落实扶持政策，促进集聚区科学发展，现提出以下指导意见：

一、准确把握集聚区的科学定位

（一）统一认识。当前，河南省正处于加快“两大跨越”、实现中原崛起的关键时期，既具有诸多有利条件和积极因素，也存在产业层次低、发展方式粗放、资源环境约束加剧等突出矛盾和问题。必须按照科学发展观的要求，着力推进“三化”（工业化、城镇化、农业现代化）协调发展，加快构建“三大体系”（现代产业体系、现代城镇体系和自主创新体系），走节约集约发展、科学发展和可持续发展的路子，培育区域发展新优势。集聚区是促进“三化”协调发展、构建“三大体系”、实现科学发展的有效载体和重要依托，是落实科学发展观的实现途径，是转变发展方式的战略突破口。加快集聚区规划建设是创新体制机制、培育区域竞争新优势的客观需要，是贯彻落实国家促进中部地区崛起等相关政策措施和实现跨越、促进崛起的关键举措。全省上下要进一步统一思想认识，积极开拓创新，加大工作力度，扎扎实实推进集聚区的规划建设。

（二）把握内涵。集聚区是以若干特色主导产业为支撑，产业集聚特征明显，产业和城市融合发展，产业结构合理，吸纳就业充分，以经济功能为主的功能区。其基本内涵主要包括以下内容：

——企业（项目）集中布局。空间集聚是集聚区的基本表现形式。通过同类和相关联的企业、项目集中布局、集聚发展，为发展循环经济、污染集中治理、社会服务共享创造前提条件，降低成本，提高市场竞争力。

——产业集群发展。区内企业关联、产业集群发展是集聚区与传统工业园区、开发区的根本区别。通过产业链式发展、专业化分工协作，增强集群协同效应，实现第二、三产业融合发展，形成特色主导产业集群或专业园区。

——资源集约利用。促进节约集约发展、加快发展方式转变是集聚区的本质要求。按照“节约、集约、循环、生态”的发展理念，提高土地投资强度，促进资源高效利用，发展循环经济，为建设资源节约型、环境友好型发展模式提供示范。

——功能集合构建。推动产城一体、实现企业生产生活服务社会化是集聚区的功能特征。通过产业集聚促进人口集中，依托城市服务功能为产业发展、人口集中创造条件，实现基础设施共建共享，完善生产生活服务功能，提高产业支撑和人口聚集能力，实现产业发展与城市发展相互依托、相互促进。

（三）理清关系。区域科学发展的示范载体包括城市新区、集聚区、专业园区三个层次。依据土地利用总体规划和城市总体规划，有条件的省辖市规划建设城市新区。城市新区可以由若干相邻集聚区组成，集聚区可以包含若干专业园区。按照一定标准，专业园区做大做强后可以发展成为集聚区，若干集聚区的相关服务配套体系得到完善、社会事业发展到一定程度后可享受城市新区相应待遇。

县域内的集聚区是产业和城市发展的主导区域。省辖市城市新区内的集聚区必须按照城市新区发展的总体要求进行规划建设。对已经形成的专业园区，各地要按照节约集约、产业集聚、功能集成的要求促进其规范发展，不再规划布局新的专业园区。

二、进一步加强集聚区科学规划

（四）加强规划衔接。按照集聚区规划与土地利用总体规划、城市总体规划“三规”合一原则，有关部门要对集聚区发展规划集中联审，确保集聚区布局和用地范围与城市总体规划和土地利用总体规划相衔接。

（五）严格审批程序。集聚区发展规划由各地组织专业设计单位编制，经所在省辖市政府审查和省政府有关部门联审，报省政府确认后审批。集聚区控制性详细规划要报当地政府审批，并报省政府备案。经批准的发展规划和控制性详细规划不得擅自修改；确需修改的，须报省政府确认或备案。专业园区按照县级规划、市级审批、省级备案进行管理。

（六）实行总量控制。严格标准，严把规划审批关，控制集聚区数量。原则上，每个县（市）、享受均衡性转移支付的区规划建设一个集聚区。

三、加快建立完善集聚区集聚机制

（七）产业集聚发展机制。加快落实有利于促进产业集聚发展的有关政策，主要包括：

——电价政策。实行同网同价。对已批复的县域集聚区内符合国家产业政策的大工业项目生产用电，执行省网直供电价。

——用地政策。实行城乡建设用地增减挂钩，周转指标优先用于集聚区项目建设。在符合国家政策规定和保证规范运作前提下，提高指标周转速度，增加指标流量。按照集聚区规划确定的村庄整合方案和用地布局，有步骤地推进集聚区村庄整合。对集聚区的失地农民可根据城市居民经济适用房、廉租房等保障性住房政策进行安置，并切实解决就业和社会保障问题。

——异地投资、税收分享政策。对于政府主导的规模以上异地投资企业直接缴纳的主要税种（增值税、营业税、企业所得税省以下部分）收入，自项目投产之日起，投资（招商引资）主体所在地政府与项目入驻地政府可以按双方协商一致的税种、比例和期限共同分享。税收分享利益补偿，可由相关方政府通过资金划转、直接汇款清算的方式解决，也可由相关方政府向省财政申请，在年度结算时代为办理。对县（市、区）辖区内各乡镇之间招商引资项目的异地建设，由县（市、区）政府负责制定具体税收分享政策。

（八）基础设施投资建设机制。加快建立以集聚区投资开发公司为主体，市场化运作、社会化参与、多元化投入的基础设施投资建设机制。集聚区土地出让收入市县分成部分，确保足额支付征地和拆迁补偿费、补助被征地农民社保支出及法定支出外，可优先用于集聚区基础设施建设。各地要引导财政资金、国有资产等优质资产向集聚区投资开发公司优化配置，增强投融资能力。按照“谁投资、谁受益”的原则，支持外资、民资和社会资本采取 BOT（基于基础设施特许权的“建设—经营—移交”投资模式）、BT（投资非经营性基础设施项目的“建设—移交”投资模式）、PPP（公共部门与私人企业合作模式）等方式，投资建设集聚区基础设施。

（九）土地保障机制。省政府下达各省辖市的年度土地利用计划指标重点保障集聚区用地需求。集聚区工业项目新征土地可按分批次用地方式单独组卷报批。符合集聚区规划的项目，可按供地政策优先供地。进一步提高投资强度，原则上，省辖市集聚区的工业项目投资强度不低于国家级开发区相应标准，县域集聚区的工业项目投资强度不低于省级开发区相应标准。

（十）投融资机制。采取政府扶持、企业股份制合作方式成立集聚区中小企业担保公司，提高企业信贷担保能力。发挥省中小企业担保集团的作用，为集聚区担保机构提供再担保增信服务，提高融资担保能力。努力拓宽融资渠道，支持银行加大对集聚区投融资平台的贷款力度，支持有条件的集聚区设立产业投资基金，组织符合条件的集聚区发行企业债券、中期票据，将集聚区企业优先纳入省重点上市后备企业培育工程范围，积极争取国家各类专项资金、政府间和国际组织的援助资金。强化政府性资金引导作用，各级财政专项资金要按照资金投向，优先安排集聚区项目。

（十一）人才培育引进机制。建立完善以专业培训、专家指导、选派挂职、人才引进相结合的集聚区人才培育引进机制。将集聚区各类人才培养纳入继续教育和职业培训计划。扩大省、市级财政投入比例，支持开展面向集聚区高层次管理人才的培训，支持企业培训中心、就业训练中心、职业技术学院和技工教育集团发挥自身优势，培育高水平技术工人。要加快开通集聚区引进人才“绿色通道”和建立“一站式”服务机制，对集聚区引进的高层次人才，由各省辖市在创业启动资金、工作场所、住宅公寓、风险投资和商业担保等方面给予专项支持。鼓励采取组织专家组巡回服务指导、选调优秀后备干部和专业人才挂职等方式，提高集聚区人才素质和管理水平。

（十二）区域环评机制。按照“先规划环评、后项目审批”的原则，创新集聚区环评管理机制。在编制发展规划时，同步开展集聚区规划环评，明确项目准入条件。已完成规划环评的集聚区，简化规划内建设项目环评内容，重点加强施工期现场监管和“三同时”验收；对集聚区内企业或企业集团发展规划中的项目进行打捆审批，审批后可在5年内分期实施；对无重要污染因子或污染因子单一且有成熟治理技术的项目环评，进一步委托或下放审批权限，由下一级环保部门审批该项目的环评文件。优先为符合区域污染减排总量控制指标要求和环境准入条件的入驻项目配置环境总量指标。积极探索并实施区内排污权交易制度，实现环境总量指标的高效利用。

（十三）自主创新机制。集聚区要以企业为主体，联合高等院校、科研机构建立以产权为纽带的各类技术创新合作组织，形成企业牵头组织、高等院校和科研院所共同参与实施的有效机制。加大政府性资金建设的各类技术研发机构和科技资源共享平台的社会开放力度，建立完善对集聚区企业优惠收费制度。省科技专项资金和高新技术产业化资金要优先支持集聚区技术研发和平台建设项目；省扶持企业自主创新专项资金要优先支持集聚区重点企业的技术创新；对集聚区新设立的国家级、省级研发机构，省相关资金优先给予支持，加快培育自主创新基地，发展创新型集聚区。

（十四）高效管理机制。各省辖市、县（市、区）建立由主要领导牵头，有关职能部门参加的集聚区联席办公会议制度，重点研究集聚区建设和发展的重大问题，统筹集聚区与区外事务的协调。按照“小机构、大服务”的管理模式，尽快建立完善集聚区管理机构，形成统筹、高效、富有活力的管理体制。扩大县域集聚区部分县级经济管理权限，建立集聚区与省辖市级管理部门“直通车”制度，涉及县级主管部门负责审批的事项由集聚区管理机构直接办理，需报上一级管理部门审批的事项由集聚区管理机构直接报送，同时抄送县级主管部门备案。各地可根据情况，采取委托管理和必要的行政区划调整等方式，妥善解决集聚区与所在乡镇政府的职能交叉问题。

（十五）社会化服务机制。加快引进和培育金融、信息、技术、工程等咨询服务机构，构建配套完善的社会化咨询服务体系。省信息化发展资金要优先支持集聚区信息服务平台建设。采取市场化运作模式，积极开展第三方服务，实现区内企业原材料和零配件供应、物流、职工公寓、食堂、职工培训等企业生产生活服务的社会化。省服务业发展引导资金对集聚区第三方物流和社会化服务保障项目给予优先支持。有条件的集聚区要建立资产运营管理机构，统筹负责集聚区的建设和服务。

（十六）自我积累机制。调整现有的区域性财政激励政策，对产业集聚区出台优惠政策，增强财政调控的针对性和实效性。省级对集聚区的支持措施由直接投入调整为政策引导，鼓励集聚区自我积累、自我发展。2010～2012年，按现行体制，省级从集聚区集中的增值税、营业税和企业所得税收入，实行“核定基数、超收返还、一定三年”的办法，省分成“三税”收入比核定基数超收部分，全额返还集聚区。对城市新区和新区内集聚区的税收返还，按新区相应政策执行。

四、进一步加强对集聚区规划建设的指导

（十七）加强培训交流。省有关部门要开展有针对性的专业培训，通过组织专题辅导、集中培训、学习观摩等形式，深化各级、各部门对集聚区科学内涵、主要功能、基本定位的认识，提高集聚区规划管理、项目组织、服务协调和创新发展能力。

（十八）开展升级竞赛。对集聚区实行综合考核、竞赛升级、政策挂钩、动态调整的管理模式。合理确定城市新区和集聚区的规模和功能标准，经考核达到相应标准的专业园区和集聚区可分别晋升为集聚区或享受城市新区相应待遇；3年内达不到集聚区规模和功能标准的，不再享受相应待遇。建立统一的集聚区和专业园区统计考核体系，按企业营业收入、税收收入、从业人员、投资强度、能耗降低率、二氧化硫排放量及化学需氧量、新增建成区面积、高新技术企业比重等8项指标进行考核评价，对排序靠前的集聚区给予奖励，引导和推进集聚区科学发展。

（十九）明确责任分工。进一步完善省集聚区发展联席会议制度，形成各级、各部门分工负责、协调配合、各司其职、合力推动的工作机制。河南省发展改革委承担联席会议办公室日常工作，从有关部门抽调人员组成政策体制、工作督查和监测考核工作小组，协调落实联席会议议定事项。河南省住房城乡建设厅、工业和信息化厅、国土资源厅、环保厅、财政厅、科技厅、商务厅、人力资源社会保障厅、教育厅、交通厅、水利厅、农业厅、统计局、省政府金融办、省编办、电力公司等部门要按照本指导意见和职能分工，细化工作方案，制定具体落实措施。各省辖市、县（市、区）政府要建立由主要领导牵头，有关职能部门负责同志参加的领导机构，制定落实扶持政策，协调解决重大问题，细化部门责任分工，加强督导检查考核，加快推进集聚区规划建设。

以上意见，请认真贯彻落实。

河北省人民政府关于加快工业聚集区发展的若干意见

冀政［2010］90号　2010年7月4日

各设区市人民政府，各县（市、区），人民政府，省政府各部门：

为推进产业结构调整和布局优化，实现产业集约、集聚发展，促进工业化、城镇化良性互动，加快新型工业化进程，转变经济发展方式，提出如下意见：

一、科学定位，合理设立

（一）内涵与特征

工业聚集区（以下简称聚集区）是以若干工业行业为主体，行业之间关联配套，上下游之间有机链接，产业结构合理，吸纳就业充分，聚集效应明显，产业和城市融合发展的经济功能，是招商引资、产业升级的承接平台，推进工业化、城镇化进程的重要抓手，调整经济结构、转变发展方式的有效载体，其主要特征是：空间集聚，布局集中。空间集聚是聚集区的基本表现形式。通过同类或相关联企业、项目战集中布局、聚集发展，为循环经济发展、污染集中治理、社会服务共享创造前提条件，降低生产成本，提高整体竞争力。

产业关联，协同发展。产业之间、企业之间关联度高是聚集区与传统工业园区的根本区别。通过协力配套或产业链延伸，增强集群协同效应，形成特色主导产业集群或专业园区。

土地集约，资源节约。促进要素资源集约节约、加快发展方式转变是聚集区的本质要求。按照“集约、节约、循环、生态”的发展理念，提高投资强度，促进资源高效利用，为建设资源节约型、环境友好型发展模式提供示范。

产城融合，设施共享。推动产城一体、实现企业生产生活服务社会化是聚集区的基本功能。通过产业集聚促进人口集中，依托城市服务功能集聚产业和人气，实现基础设施共建共享，构筑产业发展与城市发展互促双赢的格局。

（二）标准与条件

申请设立省级工业聚集区（以下简称省级聚集区），应具备以下条件：

1. 有完整的发展规划。编制完成总体规划、产业发展规划及控制性详规，空间布局合理，发展重点明确，符合国家产业政策和区域生产力布局要求。设区市周边聚集区规划面积一般在10至20平方公里，县域聚集区一般在5至10平方公里。

2. 有完善的基础设施。路、电、水、气、讯、污水处理等基础设施基本配套，消防、安全、环保达标。

3. 有较强的产业基础。区内年主营业务收入超亿元的企业10家以上，一批投资5000万元以上的项目在区内建成投产。设区市周边的聚集区年主营业务收入100亿元以上，县域聚集区50亿元以上。

4. 有较高的投资强度。设区市周边的聚集区工业项目投资强度不低于国家级开发区标准，县域聚集区不低于省级开发区标准。

5. 有良好的发展前景。骨干核心企业带动作用强，有一批投资亿元以上、市场竞争力强、发展潜力大的在建或储备项目。

6. 有相应的管理机构。已成立聚集区管委会，有一支素质较高的管理队伍。

二、统筹规划，搞好衔接

（一）优化空间布局

根据城镇发展和产业聚集需要，按照“发挥优势、合理布局、分类指导、适度超前”的原则，每个设区市城区周边可重点规划3～4个聚集区；具备条件的，经省政府批准，可谋划建设城市新区。每个县可在县城周边规划设立1个聚集区。

（二）注重规划衔接

要按照“园区向城镇集中，企业向园区集中，人口向城镇聚集”的发展思路，高起点、高水平地编制聚集区总体规划和产业发展规划，并搞好与土地利用总体规划、城市总体规划的衔接。聚集区原则上依托中心城市和县城选址建设，并符合城市规划确定的功能分区。确需突破城市规划确定的建设用地范围的，应在城区周边适当位置选址建设。

（三）严格审批程序

申请设立省级聚集区由省发展改革委、省财政厅、省国土资源厅、省住房和城乡建设厅、省工业和信息化厅、省环境保护厅等有关部门按照本意见规定的标准和条件进行综合审查，省政府以审批发展规划的方式批准设立。

按照成熟一个批准一个的原则，逐步增加数量。已确定的32个省级产业聚集区，按照本意见规定重新审核，符合条件的，享受省级聚集区的相关政策。

聚集区规划按照隶属关系由所在地县级以上政府负责组织编制。聚集区产业发展规划经所在地设区市政府会同省发展改革及相关业务主管部门联审通过后，报省政府审批。聚集区总体规划经所在地设区市政府组织审查并经省有关部门联审通过后，由所在地设区市政府批复，报省政府备案。控制性详细规划由当地设区市政府审批。经批准的总体规划、产业发展规划及控制性详细规划不得擅自修改；确需修改的，报省政府确认或备案。省有关部门要加强对规划的集中联审，确保空间布局及用地范围与城市总体规划和土地利用总体规划相衔接。

（四）突出发展重点

围绕贯彻落实省委、省政府《关于加快构建现代产业体系的指导意见》，努力建设一批以电子信息、生物医药、新能源、新材料等为重点的战略性新兴产业聚集区；一批以装备制造、钢铁深加工、石化等为重点的先进制造业聚集区；一批以纺织服装、轻工食品、新型建材为重点的传统优势产业聚集区。各聚集区要按照国家产业政策，结合本地实际，制定项目（企业）准入标准，明确行业准入条件，严格控制“两高一资”项目建设。

三、政策扶持、加快发展

（一）优先配置土地资源

省年度建设用地计划指标优先支持省级聚集区项目建设，设区中心城市的省级聚集区每年可安排2000亩，县域省级聚集区每年安排1000亩，集中用于区内重点项目建设。省政府切块下达各设区市的建设用地指标要相应配套安排。省级聚集区内的项目，符合省重点项目条件的，优先列入省重点建设计划。实行城乡建设用地增减挂钩，周转指标优先用于聚集区项目建设。在符合国家政策规定和保证规范运作前提下，提高指标周转速度；增加指标流量。按照聚集区规划确定的村庄整合方案和用地布局，有步骤地推进聚集区内村庄整合。对聚集区的失地农民可根据城市居民经济适用房、廉租住房等保障性住房政策进行安置，并切实解决就业和社会保障问题。

（二）给予财税政策支持

以省政府批准规划前一年省级聚集区企业上缴增值税、营业税和企业所得税省级留成部分为基数，对省级聚集区实行“核定基数、超收全返、一定三年”的办法。省“三税”留成比核定基数超收部分，3年内全额返还聚集区，重点用于区内基础设施建设。对入区项目，除国家规定的收费外，免收各种行政事业性费用，政策实施期限暂定至2013年。省级各类发展性专项资金，要优先支持省级聚集区内项目建设。在省产业发展专项资金中，设区中心城市周边的省级聚集区每年可安排2000万元，县域省级聚集区每年安排1000万元，用于区内重点项目建设贷款贴息。省级聚集区所在地设区市政府也要按不低于省级的额度相应配套。

（三）允许异地投资税收分享

对于政府主导的规模以上异地投资企业直接缴纳的主要税种（增值税、营业税、企业所得税省级以下留成部分）收入，自项目投产之日起，投资（招商引资）主体所在地政府与项目入驻地政府可以按双方协商一致的税种、比例和期限共同分享。税收分享利益补偿，可由相关方政府通过资金划转、直接汇款清算的方式予以解决，也可由相关方政府向省财政申请，在年度结算时代为办理。对县（市、区）辖区内各乡镇之间异地建设的招商引资项目，由县（市、区）政府负责制定具体税收分享政策。

（四）支持大用户直购电试点

省级聚集区内实行同网同价。聚集区内符合国家产业政策的大工业企业生产用电，支持其实行大用户直购电试点，以降低企业生产成本。

（五）实施差别政策引导

自2010年起，“退城进郊、退乡进城”企业和其他新建项目选址不在聚集区内的，原则上不予审批（核准、备案），不提供土地、资金、电力等要素供应，引导分散设立企业向聚集区集中。

（六）搭建投融资平台

鼓励聚集区建立投融资平台，多渠道筹集建设资金，进行土地前期开发，投资基础设施和公共服务体系建设。各设区市、县要安排相应专项资金，向聚集区投融资公司注入资本金。鼓励将聚集区基础设施存量资产以及财政历年投入所形成的实物资产，包括土地、道路、标准厂房等可用于抵押的资产，通过划转、授权注入投融资公司，扩大投融资公司资本注入来源。

（七）拓宽企业融资渠道

鼓励金融机构加大对省级聚集区重点项目和基础设施建设的支持力度，扩大对省级聚集区投融资公司和重点企业的授信额度。采取政府扶持、企业股份制合作方式成立聚集区小企业担保公司，提高企业信贷担保能力。充分发挥省中小企业担保公司的作用，为省级聚集区担保机构提供再担保增信支持。鼓励发起设立股权投资基金和创业投资基金；支持符合条件的省级聚集区发行企业债券、中期票据。省级聚集区内的龙头、骨干企业可优先纳入省重点上市后备企业培育范围，积极争取国家各类专项资金、政府间和国际组织的援助资金。

（八）支持创新能力建设

对省级聚集区内企业因技术进步等原因，固定资产需加速折旧的，可以缩短折旧年限。全面落实增值税转型政策，企业购进的符合抵扣政策的固定资产纳入增值税抵扣范围，支持企业扩大投资。切实落实企业研发投入税前抵扣政策，产业聚集区内企业开发新技术、新产品、新工艺发生的研究开发费用，未形成无形资产计入当前损益的，在现行规定据实扣除的基础上，按照研发费用的50%加计扣除；形成无形资产的，按照无形资产成本的150%摊销。

鼓励省级聚集区设立研发机构。对新设立的国家级和省级研发中心，在科研项目立项、科技经费资助等方面给予优先支持。支持省级聚集区加快创新型企业和高新技术企业培育，推进京津冀科技合作。鼓励建设各种形式的产业孵化基地、科技创业中心和质量检测中心，提高服务能力，促进成果转化。支持聚集区建立创新联盟，建立开放性公共创新平台。

（九）简化环境评价程序

按照“先规划环评、后项目审批”的原则，创新省级聚集区环评管理机制。聚集区发展规划必须进行规划环评，依据环境功能分区明确区域产业布局和项目准入条件。对已完成规划环评的聚集区，简化区内建设项目环评内容，重点加强施工期现场监管和“三同时”验收。对聚集区内的建设项目，简化审批程序、缩短审批时间。除有色金属冶炼、矿山开发、钢铁加工、电石、铁合金、焦炭、垃圾焚烧及发电、制浆、投资5000万元以上的化工，以及涉及重金属污染等可能对环境造成重大影响的建设项目外，对其他行业的项目，进一步委托和下放审批权限，由所在地环保部门进行环评审批。

（十）支持沿海地区加快发展

秦皇岛、唐山、沧州三市区域内的省级聚集区除享受以上政策支持外，设区市管理的聚集区给予聚集区管委会设区市级项目审批管理权限；县（市）管理的聚集区给予聚集区管委会县级项目审批管理权限；发展较好的优先批准为省级改革试验区，允许先行先试；在生产力布局、土地、资金等要素安排上给予适度倾斜。

四、强化支撑，创新机制

（一）完善配套支撑条件

加快建立以聚集区投资开发公司为主体，市场化运作、多元化投入的基础设施投资建设机制。聚集区土地出让收入市、县分成部分，除确保足额支付征地和拆迁补偿费、补助被征地农民社保支出及法定支出外，优先用于区内基础设施建设。引导财政资金、国有优质资产向聚集区投资开发公司配置，增强投融资能力。按照“谁投资、谁受益"的原则，支持外资、民资和社会资本采取BOT（基于基础设施特许权的“建设一经营一移交”投资模式)、BT（投资非经营性基础设施项目的“建设一移交”投资模式)、PPP（公共部门与私人企业合作模式）等方式，投资建设聚集区基础设施。省级聚集区优先安排通达高速公路建设项目。

（二）加大招商引资力度

鼓励各市、县在本行政区域内实行统一招商；积极探索由单个项目引进为企业集团引进，单个企业招商为产业链上下游组团招商模式。各市、县政府要建立重大招商项目激励机制，对成功引进重大内外资项目的单位和个人，根据引进项目资金到位情况，按比例给予奖励。

（三）鼓励人才培育、引进

建立完善以专业培训、专家指导、选派挂职、人才引进相结合的聚集区人才培育引进机制，建设创新型人才队伍。将聚集区内各类人才培养纳入继续教育和职业培训计划。省、市级财政要支持开展面向聚集区高层次管理人才的培训，支持企业培训中心、就业训练中心和职业技术学院等发挥自身优势，培育高水平技术工人。加快开通聚集区引进人才“绿色通道”和建立“一站式”服务机制，对聚集区引进的高层次人才，由各设区市、县在创业启动资金、工作场所、住宅公寓、风险投资和商业担保等方面给予专项支持。鼓励采取组织专家组巡回服务指导、选调优秀后备干部和专业人才挂职等方式，提高聚集区人才素质和管理水平。

（四）建立高效管理体制

省级聚集区可参照省机构编制委员会《关于印发〈关于加强开发区（园区）机构编制管理的意见〉的通知》（冀机编［2010］1号）确定的开发区（园区）机构编制管理模式，按照精简、统一、效能和“小机构、大服务”的原则，在当地党委和政府的统一领导下，探索建立灵活高效的管理体制和运行机制。其管理体制、机构规格和人员编制的设置，由相关设区市编委根据管辖地党委政府层级、聚集区规模、管辖面积、主要经济指标等合理确定后报省编委办，省编委办会同领导小组办公室审查后，报省编委会审批。

（五）完善社会化服务

加快引进和培育金融、信息、技术、工程咨询等服务机构，构建配套完善的社会化服务体系。采取市场化运作模式，积极开展第三方服务，实现企业原材料和零配件供应、物流、职工培训、职工公寓、食堂等生产生活服务的社会化。

五、加强领导，动态管理

（一）建立开发建设推进机制

省、市、县三级分别设立推进聚集区发展领导机构，形成各级各部门分工负责、协调配合、各司其职、合力推动的工作机制。河北省推进聚集区建设领导小组由省长陈全国任组长，常务副省长付志方、副省长孙瑞彬任副组长，省发展改革委等省有关部门主要负责同志为成员。领导小组办公室设在省发展改革委，承担日常工作，协调落实领导小组议定事项。领导小组各成员单位要按照职能分工，制定具体落实措施，细化工作方案。各设区市、县（市）政府也要建立由主要领导牵头，有关职能部门负责同志参加的领导机构，制定落实扶持政策，协调解决实际问题，细化部门责任分工，协调联动，加快推进聚集区规划建设。

（二）严格入区企业注册审核

各聚集区管理机构要加强对入区企业的资格审查，严格注册管理，防止生产、经营地在区外的企业通过假注册方式进入聚集区和不符合准入条件的企业通过改名、包装、拼合等手段混入聚集区骗取各项优惠政策。违规进入聚集区的，要按规定严肃处理，并追回骗取的各项优惠政策所得。

（三）实行综合考核、动态管理

省统计部门要建立省级聚集区统计体系，按季度形成统计报告报领导小组。领导小组办公室要会同省直有关部门建立统一的省级聚集区考核体系，按照考核办法进行年度考核评价。对排名居前的聚集区给予表彰，对年度考核不合格的聚集区，取消享受的支持政策，以切实引导和推进聚集区又好又快发展。

广州国家级开发区创新发展模式改革试验总体方案

2010年3月5日

广州国家级开发区包括广州经济技术开发区、广州高新技术产业开发区、广州保税区、广州出口加工区（以上四区简称广州开发区）和广州南沙经济技术开发区、广州南沙保税港区（以上两区简称南沙开发区）。在广州国家级开发区开展创新发展模式试验，是加快珠三角地区经济结构转型和发展方式转变、推动广州国家级开发区在新形势下进一步创新机制发挥动力引擎作用的重大战略举措。现依据《珠江三角洲地区改革发展规划纲要（2008~2020年）》，制定《广州国家级开发区创新发展模式改革试验总体方案》。

一、总体要求

（一）指导思想

高举中国特色社会主义伟大旗帜，深入贯彻落实科学发展观，立足新形势新任务，以行政管理体制改革为核心，以自主创新、金融服务、资源环境、城乡统筹、涉外管理等重点领域改革为主要任务，围绕经济转型和经济社会协调发展，全面推进创新发展模式改革试验，推动广州国家级开发区发展机制战略性转型和发展模式战略性转变。

（二）总体思路

以行政管理体制改革为创新发展模式改革试验的总突破口和中心环节，以自主创新和金融服务业改革开放为推动开发区经济转型的两个重要战略支点，以“两型”社会建设和统筹城乡发展为增强发展协调性和实现经济社会可持续发展的基本制度保障，以创新涉外管理体制为激发改革动力和保持发展生机活力的重要助推平台，统筹兼顾，协调推进。在实施改革创新中开发区、行政区各有侧重，开发区围绕自主创新和发展方式转变，加快形成促进经济转型的区域创新体系和开放型经济运行规则体系；行政区围绕经济社会协调发展和统筹城乡发展，加快形成完善的公共服务型政府制度框架和公共管理模式。

（三）改革目标

3年重点突破，5年基本完成。争取到2015年，基本实现广州国家级开发区发展机制战略性调整和发展模式战略性转变，率先形成体现科学发展观要求、具有珠江三角洲地区特色的开发区经济社会发展新模式，争创全国开发区创新发展模式综合配套改革试验区。

二、创新行政管理体制和公共管理模式

以转变职能为核心，围绕推动经济和社会转型，全面创新行政管理体制，改进行政管理和服务方式，形成开发区、行政区各有侧重、

协同发展的新型管理模式。

（一）强化行政区公共服务和社会管理职能

按照深化行政管理体制改革的总体要求，探索新形势下与社会转型相适应的政府职能定位。能够通过管办分离和政府购买取得的公共服务，政府应由公共服务直接提供者转变为购买者；能够通过市场竞争实现资源优化配置的公共服务和市政公用行业，原则上由社会资本投资经营；市场与社会组织能够发挥作用的领域，政府职能应逐步弱化。深化行政事业性收费改革，逐步减少行政事业性收费项目，规范行政事业性收费制度，实现行政审批“零收费”。在医疗卫生、教育、文化等社会事业和市政公用事业领域切实推进政企分开、政事分开和管办分离，建立健全政府购买公共服务制度，构建政府、中介组织和企业共同参与、相互促进的公共服务体系。稳步推进事业单位分类改革，深化事业单位人事制度改革，推进事业单位收入分配制度改革，实施事业单位社会保障制度改革。推进社会组织登记管理体制改革，建立政府向社会组织购买服务的制度。创新流动人口管理和服务机制。

（二）提升开发区经济发展和市场监管水平

探索与促进经济转型相适应的职能定位，加快发展模式转变，从以土地开发、房产租赁等为主的招商引资发展模式转向为以参与股权投资、创业投资等多种方式引导创新要素集聚的发展模式，实现发展模式新跨越。法律、法规没有禁止的领域，政府要放手市场投资主体自主决策；能够借助市场力量发挥作用的领域，政府性资金要变直接扶持为商业化杠杆式推动；政府能够事后监管的事项，政府管理职能应由事前审批向事后监管转化；政府必须事前审批的事项，要优化工作流程，提高办事效率。完善行政事业单位ISO9001质量管理体系，提高管理规范化、标准化和国际化水平。建立体制外投诉、体制内监察、自上而下的问责和自下而上的社会化评估等制度。建立和完善统一互联的电子政务平台，推行网上办公、政务处理和政务公开。

（三）创新政府组织体系

根据开发区和行政区职能分工，按照精简、统一、效能的原则，分别整合经济发展与市场监管、社会管理与公共服务职能和机构，构建科学、规范的大部门管理体制。整合决策机构和执行机构，与监督机构形成决策、执行、监督既相互制约又相互协调的政府组织体系和运行模式。健全科学决策程序，增强政府工作透明度，保障公民、企业对政府工作的知情权、参与权和监督权。

（四）赋予更大的发展自主权

进一步理顺市政府与开发区管委会之间的事权关系，法律、法规没有限制、属于市政府的权限，原则上下放给开发区。国家和省赋予广州市的有关政策性试点，优先放到开发区先行先试。进一步理顺垂直管理部门与开发区管委会的关系，调整和完善垂直管理部门管理体制。争取国家工商总局授权开发区工商局享受省一级外资登记管理权限。争取商务部参照广州经济技术开发区外商投资商贸企业审批权限，允许广州保税区管委会审批区内同类企业。

（五）创新园区投融资机制

发挥区财政资金的杠杆作用，引导鼓励境内外投资者参与各类公益性、准公益性基础设施项目建设，构建市场化、多元化的投资格局。探索多种形式的资产证券化，积极拓宽融资渠道。通过机制创新，进一步发挥企业和社会组织在招商引资、投资环境建设、资本运营、公共服务代理、公共工程代建等方面的积极作用。

三、构建开放式区域创新体系

以创新型科技园区建设为载体，加快完善自主创新体系，将广州国家级开发区打造成为穗深港创新轴的中心节点和珠三角自主创新的增长极，成为全国自主创新示范区。

（一）创新科技管理方式

理顺“多区合一”、“一区多园”的管理体制和运行机制，推广广州高新区行之有效的科技管理服务制度。继续探索和完善政府（管委会）—学研机构—企业三者协同互动的“三螺旋”创新空间，打造自主创新综合性支撑平台，提高内生创新能力。改革政府科技经费投入方式，完善政府资助支持产学研有效结合的制度。扩大政府创投引导基金规模，推动政府创投引导基金吸引社会投资对异地高新技术和适用技术项目进行创业投资，并将投资成功后符合本区产业发展方向的项目或企业带回来，优化本区产业结构，提升创新能力，实现“走出去”与“引进来”有机结合。制定具有园区特点的促进知识产权的形成和保护制度，围绕主导产业集群建立专业化的专利分析和应用机构，促使科技创新成果在产业化基础上实现规模化。实施知识产权战略，实行专利、商标、版权“三合一”的知识产权管理体制。实施标准化战略，推动科研、标准化与科技成果产业化同步发展，建设“高新技术产业标准化示范区”。

（二）完善自主创新机制

加强政府、学研机构和创新企业三者协同互动，完善孵化器和创业导师等多层次创业辅导体系。探索产学研联合开发、利益分享的机制，形成技术创新、产业培育和产业基地协调发展的链式发展模式。加强企业技术中心、工程技术研发中心、工程试验室建设，积极与部、省、市及知名高校共建大型研发机构、中试和产业化基地和国家级创业孵化基地。鼓励外资企业和民营企业建立研发中心。重点培育数字家庭、生物医药、基因疫苗、电子信息服务、新材料、新能源技术等联盟，引导鼓励企业建立健全联合开发、利益分享的新机制。加快建设中科院广州生物医药与健康研究院、华南新药创制中心、中科院广州工业技术研究院、教育部广州现代产业技术研究院、南沙资讯科技园、广州香港科大霍英东研究院等为重要支点的电子信息、生物和新材料等公共创新技术服务平台，大幅降低企业创新成本。

（三）优化创新创业环境

在现有政策基础上，按照国家创新型科技园区的建设要求，借鉴世界一流科技园区的先进经验，为科技企业制定从种子期到成熟期全过程、全覆盖的政策体系。逐年加大财政对科技和创业扶持的投入，落实国家对企业研究开发费用税前扣除政策和创业扶持优惠政策，逐步提高 R&D（研究开发费用）占 GDP 的比重。扩大科技项目孵化器规模。加快科技企业加速器建设。不断完善科技及基础设施、生活及商务配套，改善人文环境、创业环境和宜居条件，培育创新创业文化元素，形成园区的创新凝聚力。

（四）加强区域和国际合作

建立广州开发区与世界先进科技园区之间的交流与合作机制。加强国际科技创新合作，探索国际科技联合招商的新模式。定期举办珠三角地区创新论坛。建设创新网络中心和创新驿站，与国家及美国、欧盟等创新网络有效对接，为创新创业者提供全方位的创新服务。实施人才全球招聘制度，充分发挥“留交会”和国务院侨办“引智引资重点联系单位”的作用，引进一批重大科技项目和领军人才。以建设集劳动用工、就业、保险、招用工体检于一体的人力资源大市场为载体，构建开发区人力资源交流与服务平台。探索新型人才管理模式，探索与国际通行做法相衔接的人才评价制度。加强人才培训工作，对专业技能培训给予政策扶持。

四、深化金融服务业改革开放

建立有利于推进金融信息服务业发展的政策环境，引导境内外新型金融机构集聚发展，集中开展金融后台及相关配套业务，将广州开发区建设为广州区域金融中心的重要功能区、科技产业金融创新基地和金融服务外包产业基地。

（一）建立有利于推进金融信息服务业发展的政策环境

把金融信息服务业作为广州开发区完善金融生态环境和加强金融基础设施建设的基础性工程进行重点培育，从财税政策和产业政策上进行倾斜和引导。积极争取国家有关部门支持，在广州开发区先行实施鼓励金融外移外包业务法人化、市场化试点。探索允许企业以“金融服务外包业务”注册登记或列入经营范围，先行试点设立涉及电信与网络增值服务的外商投资企业。探索设立由政府引导、多元化投资参与的“金融 BPO 基金”，建立健全风险退出机制，拓宽金融 BPO（业务流程外包）行业在资本市场的投融资渠道。以政府性资金为引导，吸引有资质的机构面向中小金融机构建设金融 IDC（互联网数据中心）共享平台，以灾难备份服务为主，融合金融信息技术服务、金融信息服务和应用托管等功能，为服务外包发展提供基础性信息和技术服务。支持符合条件的金融信息服务企业上市。

（二）加快金融创新服务区建设

完善广州金融创新服务区空间规划，推进广州金融创新服务区升级为省级金融创新服务区，使之成为广东建设金融强省的重点项目，承接国际、港澳台及国内金融机构外包业务，与珠江新城金融商务区形成功能互补、配合密切、联动高效的发展格局。配合广佛同城化建设，促进两地金融前中后台业务合理分工和共同发展。引导境内外金融后台服务机构在广州金融创新服务区集聚发展，加大法律、会计、审计、咨询等中介服务业的对外开放力度。鼓励金融控股公司设立为各专业子公司提供共享后台的客户服务、信息备份、数据处置等平台服务公司。大力引进国际著名投行机构和战略投资者，并鼓励与中资合资入股。梳理、出台包括政府奖励、户籍、子女入学、社会保障等吸引高端金融人才落户广州开发区的配套政策。与金融、教育机构合作，筹建国际金融培训基地，搭建国际金融人才教育培训平台。出台鼓励措施，引导信用担保、资信评级等中介机构进入高新技术产业园区，鼓励开展多种形式的信用业务，完善园区信用服务体系。

（三）开展科技金融创新业务

争取开展代办股份转让系统试点，探索产业基金、创业投资基金等产品上柜交易，探索风险投资退出机制。借鉴合格境外机构投资者制度，探索建立合格境内机构投资者特许制度，允许符合一定条件的合格银行、保险公司和社会保障基金等参与创投。支持中小企业创新创业，积极发展各类股权投资机构，开发适合创业、创新发展的金融投资工具。鼓励设立小额贷款公司和中小企业投资公司，加快组建再担保公司。积极发展知识产权质押融资和创业投资，引导各类金融机构加大对企业自主创新的支持力度。开展科技保险试点，建立科技创业风险投资机制和技术创新激励机制。

（四）加强信用体系建设

搭建企业信用信息数据库和信息共享平台，积极推进国家公共征信系统和省、市、区信用系统信用信息共享。建立银企互动的企业融资信用服务机制。推进中小企业和园区信用体系建设，形成逃废金融债务惩戒机制。加大对失信及非法金融活动的查处和打击。

五、健全资源节约和环境保护机制

以建设国家循环经济示范试点园区和创建国家生态工业园为依托，构建节能减排和生态环境保护政策体系，推动园区产业结构优化升级，建设国际化生态型新城区。

（一）完善节能减排激励约束机制

建立新建项目能评制度，提高高耗能项目准入标准。建立落后产能退出机制，安排专项资金淘汰落后产能。健全节能减排指标体系、监测体系和考核体系，完善节能减排监督管理机制。综合运用价格、收费、财税、金融等经济杠杆，引导社会和企业节约资源。建立节能减排专项资金，发挥广州环境资源交易所的作用，通过市场化操作，政府“以奖代补”等多种方式，引导企业加大节能减排投入。非居民用水实行超计划、超额累计加价收费制度。

（二）健全生态环境保护政策体系

编制实施广州开发区生态建设规划，按照

园区功能分工实行分类管理，探索一体化的规划环评制度和项目布局协商制度。完善开发区规划环境影响评价工作，并及时组织环境影响跟踪评价。创新环保监管和绩效评估体制，建立健全环境监测预警体系、执法监督体系和应急综合指挥系统。将资源环境核算纳入区域科学发展评价体系，实行目标责任制和资源环境问责制。实行公告、公示、奖励举报制度，完善公众参与和社会监督机制。

（三）建设国家循环经济试点示范园区

编制广州开发区循环经济发展规划，确定主要污染物排放、建设用地和用水总量控制指标，规划和调整园区产业结构，促进循环经济发展。统筹园区布局，合理调整产业结构，促进企业进行废物交换利用、能量梯级利用、土地集约利用、水的分类利用和循环使用，共同使用基础设施和其他有关设施，实现资源的高效利用和循环使用。健全并细化园区循环经济评价指标体系，加强资源消耗、综合利用和废物产生的统计管理，建立政策性奖惩机制。完善循环经济政府投入机制。政府机关及使用财政性资金的其他组织带头使用节能、节水、节地、节材和有利于保护环境的产品、设备和设施。推动萝岗新城、国际生物岛、南沙“智慧低碳城”等重点示范区域建设。

（四）建设国家生态工业示范园区

落实《国家生态工业园区建设规划》目标责任，提高新建项目环保准入门槛，实行强制清洁生产审核和生产全过程污染控制。建立废水、固废集中处理系统，合理布局废物回收网点和交易市场，支持废物回收企业和其他组织开展废物的收集、储存、运输及信息交流。建立大气污染检测和防治体系。创新保险产品，开发环境污染责任险、生态建设责任险等各种新型保险业务。充分利用价格、财政、金融等经济手段，率先建立政府、企业、公民各负其责、高效运行的环境管理机制。

（五）创新节约集约用地机制

按照国家和省、市确定的原则，修编土地利用总体规划，报市政府提请省政府审批后组织实施。依据总体规划，开展城镇建设用地增加与农村建设用地减少相挂钩试点。探索耕地占补平衡的途径和方式，实现数量和质量并重的耕地保护制度。依据国家或省土地利用总体规划和土地利用年度计划，组织拟订农用地转用方案，按程序报批后组织实施。对土地利用总体规划确定为建设用地的集体土地，合理确定征收范围，提请市政府报省政府批准组织征收。对国家、省、市重点建设项目，在原有用地审批“绿色通道”基础上，探索加快用地审批的新机制。加大闲置土地处置力度，盘活存量建设用地。实行差别化供地政策，按照产业集聚、布局合理、用地集约的原则进行提升改造，促使交通基础设施、城乡建设用地集约化。建立土地收益调节机制，利用经济手段提高土地利用集约化水平。

六、破除城乡二元结构

破除城乡分割的制度障碍和行政区划壁垒，统筹城乡规划、基础设施和公共服务体系建设，建立以工促农、以城带乡长效机制，形成城乡经济社会发展一体化新格局。

（一）建立一体化城乡规划和建设管理体制

以国民经济和社会发展规划、城乡规划、土地利用总体规划“三规合一”的规划编制创新机制为平台，统筹编制开发区规划，并纳入广州市城市总体规划。进一步完善开发区规划管理体制，建立健全城乡衔接、统一协调的规划管理制度，将国家、省、市重点项目纳入广州市规划审批“绿色通道”，加大中心镇、中心村规划建设工作力度，推进开发区城乡协调、快速有序发展。

（二）推进城乡基础设施一体化建设

按照“结构升级、集聚发展、分类引导、节约高效”的原则，以道路、地铁等基础设施建设为先导，在萝岗区以萝岗新城和科学城北区开发建设为主体，统筹安排城乡基础设施和公共服务设施，促进基础设施向农村延伸，实现公路主干道与沿线村、社区公路网的有效连接。加快公交服务向农村地区延伸覆盖，逐步形成城乡公交资源相互衔接、方便快捷的客运网络。

（三）建立城乡公共服务一体化发展机制

探索教育、文化、卫生、体育等公共资源在城乡之间的均衡配置机制，全面提高城乡一体化的公共事业水平。高水平普及基础教育。推进技能人才培养模式创新。积极发展中外合作办学。按照政事分开、管办分开、医药分开、营利性和非营利性分开的原则，推进医药卫生体制改革，建立城乡一体化的公共卫生和基本医疗体系。实施积极就业政策，建立覆盖城乡的平等就业制度，提高农村劳动力培训资助标准，加强农村职业教育培训，建设符合产业发展要求的专业化职业培训、实训基地和职业技能鉴定示范基地。加大农村地区社会保障投入，完善农村社会保障体系，逐步将各项城市社会保障政策向农村延伸，缩小城乡差别。

（四）推进农村产权制度改革

在现行征地制度的框架下，通过农村土地产权确权和搭建流转平台，着力解决农村微观基础产权模糊和流转困难的问题，建立归属清晰、责权明确、保护严格、流转顺畅的现代农村产权制度，促进土地承包经营权流转。按照相关法律、法规，对农村产权进行确权颁证，明确农村集体土地所有权、使用权和农村房屋产权。在有条件的地方积极推进农地整理和村庄整理，鼓励农民通过土地整理节余耕地和集体建设用地。明确农民宅基地用益物权，试行宅基地有偿取得、使用和流转，在城乡结合部地区，推行宅基地商品化和资本化试点，探索建立农村宅基地推出机制和农村宅基地整治置换制度，妥善解决一户多宅和宅基地闲置问题。建立城乡统一的建设用地市场，推动农村集体建设用地上市交易。

七、创新涉外管理体制

以穗港澳台合作为重要平台，建立大口岸管理体制，加快建设与国际通行做法相衔接的政策体系，建设辐射珠江三角洲地区、全面连接港澳台和东盟经济圈的国际物流运营中心，率先形成全方位、多层次、宽领域、高水平的开放型经济新格局。

（一）建立大口岸管理体制

整合广州开发区口岸办、经济发展和科技局、企业建设局、保税业务局的相关职能，理顺广州开发区管委会与上级口岸管理部门的职能关系，开展口岸管理体制改革试点。推动地方电子口岸建设和跨区域口岸合作，建设具有通关、物流、商务等应用功能的大通关信息平台。争取将机电产品等进出口检验检疫管理权下放给黄埔检验检疫局。建立依法把关、监管有效、方便进出、服务优良、管理科学、收费合理、国际一流的“开发区大口岸办”。争取国家相关部门支持，协调解决黄埔海关驻广州经济技术开发区办事处、黄埔新港海关、广州海关驻萝岗办事处分区监管问题，推动设立综合保税监管区域。争取相关部门支持，改善南沙港区通关环境。推进经常项目外汇管理改革，简化服务贸易外汇收支办理手续，完善进出口核销制度。探索开展开发区内企业经常项目下意愿结售汇和小额人民币自由兑换试点。争取相关金融监管部门的支持，探索开办离岸金融业务，重点发展内外分离型离岸金融市场。

（二）加快海关特殊监管区域的整合发展

推进保税区、出口加工区和保税物流园区等海关特殊监管区域和场所功能整合、政策叠加的综合试点，请求国家批准设立综合保税区。建设海空港联动、多形式联运、多方物流参与，满足广州地区乃至广东省开放型经济发展需要的保税物流体系。不断建立和完善广州国家级开发区与周边地区和内陆腹地的保税物流体系，高起点规划建设大宗商品交易中心，打造华南地区最重要的物流基地。依托南沙保税港区建设大宗商品交易中心和华南重要物流基地，规划设立航运高端要素集聚发展区，全力打造亚洲枢纽型港口物流中心。

（三）构建穗港澳台合作平台

以广州金融创新服务区、国家服务外包示

范区、广州文化创意产业园区、广州检验检测园区、广州保税物流园区、总部经济区、广州科学城北区为依托，设立穗港澳金融合作区，争取成为 CEPA 协议合作试点基地。开展对台经贸洽谈、合作论坛和商务考察，依托区内台资企业进一步扩大对台经贸合作，健全交流机制，拓展合作领域。完善广州国家级开发区对外经贸合作交流体制，深化和提升泛珠三角及泛北部湾区域合作，拓展与日韩、欧美等国家的经贸交流与合作，进一步提升对外开放水平，更好引导区内企业“引进来”与“走出去”有机结合。创新中新知识城发展模式，推进与新加坡等东盟国家经济合作交流。探索国际合作开发科学城北区。拓宽合作领域，创新合作方式，将南沙开发区建设成为推动珠江三角洲地区产业升级的新平台、穗港澳合作特别试验区、粤港共建优质生活圈的示范区以及 CEPA 协议合作试点基地。

八、创新发展模式试验的组织保障

（一）加强组织领导

广州市要切实加强领导，明确工作分工，完善工作机制，确保改革工作的有力推进。在广州开发区、南沙开发区，成立由开发区管委会主要领导担任组长、开发区各有关部门和驻区机构参加的广州国家级开发区创新发展模式试验工作推进领导小组，全面负责改革试验的日常组织推进工作。

（二）建立联动机制

省市有关部门加大对改革试点工作的指导和支持力度，通过签订协议、委托授权、联合试点等多种方式，参与改革试点工作。在行政管理体制、自主创新、金融创新、对外开放、土地规划等重点改革领域赋予广州国家级开发区“先行先试”的权力，在重大项目建设等方面给予政策和资金倾斜。

（三）强化考核督查

加大对改革试点工作的考核督查力度，制订绩效考核管理办法，将改革试点任务作为市、区两级政府年度综合考核重要内容，列入重点督查事项，确保改革试点工作有序推进。

苏州工业园区关于进一步加速金融机构集聚发展的若干意见

2010 年 9 月 7 日

为尽快实现金融翻番增长行动计划目标，吸引各类金融机构及金融服务机构到园区发展，特制定如下政策。

第一条 苏州工业园区金融机构的集聚发展，是以环金鸡湖市域 CBD 等相关区域建设为重点，积极营造有利于金融产业的发展环境和创新氛围，推动园区成为长三角地区的中小企业特色金融产品和服务集聚区、个人财富管理和消费金融服务集聚区，基本形成种类齐全、配套完善、辐射范围广、有一定规模和特色的金融产业链。

第二条 本意见所指金融机构总部是指苏州市新引进的，在苏州工业园区相关区域注册并具有独立法人资格的金融机构，实收资本应不低于 1 亿元人民币。包括经国家金融监管部门批准设立的银行、保险公司、证券公司、基金管理公司、信托投资公司、期货公司、金融租赁公司、汽车金融公司、消费金融公司、财务公司等。

第三条 本意见所指金融机构业务总部是指园区新引进的，在园区相关区域注册的直接隶属于金融法人机构单独设立的资金中心、研究中心、营运中心（如数据处理中心、信用卡中心、票据中心、灾备中心、审批中心、呼叫中心等）等金融后台服务机构。金融机构业务总部母公司资产总额应不低于20亿元人民币。

第四条 本意见所指金融服务机构是经园区相关部门认定的新引进园区相关区域的规模以上担保、融资租赁、典当、保险中介等金融服务机构。其中担保公司实收资本不低于1亿元人民币，融资租赁公司实收资本不低于1亿元人民币或3000万美元，典当公司实收资本不低于5000万元人民币。

第五条 对符合第二条要求的金融机构总部，经认定可给予以下优惠扶持：

1. 按不高于实收资本1%～2%的金额给予奖励。

2. 按照《苏州工业园区鼓励高端服务业领军人才创新创业工程实施意见》给予奖励，用于引进金融高端人才。

3. 在园区相关区域购地自建、新购或租用办公用房，按一定办公面积，给予补贴或优惠。补贴或优惠从高但不重复享受。

在园区相关区域购地（项目建筑面积60%以上由机构长期持有自用），在符合国家和省市有关规定的前提下，按程序合法取得土地使用权并建造的，报园区管委会批准后，在土地价格等方面予以适当优惠。

在园区相关区域新购自用办公用房的，在购房总金额的10%以内，按每平方米1000元人民币给予购房补贴或优惠。享受购房补贴政策的办公用房的房屋产权，在5年内不得出让。

在园区相关区域内租赁自用办公用房的，给予2年100%租金补贴，补贴总额不超过500万元。享受租金补贴政策的办公用房，在租金补贴享受期内，不得转租。

4. 实行财政发展奖励。自营业之日起5年内，原则上按实现增加值、销售（营业）收入和利润总额所形成的园区新增地方财力部分，给予100%发展奖励；之后5年内再给予50%发展奖励。

5. 可参照园区优租房管理中心的相关规定，优先享受园区优租房政策。

6. 对金融机构总部的金融人才，3年内按职工总数的2%～10%，原则上按相当于其个人当年所得部分所形成的园区新增地方财力部分，给予50%的奖励扶持。

第六条 对符合第三条要求的金融机构业务总部，经认定可给予以下优惠扶持：

1. 给予总额不超过150万元的奖励。

2. 在园区相关区域内租赁自用办公用房的，按一定办公面积，给予3年租金补贴，补贴比例为租金（市场指导价）的30%，单位面积补贴金额最高不超过30元/月，补贴总额不超过200万元。享受租金补贴政策的办公用房，在租金补贴享受期内不得转租。

3. 在园区相关区域购地（项目建筑面积60%以上由机构长期持有自用），在符合国家和省市有关规定的前提下，按程序合法取得土地使用权并建造的，报园区管委会批准后，在土地价格等方面予以适当优惠。

4. 按照《苏州工业园区鼓励高端服务业领军人才创新创业工程实施意见》给予奖励，用于引进金融高端人才。

第七条 对园区新引进的银行分行以及外资银行代表处，经认定可给予以下优惠扶持：

1. 银行分行在园区相关区域内租赁自用办公用房的，按一定办公面积，给予3年租金补贴，补贴比例为租金（市场指导价）的30%，单位面积补贴金额最高不超过30元/月，补贴总额不超过200万元。

外资银行代表处在园区相关区域租用自用办公用房的，按一定办公面积，给予2年租金补贴，补贴比例为租金（市场指导价）的30%，单位面积补贴金额最高不超过30元/月。

享受租金补贴政策的办公用房，在租金补贴享受期内不得转租。

2. 对新引进的银行分行在开业初期，给予一定业务支持。

第八条 对园区新引进的保险公司分公司、中心支公司以及外资保险公司营销服务部（支公司）在园区相关区域租用办公用房，经认定，可按一定办公面积，给予租金补贴。

保险公司分公司或保险公司在苏州设立最高营业机构为中心支公司的，在园区相关区域租用自用办公用房的，给予5年租金补贴，前3年补贴比例为租金（市场指导价）的50%，单位面积补贴金额最高不超过40元/月，后2年补贴比例为租金（市场指导价）的25%，单位面积补贴金额最高不超过20元/月，补贴总额不超过200万元。

对外资保险公司在苏州设立最高营业机构为营销服务部（支公司）的，对其在园区相关区域租用自用办公用房给予2年租金补贴，补贴比例为租金（市场指导价）的30%，单位面积补贴金额最高不超过24元/月。

享受租金补贴政策的办公用房，在租金补贴享受期内不得转租。

第九条 对园区新引进的证券公司、期货公司分公司或直属营业部在园区相关区域租用办公用房，经认定，可按一定办公面积，给予租金补贴。

证券公司、期货公司分公司在园区相关区域租用自用办公用房的，给予3年租金补贴，补贴比例为租金（市场指导价）的50%，单位面积补贴金额最高不超过40元/月，补贴总额不超过100万元。

证券公司、期货公司在苏州设立最高营业机构为苏州营业部的，对其在园区相关区域租用自用办公用房给予2年租金补贴，补贴比例为租金（市场指导价）的30%，单位面积补贴金额最高不超过24元/月，补贴总额不超过50万元。

享受租金补贴政策的办公用房，在租金补贴享受期内，不得转租。

第十条 对符合第四条要求的金融服务机构，给予以下优惠扶持：

1. 按不高于实收资本1%的金额给予奖励，总额不超过100万元，分5年兑现。

2. 自营业之日起3年内，原则上按实现增加值、销售（营业）收入和利润总额所形成的园区新增地方财力部分，给予50%发展奖励。

3. 自营业之日起3年内，原则上对公司高级管理人员1人，按相当于其个人当年所得部分所形成的园区新增地方财力部分，给予50%的奖励扶持。

4. 其他金融服务机构可根据项目实际情况参照执行。

第十一条 对于协助成功引进金融机构总部、业务总部的金融机构，可认定为协助招商，并视情况给予奖励。

第十二条 积极鼓励金融机构到园区举办金融会展，经认定对园区发展有重大影响力的，可视情况给予一定政策支持。

第十三条 充分发挥服务外包示范区的政策先行先试优势。积极推进技术先进型服务企业认定范围向金融机构、金融服务外包机构、金融创新机构以及相关专业服务机构突破，经有关部门认定为技术先进型服务企业的，可享受技术先进型服务企业相关优惠政策。

第十四条 对园区金融产业创新发展有重大推动作用的项目，可实行“一事一议”政策。

第十五条 本意见涉及的各项奖励、补贴资金，根据现行财政管理体制，按属地原则兑现。

第十六条 本意见自颁布之日起试行，有效期2年，由苏州工业园区财政局负责解释。原《苏州工业园区关于加速金融产业创新发展的若干意见》（苏园管［2008］32号）从即日起废止。

西安经济技术开发区统筹科技资源改革试点实施方案

2010 年 9 月 8 日

为贯彻落实市委、市政府统筹科技资源改革先行试点战略部署，促进科技资源聚集，推动主导产业做强做大，扶持战略性新兴产业快速发展，把西安经济技术开发区打造成为全国重要的先进制造业基地和科技创新基地，特制定本实施方案。

一、指导思想

以科学发展观为指导，围绕国家《深入实施西部大开发战略若干意见》和《关中—天水经济区发展规划》，充分发挥开发区引领示范作用，以统筹科技资源改革为主线，以增强企业创新能力为重点，健全创新体系，优化创新环境，集聚创新人才，全面提升区域创新能力，推动产业结构调整和发展方式转变，实现创新驱动发展，为西安统筹科技资源改革示范基地和创新型城市建设探索路径，积累经验。

二、基本原则

市场主导，政策推动。发挥市场配置科技资源的基础性作用，综合运用科技、金融、人才等政策，促进科技资源要素有效流动，将科技优势转化为经济优势。

创新机制，形成合力。利用开发区体制机制优势，通过兼顾各方主体利益、实现互利共赢，形成破解科技资源分割、分离、分散障碍的合力，推动统筹科技资源改革。

依托省市，立足自身。依托省、市统筹科技资源政策、资金及服务平台，推进区域科技资源统筹，同时结合区域实际及自身特色，大胆突破，探索改革路径与模式。

统筹规划，分步实施。根据开发区科技资源分布现状，结合省市统筹科技资源的具体要求，坚持有所为、有所不为，区别轻重缓急和具体条件分阶段组织实施。

重点突破，全面推进。紧扣产业发展，以主导产业中科技资源聚集明显的优势产业为突破，先行先试，示范带动其他产业全面推进，协调发展。

三、总体思路、重点任务、实施阶段和目标

总体思路：围绕工业立区和科技强区，以产业发展推动科技资源统筹，以科技资源统筹促进产业发展，按照“市场主导、平台支撑、联盟促进、政策推动、龙头引领、园区承载”的思路，经过 5～10 年的努力，将开发区建设成为创新机制顺畅、创新体系完善、创新环境优良、创新活力迸发的科技创新示范基地，推动先进制造业加快发展，建设创新型开发区。

重点任务：通过创新体制机制、完善公共服务体系、发展创新型服务业、建设统筹科技资源示范园区，统筹区内和区外科技人才、科技成果、科技装备、科技信息等创新要素，激活存量科技资源，吸引增量科技资源，探索统筹科技资源的路径与模式，引导大专院校、科研院所的科技人力、物力资源最大限度实现开放、共享与合作，促进科技成果转化，提升区域创新能力，实现经济总量和质量进一步跃

升。

按照市委、市政府的统一部署，开发区统筹科技资源试点分三个阶段实施。

先行先试阶段（2010～2012年）：

重点工作：完善区域创新政策，优化区域创新环境，提升企业创新能力，在新材料产业和兵器产业先行开展统筹科技资源试点，为全面推进统筹科技资源改革奠定基础。

发展目标：到2012年，初步建立统筹科技资源创新机制，区域政策体系进一步完善，创新环境进一步优化，企业创新能力进一步提升，新材料产业和兵器产业统筹科技资源先行试点取得初步成效，成为科技资源支撑产业发展的先行示范区。主导产业R&D投入占GDP比重达到4.5%；企业技术中心、工程中心数量达到60家以上，实现产学研结合项目100个，专利申请量累计达到6000件；引进高端人才100名，吸引10名两院院士参与产业研发；高新技术产业产值达到500亿元。

加快推进阶段（2013～2015年）：

重点工作：健全区域创新体系，促进科技成果转化，大力发展创新型服务业，在继续深化新材料产业和兵器产业统筹科技资源的基础上，加快推进其他产业统筹科技资源改革工作，全面提升区域创新能力。

发展目标：到2015年，统筹科技资源体制机制更加完善，服务体系更加健全，创新型服务业得到长足发展，先行试点取得突破性进展，区域科技创新能力位居中西部开发区领先地位。主导产业R&D投入占GDP比重达到5%；工业增加值率提高到30%；企业技术中心、工程中心等研发机构达到100家以上，实现科技成果转化及产学研结合项目300个，技术市场交易额达到15亿元，专利申请量累计超过10000件；吸引5～10家风险投资机构入区服务，产业投资基金规模达到10亿元；引进高端人才500名，吸引20名两院院士参与产业研发；高新技术产业产值达到2000亿元，军民融合产业产值达到500亿元；科技对经济增长的贡献率达到70%，经济发展走上创新驱动之路。

提升发展阶段（2016～2020年）：

重点工作：全面提升统筹科技资源改革各项工作。

发展目标：到2020年，统筹科技资源体制机制完善，服务体系健全，全面完成统筹科技资源改革各项工作，科技创新能力位居全国开发区领先地位，先进制造业和战略性新兴产业聚集优势明显，成为西部先进制造业核心集聚区和全国以科技创新推动制造业发展样板区。

四、主要工作

（一）强化创新主体作用，提升企业创新能力

1. 培育创新型优势企业。以西部超导、陕汽集团、BP普瑞、金风科技、盾安电气等企业为重点，加快培育和发展一批创新型龙头企业；以兵器工业集团、西北有色金属研究院及大专院校为依托，培育、引进一批科研机构与企业组成的复合型科技企业。

2. 促进科技资源向企业聚集。加大政策、资金支持，鼓励有条件的企业与高校、科研院所合作，建立企业工程中心、技术中心等研发机构，或设立企业博士（后）科研工作站等，促进科技资源向企业聚集。

3. 发挥龙头企业科技资源优势。通过政策引导，支持企业建立的国家级企业技术中心、工程中心、研发中心等面向行业和产业链上下游企业，开展产品研发、工艺改造和技术升级等专业服务，有效解决中小企业创新能力不足问题，带动中小企业发展，提升产业整体竞争力。

通过政策鼓励、引导骨干企业将重点放在研发和营销服务，将一般加工分离、外包，推动骨干企业逐步从产品供应商向系统集成、系统服务商转变；推动中小企业就地配套生产，释放产能，最终形成以龙头企业为中心，分工明确、紧密结合的产业链条和产业集群，实现产业结构优化升级。

（二）完善公共服务体系，优化区域创新环境

根据产业发展现状和特点，不断完善科技、人才、金融等公共服务体系建设，促进创新要素聚集发展。

1. 创新科技服务方式，构建产业服务体系。

（1）搭建公共技术服务平台。总结新材料实验测试服务平台运作经验，围绕主导产业发展，搭建集检验测试、技术服务及科技成果数据库于一体的公共技术服务平台，实现大专院校、科研院所和企业之间科技资源开放共享，成为西安市科技资源大市场的重要组成部分。

（2）搭建产业协作配套服务平台。通过整合区内企业生产能力、技术能力及生产设备等优势资源，搭建产业协作配套服务平台，实现区内企业生产加工资源共享，提高企业间协作配套水平，降低企业生产成本，推动企业加快发展。

（3）搭建科研信息交流服务平台。定期向区内企业征集研究方向、研发信息等科研项目，并将研发项目通过科研信息交流服务平台向大专院校、科研院所进行公开，吸引各类科技人才参与企业研发，加快促进企业创新能力提升。

（4）推动企业参与标准制定。依托区内重点企业及行业协会，开展技术标准提升活动，推动区内企业参与国际标准、国家标准及行业标准制定，有效提升企业市场竞争地位。

随着统筹科技资源工作的推进，依托西安工业设计园，搭建工业设计服务平台，发挥专业机构在产学研领域的粘合效应，开展工业设计服务，占领产业链高端，提升产业整体创新水平和综合竞争力。

2. 创新人才激励机制，完善人才服务体系。

（1）完善科技人才引进扶持政策。依托现有的归国留学人员创业、高端人才引进等政策，完善科技人才引进政策体系，对科技人才创业项目进行扶持，对企业引进的技术骨干、技能型人才进行奖励，鼓励各类人才入区创业和服务。

（2）探索激励企业引进人才机制。支持企业技术中心、工程实验室、博士（后）工作站等创新机构改善工作条件；对参与企业产学研结合项目的科技人才给予一定补贴；解决企业科技人才、技能人才、管理人才的职称评定问题，使人才进得来、留得住。

（3）营造适合人才发展的良好环境。不断完善有利于科技人才入区创业、就业的生产、生活环境，以多种方式建设专家公寓、人才公寓、廉租公寓及配套生活设施，为人才工作、学习、生活创造良好的条件。

通过完善人才服务体系，鼓励科技人才创办创新型服务企业，在区内形成一批系统集成公司、技术研发公司、技术供应公司、知识服务公司等创新型服务企业，为其他企业提供系统的技术服务和集成创新服务，促使科技人才发挥最大效能。

3. 创新金融合作模式，完善融资服务体系。

（1）健全金融支持统筹科技资源政策体系。依托现有支持中小企业融资、鼓励扶持企业改制上市和担保机构贷款担保补贴等政策，健全金融支持统筹科技资源政策体系，鼓励金融机构和担保公司加大对高新技术产业的支持力度；鼓励区内企业对作出突出贡献的科技人员和管理人员实施技术入股、股权奖励等多种形式的股权激励。

（2）设立开发区风险投资基金。以西安投资控股有限公司为担保平台，设立风险投资基金，发行中小企业集合票据，引导和吸引民间资本、外资参与科技型中小企业发展。

（3）成立开发区科技支行。与银行合作设立科技支行，专门从事科技型中小企业贷款，推动科技支行以知识产权质押、中小企业信用贷款等创新方式进行贷款。

（4）推动科技企业上市融资。加强重点科技企业创业板上市培育，对为科技企业上市

辅导、保荐服务、咨询策划等方面提供服务的中介机构给予补助和奖励，全面推进高成长型科技企业的股份改制和上市融资。

通过不断健全金融、资本及产权市场，募集吸收国内外资金，建立一套由种子资金、产业基金、创业投资、证券投资、担保基金、上市公司构成的资金、资本支持链，为统筹科技资源提供有效支撑。

（三）促进科技成果转化，增强科技对经济的贡献

1. 搭建“一站式”科技服务大厅。在现有知识产权服务大厅的基础上，将科技项目申报受理、技术合同认定登记、知识产权交易等科技成果转化服务功能进行集中，建设“一站式”科技服务大厅，吸纳相关服务机构在大厅设立分支，为各类创新主体提供快速便捷的服务。同时，将现有企业服务网服务功能与科技服务大厅服务职能相结合，构建网络服务体系，拓展、延伸服务领域。

2. 发挥产业联盟促进产学研结合的纽带作用。由管委会牵头，组建主导产业联盟，在人才引进、重大项目联合攻关、共建研发中心等方面发挥纽带作用，使产业联盟成为大专院校、科研院所、企业间多边沟通与合作的桥梁，实现各类科技资源优势互补和合理配置，促进科技成果产业化。

3. 加大科技企业孵化器（创业服务中心）建设力度。在服务外包园、工业设计园及创新工业园中建设科技企业孵化器，支持有条件的企业建设科技企业孵化器，鼓励亏损的中小企业利用现有设施建设科技孵化器，全力促进科技成果转化、培育科技创业企业和科技创新人才，培育科技人才创业能力，不断完善区域创新体系。

通过技术市场、产权交易、创业投资等方面的联系，帮助产学研之间开展技术委托、技术联盟、技术入股、成果转让等技术创新合作；帮助企业有效利用外部的技术信息、资金和人才，进行科技资源整合，促进科技成果产业化。

（四）发展创新型服务业，推动科技资源市场化进程

创新型服务业是以科技创新和科技产业发展为服务对象的服务业，是加快推进科技资源统筹的催化剂，需要大力扶持。

1. 研究制定创新型服务业发展扶持政策。通过政策引导，鼓励科技人员创办创新型服务企业，积极引进一批创新型服务企业，大力培育适宜创新型服务业发展的市场环境，推动创新型服务业加快发展。

2. 重点扶持发展的创新型服务业。结合区域产业特点，重点鼓励发展研发设计服务业、系统集成服务业，面向科技创新的金融服务业、资本市场服务业，技术创新服务业、知识创新服务业、现代物流服务业、市场营销服务业及文化创意等创新型服务业。

通过大力培育、发展创新型服务业，在区内形成一批为企业提供研发、设计、创意和融资、咨询、营销等创新型服务企业，充分发挥市场配置科技资源的基础性作用，使企业、院校、科研院所之间通过创新型服务业的撮合形成创新合力，全面提升区域创新能力。

（五）建设统筹示范园区，探索统筹路径与模式

1. 建设统筹科技资源新材料产业示范园。区内新材料产业科技资源聚集优势明显，以西北有色金属研究院、西北工业大学为代表的科技成果转化及产业化模式，已在区内裂变出一批科技型新材料企业，且企业发展潜力巨大。建立统筹科技资源新材料产业示范园，将有效带动国内新材料领域科技资源和产业项目向园区聚集，促进科技资源优势转化为经济优势。（统筹科技资源新材料产业示范园实施方案见附件1）

2. 建设统筹科技资源兵器产业示范园。部省合作共建的兵器产业基地已进入全面建设阶段，通过建立统筹科技资源兵器产业示范园，将有效统筹兵工科技资源，促进兵器科技成果转化，吸纳兵工科技资源及生产要素向兵器产业基地聚集，推动兵工技术军民结合、产

品军民融合，实现军品、民品科技水平共同提高，融合发展。（统筹科技资源兵器科技产业示范园实施方案见附件2）

通过新材料产业统筹科技资源先行先试，探索由院士领衔的本地科技资源统筹路径；通过兵器产业基地统筹科技资源先行先试，探索军民融合、共同提高的科技资源统筹路径。检验“龙头企业+科研院所+专业园区+服务平台”统筹科技资源模式的效果，逐步向商用汽车、风电装备、太阳能光伏与LED照明、电子信息等主导产业推广，形成“大同（大模式相同）小异（各产业有差别）”、独具特色的统筹科技资源模式。同时，依托中电集团、北车集团、中航集团等央企投资建设的产业基地，探索统筹央企与地方科技资源路径；依托BP、ABB、西门子、博世、TRW等世界500强投资项目，探索统筹外资企业与国内企业科技资源路径。最终达到依托主导产业统筹地方、军工、国内、国外等各类科技资源，实现科技资源优化配置，促进区域经济又好又快发展。

五、保障措施

（一）加强组织领导

成立开发区统筹科技资源改革试点工作领导小组，由管委会主要领导任组长，各分管领导任副组长，相关部门参加，指导全区统筹科技资源改革试点工作。成立开发区统筹科技资源改革办公室，与经发局合署办公，对口衔接市级相关部门，负责统筹科技资源改革政策研究及制定、服务平台建设及运营、科技服务大厅建设及管理、产业联盟建设及资源共享服务等工作，加快推进统筹科技资源改革试点工作。

（二）创新体制机制

通过组建产业联盟，搭建管委会与大专院校、科研院所及企业间适应市场需求的政产学研结合创新体系；通过建设统筹科技资源示范园，建立适应市场发展的科技人才创新机制和军民融合发展共建机制，形成科技资源共享和相互转移的良好格局，突破科技资源条块分割、配置不当的体制性障碍，促进科技资源优势转变为经济发展优势。

（三）健全政策体系

在用足、用好、用活省、市统筹科技资源改革政策资金的基础上，积极争取省、市对开发区统筹科技资源改革试点的政策资金支持。同时，结合自身实际，健全科技创新、人才引进、金融支持、税收优惠等政策，并设立1亿元开发区统筹科技资源专项资金，2010年启动资金2000万元，形成有利于各类科技资源向开发区集聚、各类科技要素向开发区流动的统筹科技资源政策体系。

（四）加强计划管理

制定统筹科技资源改革试点长期工作计划，明确阶段性统筹任务，稳步推进。制定近期工作任务，明确责任分工，并将任务细化分解到相关部门，纳入管委会年度绩效考核，加强督办督导，确保各项工作按时完成。在管委会内部统计报表中增设反映统筹科技资源进度情况指标，形成量化考核标准，准确反映各项工作进展情况。

（五）完善评价机制

建立统筹科技资源改革试点评价机制。对纳入开发区统筹科技资源政策资金支持范围的企业计划项目，定期进行检查，阶段性进行评估，项目完成时进行检查验收；对未按计划任务执行的企业，加强监督指导；对多次督促仍不执行或将扶持资金挪作他用的企业，追缴收回扶持资金，不再纳入统筹科技资源试点范围。

附件 1：

统筹科技资源新材料产业示范园实施方案

新材料产业已被列入国家《战略性新兴产业发展规划》。开发区新材料产业科技资源优势明显，按照“市场机制，政策引导，园区承载”的思路，以新材料产业作为统筹科技资源的突破口，建设统筹科技资源新材料产业示范园，可以有效带动国内新材料领域科技资源和产业项目向园区聚集，将科技资源优势转化为经济优势，具有集成功能和集聚效应。

一、总体思路

紧密结合新材料产业发展需求，以企业为主体，通过政策引导，公共服务平台支撑，以产业聚集区为承载空间，突出“科技创新”特色，凝聚区域比较优势，通过科技成果转化带动科技资源整合，通过科技资源开放共享与合作突破机制体制束缚，通过科研机构与企业互动提升企业自主创新能力，打造国内一流的新材料产业科技创新基地。

二、工作目标

通过统筹科技资源的催化，吸纳人才、成果、项目、设备与技术等新材料产业科技要素向开发区聚集。到“十二五”末，形成新材料产业聚集区，实现产值200亿元，成为西安市新材料产业科技资源聚集区，国内重要的新材料产业统筹科技资源先导区。

——研发出150项具有国际、国内先进水平的创新成果及专利技术；国家级、省级企业技术中心达到30家；专利申请和授权数量年均增幅30%以上；

——吸引10余名中国科学院、中国工程院院士参与新材料产业研发；引进100名国际化人才跨国到园区工作和技术交流；吸引100名博士来园区创业。

——到2015年形成50亿元以上企业2家、10亿元以上企业5家。

三、新材料产业的科技资源优势条

陕西从事材料研究和开发的科研机构有51家，总量仅次于北京，西安市涉及材料领域的高校有89所，总体实力在全国处于领先水平。目前，开发区从事新材料产业的中国工程院院士有2人，博士有28人，硕士有196人，新型有色金属材料产业在国内乃至国际上都有较高的影响力。

自2007年开发区承担国家级陕西新材料成果转化及产业化基地建设工作以来，不断加大新材料企业招商引资力度和产业集群建设力度，目前已形成产业特色鲜明、竞争优势明显的发展格局，拥有国际一流的超导材料产业基地，亚洲最大的无缝钛管生产厂、层状金属复合材料生产基地和金属纤维生产基地，现有西部超导、天力金属、西部钛业、西工大超晶、菲尔特金属等43家新材料企业，预计今年可完成工业总产值25亿元，具有以下特点：

（一）区域创新能力不断增强

开发区新材料企业拥有各类研发机构22家。其中国家级工程实验室1家，省级企业技术中心12家、省级工程技术中心3家，市级技术中心6家。西部超导公司的超导材料制备国家工程实验室是该领域国内唯一的国家级工程实验室，形成了基础研究、中试开发和产业化3个层次的发展体系。超导材料、有色金属新材料等方面在国际上处于领先地位。

（二）产业科技资源投入日益扩大

2009年区内新材料企业共承担包括大飞机、国内重点军品项目在内的国家重大课题

10项，共获得政府各级支持资金3662万元。其中，正在实施高技术发展计划（“863”计划）和国家科技支撑计划（原国家科技攻关计划）2项，获得国家支持金额2050万元；省、市各级主管部门立项25个，累计获得支持1612万元。新材料类企业2009年申请专利240件，累计申请专利超过1000件。

开发区新材料企业2009年、2010年连续2年的科技研发投入达到2.5亿元，企业拥有各类试验检测设备118台（套），总价值达9180万元。

（三）行业引领作用明显

按照市场机制，区内新材料企业均已建立质量管理体系，类型涵盖服务、作业、管理等各环节。“十一五”末，相关企业共制定企业标准115项，参与国标制定12项，参与行业标准制定2项，起草国际标准1项，充分体现了开发区新材料产业在业界的引领地位。

四、统筹新材料产业科技资源的切入点

（一）有效整合新材料产业的科技资源，形成科技创新的合力。目前区内西北有色金属研究院系企业与其他企业、研究机构与区内企业间缺乏有效互动，科技资源配置具有浓厚的属性特色，分散大于集成，造成资源条块分割，难以发挥“溢出”效应。

（二）构建促进成果转化的环境和机制。科技成果转化是促进科技资源整合的最佳方式，目前区内培育、孵化科技成果的环境需要进一步完善，金融、投资、创新型服务业等需要进一步发展。促进科技成果产业化的机制尚未建立，有效促进产、学、研结合的激励机制尚不健全，科技资源难以发挥“聚合”效应。

（三）建立健全统筹科技资源政策引导机制。创新政策体系是保证统筹科技资源顺利实施的有效手段，目前开发区统筹科技资源政策体系尚不健全，没有形成多措并举的政策合力。社会资本、人才要素流通性较弱，产业工程中心、科技研发基础平台的建设需要进一步引导。

五、重点任务

（一）建设统筹科技资源新材料产业示范园，形成重点突破

示范园一期以现有新材料企业约1500亩土地为载体，重点发展有色金属新材料、先进复合材料产业并形成产业集群；示范园二期在泾渭新城拓展区规划8平方公里集中新建区，用于新材料产业化项目、研发项目、科研机构、创新型服务业项目建设，作为统筹科技资源新材料产业示范园拓展载体，重点发展有色金属新材料和无机非金属新材料并形成产业集群。新材料产业示范园总规划面积约9平方公里。

1. 西部超导新材料产业聚集区。以西部超导公司中心区约288亩地及泾渭园的430亩土地作为统筹科技资源西部超导新材料产业聚集区。重点发展新型超导材料制备技术、超导材料工业化、成材技术产业化。西部超导公司作为龙头企业给予重点支持和培育。

以“超导材料制备国家工程实验室”、“陕西省航空材料工程实验室”以及“陕西省功能材料工程实验室”为公共研发平台，统筹吸纳北京大学超导应用研究中心、西北有色金属研究院、西北工业大学材料学院、西安交通大学材料学院、北京航天航空大学材料学院、西安理工大学材料学院、中南大学材料学院、哈工大材料学院、中科院煤化所、中科院高能物理研究所、北京航材院等高校科技资源。引进中信集团、深圳市创新投资集团有限公司、西安工业资产经营有限公司、日本JASTEC公司、德国GFE公司、中航重机集团有限公司等投资机构，大力推进超导材料产业化，形成国内领先、国际先进的超导材料产业聚集区。

支持超导磁体及装置制造、核磁共振成像仪超导线材、航空用特种中间合金、超导量子干涉仪、生物用新材料棒丝材等重点项目建设，重点推进医疗、航空、航天及国防工业用

稀有金属材料制备和产业化。快速形成统筹科技资源新材料产业成果的展示区，加快推动科技资源统筹的示范区。

2. 有色金属新材料产业聚集区。以西北有色金属研究院泾渭新城新材料园（约700亩）作为统筹科技资源有色金属新材料产业聚集区，重点发展钛及其合金材料的研究和开发、新能源、核电用稀有金属/难熔金属复合材料产业化。以天力金属、西部钛业、菲尔特、西工大超晶等企业为骨干，给予重点扶持和培育。

以"陕西省层状金属复合材料工程研究中心"、"超净多孔材料性能检测实验室"和"绿色金属催化公共研发平台"为公共研发平台，引进陕西新材料工业研究院等研究机构，统筹吸纳西北有色金属研究院钛合金研究所、粉末冶金研究所、工程研究中心、西工大凝固技术国家重点实验室、西工大稀有金属材料与加工研究所、陕西省先进材料及凝固加工工程研究中心等科技资源，引进风险投资机构，重点发展层状金属复合材料、钛铸锭、锻件、板带材、棒材、丝材、管材、复合板、钛设备生产、金属纤维、金属纤维毡和多层金属烧结网、金属多孔材料、金属粉末制备和粉末冶金材料、金属过滤与分离装备制备、绿色金属催化等项目，大力推进钛及钛基复合材料工程化，成为中国重要的有色金属新材料产业聚集区。

3. 新材料产业科技企业孵化器。在泾渭创新工业园建设新材料产业科技企业孵化器，构建科技企业服务平台，重点培育新材料产业科技企业，孵化科技成果，促进科技成果产业化，完善新材料产业链，支持新材料产业整体发展壮大。

支持"镁合金综合研发中心"等公共研发平台建设，统筹吸纳科研机构和高校的技术成果及专家资源，创造良好的科技企业孵化环境，大力推进高性能金属或金属复合材料及特种精密铸造材料等高新技术成果产品化，成为国家级新材料产业科技企业孵化器。

4. 统筹科技资源新材料产业集中新建区。在泾渭新城扩区范围内规划8平方公里作为统筹科技资源新材料产业集中新建区，重点发展高性能有色金属新材料及无机非金属、先进功能材料等产业化项目，并大力引进研发机构，发展创新型服务业。

统筹纳入西北有色金属研究院、西安电子科技大学新型半导体材料与器件重点实验室、西安科技大学硅镁材料与节能技术研究所、西工大超高温结构复合材料国防科技重点实验室、西安交通大学电力设备电气绝缘国家重点实验室、西安高压电器研究所等机构，重点发展高性能有色金属新材料、无机非金属新材料、高性能电子信息新材料、节能型新材料等产业，形成开发区新材料产业创新示范区。

（二）发挥平台作用，强化共享渠道

1. 大力发展创新型服务业，发挥市场机制对统筹科技资源的促进作用，结合国内外新材料高新技术产业发展新趋势，加快健全知识产权、会计、法律等新材料专业服务体系，推进新材料高新技术产业价值链的改造和拓展。

2. 在原有新材料实验测试公共服务平台基础上持续扩充仪器设备信息，纳入兵器工业集团等军工单位科研机构仪器设备，为新材料企业承接核电、国防、航空航天特种项目扩大检测范围和认证渠道；搭建开发区产业协作配套公共服务平台，促进院校可转化科技与企业需求形成互动，为产品、市场、技术成果公开共享创造条件。

3. 搭建新材料产业科技金融服务体系，引入金融机构与担保公司，解决科技企业在发展过程中的资金困难，鼓励科技成果跳出体制、机制的局限，形成院、校、企合作新模式，在高校、科研院所和企业间实现快速转化。

4. 充分发挥开发区新材料产业联盟纽带作用，建立产业创新培训基地，通过开展专业培训、技术交流等活动，为科技人才成为企业家提供咨询、辅导，积极促进区域内各类科技资源的优势互补和合理配置。

（三）加强政策引导，实现科技资源聚合

1. 充分利用人才引进政策，带动人才资源快速汇集。依托现有的归国留学人员创业、高端人才引进等扶持政策，吸引科技人才入区发展创业、技能型人才到区内企业就职或参与工作。同时，积极营造适合人才工作、学习、生活的良好环境。

2. 完善创新政策体系，提升企业科技创新能力。在落实现有产业扶持政策基础上，完善与制订有关科技资源共享的倾斜性扶持政策，鼓励西部超导、天力金属、碧辟等龙头、骨干企业逐步开放共享自建实验室，扶持海镁特、西工大超晶、凯立化工等具备条件的企业自建或联合建立专业化公共研发平台，吸引陕西新材料工业研究院等机构、科研院所集中在开发区布点，以强化科技资源的聚集效应，带动技术、资本、人才三要素在开发区实现聚集、聚合、聚变。

六、组织实施

统筹科技资源新材料产业示范园实施方案由泾渭工业园管理办公室负责组织实施，各相关部门配合。

附件2：

统筹科技资源兵器科技产业示范园实施方案

兵器工业是中国军工的发源地，中国兵器工业集团拥有强大的科技研发力量和制造实力。按照“市场机制、政策引导、园区承载”的思路，以西安兵器工业科技产业基地作为统筹兵器工业科技资源的先行先试载体，建设统筹科技资源兵器产业示范园，对于促进军工科技成果转化，推动兵器工业技术军民结合、产品军民融合，吸纳军工科技资源及生产要素向兵器产业基地聚集具有重要意义。

一、总体思路

紧密结合兵器工业集团发展需求，以企业为主体，通过政策引导、公共服务平台促进，以兵器产业基地为示范载体，突出“军民融合”特色，发挥“兵器资源”优势，创新资源整合路径，推动科研成果院企共享、军工与地方共享，实现科技资源双向转化，全面提升企业的创新能力，打造“军民融合高新技术产业基地”。

二、工作目标

通过统筹科技资源兵器产业示范园先行先试，建立科技资源服务体系，探索科技成果军民融合促进机制，探索国内军工科技成果孵化和工程化的发展模式，率先建立军民融合的统筹科技资源示范园区。

——建设国家及省级企业技术中心10家，培育20个以上列入国家重大课题项目研究的特种装备或军民结合项目。

——每年新产品开发及成果转化项目不少50个，专利申请和授权数量年均增幅30%以上。

——吸引1～2名两院院士参与项目建设，引进3～5名国家“千人计划”的海外高层次人才创业，培育500～1000名高端科技人才。

——2015年园区产值达到500亿元，实现年产值超100亿元企业2家、年产值超50亿元企业2家、年产值超10亿元企业10家。

三、统筹兵器工业科技资源优势条件

兵器工业在陕西拥有17家研究机构和企业，在装备制造、光电信息、新材料等产业具有很强的研发和生产能力，周边省区也有大量兵器企业，对陕西形成了有效的资源补充。

西安兵器产业基地总规划面积13.6平方公里，已有27个项目入区，总投资108亿元。2010年新开工项目25个，兵器产业基地已进入全面建设阶段，具备统筹科技资源先行先试的条件。

四、统筹兵器工业科技资源的切入点

（一）有效整合兵器科研机构与企业。使研究机构的研究方向、科研成果与企业实际需求有效对接，科研与市场对接，为科研成果转化创造条件。

（二）统筹兵器与地方科技资源。使双方的优势资源互动、共享，形成研发与转化的合力。

（三）探索科技成果转化机制和发展模式。建立科研成果转化的渠道和平台，推动科研成果产业化和市场化。

五、重点任务

（一）创新机制，有效整合研究机构与企业科技资源

积极探索整合科研机构与企业的发展模式，实现优势互补、资源共享，增强企业核心竞争力。通过248厂、258厂和205所的整合重组，形成光电信息产品科研与生产一体化，发展壮大光电信息产业。同时，推动以204所、213所、53所与企业联合组建高新技术企业，吸收郑州华硕精密陶瓷公司等民营企业加盟，形成科研院所与民营企业合作。探索军工科研机构与地方企业统筹科技资源的发展模式，重点发展光电子、微电子、陶瓷材料和复合材料等产品的开发及产业化。在统筹科技资源示范的基础上，把创新的机制与模式进一步推广，推动兵工科研机构设备与设施开放，科研成果与技术向民用领域转化，兵工院企与其他所有制企业合作的统筹科技资源、军民融合的发展模式。

（二）以项目带动科技资源统筹，促进产业发展

兵器工业科技产业基地重点发展装备制造、新材料和光电信息等主导产业，以项目建设作为统筹科技资源的主体，促进主导产业发展。

1. 装备制造产业聚集区。

（1）重点发展以整车组装和关键零配件生产为主的运输车辆技术开发和产业化、系列化。以618厂西北分公司为龙头，发展豪华型和普及型相结合的大客车的研制与生产。以248、804厂为主体，发展汽车安全气囊及点火药具等电子配套产品。以7323厂为主体，发展改装车和特种车辆等产品。通过兵器与内外资企业、兵器与地方科技资源统筹，逐步形成以大客车、专用车、改装车、汽车零部件等四大业务板块为主的汽车产业发展格局。

（2）重点发展以石油钻铤、柴油发动机为主的能源装备制造业总体系统与关键配套产品的研制、开发与产业化、系列化。以5402等企业为龙头，发展石油钻铤、钻杆机具、车船发动机、煤气发电机、风力电机等产业。通过兵器系统企业之间、兵器企业与高校科技资源统筹，形成以“风雷”等上市公司为核心的能源装备产业发展格局。

（3）重点发展精确制导产品和精密控制器件的研制、开发与产业化、系列化。以844厂为龙头，发展精密控制、智能器件、制冷装置等产品。通过科技成果产业化提升产品水平和竞争力，形成以东方集团上市公司总部为核心的兵器工业精密控制产业发展格局。

2. 新材料产业聚集区。

（1）重点发展光电子、微电子、陶瓷材料和复合材料等技术开发和产业化、系列化产品。通过院企科技资源统筹、联合开发，以204所和844厂合作，重点发展彩色液晶显示材料。以204所、213所、53所与企业联合组建的高技术企业为龙头，吸收民营企业加盟，通过兵器科研机构与民营企业科技资源统筹，发展新材料产业，形成新材料产业发展格局。

（2）重点发展以特种化工原材料为基础的精细化工、毁伤技术开发和产业化、系列化产品。以845厂为龙头，发展高品质纤维素、

苯系列、聚氨脂、医药类精细化工等产业。通过兵器与院所和陕西优势企业统筹科技资源、推动合作，促进科技成果产业化，形成特种化工新材料产业发展格局。

3. 光电信息产业聚集区。

重点发展以光电器件为基础的探测、控制技术开发和产业化、系列化产品。以北方光电集团为龙头，发展光电显示器件、太阳能电池、防务装备等产业，通过统筹科技资源，形成以新华光上市公司总部为核心的光电产业发展格局。

（三）政策引导、平台推动

按照企业主体、市场机制、政策引导的原则，加快兵器基地科技创新体系建设，推动科技成果有效转化，增强科技对经济发展的贡献。

1. 重点推动兵器基地科技创新体系建设。

积极利用开发区现有政策引导，充分发挥各类服务机构的促进作用，在人才引进、项目扶持、专利申请、成果转化和融资担保等方面促进兵器基地统筹科技资源有所突破。

兵器西北信息总体研究中心：以兵科院为主体，以系统总体部、规划院、信息中心、推广中心为主要支撑，围绕体系级陆军作战武器系统的研究与开发、现代兵器作战系统仿真演示、西北地区国防动员指挥中心、军民两用高技术成果推广网等科技平台建设，着力发展信息化武器装备与技术，推进装备与技术向民用领域转化，形成兵器工业网络信息系统开发、科研基地。

兵器西北科技成果孵化中心：参照台湾工业研究院和陕西工业技术研究院的建设模式，依托南京理工大学、北京理工大学、西北工业大学和有关科研机构，采取股份制经营方式，围绕武器装备关键基础产品与技术开发，围绕战略性新兴产业，着力进行军民两用新产品、新技术、新工艺开发和科技成果孵化，形成兵器工业高技术成果转化及工程化研发基地。

2. 充分发挥实验检测公共服务平台功能，提升企业创新能力建设。

将有效利用开发区现有实验检测公共服务平台，为企业在产品开发、实验检测等方面提供保障。同时积极推进兵器研究机构的设备和设施开放共享，在开发区实验检测公共服务平台中增加兵器科研机构的仪器设备和科学数据等信息，扩充平台数据库，扩大实验检测范围，实现军工与民用科技资源双向开放、共享。

3. 加快成立军民融合产业联盟，深化军民合作与交流。

加快研究成立军民融合产业联盟，在科技成果共享、高端及专业人才培养、军民技术及产品转化等方面开展科技与服务工作，推动科技成果转化，促进兵器工业集团科技资源及生产要素向兵器产业基地聚集，加快推进兵器基地建设进程。

六、组织实施

统筹科技资源兵器科技产业示范园实施方案由兵器产业基地管理办公室负责组织实施，各相关部门配合。

青岛经济技术开发区关于实施定向招商促进服务业加快发展工作的指导意见

2010 年 5 月 14 日

根据市委、市政府实施定向招商促进产业调整振兴大会精神及《青岛市人民政府关于实施定向招商促进服务业加快发展的意见》，把定向招商工作做为青岛经济技术开发区优化服务业产业结构，促进服务业又好又快发展的重要突破口和主要手段。为做好 2010 年开发区服务业定向招商工作，提出以下意见。

一、总体思路和目标

围绕“打造高端服务业集聚区和现代服务业先行区”的发展目标，把 2010 年作为“服务业定向招商促进年”，以服务业集聚区为载体，以定向招商为手段，创新招商工作体制机制，引进一批科技含量高、经济效益好、税收贡献大、辐射带动强的服务业大企业、大项目，进一步优化结构，培育特色，实现繁荣全区服务业，推动全区服务业定向招商工作实现全面突破。

（一）研究出台“四个一”招商举措。即出台一系列定向招商新政策、建立一个定向招商体系、筛选一批定向招商载体、组织一系列定向招商活动。

（二）实施“四大版块”重点突破。瞄准欧美版块，紧盯日韩板块，抓住港澳台版块，积极参与国内版块合作。

（三）实施“三大载体”定向推介，精选出口加工区、服务业集聚区、重点企业、项目等 20 个现代服务业招商载体，向国内外推介。

（四）多种途径开展定向招商活动。

2010 年，全区服务业引进内外资年均增长 30% 以上，其中，定向招商项目的数量和投资额均不低于 75%。

二、招商重点

（一）加强定向招商产业引导

现代物流业。引进 3 家以上国内外知名物流企业地区总部、第三方、第四方物流企业及航运企业和船代、货代等中介服务机构。（责任单位：区服务业发展局、交通局）

金融业。重点引进 1 ~ 2 家中、外资法人金融机构（责任单位：区服务业发展局、人民银行）

旅游业。引进 3 家国际知名酒店连锁管理集团、国际旅游代理商和旅游综合开发企业。（责任单位：区旅游局）

科技信息。引进 1 ~ 2 家国内外知名研发机构、企业技术中心。（责任单位：区科技局）

服务外包。引进 3 家国内外知名服务外包企业。（责任单位：区外经贸局）

总部经济。引进 3 家以上跨国公司地区总部或派出机构、国内知名企业地区总部或分部。（责任单位：服务业发展局）

文化创意。引进 1 ~ 2 家出版、设计、动漫等文化创意企业。（责任单位：区文化局）

（二）突出服务业集聚区定向招商载体作用

抢抓国际服务业资本加快转移的机遇，一是重点做好 6 个集聚区（综合服务业集聚区、前湾港物流集聚区、凤凰岛旅游文化创意集聚区、小珠山生态与文化产业集聚区、科技信息服务业集聚区、北部配套服务业集聚区）的策划与包装，通过各种途径开展集聚区招商推介活动，实施服务业集聚区专业招商。二是从市区两级级服务业重点项目中精心策划、设计包装海上嘉年华、启立软件园等15个大项目，作为服务业定向招商载体，与境内外大企业进行定向洽谈，吸引境内外大企业投资合作共同开发，抓好服务业重大项目定向招商。（责任单位：区服务业发展局、各专业招商局、各街道办事处）

（三）大力开展服务业定向招商系列活动

发挥各专业招商局、街道办事处招商主力军作用，充分利用各种机会，挖掘各种资源，点面结合，开展系列定向招商活动。

1. 平台招商。充分发挥市、区两级驻外机构招商平台作用，宣传推介开发区投资环境、产业政策、集聚区建设和重点项目等优势条件，营造定向招商良好环境。（责任单位：区外经贸局、发改局、服务业发展局）

2. 节会主题招商。利用金沙滩文旅节，金凤凰电影颁奖晚会，国际儿童电影节等主题节会，有针对性的加强城市形象宣传和各类投资促进。（责任单位：区节庆会展办、旅游局）

3. 以商招商、中介招商。加强与各行业商协会、中介机构的沟通联系，聘任专业招商代理和招商顾问从事招商引资活动，不断拓展项目信息渠道。（责任单位：区服务业发展局、外经贸局、各专业招商局、各街道办事处）

4. 网上招商。加快服务业定向招商网站建设，通过与市服务业网、市物流协会等网站链接，建设具有放大和全覆盖功能的电子商务平台，将开发区服务业定向招商资源、集聚区、重点招商项目进行网上推荐，实现24小时网上定向招商。（责任单位：各专业招商局、各街道办事处）

5. 专题招商。有针对性地开展国内外小分队专题定向招商活动，开展欧美登门拜访、日韩招商推介、港澳台定向洽谈和国内京、渝、苏、沪、浙、粤及重点城市的经济合作，策划针对性较强的专题招商活动。（责任单位：区外经贸局、区服务业发展局、各专业招商局、各街道办事处）

（四）加强定向招商信息平台建设

1. 编制服务业定向招商工作手册。将服务业定向招商方向、办法和策略、招商服务体系等进行汇总编辑，编印成册，发放各招商部门，招商人员人手一册，指导现代服务业各行业、集聚区定向招商工作的顺利开展。（责任单位：区服务业发展局）

2. 建立定向招商产业目录和目标客户数据库。对金融、物流等7个重点产业领域招商信息进行梳理。列出实施定向招商的国内外服务业重点大公司、商会等重要投资促进机构，建立客户数据库，加强沟通联络，确定招商重点，提升定向招商针对性。（责任单位：区服务业发展局、外经贸局、旅游局、文化局、科技局、节庆会展办）

3. 培育定向招商载体。加强前湾港物流集聚区、小珠山生态与文化产业集聚区等六大服务业集聚区载体建设，着力加快青石湾生态园、海上嘉年华、启立软件园等服务业重点项目建设，促进服务业定向招商集聚发展。（责任单位：凤凰岛管委会、出口加工区管理局、珠山风管委、服务业发展局、外经贸局、旅游局、文化局、科技局）

4. 汇集社会招商资源。加强与各级商协会、中介机构的联络，发展与同乡会、联谊会、企业协会的关系，充分发挥行业协会、民间组织的组织功能和信息优势，提高定向招商效率。（责任单位：区工商联）

三、工作措施

（一）建立完善服务业定向招商体制机制

成立实施定向招商促进服务业加快发展工作领导小组及办公室，明确开发区服务业定向招商责任单位。确定一个产业一个定向招商体系，实施服务业专项招商；一个集聚区一个招商部门，实施服务业集聚区专业招商；一个服务业重大项目一个招商团队，实施服务业重大

项目专人招商。列出年度定向招商工作计划，报区领导小组办公室备案后组织实施。（责任单位：区服务业发展局，相关责任单位）

（二）强化服务业定向招商考核机制

科学设置考核目标，逐级分解招商任务，将服务业定向招商考核纳入区 2010 年服务业专项考核中，指导各招商单位提升定向招商责任意识和效能意识。坚持把责任与考核结合起来，对完不成任务的通报批评，对超额完成任务的进行奖励。通过重激励、硬约束、严考核，形成定向招商的良好局面。（责任单位：督查室、服务业发展局）

（三）进一步强化对定向招商的政策激励

积极对接青岛市新出台的实施定向招商促进产业调整振兴的意见，认真梳理总结开发区近年来招商引资工作的政策做法，充分借鉴外地的先进经验，研究制定服务业定向招商具体激励政策，明确工作方向、目标和重点，进一步优化政策环境，充分调动方方面面的积极性，真正形成招商引资的整体合力。（责任单位：区服务业发展局）

（四）建立一套重点项目推进和服务机制

按照“一个重点项目、一名牵头领导、一套服务班子、一张开工竣工时间表”的工作机制和要求，争取签约项目抓紧开工，在谈项目抓紧签约，意向项目抓紧接触，确保重点项目早签约、早开工、早竣工。按照“调查研究主动办、跟踪服务及时办、找上门来马上办、克服困难想法办、重大项目优先办、多头管理协调办、坚决不说不能办”的“七办作风”要求，进一步完善大项目“网上直通车”、绿色通道等制度，对重点招商项目实行特事特办、急事先办，为项目落地和开工建设创造良好条件。建立投资企业定期回访机制，营造和优化安商、亲商、富商的良好环境。以良好作风聚集人气，良好环境聚集商气。（责任单位：区服务业发展局、各专业招商局、各街道办事处）

（五）营造有利于投资兴业的良好环境

通过加强管理，完善投资服务平台，进一步营造宽松互惠的制度环境、优质高效的政务环境，吸引国内外大企业、大集团到开发区投资兴业。一是树立“服务就是招商”的意识，提高沟通协调能力，进一步改善投资商意见反馈的效率和质量，确保投资方满意；二是坚持诚信原则，坚持兑现对企业的承诺，做到贴身服务，优质服务；三是继续贯彻落实重点项目专人服务制度，对落户项目全程跟踪，按时、高效地帮助企业办理工商注册、税务登记等相关手续，切实帮助企业解决各种困难。四是做好与上级部门的沟通协调，积极争取扶持政策，扶持企业做大做强。（责任单位：区外经贸局、发改局、区服务业发展局、各专业招商局、各街道办事处）

杭州经济技术开发区
关于鼓励文化创意产业发展的若干政策
（2010 年度）

2010 年 2 月 26 日

为鼓励杭州经济技术开发区（以下简称 开发区）文化创意产业做优做强，加快推进开发区文化创意产业发展，根据国家、省、市相关政策，结合开发区实际，制定本政策。

一、适用范围

本政策适用在开发区内工商注册和税务登记，在开发区投资、经营，且符合开发区产业发展导向，从事信息服务业、动漫游戏业、设计服务业、现代传媒业、教育培训业、文化休闲旅游业、艺术品业、文化会展业八大门类的创意企业和创意产业园。开发区重点鼓励发展工业设计、电子商务、影视传媒和服装设计产业。

二、政策内容

（一）创意企业

1. 对年销售收入首次超过500万元的创意企业，给予企业一次性奖励30万元。对国内外知名创意企业在开发区建设企业总部，予以优先供应土地。

2. 凡获得国家、省、市各类创意产业专项支持的创意企业，开发区按相关规定给予资金配套，并一次性给予企业30万元、15万元、5万元的奖励。

3. 企业参加由开发区统一组织的各类创意型展会，给予摊位费全额资助，单个企业年度会展补贴金额不超过30万元。

4. 对新引进的开发区重点鼓励发展创意企业租用区内办公用房进行研发、设计活动的，经开发区相关部门认定后，给予企业自设立之日起3年按当年租价的80%、50%和30%补贴，享受租金补贴面积不超过500平方米。

5. 对担保机构为开发区重点鼓励发展的中小创意企业融资提供担保的，按其提供贷款担保年日均担保额的1%，给予担保公司补贴，补贴额度不超过100万。

6. 对开发区重点鼓励发展的创意企业为发展文化创意产业向银行借贷资金，给予每年不超过50万元的贷款贴息。对获得市以上立项资助的文化创意产业公共服务（技术、创作、培训、版权等）中心和平台项目，贷款利息超过50万元部分，再给予50%的贷款贴息，单个项目贴息期限不超过3年。

7. 开发区管委会相关的政府采购，在同等条件下优先采购区内创意企业的自主创新产品和服务。

8. 鼓励企业参加国内外创意大赛，并对获奖项目给予相应奖励：

（1）获得国际知名的工业设计、创意大赛金奖，奖励10万元。

（2）获得国际知名的工业设计、创意大赛银奖或国家级（包括协会组织）的工业设计、创意大赛金奖，奖励8万元。

（3）获得国家级（包括协会组织）的工业设计、创意大赛银奖或省、市级（包括协会组织）的工业设计、创意大赛金奖，奖励5万元。

（4）获得省、市级（包括协会组织）的工业设计、创意大赛银奖，奖励2万元。

9. 鼓励开发区现有制造业企业开展工业设计服务外包业务，其与区内工业设计企业签订合同的，给予合同实际成交金额5%的奖励，每家企业最高不超过50万元。

对将工业设计成果成功转让给开发区内企业，以合同实际成交金额的5%奖励给工业设计成果单位，每家企业最高不超过50万元。

10. 对企业通过审查的原创性影视、动画、出版作品给予奖励。在中央台、市级（含）以上电视台首次播出的动画片，按每分钟1000元和600元给予奖励。在中央台、市级（含）以上电视台首次播出的电视连续剧，按每集（每集时间长度按45分钟计算）给予5万元和2万元奖励；电影作品在国内影院首播，按每一部50万元给予奖励。

11. 创意企业影视、动画作品获得国际A类电影节或国际知名动画节展主要奖项的，给予一次性奖励100万元；获得国家级政府类重大奖项的，给予一次性奖励50万元。对在省级以上出版机构出版发行的原创影视、动漫、及相关文学作品（转让作品不在此列），发行量在5万册以上的，一次性给予8万元奖励。

12. 企业使用第三方电子商务平台，经开发区认定的，给予企业服务年费50%的一次性资助，每家企业最高资助额不超过20万；

鼓励电子商务企业自主开发相关产业化软件项目，按项目实际总投资额的20%给予资助，最高资助额不超过100万。

13. 鼓励电子商务企业加速发展，对企业租用通讯、宽带费给予50%的补助，每家企业最高资助额不超过10万。

（二）创意产业园

14. 鼓励和支持创意产业园申报市级以上创业中心（孵化器）。被认定为市级以上创业中心（孵化器）的则享受相应的优惠政策。

对创意产业园获得市级以上认定的公共技术平台或公共服务平台建设项目，区财政按下达项目要求给予资金配套。

15. 创意产业园企业当年对区财政的贡献超50万元，由区财政给予创意产业园管理机构一次性奖励25万元，同一园区奖励不超过3年。

三、附则

1. 创意企业和创意产业园认定标准：

创意企业认定标准：

（1）从事本政策所列的一种或多种创意服务和产品的研究、开发及经营业务。

（2）具有独立法人资格，实施独立核算、自主经营、自负盈亏的经济实体。

（3）企业中从事创意工作的相关人员占职工总数的70%以上。

（4）企业按本政策所列范围内的创意服务及相关产品的收入总和不低于企业总收入的70%。

创意产业园认定标准：

（1）创意产业园具有专门的管理服务机构、健全的管理体制和运行机制，配备专职专业管理人员。

（2）创意产业园建筑面积一般不低于2000平方米，且入园企业达到20家以上。

（3）创意产业园的建设和运行必须符合政府相关部门的有关规定。

2. 凡符合以上条款的企业，必须同时具备以下条件：

（1）当年未发生生产安全死亡事故或较大以上生产安全事故。

（2）当年未发生环境污染事故。

3. 企业获得开发区其他同类财政资助（奖励）的（含一企一策），按就高不就低原则，不重复资助（奖励），各项奖励总额原则上不超过该单位对开发区的财政贡献。

4. 符合条件的企业于2011年1月底前提出申请，经由杭州经济技术开发区经济发展局会同有关部门审核，并报开发区管委会批准。

5. 凡财政收入划入街道的企业，其政策兑现资金由街道承担50%。

6. 凡经年度审计发现有不符合资助或奖励条件的，予以追回资金。

7. 本政策由开发区管委会负责解释。

8. 本政策自2010年1月1日起执行。

广州经济技术开发区萝岗区技能人才引进培养晋升资助和奖励办法

2010年5月18日

为进一步拓宽技能人才引进、培养、晋升渠道，深入落实国家、省、市人才发展和促进就业的相关政策，为广州经济技术开发区制造业产业结构调整与提升夯实基础，根据开发区实际情况，制定本办法。

一、技能人才引进奖励和资助

（一）用人单位外出招聘构建校企合作平台资助

1. 资助对象：区内用人单位。

2. 资助标准：由区内用人单位报名参加，区劳动部门审核选定，组成招聘或考察团队，每年不少于2次，赴区外劳动力大省和职业技术教育发达地区招聘，或建立劳务输出合作基地，搭建校企合作平台。同时建立校企合作网站，实现区内用人单位技能人才需求信息的实时更新，运用网络平台促进校企合作。

3. 资助金额：用人单位出行费用由政府适当资助，资助总额不超过10万元/次。校企合作网站运营费用10万元/年。

（二）区外技能人才引进奖励

1. 奖励对象：民办职业中介机构，劳务服务公司，区各就业服务机构。

2. 奖励标准：本奖励分引进人才数量、层次和等级设定不同奖励标准：一次性引进初级、中级技工30人以上的，每引进1人奖励50元；高级技工，每引进1人奖励100元；技师，每引进1人奖励200元；高级技师，每引进1人奖励500元。

3. 奖励条件：

（1）引进人才为技能人才；

（2）引进人才需与开发区用人单位签订1年以上劳动合同，并在区内企业工作满6个月以上；

（3）引进人才的劳动用工和社会保险齐备。

4. 奖励程序：引进技能人才的机构凭人才输出单位的证明以及人才与开发区企业签订的劳动合同到区劳动部门申请奖励，区劳动部门审核用工与社保手续后发放奖励。

（三）技能人才输送单位奖励

1. 奖励对象：区内外职业教育培训机构，区内外职业技术学院和技工学校。

2. 奖励标准：本奖励分引进人才数量、层次和等级设定不同奖励标准：一次性向开发区输送初级、中级技工30人以上的，每输送1人奖励100元；高级技工，每输送1人奖励300元；技师，每输送1人奖励500元；高级技师，每输送1人奖励800元。

3. 奖励条件：

（1）输送人才为技能人才；

（2）输送的人才需与开发区用人单位签订1年以上劳动合同，并在区内企业工作满6个月以上；

（3）输送人才的劳动用工和社会保险手续齐备。

4. 奖励程序：技能人才输送单位凭其与开发区企业人才输送合作协议以及输送人才的劳动合同，到区劳动部门申请奖励，区劳动部门审核用工与社保手续后发放奖励。

二、技能人才培养资助和奖励

（一）实训点建立及正常运作资助

在区内用人单位、职业技术院校或职业技能培训机构设立10个实训点。具体资助如下：

1. 资助对象：区内大型知名企业，区属职业技术院校和职业技能培训机构。

2. 资助标准：每个实训点按不低于10万元的标准建立，并对基地的运营管理给予一定资助，运营管理资助最高不超过2万元/年/机构。

3. 资助条件：

（1）实训点需具备一定的场地、设备、资金和师资；

（2）经区劳动部门批准设立；

（3）全年安排实训人员在500人次以上；

（4）完成区劳动部门下达的各种培训任务。

4. 资助程序：区内用人单位或职业教育培训机构向区劳动部门提出建立实训点申请，由区劳动部门根据其场地、设备以及教学能力评估是否设立，被选定单位由政府按10万元标准资助其建立实训点。当年实训任务和人数达到上述条件的，区劳动部门审核后，给予最高2万元资助。

（二）户籍人员就读技术院校学费资助

1. 资助对象：入读区属技工学校的本区户籍学生，开发区对口扶贫地区户籍学生。

2. 资助标准：在户籍学生资助上，对于非贫困生给予2500元/年的学费资助；对于贫困生按照实际支出给予最高不超过9800元/年的资助，其中学杂费、住宿费、实习试验费和技能鉴定费总计不超过6300元/年，在校期间生活补助最高不超过3500元/年。开发区对口扶贫地区户籍学生入读开发区区属技工学校的，按开发区户籍学生资助标准的50%予以资助。

3. 资助条件：

（1）本区户籍学生和区对口扶贫地区户籍学生，并入读区属技工学校；

（2）贫困生为被民政部门确认的贫困户子女；

（3）学生本人或技工学校（在入学时先行减免的情况下）提出，凭学费发票和相关发票凭证结算。

4. 资助程序：学生凭学费发票等凭证，由本人提出申请，技工学校初审，报区劳动部门审批后发放。区属技工学校在学生入学时先行减免该资助费用的，由技工学校向区劳动部门提出资助申请，但须提供减免清单并由学生及学生家长签名确认。

三、在职技能人才自我提升资助和奖励

（一）在职户籍技能人才培训资助

1. 资助对象：区内用人单位在职的户籍技能人才。

2. 资助标准：经职业技能培训，考试通过取得证书的，职业技能培训费用100%资助，未参加考试或参加考试但未能取得证书的，按培训费用的60%资助。本资助最高不超过2000元/人/次，每人每年最多享受1次，同一培训项目限资助1次，具体资助金额以区劳动部门核定为准。

3. 资助条件：

（1）本区户籍技能人才；

（2）与区内用人单位签订1年以上劳动合同；

（3）用工备案和社会保险手续齐备；

（4）培训项目需为所在单位需求或员工本人岗位晋升。

4. 资助程序：本资助需先行向区劳动部门提交职业技能培训申请，经区劳动部门同意后，由参加技能培训的人员先自行缴纳培训费用，待考试结束并经资格认证后，凭培训费用发票、上课记录、劳动合同、社保缴费记录和取得的资格证（通过考试的提供）向区劳动部门提出申请，由区劳动部门审核后发放。

（二）在职非户籍技能人才培训资助

1. 资助对象：区内用人单位在职的非户籍技能人才。

2. 资助标准：职业技能培训费用部分由政府承担。在职非户籍技能人才参加初、中级技工培训并通过技能鉴定的，培训费资助50%；参加高级技工培训并通过技能鉴定的，培训费资助60%；参加技师及高级技师培训并通过技能鉴定的，培训费资助75%。以上资助金额最高不超过2000元/人/次。每人每年最多享受一次，同一培训项目限资助一次，具体资助金额以区劳动部门核定为准。

3. 资助条件：

（1）非本区户籍技能人才；

（2）与区内用人单位签订1年以上劳动合同；

（3）用工备案和社会保险手续齐备；

（4）培训项目需为所在单位需求或员工本人岗位晋升；

（5）通过职业技能考试并取得证书。

4. 资助程序：本资助需先行向区劳动部门提交职业技能培训申请，经区劳动部门同意后，由参加技能培训的人员先自行缴纳培训费用，待考试结束并经资格认证取得证书后，

凭培训申请审核表、培训费发票、上课记录、劳动合同、社保缴费记录和取得的资格证向区劳动部门提出申请，由区劳动部门审核后发放。

（三）技能人才晋升奖励

1. 奖励对象：区内用人单位在职的技能人才。

2. 奖励标准：通过技师资格考试并取得技师证书的，一次性奖励1000元；通过高级技师资格考试并取得技师证书的，一次性奖励2000元。

3. 奖励条件：

（1）通过技师或高级技师资格考试并取得证书；

（2）在开发区同一用人单位工作满1年以上，申请时在职；

（3）用工备案和社会保险手续齐备。

4. 奖励程序：技能人才在取得技师或高级技师证后，凭证书原件、劳动合同、社保缴费记录向区劳动部门提出申请，由区劳动部门审核后发放。

四、技能人才评优奖励

（一）优秀技能人才奖励

1. 奖励对象：区内用人单位在职的优秀技能人才。

2. 奖励标准：以区政府名义组织，由区劳动部门牵头，会同有关部门共同进行评选活动（具体评选办法另行制定），每年评选1次，由区内企业自行报送人员参评区“优秀技能人才”，每次评选1000名“优秀技能人才”，每人奖励1000元，其培训资助与开发区户籍人员同等对待。

3. 奖励条件：

（1）在本区同一用人单位连续工作满1年；

（2）用工手续和社会保险手续齐备；

（3）入选千名“优秀技能人才”行列。

（二）技术能手奖励

1. 奖励对象：在本区用人单位工作，并被市、区评为“突出贡献技师”、“技术能手”的人员。

2. 奖励标准：

（1）每1年在全区组织1次评选，对被评为“区突出贡献高级技师”和“区突出贡献技师”、“区技术能手”的人员，分别一次性给予8000元、5000元、1000元奖励。

（2）对被评为“广州市突出贡献高级技师”和“广州市突出贡献技师”、“广州市技术能手”的人员，除市奖励外，分别一次性给予5000元、3000元、1000元奖励。

（3）技能大赛奖励金额总计10万元/年，组织活动经费10万元/年。

3. 奖励条件：

（1）在区内同一用人单位连续工作满3年以上；

（2）劳动用工和社会保险手续齐备；

（3）由企业按区劳动部门要求选送，通过区或市技能大赛产生。

（三）特殊贡献奖

1. 奖励对象：在技术创造、发明、革新领域有特殊贡献的技能人才。

2. 奖励标准：以区政府名义组织，由区劳动部门牵头，会同有关部门共同进行评选活动（具体评选办法另行制定），获得特殊贡献奖的个人给予一次性奖励30000元。

3. 奖励条件：

（1）主持重要发明创造、重大技术或工艺革新，取得重大突破，获得显著经济和社会效益，并对本领域的科技进步作出突出贡献；

（2）在本区同一用人单位连续工作满5年以上；

（3）用工手续和社会保险齐备；

（4）由区劳动部门组织评选，并在全区公示通过。

五、说明

（一）本办法所称之“技能人才”分为5个级别，即初级技工、中级技工、高级技工，技师、高级技师。其他人才资助与奖励不适用本办法。

（二）本办法所称之“区内用人单位”是指在广州开发区、萝岗区行政管辖范围内的各类企业、国家机关、事业单位和社会团体。“区内大型知名企业”是指在广州开发区、萝岗区行政管辖范围内的用工人数在500人以上并具有较高知名度的企业。

（三）本办法已包含了《广州市就业再就业专项资金补贴、奖励项目和标准》（穗就［2006］2号）中的补贴部分，申请本补贴的人员应扣除市补贴的部分。

（四）本办法中所规定之奖励和资助与《广州开发区、萝岗区就业专项资金补贴、奖励项目和标准》（穗萝就［2009］5号）重复部分，由区就业专项资金统一支出，不足部分由本规定补足。

（五）本办法所规定之资助和奖励，申请时，需向区劳动部门提出，具体程序为，提交申请资料至区劳动就业管理服务中心，由中心初核，报区就业促进处审核并经区劳动局审批后发放。

（六）本办法中，人才引进单位与人才输送单位就同一技能人才同时申请奖励的，以先申请的为奖励对象，不设重复奖励。

（七）已就业的个人申请本办法中之资助与奖励的，需提供个人身份证原件、劳动合同原件、劳动手册和社会保险缴费记录等备查，同时提供复印件一份备存。

（八）本办法所规定的各类奖励与资助，配套申请表格、申领程序及相关细则，由区劳动部门配套制订。

（九）中新广州知识城区域内符合本办法规定的，适用本办法。

（十）本办法自发布之日起实施，有效期5年。有效期满将根据实施情况予以评估修订。《关于印发〈广州经济技术开发区、广州高新技术产业开发区、广州出口加工区、广州保税区、广州市萝岗区技能人才引进培养晋升资助和奖励办法〉的通知》（穗开组通［2010］11号）予以废止。本办法发布之日前有关事项适用原规定。

专题研究篇

紧抓滨海新区开发开放历史机遇
当好主力军　再作新贡献

天津滨海新区区委常委、天津经济技术开发区
党组书记、管委会主任　　何树山

天津开发区建区至今26年来，始终站在中国北方对外开放的最前沿，已成为中国经济规模最大、外向型程度最高、综合投资环境最优的国家级开发区，为滨海新区进一步加快开发开放作出了应有贡献。

一、发展状况和主要成绩

（一）区域经济保持又好又快发展

主要经济指标连续12年名列国家级开发区首位，2009年，全区生产总值达到1274亿元，可比增长22.6%，近10年来年均可比增长25%。工业总产值达到4202亿元，在新世纪连续跨过4个千亿台阶。万元生产总值能耗为162公斤标准煤，水耗为5.36立方米，均居世界先进水平，成为全国首批3个生态工业园区之一。

（二）外商投资在开发区已形成聚集效应

截至2009年底，累计合同外资额达到405.37亿美元，实际使用外资225.48亿美元，投资规模超过1000万美元项目达到806个，超过1亿美元项目43个，共有76家500强企业在开发区投资了158个项目。

（三）打造高端化、高质化、高新化的产业结构

定位于“现代制造和研发转化基地”，逐步形成以摩托罗拉、三星集团为代表的电子通讯行业；以维斯塔斯、渤海装备为代表的装备制造行业；以丰田汽车、长城汽车为龙头的汽车制造行业；以渤海钻探、卡博特为代表的石油化工行业；以顶新集团、雀巢为代表的食品饮料行业；以诺和诺德、诺维信为代表的生物医药行业；以京瓷太阳能、膜天膜为代表的新能源新材料行业；以新一代运载火箭为代表的航天产业；以服务外包和金融行业为主的现代服务行业。开发区将继续打造高端化、高质化、高新化的产业结构，力争在“十一五”期末，形成电子信息、汽车、装备制造、石油化工等千亿级规模的产业群；现代医药、新能源新材料、食品饮料等五百亿级的产业群；以及另外3～5个百亿级的新兴产业群。

（四）引进技术和开发创新能力取得长足进步

每年利用可支配财力的5%支持科技事业，建成一个以市场为基础，以企业为主体，以内外资研发中心、高新技术孵化器、产业化基地为载体，以日益完善的投融资渠道、人才激励机制、优惠政策为支撑的科技创新体系。截至2009年底，开发区财政对科技创新累计投入21.61亿元，拥有各类孵化器12家，孵化场地面积39万平方米，在孵企业325家，工程技术研究中心28家。在纳米技术、干细胞、电动汽车、生物芯片等尖端创新领域形成优势，一批拥有自主知识产权的科技企业迅速发展壮大。2009年，全区累计授权专利1906件，其中发明专利373件，内资企业授权专利636件。

（五）为天津市和滨海新区的大发展积极贡献力量

2009 年，开发区 GDP 占滨海新区 33.4%，占全市 17%；工业总产值占新区 51.1%，占全市 31.5%；出口总额占新区 67.7%，占全市 44.5%；合同外资金额占新区 51.8%，占全市 39.3%。目前，滨海新区重点发展的六大主导产业中，开发区贡献了电子产业的 90% 以上、汽车机械和现代医药产业的 80% 以上、食品加工产业的 50% 以上、石油化工产业的 10% 以上，有效服务辐射了新区产业发展。

二、新时期的发展目标和工作思路

（一）保持又好又快的增长态势

2010 年，开发区 GDP 计划突破 1500 亿元，可比增长 23.5% 以上；工业总产值突破 5000 亿元，跨过第 5 个千亿级台阶。其他各项经济指标也要实现“一季好于一季，下半年好于上半年”，圆满完成全年任务，推动经济发展实现新跨越，继续在国家级开发区中保持领先。

（二）全面系统优化产业结构

深入落实“发展两个产业”的思路，依靠先进制造业和现代服务业“两条腿”走路，继续建设高端产业高地，打造高端化、高质化、高新化的产业结构。高水平建设先进制造业基地、战略新兴产业基地、高端服务业聚集基地、循环经济示范基地和自主创新产业化基地。

（三）全力以赴抢抓重大项目

以招商体制机制改革为契机，继续优化招商工作模式，发挥招商部门积极性、主动性、创造性，进一步提升招商工作“态度”，加快招商反应“速度”，加大招商走访“密度”，提高项目促进“力度”。继续秉承“三资并重”的理念，不断拓展招商渠道，以项目“开工建设、投产达产”作为招商引资工作最终目的，掀起招商引资和项目建设的新高潮。

（四）争分夺秒加快载体建设

坚持“高起点规划、高水平建设、高效能管理”，进一步提高规划建设的速度和水平。南港工业区建设要继续提速，西区“收尾、产出、配套”工作要切实推进，东区要继续打造现代服务业和研发转化载体功能。同时，要进一步提升微电子、逸仙园、现代产业区 3 个小区环境整治和基础设施建设保障水平，加快招商引资、项目落地和开工建设步伐。

（五）深入细致提升企业服务

“服务也是生产力”是开发区重要经验，要继续坚持“100－1＝0”的工作理念，深刻认识到“帮助投资者就是帮助自己，服务投资者就是服务经济，关注投资者就是关注发展”。继续深入开展“解难题、促转变、上水平”活动，紧紧围绕企业反映问题，及时协调有关部门，抓紧时间，尽快解决，做到“事事有回音、件件有落实”。不断创新服务手段，继续坚持领导走访企业制度和日常走访企业制度，提升服务效率，全力推进行政审批“大提速”，提高政府办公效率，真真切切地为企业办实事、解难题，努力营造全区上下支持企业、支持发展的强大合力。

紧抓机遇 谋划长远
努力打造"中国工程机械之都"

——长沙经济技术开发区工程机械产业发展调研报告

长沙经济技术开发区管委会主任 李科明

近年来，工程机械制造业在长沙开发区异军突起，成为园区规模最大、增长最快、成长最好、竞争力最强的主导产业。园区工程机械产业的优势何在？存在什么突出困难和问题？发展前景如何？如何打造"中国工程机械之都"？带着这些问题，对园区内三一重工、山河智能、中联起重机、中铁轨道等龙头企业进行了走访调研。

一、工程机械产业发展的主要优势

开发区共有工程机械企业9家，形成以三一集团、中联重科、山河智能、中铁轨道为龙头，其他企业为骨干的产业集群；形成混凝土输送泵、隧道岩石挖掘机、静力压桩机、盾构机、汽车起重机等较为健全的产品体系。全区工程机械产业产值占全省的3/5，3家上市公司的市值超过全国工程机械上市公司市值的2/3。

（一）产业规模快速扩张

2009年，受国家经济刺激政策的影响，在全球经济衰退的背景下，开发区工程机械产业逆势上扬，实现总产值达到404.6亿元，同比增长43.6%，连续5年保持了40%以上的增长速度。实现销售收入404.3亿元，同比增长43.1%；实现税收13亿元，同比增长38.1%；实现利润53.1亿元，同比增长105.3%。

（二）龙头企业支撑效应显著

2009年，三一集团、中联起重机、山河智能3家龙头企业完成产值400亿元，占行业总产值的98.8%，占全区工业总产值的64.6%，成为带动区域经济发展的核心力量。其中三一集团产值突破300亿元大关，实现利润44.6亿元，成为工程机械名副其实的领军企业。

（三）企业自主创新能力增强

2009年全行业的R&D值（研发投入占销售收入的比重）已达到4%，少数企业甚至达到7%。行业内先后建起三一、中联、山河智能3个国家级企业技术中心和3个博士后工作站。三一重工开发了世界最长臂架的混凝土泵车，创造了混凝土输送至492米高度的世界纪录。湖南山河智能机械股份公司是产学研结合的典型，依托中南大学科研力量，在小型挖机、旋挖钻、叉车等领域不断取得突破，成为中国以"自有品牌、自主知识产权、整机批量出口发达国家"的少数企业之一。中联起重机自主开发的履带起重机最大起吊能力达900吨，有"亚洲第一吊"美誉，2009年"神州第一吊"1000吨履带式起重机成功下线。

（四）产品拥有较高的市场占有率

三一和中联占国内80%的混凝土托泵市场，液压静力压桩机、混凝土泵车的国内市场占有率达70%，旋挖钻机、汽车起重机的国内市场占有率也分别达到45%和30%。在国内市场上，山河智能的小型挖掘机居国产品牌销量第二。区内工程机械产品相继出口欧美，在国际上具有相当的竞争力。

（五）资本运作先人一步

工程机械“三巨头”都是开发区成功的上市公司。2005年三一重工顺利通过股权分置改革方案，成功打响中国股权分置改革第一枪。此后，山河智能在深圳中小板块成功上市。在工程机械板块上市公司中，长沙开发区占全国工程机械板块上公司数的20%，是全国唯一有3家工程机械类上市公司的经济技术开发区。

（六）国际化步伐明显加快

近年来，开发区工程机械骨干企业加快“走出去”步伐，极大拓展了区内企业在全球市场的空间。中联重科先后并购英国保路捷公司和意大利CIFA公司，加大跨国并购步伐。三一集团在印度、美国、德国等地设有研究中心和整机制造厂；三一重工与巴西达成拟投资2亿美元建立研发制造基地的备忘录，是该公司最大金额的一笔海外投资。

二、工程机械产业存在的困难和问题

（一）产业链不够完善，核心零部件受制于人

开发区工程机械产业尽管形成了“三大巨头”，但“只见树木，不见森林”，没有形成完整的产业链和产业集群。据统计，主要零部件省内配套只占10%，外省配套占28.6%，国外配套占61.4%。

（二）外需市场严重萎缩，市场竞争日趋激烈

受金融危机影响，国外需求严重萎缩，订单大幅缩水。2009年，开发区工程机械产业出口量仅2.78亿美元，同比下降61.9%，为近年仅有的增幅下降。同时，国外企业开始“围剿”中国市场，国内徐工、厦工、柳工等行业巨头也纷纷展开攻势，国内外市场竞争日趋激烈。

（三）公共服务平台欠缺，企业内部合作不足

长沙工程机械已成气候，但目前还缺乏健全的公共服务平台，包括产品检测中心、实验中心、物流配送中心、产品展示交易中心等等。企业之间竞争有余，合作不足。在制造领域内，缺少协同力和向心力，如建立液压基地，中联重科的液压生产基地建在常德，三一重工建在娄底，山河智能则在无锡收购一家企业生产液压件，3家企业的液压基地相距甚远，没有形成较强的产业集群，而且分属不同体系配套企业，很难实现社会化配套，不利于降低成本和进行技术交流。合作不足，将在很大程度上影响长沙工程机械企业的整体竞争力。

（四）技术教育相对滞后，专业人才供不应求

随着工程机械产业的迅速壮大，企业对人才的需求量也不断扩大，对人才的素质要求也越来越高。目前企业急需的人才主要是高级研发人才、海外营销管理人才和实用技术人才，需求量最大的是实用技术人才，据初步统计，开发区工程机械产业目前拥有员工41743人，技术工人缺口约6100人。但当前长沙市内职业教育没有和产业发展紧密结合，与企业的需求存在较大的距离，人才不足将在一个较长时期困扰开发区工程机械产业的发展。

三、抓住机遇，努力打造“中国工程机械之都”

金融危机使开发区工程机械产业出口严重下滑，2009年，在国家出台“4万亿经济刺激计划”和“十大产业振兴计划”后，“三巨头”紧紧抓住国家扩大内需、大规模实施基础设施建设的历史机遇，特别是抓住房地产业的升温和高速铁路建设的机遇，及时调整经营策略、产品结构，迅速扭转危机，生产依然保持了40%以上的增长。随着工业化、城市化进程不断推进，投资拉动仍将是国内未来一段时期拉动经济发展的重要力量。中国的工业化、现代化和城市化建设使中国成为全球最大的建筑工地，机场、高速铁路、高速公路、城市地铁、港口码头、房地产及新农村建设仍将是基础设施建设的重要支撑，这一基本建设高

峰还可能持续5~10年的时间，将给工程机械产业提供广阔的市场。

长沙开发区工程机械行业面临一个重要的战略发展机遇期，要做大做强工程机械产业，努力打造“中国工程机械之都”。

（一）科学规划，确定发展目标

开发区工程机械的目标是：到2012年，全区工程机械总产值达到1100亿元。努力打造2家龙头企业进入世界工程机械企业10强，进入世界企业500强；积极培育中铁轨道、九五重工、天立工程机械等潜力公司，培育工程机械产业第二梯队；大力发展工程机械配套产业，力争到2015年本地配套率达到80%以上。在空间规划上，做到科学布局，整体规划，以区带园，南北呼应。北部区域形成以三一集团为中心的核心区，辐射带动周边的黄花、星沙产业基地；西南部区域则形成以中联起重机、山河智能为中心的工程机械产业布局的辅助区，辐射带动榔梨工业园的发展。

（二）完善配套，做大做强产业集群

针对开发区零部件不足、产业链不够完善的现状，建议出台专项优惠政策，加大招商引资力度，鼓励企业以商招商，支持龙头企业创建自己的配套园区，带动龙头企业自身的供应商在区内投资生产，支持龙头企业采取参股合资等形式支持零部件企业投资发展；鼓励支持龙头企业自主研发攻克关键零部件生产技术，减少对国外市场的依赖；积极培育和引进国内零部件企业解决普通零部件本地配套问题；鼓励配套企业从专业配套向市场配套发展。

（三）错位发展，加快产业结构调整

引导三一集团、中联起重机、山河智能、中铁轨道等骨干企业各有侧重、错位发展，以避免重复建设和无序竞争。调整产业机构，重点是调整产品结构，特别是中国到2012年将建成42条、总里程1.3万公里的“四纵”、“四横”高速铁路客运专线，高速铁路迎来大规模的建设高潮的同时，高铁施工机械将大有用武之地。

（四）资源共享，加快公共服务平台建设

建议管委会主动引导，加强服务，成立行业协会，加强行业自律，集中智慧协同研究行业发展的动态、趋势和对策。要加快园区公共服务平台建设步伐，促进生产要素聚集，壮大产业集群。

（五）校企结合，加快培养实用技术人才

针对目前实用技术人才紧缺的现状，建议政府搭台，促进职业院校与龙头企业之间加强合作，建立联合办学机制，实行“订单教育”，学校按照企业的要求设置专业，改进教学方式，企业提供兼职师资力量、实业场地，实现产教结合，资源共享。

走开放型创新发展之路
在新一轮转型升级中争当先锋

广州经济技术开发区管委会

近年来，广州经济技术开发区在实践中深刻认识到，自主创新能力是转变经济发展方式的中心环节，更是开发区竞争力的核心。为此，开发区致力于发展高新技术产业，不断适应外商投资高端化的新趋势、新特点，从转变招商引资重点、提高环境建设水平、构建完善创新政策体系等方面着手，把外向型经济优势转换为自主创新优势，走开放型创新之路，全区产业竞争力和自主创新能力进一步提升。2009年，全区累计认定高新技术企业155家，高新技术工业企业实现工业总产值1043.88亿元，占全区工业总产值30.36%；专利申请1827件，同比增长50.2%；专利授权736件，同比增长31.6%。

一、聚焦高新技术，提高招商引资质量

近年来，开发区积极推动招商引资从以往侧重招外商投资制造业转向内外并举、聚集高新技术产业，提高招商引资质量。

（一）着力聚集高端外资项目

在项目引进时设立科技含量、辐射带动能力等考核指标，重点引进外资科技项目，成功引进LG液晶显示、英特尔、索尼、杜邦等一批质量高、带动力强的外资科技项目。同时，设立专项资金对跨国公司设立研发中心给予政策性奖励，其中，对于世界500强跨国公司或上年度为区内产值前20名、设立独立研发机构的企业，参照国家级研发机构资助标准，经认定给予一次性最高不超过300万元资助；对于上年度为区内产值21~50名或境内外主板上市、设立独立研发机构的企业，经认定给予一次性最高不超过150万元奖励。目前已经吸引IBM、三星、汤姆逊、拜耳、杜邦等80余家世界500强企业的研发中心，形成以开放聚集创新资源的良好格局。

（二）着力促进跨国公司技术溢出

为增强跨国公司与本土企业的交流与合作，设立了跨国公司联谊会、行业协会、创新联盟等形式多样的民间组织，开设企业网络平台，方便中外企业信息交流。由管委会牵头组建了数字家庭技术联盟、生物医药研发联盟、基因检测联盟、现代信息服务联盟以及环保新材料产业技术联盟等一批跨国公司参与的创新联盟。2009年，以LG项目为核心，组建液晶面板产业技术创新联盟，整合广州、深圳、东莞等地30家盟员单位创新资源，加快打造上中下游配套齐全、全球重要的新型平板显示产业研发制造基地。2010年，在科技发展资金中设立内外源企业合作专项，支持区内外资、内资企业在产品研发、技术指导与咨询、人才培养等方面合作，促进内外源经济技术融合，加速区域产业升级。

（三）着力拓展国际技术合作

中新广州知识城项目已于2010年6月30日奠基，初步规划面积123平方公里，起步区10平方公里，将建成汇聚高端产业、聚集高端人才、提供高端服务的国际化高端创新平台。开发区将在知识城与新加坡合作建设腾飞科技园，引进新加坡国立大学、南洋理工大学等高端知识载体，通过扩大开放来集聚高端创新资源。同时，通过建设创新驿站，对接欧盟技术创新服务网络，推动区内企业与以色列、白俄罗斯等国家开展技术项目合作，推动引进独联体白俄罗斯研究院在知识城设立分支机构，并与法国索菲亚科技园、台湾新竹科技工业园等世界一流园区开展合作交流，促进区域创新能力的提升。

二、聚焦高端服务，提高园区建设水平

在园区建设形态上，开发区积极适应创新活动需求，大力推动从传统工业园区转变成为综合性经济园区，致力为创新创业者提供更加高端的园区环境以及更加完善、更加丰富的配套服务。

（一）打造契合企业成长需求的创新载体

针对创业之初的企业需求，近年来建成了100万平方米的科技企业孵化器，在孵企业900家，已累计孵化企业1500多家；针对高成长性企业需求，正在推进100万平方米科技企业加速器建设，已建成28万平方米，引进企业20家；针对已经形成规模的创新型企业，除单独供地外，还集中建设了自主创新产业园，已引进10余家企业入驻。为降低企业创新成本，积极推进电子信息、生物和新材料三大主导产业公共技术平台建设，建立了12家开放实验室，建设完善了技术研发设备资源库。

（二）打造现代服务业聚集区

近年来规划建设了现代服务业聚集区，包括商务区、总部经济区、金融创新服务区以及创意产业园、服务外包示范园区、会展物流园区、商品检测认证示范园区等园区，被批准成为国家新型工业化（工业设计）示范基地、现代服务业产业化基地和服务外包基地城市广州示范区。引进了箭牌、安利、南航、七天连锁酒店、苏宁电器等一批知名企业的中国和华南区总部。

（三）打造高品质生活配套设施

按照国际化生态型新城区的定位，根据区域内生态环境优美、国际化程度高、高端消费需求大的特点，着力建设了日本人学校、美国人学校等国际学校以及重点中小学、幼儿园等教育设施。依托行政区建设发展一批中高端居住社区，规划建设10万平方米的科技人员公寓，完善了生活居住条件。与中山大学合作建设1所三甲医院，规划建设了广州国际体育演艺中心（NBA篮球馆）、广州国际网球中心、国家羽毛球培训中心等文体设施。引进一批星级酒店，加快完善商业网点建设，启动地铁六号线建设，营造了方便快捷、配套完善的生活环境。

三、聚焦创新驱动，构建完善创新政策体系

根据创新活动特点，完善创新政策体系，加大财政创新资金投入，为内外资企业创新活动提供强有力的政策支撑，提升了开发区内生增长和持续创新能力。

（一）制定实施“1+10”创新政策体系

2007年开始，开发区制定出台“1+10”创新政策体系，为创新型企业提供从种子期到成熟期的全过程多样化持续性解决方案，形成了对外开放所积累的财政收入优先保障创新活动需求的良好机制。近3年，管委会出资20亿元资助了92项国家级、254项省市级研发创新项目。经过系统的培育和支持，全区企业创新能力快速提升，全省13家国家创新型试点（示范）企业中有6家在开发区，一批高成长性创新企业迅速成为新的经济增长点。

（二）制定实施“1+6”人才政策体系

作为国家级开发区中的首批海外高层次人才创新创业基地，制定出台了包括人才基地建设方案、领军人才计划、骨干人才计划、技能人才计划等在内的“1+6”人才政策。启动实施“百千万人才计划”（即在5年内吸引100名领军人才、1000名骨干人才、10000名技能人才）和“213”人才工程（即在3~5年时间内，引进20名中央“千人计划”人才、100名海外创新创业领军人才、3000名海外创新创业人才）。目前已经评选出3批共14名科技领军人才，6名留学人员入选中央“千人计划”，全区研究生以上学历人才达上万人，中高级职称人才超过2.5万人，为科技创新提供了人才保证和智力支持。

（三）构建完善的创新投融资体系

设立10亿元创业投资引导基金和种子基金，撬动近100亿元规模的创业投资资金，使开发区成为中国创业投资的重要集聚地。设立3亿元的科技担保基金，为科技企业提供融资担保。大力支持创新型企业上市融资，已培育上市公司21家。全区形成政府科技发展资金、种子基金、创业投资及银行信贷、企业上市融资等多层次、专业化创新投融资体系。

从出口加工区向综合保税区转型的思考

昆山开发区党工委副书记、管委会副主任　陆宗元

2009年12月20日，国务院正式批准设立昆山综合保税区，标志着中国大陆首家封关运作的昆山出口加工区开始向综合保税区（以下简称综保区）转型。这是昆山出口加工区在拓展保税物流等功能试点以来，又一次获得强有力的功能政策支持。综保区的设立是昆山开发区近年来致力于功能提升的重大突破，必将对开发区经济转型、产业升级产生深远影响。本文试图对由出口加工区转型为综保区的必然性和转型后的功能定位提出几点思考。

一、从加工区向综保区转型是科学发展的必然选择

（一）转型是践行科学发展观的根本要求

作为中国大陆设立的第一家出口加工区，昆山出口加工区力求以科学发展观为指导，力求把解放思想作为永久动力，力求践行着先试先行的开放理念，实现了经济又好又快发展。昆山出口加工区建区运营10年以来，累计创造了1800亿美元的进出口和8000多亿元的工业产值，综合发展实力连续多年位居全国出口加工区榜首。2006年12月，经国务院批准，昆山出口加工区在保税加工的基础上试点拓展保税物流等功能，加速促进了现代物流业与先进制造业的融合。近3年来，昆山出口加工区保税物流累计实现1100亿美元的业绩，营业收入超过7亿元。站在实现科学发展新跨越的新起跑线上，要使出口加工区全面发展、协调发展、可持续发展，必须从加工贸易单一模式向加工贸易、货物贸易、服务贸易综合模式转型。

（二）转型是转变经济发展方式的现实需要

过去，昆山开发区的发展方式是以初创时“三为主一致力”的方针为指导，即以工业为主、以外资为主、以出口为主，致力于发展高新技术产业。

昆山出口加工区的发展方式，也是在“三为主一致力”的方针指导下，重点发展高新技术加工贸易产业。自设立以来，在引进外资、促进外贸出口快速增长、发展电子信息产业等方面取得了较大成果，但同时存在“工业发展较快、服务业发展较慢；引进外资较多、引进内资较少；外贸出口较大、内销比例较小”等不合理现象。

最近，胡锦涛总书记再次强调，“转变经济发展方式是事关经济发展质量和效益、事关我国经济国际竞争力和抵御风险能力、事关经济可持续发展和经济社会协调发展的战略问题”，“转变经济发展方式，关键要在加快上下功夫、见实效”。面对当前国际国内形势，如果不转变经济发展方式，在新一轮发展中将会失去竞争优势。因此，加工区转型是当前必须而紧迫的现实需要。

（三）转型是积极应对“后危机时代”的有效路径

国际金融危机爆发后，如何克服国际金融危机带来的不利影响，在新的起点上谋求更大的发展，成为昆山出口加工区面临的一个重要课题。

当前，影响国际经济金融企稳回升的不确定因素仍然存在，国际贸易保护主义抬头，贸易摩擦增多，干扰人民币升值的因素不断增多，国际市场需求、投资信心不足。在此背景

下，如果我们仍然奉行以工业为主、外资为主、出口为主的发展方式，将存在巨大的风险。因此，必须主动转变经济发展方式，加工区的发展要从“三为主”向“三并重”转变，即以发展工业和服务业并重、外资和内资并重、出口和内销并重。

二、出口加工区转型为综保区后的功能定位

综保区是国内功能最齐全、政策最优惠、监管最简便、通关最快捷、经济运行最接近国际惯例的特殊经济区域。综保区的功能，是出口加工区、保税物流园、保税港区、陆路通关点功能的叠加。根据昆山出口加工区的发展现状、综保区功能特色、转型升级发展方向等综合因素考虑，昆山综保区的发展目标定为6个方面，简称为“三个基地、三个平台”，即：成为电子信息等产业全球主要加工制造基地；成为服务昆山辐射华东的保税物流基地；成为连接国际、国内两个市场的进出口商品交易基地；成为引进、消化、吸收再创新的研发实验平台；成为对制造业、贸易业提供全方位服务的服务贸易实验平台；成为简便、快速通关的口岸服务平台。

按照发展目标，探索继续做强加工贸易、快速发展服务贸易、重点突破货物贸易的发展策略，主要抓好以下七方面工作：

（一）保税加工

继续鼓励发展电子信息、光电、精密机械三大产业，建成产业链完整、供应链融合、售后服务配套，在全球最具竞争优势的电子信息产业制造基地，拓展新材料、新能源等新兴产业，建成在国内具有领先水平的新兴产业制造基地。

（二）保税物流

继续鼓励发展保税仓储物流、分拨配送物流、供应链管理物流，建成现代物流体系的重要功能载体，形成服务昆山辐射华东的保税物流基地，形成电子产品重要零部件的供应分拨中心、电子产品销售分拨中心、进口商品内销分拨中心、电子产品全球维修材料分拨配送中心。

（三）货物贸易

鼓励大型企业的销售总部、运营总部和各类内外贸易公司发展，重点鼓励各类贸易公司开展进口商品国内分销业务发展，成为连接国际、国内两个市场进出口商品交易基地。建立国际国内贸易的联动机制，在区内吸引贸易公司的同时，吸引大量的贸易公司在开发区内注册，将内销的开票收入在开发区发生，使贸易增值留在昆山。

（四）服务贸易

鼓励售后服务中心、运行支援中心、信息技术服务中心、全球维修中心、检测中心等开展业务，形成为制造业、贸易业、展览展示业提供全方位服务的服务贸易实验平台。

（五）展览展示

鼓励展览展示企业、贸易企业选择适合华东产业需求和生活消费市场需求的商品，进行集中展览展示，通过展览展示促进商品交易。形成若干专业进出口商品展示交易平台。

（六）研发

鼓励设计研发机构发展。促进企业自主设计研发、自创技术、自创品牌，形成设计＋研发＋制造的模式，成为引进、消化、吸收再研发创新的实验平台。

（七）口岸服务

鼓励报关、报检、货代、口岸信息服务等企业发展，吸引更多为进出口业务和口岸提供服务的企业集中发展，形成口岸服务经济产业链，成为功能齐全、服务配套、简便快速通关的口岸服务平台。

要使加工区向综保区转型成功，还需国家相关部委积极支持，不断完善综保区的法律法规和操作办法；积极支持探索国内功能最齐全、政策最优惠、监管最简便、通关最快捷、运行最接近国际惯例的特殊经济区域运行模式，使其成为综合配套改革的试验区。

把握战略定位　突出发展主线
建设成为经济社会发展模范区

烟台市委常委、烟台经济技术开发区党工委书记、管委主任　王曰义

20多年来，烟台经济技术开发区着力培育机械制造、电子信息两大龙头产业，形成汽车、手机、电脑、船舶和装备制造五大产品集群。今后一个时期，开发区将坚持以科学发展理念为指导，以城市化为总方向，把握“建设产业先进、结构科学、生态良好、城乡统筹、后劲强势的创新型现代化新城区”的战略定位，推动经济发展的“转”和“调”，努力把烟台开发区建设成为地方经济社会发展的模范区。

一、做大做强先进制造业，以新优势推动转方式、调结构

制造业是烟台开发区的立区之本，也是推动转方式、调结构的基础和支撑。要充分发挥现有产业优势，按照高端、高质、高效原则，一手抓改造提升，用高新技术和信息化促进产业升级；一手抓扩张壮大，认真研究产业间关联度、要素投入效能比，促进产业链向高端延展、向左右拉伸，加速培育千亿产业、百亿龙头、十亿骨干“三大方阵”。围绕企业扩规模、上水平，全力加快重点项目建设。

1. 汽车集群。快速推进投资21亿元的整车扩产项目，再引进30～50家零部件配套企业，形成更强劲的产业板块。

2. 手机和电脑集群。富士康预计年内产出1000亿元，要抢抓机遇促其增资，液晶电视、LED照明项目明年达到设计产能；以伊诺特新工厂建设为抓手，推动通信、计算机两大省级产业园区的扩容升级，在研发、销售和总部经济环节实现新突破。

3. 船舶和装备制造集群。创造条件启动整船项目，再吸引20家以上配套企业，实现造船工业质的提升；更加重视其他整机终端产品的链条拉伸，提高产业聚集度。

二、集中推进现代服务业，以新格局推动转方式、调结构

服务业是现代经济发展的重要增长点。发展现代服务业，有利于完善产业配套、拉长产业链条，进一步提升工业核心竞争力。烟台开发区较为发达的第二产业，为第三产业发展提供了广阔空间。要充分发挥这一优势，加快第三产业跟进步伐。

一是优先发展以现代物流为主的生产性服务业，抓住潮水机场、保税港区、西港区建设的有利时机，力争2～3年内引进5家以上行业龙头型物流企业，形成与大工业紧密配套的现代物流体系，带动生产性服务业扩规模、提档次。

二是重点突破以软件信息为主的外包服务业，抓好清华科技园、软件园等重大载体建设，争取3～5年内新引进300家以上科技企业和研发中心，高端科研人才过万人。

三是加速提升以商贸旅游为主的消费性服务业，依托滨海高端服务区，加快发展以特色旅游、高档餐饮、大型商贸为重点的消费服务业，推进八大服务业项目建设，形成第二、三产业联动发展、互促共进的格局。

三、抓紧培育壮大新兴产业，以新产业推动转方式、调结构

战略性新兴产业是经济转型的引擎，也是构筑新型产业体系的先导，应作为转方式、调结构的重头戏来抓。要以生物医药、新材料和光电子三大产业为龙头，抓好重点项目、核心企业的引进建设，抢占未来科技和产业制高点。

1. 生物医药产业。把建好国家工程实验室——烟台生物医药园作为重大契机和平台，发挥麦得津“恩度”、荣昌“泰爱”等产品的示范效应，加快生物医药成果研发及产业化进程，快速引进一批高成长性企业入园，形成具有核心竞争力的产业群。

2. 新材料产业。把万华工业园作为一号工程全力推进，确保 MDI 一体化及苯、甲苯项目年内开工。进一步培育好正海磁性、芳纶等项目，建成新材料产业基地。

3. 光电子产业。以红外成像芯片及整机项目为核心，打造半导体光电产业园，迅速形成规模和技术优势。

四、持续优化资本有机构成，以新资本推动转方式、调结构

投资结构决定产业结构，转方式、调结构必须十分注重有效投入。一方面，毫不动摇地抓好招商引资。在抓好企业增资的同时，进一步加大对 3 个“500 强”的引进力度，加大对大型国有资本和上市公司的引进力度，始终在引进高端项目上保持领先。通过完善责任机制、建立奖励制度，形成强有力的工作导向，再掀产业招商、以商招商热潮。继续做好“走出去”工作，加快推进中俄工贸合作区建设，利用通过国家验收的契机，抓紧与有实力的投资者开展合作。另一方面，坚定不移地抓好资本运营。在培育好已上市企业的同时，做好政策扶持和服务跟进，力争 3 ~5 年内形成一批实力派上市企业群，以新资本优化结构、增强内生动力。

五、扎实走好低碳发展之路，以新路径推动转方式、调结构

低碳模式实质是能源高效利用，核心是自主创新。要通过自主创新实现以增促降。打造好清华科技园、留学人员创业园等创新载体，以每年不少于 50 亿元的技改投入，保证技术研发及产业化进度，再突破一批核心技术和重大成果，培育一批自主知识产权重点企业，不断提高科技对经济增长的贡献率。通过节能减排实现以降促增。采取政策引导、市场运作等手段，狠抓重点企业、重点领域节能降耗，逐步淘汰低端产业，改造传统企业。以全国循环经济试点园区、资源再生加工示范区、生态工业示范区为平台，构筑生态工业链网，在建设低碳产业基地上率先突破。

六、坚持实施城市化战略，以新融合推动转方式、调结构

城市化是最大的内需。没有高水平的城市化，就不可能有高层次、高质量的产业结构、经济结构和发展方式。当前，烟台开发区已进入由工业化向城市化过渡的关键转型期，要围绕加快这一进程抓好“三个融合”：

一是建成区与待开发区域融合。以提质扩容为目标，启动新一轮战略规划，以高标准、前瞻性规划引领建设，放大城市要素的价值与效益。启动建成区“城市更新工程”与待开发区域“三大组团”建设，综合改造城区门户、海岸线及 3 个城市次中心，彰显特色、品味和文化。

二是产业与城市融合。着眼解决工业简单化模式与城市建设间的矛盾，探索“产业社区”新模式，围绕富士康、万华、造船、西港区等项目，统筹配置基础设施和公共资源，建成一批布局合理、功能齐备的“产业社区”。

三是城市与农村融合。继续坚持项目布局、拆迁安置、社区建设一体化推进。到 2015 年绕城高速内 71 个农村、6.2 万农民全

部搬进楼房，实现居住楼房化、管理社区化、保障市民化，解决城乡二元结构问题，把全区经济社会发展推向更高水平。

关于国家级开发区在国家区域发展规划中的战略定位及新时期科学发展问题的研究

青岛经济技术开发区工委（区委）副书记、管委会副主任
青岛西海岸出口加工区管委会主任
马卫刚

国家级开发区经过25年发展，已经成为所在地最主要的经济增长点，成为国家一系列区域发展规划和战略布局的重要平台载体。但在新的发展时期遇到了很多新矛盾，正处于进入新的发展阶段的重要转折点。准确研判形势、找准发展定位，是提出国家级开发区下一步发展策略、实现可持续发展的重要战略机遇。当前，国家级开发区科学发展面临最突出的问题和最大的挑战就是需要破除体制性障碍，认真研究体制创新和转型升级两个课题。

一、在改革开放伟大实践中，国家级开发区是地方经济最早进入区域发展战略的先行试验区，已成为各地重要的经济增长极

“开发区模式”作为“特区模式”的逻辑延伸，经过1/4世纪的发展已经聚集了技术、资金、人才、资源、理念，沉淀了发展文化，形成雄厚的综合实力，从而带动全国各地的发展。“开发区模式”作为国家层面区域发展战略在地方政府的实施，是地方区域发展战略的正确布局，成为各地区域经济发展的中坚力量，在全国各地发挥了示范引领作用，有力推动了整个国家经济持续高速增长，对推动整个国家发展和区域协调发展作出重大贡献。

2009年1~11月，在国际金融危机严重冲击下，国家级开发区作为“保增长、调结构、转方式”的重要力量，取得了令人瞩目的成就，实现工业总产值4.5万亿元，同比增长10%；税收收入2811亿元，同比增长23%；实际利用外资178.2亿美元，在全国下降9.86%的情况下，实现同比增长2.5%，占全国实际利用外资总额的23%；进出口总额3052亿美元，占全国进出口总额的15.5%。

改革开放30年来，青岛开发区始终站在改革开放的最前沿，已成为山东省青岛市开放型经济发展程度最高、综合经济实力最强、区域环境最优的国家级开发区之一，实现了新世纪以来开发建设的“第一次飞跃”，也为实现“第二次飞跃”、全面建成全国最好开发区提供了有力支撑、奠定了坚实基础。根据商务部公布的2008年国家级开发区投资环境综合评价结果，青岛开发区投资环境综合评价总指数位居国家级开发区前5强。从自身纵向对比看：2009年完成地区生产总值800多亿元，是1999年的12.6倍；工业总产值2400多亿元，是1999年的18倍；全口径财政一般预算收入140多亿元，是1999年的6.2倍；固定资产投入300亿元，是1999年的11.7倍；生产总值、工业总产值、工业增加值、地方财政一般预算收入、固定资产投入分别相当于1999年整个青岛市的83%、208%、185%、62%和108%，可以说以10年的时间再造了一个“新青岛”。从经济贡献度看：青岛开发

区已成为全市重要的经济增长极。地区生产总值、工业总产值、工业增加值、地方财政一般预算收入四项主要经济指标占全市比率由1999年的6.5%、12%、6.8%、6.6%，提升到2009年的16.7%、26.4%、22.3%、11.1%，向全市贡献了1/6强的地区生产总值、1/5强的工业增加值和实际利用外资、1/4强的工业总产值和1/10强的地方财政一般预算收入。

二、国家级开发区要实现科学发展必须在新时期坚持体制创新和转型升级

长期来看，国家级开发区面临的困境和挑战不会改变，以“开发区模式”支撑的国家区域发展战略布局，已经到了必须进行重大调整的历史时期。辩证地看，在科学发展观、构建和谐社会和国家加速推进区域经济一体化的大背景下，国家总体日益趋紧的宏观调控政策尽管给国家级开发区发展带来压力，但也为摒弃传统发展模式，探索战略转型的新模式，将自身综合实力优势、资源禀赋优势、地域空间优势、文化传统优势、产业成长优势结合并利用起来，孕育和催生民族产业，提升自身产业竞争力提供了千载难逢的机遇。国家级开发区作为当地最主要经济增长点重要载体平台，在新的发展时期要实现科学发展就必须坚持体制创新和转型升级，认真研究解决三个问题。

（一）迫切需要尽快明确管理体制法律地位

当前56个国家级开发区中，绝大多数的管理体制是行政主导型，即通过政府派出机构——开发区管委会形式运作。我国自设立开发区以来，党中央、国务院以文件形式赋予了开发区经济管理职能，各省（市）为促进开发区发展，加快对外开放，也颁发了《开发区管理条例》，赋予开发区管委会一定的行政管理权限。但对于开发区的功能定位、管理模式、组织原则和组织形式始终未从法律上予以明确，尚未形成一个全国性的有关开发区的法律体系，其管理机构开发区管委会在国家行政序列中也没有明确的定性，不是一级独立的行政机构，不具备相应的法律地位和权限。当国家级开发区（条例）规定与有关法律法规相冲突时，国家级开发区管理条例就失去了法律效力。法律法规不健全、政策易变性，严重制约了国家级开发区进一步发展。经过25年的发展，国家级开发区建设规模日益扩大，经济和社会职能不断拓展，管委会如何有效地履行政府职能面临新课题与挑战。近年来，中央部门要求的纵向集中管理与地方政府通过法规条例赋予开发区权力之间的体制冲突日益明显，开发区的体制优势逐步弱化，经济功能目标分散、财力分散、体制分散、弱化产业集聚效应和管理效率下降等问题逐步凸显。从法律上明确国家级开发区的管理体制、管理权限和运行机制，不仅是保障国家级开发区管理体制科学性、规范性和相对稳定性的重要条件，也是国家级开发区可持续发展重要制度保障。

（二）可持续发展空间受到限制，迫切需要提高集约发展水平

目前，一批发展较好的国家级开发区在坚持集约利用土地资源的前提下，原有经规划审批的土地资源基本用尽。根据国家“十一五”规划纲要，耕地保有量18亿亩是一条红线，不仅到2010年不能突破，而且今后长期也不能突破。由于中央政府近年来实施严格的土地管理政策，国家级开发区无法及时增加进一步发展所需的土地资源，可持续发展空间受到限制。在此背景下，开发区要发展，不可能再走20世纪80—90年代那种外延扩张型开发模式，而必须转变思路，走节约集约用地开发道路。

（三）政策优势淡出后创新优势未能同步跟进，迫切需要体制创新功能转型

在全国开发区原有优惠政策逐渐淡化的形势下，加大体制改革创新力度，成为开发区当前面临的必然选择。国家级开发区经过20多年的发展已成为我国城市经济扩张的有效模式和重要增长极，也是提升竞争力、提升经营效益、提升环境质量的重要平台，在推动经济圈经济带的形成中，最具有发挥集聚、辐射、带

动作用的优势条件。因此，国家级开发区应认真研究体制创新问题，通过整合对外开放功能资源，以国家级开发区为核心建立新经济区，建立一种跨行政区的区域经济运行体制，创造一个有利于形成吸引资源和支配资源的空间，促进区域内的各种资源优化配置，实现地区市场区域化、产业区域化、环境区域化，降低区域经济、社会和自然的运行成本，从而成为发展区域经济的重要载体。

三、关于推进国家级开发区体制创新和转型升级的政策建议

（一）建议把国家级开发区放在国家目前正在推进的区域协调发展总体规划中进行战略定位，高度重视国家级开发区在区域经济一体化发展中的重要载体平台作用

党的十七大提出要“遵循市场经济规律，突破行政区划界限，形成若干带动能力强、联系紧密的经济圈和经济带”。这意味着跨越行政壁垒，从行政区经济走向经济区经济是今后区域经济发展的重要方向。2009 年以来国务院共批复了 11 个上升为国家战略的区域发展规划，其中就包括 2009 年年底新批复的《黄河三角洲高效生态经济区发展规划》、《图们江区域合作开发规划纲要》等，获批数量是前 4 年的总和。在当前国家十分突出区域协调发展总体战略的新形势下，建议商务部在参与国家战略研究制定时积极推进对国家级开发区的战略定位，重视研究出台国家级开发区在区域协调发展战略中更好发挥作用的政策措施。

（二）建议尽快研究出台促进国家级开发区体制创新的政策措施，以破除体制性障碍，实现科学发展

随着开发区辐射带动范围的不断扩大，区域经济一体化发展步伐加快推进，开发区面临着日益繁重的社会管理服务事务。建议商务部按国办发［2005］15 号文件精神尽快出台《国家级开发区管理条例》，进一步明确国家级开发区管理机构的法律地位、行政执法主体资格、管理职能、管理权限，通过法制化建设创新国家级开发区实现依法行政的体制模式，使国家级开发区在区域经济一体化加快发展的新形势下能够更好地发挥区域经济重要增长极的作用，辐射带动周边区域快速发展。

（三）建议尽快研究出台促进国家级开发区产业转型升级的政策措施

一是在产业发展模式转型方面，实现“两个并重”和“三个突出”。“两个并重”即现代制造业与现代服务业并重，促进国家级开发区向综合性产业功能区转型；经济协调发展与和谐社会建设并重，促进和谐开发区科学发展。“三个突出”即突出发展高科技产业，将国家级开发区建设成为自主创新的试验区；突出发展现代服务业，将国家级开发区建设成为转变经济发展方式的先行区；突出发展低碳经济，率先建立低碳经济发展机制，将国家级开发区建设成为生态工业示范园区。二是建议建立国家各项高端产业促进政策在国家级开发区先行先试的体制机制平台，使国家级开发区成为承接国家产业政策的示范试验区。应紧紧抓住国家大力发展战略性新兴产业、低碳经济、绿色经济、高科技产业、现代服务业等高端产业、循环经济的历史机遇，建立与国家有关部委合作互动机制，积极促成国家各项产业促进政策在国家级开发区先行先试，再创开发区政策新优势，使国家级开发区成为科技创新、结构调整、生态环保的创新园区、绿色园区、和谐园区，进而带动周边区域快速发展。三是建议在研究落实国务院利用外资工作部署时，充分体现国家级开发区主力军作用并给予重点政策支持。结合《外商投资产业指导目录》修订工作，把国家级开发区作为国家鼓励外资投向高端制造业、高新技术产业、现代服务业、新能源和节能环保等产业的首选区域，将符合条件的国家级开发区作为深化外商投资管理体制改革试点单位先行启动，为全面清理外商投资审批事项，最大限度缩小审批、核准范围，增加审批透明度积累经验、创造条件。

（四）建议按照党的十七大提出的区域发

展战略要求，选择具备条件的国家级开发区进行多种类型对外开放政策功能区政策整合，开展综合配套改革试点

突出功能创新、机制创新和政策创新，再创体制新优势。一是坚持优势互补原则。充分区域内各功能区的比较优势，通过分工协作、功能整合、政策叠加，促进各方面的优势集成与互补，真正做到1+1>2的协同发展效应，增强区域经济整体实力和竞争力。二是坚持资源整合原则。对区域内各资源要素进行合理配置，使之相互联系、相互渗透，形成合理的结构，实现整体优化，实现区域资源配置效益的最大化。三是坚持优化布局原则。突破行政区划界限，坚持资源和效能并重，明确不同区域功能定位，实现经济与人口、资源、环境的协调合理布局。四是坚持产业集群带动原则。遵循产业梯度延伸规律，以龙头企业为中心推动产业链延伸辐射，拉动和辐射周边区域发展，以便发挥产业的规模效应和连动效应。五是坚持可持续发展的原则。坚持以人为本、全面协调可持续发展观，切实转变增长方式。培育发展产业集群与资源综合利用和保护生态环境结合起来，实现资源的优化配置，大力发展循环经济。

（五）建议进一步调整完善国家级开发区投资环境评价指标体系，建立升级发展、动态考核机制

建议在目前行之有效的综合评价指标基础上，进一步按照学习实践科学发展观的要求进行改进完善，实行分级考核、动态评价，以增强对国家级开发区的指导作用和招商面向国际的功能。一是为突出开发区在科学发展、和谐发展的先导地位，建议将评价体系更名为“国家级开发区科学发展环境综合评价体系”。在指标设置上，更加注重对经济发展实效、管理体制机制创新、服务业发展、自主创新成果、社会责任以及和谐建设等相关方面的评价。二是建立以功能、效能考核为目标，对国家级开发区实行分类考核、动态升级的科学评价体系。适当调整综合经济实力评价指标结构。增设开发区GDP占所在城市GDP总量比重的考核指标；合理设置管理体制指标，对管理机构与行政区合并的，应分不同情况区别对待；按照统筹对外开放与国内发展的原则调整外向型指标在环评体系中的比重。三是采用分级分类、动态考核的办法。目前全国开发区的评比是根据区域划分为东部、中部、西部三个组分别排名。由于各开发区成立时间不同，受地理位置、周边环境、国家政策等因素的影响，发展水平差异较大。建议在现有排名设定的基础上，逐步调整为分级、分类法排序，即根据总指数分值将开发区划分为A、B、C等不同的等级，以动态体现开发区发展水平的提高空间，通过等级的划分更加直观地体现各开发区发展水平及动态情况。可每两年评价一次。

加快信息化建设　提升园区综合竞争力

苏州工业园区管委会副主任　顾玉坤

2002年以来，苏州工业园区信息化建设纳入园区政府目标管理体系，实现了较快发展，相继建立了区域信息化建设领导小组、相关职能部门、计算机信息中心、各信息应用重点单位，负责推进全区信息资源综合开发利用以及经济社会领域信息化建设。

一、园区信息化建设的基本现状和优势

（一）政府网络基础设施基本成形

园区已建成覆盖管委会机关事业单位、两个社区工委、三镇、各国有大公司的宽带互联电子政务网络体系，内部网结点400余个，基层接入单位150家，成为苏州市政府系统内最为复杂严密的网络体系之一，为园区电子政务建设提供了高速便捷的网络环境。以政府门户网站为龙头、各局办网站作为有益补充的政务网站群，已成为获取园区信息的首选渠道。

（二）电子政务建设初显成效

园区管委会政府OA系统平台、Mail系统、内部综合信息网及其他一些公共信息交换基础平台已成熟运用，并将随着电子政务外网的延伸，覆盖至园区所有相关单位。2003年开始，园区网上审批业务在管委会一站式服务中心陆续开展。目前，已建成内网审批、加工贸易电子审批等6个系统。同时，园区公安、检察院、法院的业务信息系统以及海关、国检、国税、地税的电子报关、电子报检、网上纳税申报等系统的建设水平在全省乃至全国都处于领先位置。

（三）公共服务信息化不断推进

全区共规划建设公共信息亭50个，为广大居民提供各类信息查询和水电气等多种缴费服务以及票务服务。社会保障信息化方面，园区公积金中心已实现与18家市定点医院实时在线与断线自适应方式联网，与45家社区卫生服务站和诊所以及39家药店实时在线联网，建成与园区劳动社保局的联动平台，实现了劳动合同和参保数据联动。公共技术服务平台方面，组建了包括SaaS、动漫服务、软件评测、嵌入式软件开发等10余个公共技术服务平台，构建了集渠道、人才、技术服务于一体的共享平台。教育信息化方面，充分实现了教育信息资源共享和教育教学及其管理网络化和智能化。

（四）电子商务和企业信息化逐步拓宽

OA、MIS、ERP等各种信息系统已在园区大中型企业中普遍应用，对企业生产、销售、物流等各个环节产生积极促进作用。园区各国有大公司都基本拥有自己的网站及OA、HR、财务等系统，园区国控公司实现了与所投资控股的24家企业财务联网。2005年，园区开始建设现代物流信息平台，该平台已经完成一期运作，拥有物流企业、代理报关公司、代理报检公司、场站100余家企业，共计400多个用户。园区“企业配套网”自2005年初投入运营以来，帮助近千家企业建立了信息主页，已有1500余家企业申请加入网站，涉及30多类行业。园区人才新干线网站是国内首批、苏州首家专业人才招聘网站，运营以来共发布各类职位65.3万个（次），招聘人数214万人次，并且以每年130%的幅度增长。

总体来看，苏州工业园区信息化建设具有以下优势：一是基础设施领先的优势。以电信城域网和广电网等为骨干的宽带信息网络已经覆盖全区，互联网出口带宽40G，移动公司在园区建设基站500余个，GSM/EDGE网络已实现全区100%覆盖。尤其是独墅湖科教创新区、国际科技园等信息产业密集区的网络基础设施领先而完备。二是信息产业集聚的优势。园区集聚了一大批电子信息产业旗舰型企业，并获得“中国服务外包示范基地”、“国家集成电路产业园”、“国家电子信息产业基地”、“信息产业国家高技术产业基地”等称号。三是居民素质较高的优势。园区就业人口达到50余万人，居民具有高学历且年轻化。“新苏州人”多，IT类相关行业人员密集，居民对区域信息化建设关注度、参与度较高。四是资金投入保障的优势。在资金持续性投入、全社会投入及资金管理方面积累了一定优势，已形成政府和企业并重、外资和内资齐举、电信运营商和客户共同参与的多元投入格局。五是信息技术人才的优势。信息技术专业技术人员充足，多层次的教育培训体系初步建立，为园区信息化建设提供了有力的人才支撑。六是中新两国合作的优势。很多从事信息化工作的领导和专业技术人员都有机会学习新加坡信息化建

设经验，助推园区信息化建设。

二、园区信息化建设的主要不足和挑战

（一）法制大环境和小气候都相对滞后

同发达国家相比，我国在信息化法制大环境建设方面明显滞后。园区在构筑法制小环境小气候方面，同样存在许多不尽人意之处。

（二）区域没有独立的电信运营商

园区电信业务都由苏州市的电信运营商负责，中国移动、中国电信虽在园区设立了机构，但都不具备独立的运营商资格。运营商对于园区的长远利益和区域整体利益考虑较少，对与当地政府携手开展合作项目权限不够。

（三）各个节点间呈“信息孤岛”现象

虽然信息化节点很多，但电子政务、电子商务的各个节点大都是各自为阵、相互独立、彼此封闭，能共享信息资源的不多。

（四）信息产业自主创新能力不足

信息产业外向依存度高，缺少本土企业、民族品牌和自主知识产权，大部分企业只是从事加工生产，研发和创新能力较弱。

（五）市场化开发运用不够

信息化建设还处于“重建设、重投入”阶段，在市场化应用、推广方面做得还不够。

园区开展信息化建设面临着以下挑战：一是规划指导和规划风险的矛盾。信息化建设的规划指导，不能搞“一步到位”，要正视规划风险，留有规划修订的余地。二是资源整合和条块分割的矛盾。尽管园区上下资源整合的呼声很高，但条块分割现象依然明显。三是投入加快和建设市场滞后的矛盾，设备供应、安装施工、服务维修、软件配套等无法跟进。四是一次投入和长年运营的矛盾。

三、推动园区信息化建设的措施建议

（一）加强信息化建设的规划指导

有必要依据新情况，对园区“十一五”信息化发展规划进行修编，委托专业公司进行新一轮信息化发展详规，使信息化建设服从服务于园区开发建设大局，以信息化助推园区未来又好又快发展。

（二）从自身实际出发建设数据库

一是要建设和完善基础地理数据库，进一步完善空间数据采集和更新，不断推出基于地理基础数据的共享和应用。二是以公安户籍信息为基础，建成人口管理数据库。三是人力资源信息库，在人力资源公司现有数据库基础上，形成包含组织、人事、就业管理等内容的人力资源数据库。四是社会保障信息库，依托公积金中心，构成覆盖全园区的社会保障基础数据库。五是法人基础信息数据库，以一站式服务中心为枢纽，形成法人单位基础信息采集、更新与维护的标准化，实现一站式服务中心数据一次录入、多个窗口共享。此外，还要逐步建立宏观经济、教育、历史档案、公共卫生、城市管理等数据库。

（三）建设和应用并重，政府应大力支持信息化推广应用

一是政府和公共服务机构门户网站建设，提倡公众参与和互动，让园区亲商服务的经验在虚拟世界同样得到推广。二是电子商务的推广应用，大力协调和推进数字城市、数字家庭建设，完善电子商务基础设施，支持和引导企业开展电子商务应用，特别是要重点发展和园区产业关联度较大的行业，如电子产品交易、物流平台等。三是开展一批信息化实事工程，如数字化城市管理、智能公交、电子社区等。

（四）推进信息资源利用和跨部门信息共享

目前，正在建设以一站式服务中心为应用主体的园区企业基础信息共享交换平台，该系统将整合经发、工商、国税、地税、统计、规划建设等部门信息，使各用户能真正全面了解企业的基础信息和经济运行情况，并简化整个行政审批链，提高行政服务效能。以此为突破口，加大整合力度，逐步推动人口、口岸信息化系统等跨部门信息共享。

（五）加强组织领导

切实发挥信息化领导小组作用，吸引多种经济成分加入，共同做大园区信息产业“蛋

糕”。适时组建信息化建设专家咨询委员会，发挥外脑作用。

（六）关注信息安全

为信息化体系建立可靠的安全灾备系统，搭建一批公共服务平台，为广大用户提供高质量的信息安全服务。

核心竞争力与招商

天津经济技术开发区投资促进局局长　杨志泽

近年来，尽管我国的招商引资工作取得了长足进步，但还要时常要面对各种全新问题的冲击。发展至今，仅仅依靠给予政策优惠和虔诚的笑脸，是不可能使投资者动心的。这之中最为关键的是，要展示出不同于竞争对手的、足以使投资者念念不舍的区域核心竞争力。

核心竞争力本是个企业概念，是指以技术创新能力为核心，通过各种要素能力的交叉作用，形成保持持续竞争优势的能力。最为关键的是，核心竞争力是难以模仿和复制的。

以深圳、广州为代表的华南地区的优势在于市场化的充分发展和出口产品的综合支持体系，并由此产生了加工业的聚集效应和自主知识产权企业的崛起；以上海、苏州为代表的华东地区的优势在于宏大的市场规模并由此产生的集聚环境；北京地区占有政治、文化中心优势，也具备不可比拟的资源环境。可见，在新一轮招商工作中，要想构建自身具有的竞争优势，就必须形成具有本地区特色标签的核心竞争力。依据多年引资工作的体会，招商工作核心竞争力的组成要素应该是：以成本和服务为核心，并以围绕核心的反应能力、战略决策能力、区域营销能力和组织能力为支撑。

一、关于核心问题

成本：不仅指企业的一次性投资成本，更为重要的是企业的运营成本。过去，跨国公司虽然有过在一定时间内为长远战略不惜工本的情形，但随着我国经济的快速发展，特别是金融危机中我国国际地位的持续上升，跨国公司的投资战略必将产生新的规则，将其原先不计工本的以投资换市场策略修改为参与国际大循环，其产品将是国际市场中的价格竞争，说到底就是成本竞争。当前，跨国公司更多地依赖配套商和代工工厂、依赖物流实现零库存、利用金融方式加速资金流转、利用服务外包集中统一的服务支持等表现，无一不是为了降低运营成本。

服务：市场经济是“亲商经济”，一个经济区域的重要职能之一就是为区域内企业提供服务，包括政府服务和公共服务。这不仅仅是微笑办公、政务公开、办事快捷，更重要的是各行政部门和公共服务部门是否具备解决企业实际问题的能力。在服务问题上，还没有到可以高悬“霸主鞭”的时候，此时还需要具有综合一体化的服务措施。这之中不仅涵盖了产业配套环境、能源供应体系、交通物流体系、人力资源体系等生产要素，还要包括金融、文化、医疗保障、休闲娱乐等各方面的服务，特别是要将服务思想贯穿于地区工作的所有涉及企业生存与发展的全过程中。目标必须是：为体现地区独特的竞争能力，将成本和服务做到可以抵消国际上其他投资竞争地所具有的全部优势。

二、反应能力的改善

一个区域要保持招商竞争中的优势，必须要发现投资者新的或是正在变化的需要，并重视其需求的转向，这个能力是指整个区域的竞争意识，也可以说是创新意识和信息反馈系统。在这个能力上，仍然有很大改进余地。一是学习借鉴先进经验，建立健全项目招商业务档案库，在历史中研究未来；二是加强综合研究工作，为招商团队及时有效地提供相关产业和国别投资趋势性调研分析资料及政策参考信息，为招商团队提供更强有力的信息支持和决策参考。三是进一步发挥投资促进专业网络平台的作用，配合投资促进工作的各阶段重点，构建投资网络多语言版本的平台优势，进一步提升投资网络服务于招商引资的价值，以实现快速反应能力。

三、战略决策能力的加强

战略决策能力不仅是指正确地决定一个地区未来发展方向，还应包括为了能够达到既定的发展方向而坚定地进行整体资源配置的能力。并且，资源配置要紧紧围绕区域经济舞台上的主角——区域内投资的企业来进行。

区域发展经验表明，项目质量决定着区域未来发展的潜力，因此，必须学会利用土地、能源等有限资源，通过科学方法，制订切实可行的方案进行产业招商。在提高项目质量方面，除制订项目准入最低门槛外，也要注重投资密度、环保能耗、技术含量、行业地位等因素；同时，还可以考虑吸引科研机构、研发中心、销售机构、金融服务等新型业态项目和占用资源少、科技含量高、带动效应明显的产业群体，达到在完善和丰富产业结构的同时，保证项目质量，为区域发展打下坚实基础。

四、区域营销能力的提升

行之有效的具体招商方式和对区域富有针对性的宣传共同构成了区域营销能力。在此，既要提升两个方面的紧密结合程度，也要通过多渠道、多点连接的方式解决项目的信息来源问题。

市场营销首先是以“产品推广策划”为起点，招商也不例外，只不过推广的是“区域销售”业务。因此，招商的先导应该也必须首先是具备整体的区域推广策划实施能力。

有效的信息传播也是生产力，要将本区域的地缘优势、区位条件、产业环境、配套能力、文化氛围、人力资源、可持续发展潜力等（这些是指周边竞争区域的综合能力非仅指本区域）信息有效传递出去，使投资者和潜在投资者充分了解区域情况，认知或希望感受这个区域，并进而转化为有在区域内投资、运营的实际实施行动。

这就需要招商部门与宣传部门持续不断进行专业化的推广策划合作。上海等经济发达地区无一不是有计划地利用各种机会和各种方式策划本区域各个领域的推广攻势，通过有效评估，从中筛选比对出最有潜力的对象和最具实效的方式，从而与客户群持续不断地保持信息沟通，以高关注度赢得各种商业机会的到来。

五、组织能力的整合

围绕核心进行组织结构调整、信息传递改善，特别是引入“售后服务”的理念。投资促进机构不可能在所有事项上都能“包打天下”，项目落户后的大量工作需要引资区域具备完善的售后服务体系，需要区域的“全民服务”各司专职。着眼点应该在于不是怕出现问题，而是出现问题之后没有相应的机构和人员积极有效地解决问题。众所周知，各国政策、制度、法律、文化背景不同，由于上述差异的存在，决定了在这样一个全球化时代投资，其运转过程不可能是全部顺畅的。投资者最担心的是：起初之时热情款待、有求必应，落户之后一旦发生状况却叫天不灵、呼地不理。因此，可参照汽车产业的“召回制度”，进行“全民服务”，及时改进缺陷。这样做并不会损失产品威望，反而会使客户觉得卖者值得放心，是一个负责任的厂家。同时，“全民服务”还需要一个统一的品牌标准，本区域的品牌代表什么？那就是：可信赖、价格公平（未必最低）、质量可靠，不管在哪个维修店，服务品质都是一流且标准一致。这样做才可使客户扩大购买，即增资或极大地引致新客户光顾效应，形成一个良性循环的完整结构。

通过构建上述核心以及围绕核心的四个能力的改善，是形成一个区域在招商中核心竞争力的关键。除此之外，还要时刻铭记，招商竞争是使客户，也就是投资企业具有效益的竞争，是满足投资企业需要的竞争，是怎样使投资企业得到更多利润的竞争。

坚持科学发展　培育市场主体
努力打造青海科技创新和循环经济发展示范区

西宁市委常委、西宁经济技术开发区管委会常务副主任　姚　琳

作为青海区域经济增长的重要引擎，“十一五”期间，西宁经济技术开发区不断创新发展思路，加快转变发展方式，加大招商引资和项目建设力度，积极培育特色优势产业，各园区主导产业已初步形成，循环经济发展成效显现，各项经济指标连续5年保持大幅增长。2010年完成地区生产总值184.7亿元，是“十五”期末的8.2倍，年均增长52%；完成工业增加值145.5亿元，是“十五”期末的12.7倍，年均增长66%，分别占西宁市工业增加值的52.9%和全省工业增加值的23.9%；实现工业销售收入392.4亿元，是“十五”期末的13.9倍，年均增长69%；5年累计完成固定资产投资585.9亿元，年均增长58%。

截至2010年底，开发区内已入驻各类企业983家，其中工业企业264家、产值超亿元的企业62家，吸纳各类就业人员5万多人，太阳能光伏硅材料、电子信息材料、有色金属精深加工、锂电材料、高原生物制品、藏毯绒纺等一批投资额大、技术含量高、产业链延伸的项目开工建设，园区主导产业集聚效应开始显现，园区产业聚集和经济辐射带动能力明显增强。开发区“一区多园”各具特色、资源共享、关联互补、竞相发展的良好格局初步形成。

站在新的历史起点，开发区继续坚持开放带动、创新发展，认真把握发展循环经济、生态经济、新能源经济和产业升级的新方向，大力推进资源转换战略，推进产业结构优化升级，在支撑全省经济跨越发展和增强发展后劲、加快产业结构调整和转变发展方式、加速培育市场主体和集聚发展要素、加强制度创新和科技进步上有新作为，实现跨越式发展。

一、进一步明确园区发展定位，在加快产业集聚发展上下功夫

依托青海省资源优势和产业基础，围绕全省确定的十大特色产业，加快推进产业集聚。

一是坚持走资源精深加工和产业链延伸的产业发展之路，突出抓好总量扩张、产业升级、技术支撑、机制创新等关键环节，加快发展以新能源、新材料为主体的新兴产业和以高原生物精深加工为代表的特色产业，延伸发展有色金属、化工、藏毯、绒纺等传统产业，创新发展先进制造业和现代服务业。

二是大力培育特色产业，着力打造8个产业集群：

1. 新能源产业：以大力发展太阳能光伏产业和动力储能电池产业为重点，加快完善“多晶硅——单晶硅（多晶浇铸）——单晶（多晶）切片——太阳能电池——太阳能光伏组件——应用系统”、“锂电池材料——动力

储能电池”产业链，扩大产业规模，加快产业集聚；

2. 新材料产业：依托工业园区铝、铜、铅、锌、镍、硅、钛和柴达木盐湖的镁、锂等初级产品，加快发展有色金属合金材料、电子信息材料、锂电池材料等下游延伸产业，提高产品技术含量和附加值；

3. 有色金属生产和精深加工产业：依托全省丰富的电能和矿产资源，加快发展以铝、铜、铅、锌、镍为代表的有色金属和硅、铬产业链，扩大产业规模，提升发展水平；

4. 化工产业：依托全省丰富的天然气、盐湖、石灰石等资源，加快发展复合肥、PVC、乙烯、烯烃等化工产业及下游产品，不断完善“有色金属——天然气——盐化工”产业链，构筑循环经济体系；

5. 高原生物产业：充分利用青藏高原独特的动植物资源，大力发展生物技术、现代中藏药等高新技术产业，推动中藏药、冬虫夏草、大黄、红景天、沙棘、菊芋、马铃薯、明胶、牛羊肉、乳制品等精深加工项目加快发展，培育农牧业产业化龙头企业集群；

6. 藏毯绒纺产业：依托全省及周边省份的绒毛资源，打造以藏毯、绒纺为龙头的毛纺织产业集群，加快推进地方特色产业发展，加快建设“世界藏毯之都”；

7. 装备制造产业：以整合提升现有装备制造企业为方向，引进、消化、吸收先进技术，加快发展高档数控和专用机床、石油机械、专用车辆以及相关工业配套设备制造业，培育新的增长点；

8. 民族特色文化产业：充分发挥中国藏医药文化博物馆、青藏高原自然博物馆的展示、宣传和品牌效应，大力培育和推动民族服装、民族饰品等具有地方和民族特色的文化产业加快发展，努力形成发展规模。

三是充分发挥各园区的区位、配套、环境、服务、政策等比较优势，按照区域产业规划和产业集聚发展的要求，科学定位，合理布局，引导同类产业相对集中、集约布局，形成综合性园区与特色产业园区齐头并进的发展格局。

1. 东川工业园区重点发展多晶硅、单晶硅等太阳能光伏产业，钛合金、铝轮毂、铝型材等有色金属合金材料产业，铜箔、铝箔等电子信息材料产业，打造太阳能光伏和新材料产业基地，努力建设成为青海省新兴产业亮点区。

2. 甘河工业园区重点发展有色金属生产及延伸加工、复合肥、高纯硅、PVC、天然气化工等重点产业，加快推进园区有色金属和基础原材料主导产品由初级向高端产品转化，大力发展循环经济，打造有色金属精深加工和化工产业基地，努力建设资源节约型、环境友好型园区和循环经济示范区。

3. 生物产业园区重点发展高原生物制品、中藏药、装备制造和科技孵化产业，努力打造青藏高原高新技术产业基地。

4. 南川工业园区重点发展藏毯、绒纺、锂电池正极材料、储能电池、风电设备制造及相关配套产业，努力打造“世界藏毯之都”和锂资源精深加工产业基地。

二、进一步明确发展目标，在加速培育市场主体上下功夫

“十二五”时期，要按照加快推进产业结构调整和转变发展方式，实现跨越式发展的要求，迅速扩大产业和经济规模。

一是经济发展实现新跨越。到“十二五”期末，开发区各项经济指标均实现翻两番以上，年平均增幅达到30%以上的水平。其中工业增加值达到600亿元，年均增长33%，占全省的1/3以上；工业销售收入达到1500亿元，年均增长31%；5年累计完成固定资产投资1300亿元，是“十一五”时期的2.2倍。开发区正努力建设成为青海省经济转型升级的引领区、新兴产业的聚集区、科技创新和循环经济的示范区。

二是产业结构呈现新格局。培育壮大一批骨干企业，整合、重组一批中小企业，园区新

能源、新材料、有色金属精深加工、装备制造、藏毯绒纺和高原生物等产业基地基本形成。现代服务业快速发展，主导产业优势凸显，产业发展方式基本实现从资源密集型、劳动密集型向资金密集型、技术密集型转变。新能源、新材料等新兴产业比重占到开发区工业总量的50%以上，循环经济增加值比重达到80%以上，节能减排各项指标控制在国家和省上下达目标以内，开发区经济社会发展步入创新驱动、内生增长的轨道。

三是自主创新实现新提升。构建集科研院所、企业研发部门、园区公共科技服务平台、产学研机构、技术成果交易市场为一体的科技支撑和产业化发展体系，建立和完善园区科技孵化器、创业园平台，培育科技类中小企业200家、创新型企业30家、高新技术企业50家；突破一批产业发展关键技术，申报发明专利和各类知识产权数量比“十一五”时期提高1倍以上，高新技术产业产值、工业增加值分别占开发区的40%以上。

四是园区环境呈现新面貌。园区规划区域内全部实现“七通一平”，建成较为完备的工业和综合经济配套体系，项目承载能力大幅度提升；形成精简高效的管理体制、快捷顺畅的运行机制、健全完善的公共服务体系，投资环境得到显著改善。

三、进一步树立绿色发展理念，在大力发展循环经济上下功夫

一是全面落实循环经济试点园区实施方案，加快实施一批循环经济重点工业项目，大力推进资源间循环利用、产业间循环组合、企业内循环生产，引导园区产业向节能环保、循环利用的方向发展。

二是突出抓好重点行业、重点企业的节能减排工作，切实落实节能减排的主体责任和各项措施，加强环境保护，培育发展一批符合清洁生产要求的典范企业，力争使节能减排走在全省前列，努力建设环境友好型园区，实现低碳经济、绿色发展。

四、进一步加大招商引资力度，在加快项目建设上下工夫

一是不断创新招商引资工作机制，深入研究国内外产业发展趋势，超前谋划产业规划和布局，围绕发展循环经济和延伸产业链，有针对性地制定招商引资方案，重点面向与开发区产业互补性强、关联度高的地区，面向国内外大企业、大财团，引进一批资源综合利用、完善产业链和“填平补齐”的项目，努力实现招商引资工作的新突破。

二是不断创新招商引资方式，在开发区产业标准上设立“绿色门槛”，对新上项目要严把产业和环保关，围绕新能源、新材料、生物医药等绿色产业，重点引进高附加值、高技术含量、环保节约型项目，以发展性资源弥补基础性资源的不足，进一步提高招商引资质量和水平。

三是加快推进项目建设，确保已建项目按期建成投产。要围绕开发区“十二五”期末确定建设的重点工业项目，进一步完善协调服务工作机制，落实好园区干部包项目、包企业的工作责任制，全力做好项目建设中基础配套、环评、消防、安评等环节的各项审批工作，推进项目建设顺利实施。

四是加强经济运行管理，密切关注园区骨干企业生产经营指标的变化情况，协调落实好资金、运输、电力等生产要素的配置，促使企业持续正常生产经营；加大对已建成项目的服务指导，积极为已建成项目协调解决投产前存在的问题，努力创造条件帮助已建成项目尽快达产达效。

五、进一步推进体制机制创新，不断优化综合投资环境

一是充分发挥管委会的体制机制优势，加快构建办事程序最简、审批事项最少、工作效率最高、服务意识最强的园区投资环境。

二是大力发展现代服务业。加快发展现代物流、金融保险、电子商务、工业设计等生产

性服务业，逐步建立面向全市的工业设计服务中心和行业性研发设计信息中心。积极发展楼宇经济、总部经济等新型服务业态和商业模式。加快发展工业旅游业，努力形成区域分工明晰、产业定位明确、第二、三产业协调发展的新兴工业经济区。

三是牢固树立金融是现代经济的核心和血液的理念，进一步加强开发区融资体系建设，不断拓宽与省内外金融机构的合作范围，充分运用金融政策、金融工具，创新开发区融资担保平台服务和经营模式，扩大对园区发展的融资担保规模。

四是大力吸引各类投资基金、产业基金、创业基金等社会资金进入园区，拓宽融资渠道，推动园区企业加大股权融资、上市融资的力度，积极创造条件，支持园区优势企业加快上市进程，努力提高园区企业在资本市场融资的能力。

六、进一步推进企业科技进步，提高自主创新能力

紧紧围绕壮大主导产业和优势产业，建立和完善开发区科技创新体系和服务平台建设。

一是大力支持企业加快技术中心、研发中心建设，提高自主知识产权、自主品牌的创新能力。积极组织园区企业申报全省科技支撑“123”工程项目，突破一批关键技术，增强科技创新对产业发展的引领和支撑作用。

二是加强与科研院校、行业协会“产学研”合作，组织实施一批促进产业优化升级和新兴产业发展的重大技术创新项目。鼓励企业加大技术创新投入，大力扶持科技创新型企业，培育一批具有自主知识产权、竞争力强、市场占有率高的品牌产品，提升特色产业发展质量和企业综合竞争力。

三是充分发挥园区中小企业创业园和孵化器的作用，积极为科研人员、留学归国人员大学生搭建科技项目孵化和创业平台，努力营造鼓励创新、创业的环境。

四是进一步不断完善技术管理人才引进、培养、激励、管理等各项措施，着力引进一批管理精英、技术骨干、行业权威，为加快开发区发展提供智力支撑和人才保障，不断增强园区的生机与活力。

加快三大转型　推进创新发展

杭州经济技术开发区党工委书记　盛成皿

“十一五”期间，杭州经济技术开发区直面挑战、破难前行、合力兴业，经济发展迈上新台阶。投资环境综合排名连续两年位居国家级开发区10强、浙江省开发区首位，并相继获得“国家计算机及网络产品产业园”、“生物产业国家高技术产业基地核心区”、“国家知识产权试点园区”、“国家服务外包产业基地城市示范区”、“中国产学研合作创新示范基地”、“国家物流标准化试点基地”、“国家低碳产业示范园区”等10余个基地和园区品牌。

立足当前、谋划长远，加快推进产业、城市和社会的“三大转型”是开发区实现“十二五”规划蓝图的题中之义，也是全区工作主要抓手。因此，要加快产业转型，建设一个创新驱动、集聚领先的开发区；加快城市转型，建设一个功能完备、特色鲜明的下沙副城；加快社会转型，建设一个富有品质、魅力彰显的和谐社会。

一、全力促进产业转型，增强可持续发展的活力和动力

加快产业转型升级，全面提升产业发展层次和水平，坚持走规模化、集聚化、高新化、效益化的发展之路。

（一）壮大“四优四新”产业

按照杭州市大力发展“十大产业”的总要求，构筑“四优四新”现代产业体系，努力打造千亿级汽车产业集群，五百亿级电子信息、食品饮料产业集群。以高新技术、先进适用技术改造提升传统优势产业，继续发挥政策的导向和“杠杆”作用，加快价值链向“微笑曲线”两端延伸，坚持培育大产业和大企业并举，做长做细产业链。大力支持电子信息产业开发高、精、尖产品，承接先进技术转移；大力支持食品饮料产业新产品开发和新项目建设；大力支持装备制造产业开发关键零部件和国内首台（套）产品，扩大市场占有率；发挥国家生物产业高技术产业基地核心区的品牌优势，完善生物医药公共服务平台，引进培育一批行业领军企业。抢抓战略性新兴产业发展新机遇，充分发挥战略性新兴产业对转型升级的引领作用，打造经济增长新引擎。以整车、新能源汽车为重点，加快汽车项目建设、整车生产和江东新基地建设；加快新能源、新材料产业发展；坚持培育和引进、技术开发和产品应用并举，推进物联网产业发展。

（二）促进科技创新驱动

深入实施“科教强区”战略，充分发挥科技创新的“倍增效应”。鼓励企业加大研发投入，申报高新技术企业、设立研发（技术）中心和承担国家级科研项目，壮大一批拥有自主知识产权和自主品牌的龙头高新技术企业，支持一批中小企业积极开展联合研发，促进一批跨国企业的技术溢出，实现科技研发的本地化。深化“两园合作”战略，做强产学研合作联盟，完善“六位一体”合作模式，运作好院士专家工作站、博士后科研工作站、中科院理化所南方中心等大院名校，深入推进区校合作、校企合作，不断推进优势互补、合作共赢。

（三）加快平台建设步伐

要按照“做大做强江东，做精做优江北”的发展思路，在江东区块以“四个示范区”（全省大平台建设示范区、转型升级示范区、新兴产业集聚示范区、新城建设示范区）为目标，努力打造成为先进制造业集聚的大平台。按照“招大商、能落地、早见效”的工作要求，坚持招商引资、征地拆迁和基础建设并重，全力招引大项目，确保项目快落地。江北区块要大力拓展产业发展平台，加快“两港八园”十大产业园区建设，推进新加坡科技园二期、高科技孵化器二期、服务外包人才培训基地等平台建设。落实发展目标和考核措施，促进一批科技型中小企业在文创园、电子商务园、大学科创园等创新平台“星火燎原”和“汰弱留强”，提升产业集聚发展水平。

（四）推动企业做大做强

坚持“政府、企业、市场”三力合一，完善各项扶持政策，支持企业通过拓展市场、品牌提升和人才引进不断做大做强，通过技术改造、科技研发和节能减排实现转型升级，培育一批具有知名品牌和核心竞争力的龙头企业。全面落实“高新计划”、“上市计划”、“总部计划”等三大培育计划。

二、加快推进城市转型，有力提升副城品位和宜居度

坚持“四高”（高起点规划、高强度投入、高标准建设、高效能管理）方针，优化城市规划，加大建设力度，完善功能配套，提升城市形象，使下沙真正成为宜业、宜学、宜居的杭州副城。

（一）优化完善城市规划

坚持以人为本的理念，通过优化规划布局，实现产业发展与居住环境的协调平衡。完善重点区块的功能定位，抓紧完成下沙新城城市功能提升规划等8个城市发展规划、重点区域的控制性详规编制。充分发挥规划的主导和先导作用，强化规划方案的执行。

（二）加快基础设施建设

围绕打造“大交通”，加快推进重大路网工程建设。同时，着力推进沿江大道供水主管道、天然气热电厂、污水管网等能源配套项目，全力推进高压线“上改下”。集中精力抓好征地拆迁攻坚战，确保重点项目顺利推进。

（三）完善城市功能配套

大力建设公共服务和商贸配套设施，加快一批城市综合体的开发建设，按照“总体规划、分步实施、重点突破”原则，全力加快金沙湖等重点区块开发建设。

（四）提升城市环境品质

以国家工业示范园区创建为抓手，深入实施绿化景观、水环境、噪声污染治理、企业污染整治等生态环境工程，继续实施“截污纳管三年行动”计划，启动“大气整治三年行动”计划，着力打造国家级生态和低碳发展示范区。加强城市公园的管理，提升公共服务功能，使之成为集聚人气、休闲娱乐的活动场所；完善数字城管，提升城市管理水平。

三、积极适应社会转型，全面提高社会管理科学化水平

坚持以人为本、服务为先，把实现好、维护好、发展好最广大人民的根本利益作为出发点和落脚点，积极探索和创新社会管理模式，着力构建“党委领导、政府负责、社会协同、公众参与”的社会管理新格局。

（一）强化基层组织建设

大力加强以社区为重点的基层组织建设，做好“统、联、合、共”四篇“文章”，积极构建条块结合、资源共享、优势互补、共驻共建的城市基层党建新机制；坚持以构建区域化党建为着力点，不断提高党建科学化水平，按照“注重基层、着重基础、重心下移、重点前移”的思路固本强基，稳步下放公共管理职权，不断增强基层管理和服务能力，有效健全专兼职社会管理队伍建设，着力夯实社会管理基层基础。

（二）加快社会事业发展

坚持以满足人民群众生产生活和精神文化需求、优化提升综合服务环境为核心，大力实施教育强基、医卫利民、百姓安居等十大民生工程，加快建立完善与下沙副城发展相适应的公共事业服务体系，推进公共事业的覆盖面和质量水平上新台阶。

（三）突出文明素质提升

运用文明城市创建等载体，充分调动全社会和人民群众参与积极性，形成工作合力，以优异成绩确保创建成功；要在“后创建时期”继续把建设文明城市作为提升形象、改善民生的主抓手，大幅提高城市管理和社会管理水平。

（四）促进区域文化繁荣

坚持以弘扬开发区创业创新文化为核心，大力培育和营造以企业、校园、社区为重点的群众文化，不断促进多元文化有机融合，努力打造有副城特色的区域文化。当前，要加快建设一批标志性文体设施和文化载体，构建完善区、街道、社区三位一体的文体阵地网络，为文化繁荣发展奠定坚实基础。

全面推进信息化与区域发展融合 为打造首都南部现代制造业新区服务

北京经济技术开发区管委会

信息化迅猛发展正深刻改变着经济发展方式，柔性制造、网络制造、绿色制造、智能制造、全球制造日益成为生产方式变革的方向，互联网、云计算、物联网、知识服务、智能服务的快速发展为个性化制造和服务创新提供了有力工具和环境。推进信息化与工业化融合是开发区创新经济发展方式的重要途径，是绿色、智能、可持续发展的重要保证。

一、北京经济技术开发区推进信息化与首都南部现代制造业新区融合发展的总体思路

2009 年，开发区制定出台《亦庄新城 e－Town 战略白皮书》，提出“两网一区五平台（“两网”是指覆盖全区的无线宽带网络和 3G 通信网络、“一区”是指信息化与工业化融合发展示范区、“五平台”是智慧园区、电子商务、产业智库、品质社区和电子政务五个平台）”的总体规划，首次全面系统阐述了开发区推进信息化与区域发展紧密融合的目标、思路和途径。

基于以上新形势新要求，开发区及时调整了信息化工作思路和重点，由原来以电子政务建设为重点，转变为区域信息化的全面推进。在推进信息化与首都南部现代制造业新区融合发展，开展了五方面工作：

一是建设覆盖全区的信息基础设施。重点包括园区企业所需的有线宽带数据网络、电信通信网络，并为企业提供服务的机房托管、工业超级计算、数据存储、容灾备份等增值服务。2009 年，通过无限亦庄一期工程，实现了开发区核心区 15.8 平方公里的无线宽带网络覆盖，以世界一流的信息基础设施为支撑，以普遍的智能化信息服务应用于企业、政府、教育、医疗、社区服务、城市管理等经济社会各个领域，使开发区由“九通一平”变为“十通一平”。

二是大力推进两化融合。开发区正处于打造首都南部制造业新区的攻坚阶段，推进信息化和工业化融合，有利于突破关键环节和薄弱环节，取得新一轮发展优势；有利于提升产业创新能力、集群发展水平，抢占国际经济发展制高点，增强产业国际竞争力；有利于发展新兴产业，培育新的经济增长点，调整优化产业结构，加速现代高端产业体系建设；有利于加快转变发展方式，发展个性化制造、规模化协同创新、绿色制造、智能制造和全球制造，走技术含量高、经济效益好、资源消耗低、环境污染少、知识与人力资源优势得到充分发挥的新型工业化道路，实现工业由大变强。

三是引导新兴产业发展调整产业结构。推动创新自主的信息产业做大做强，加快重点产业调整和规划布局，围绕下一代网络、高可信网络、物联网、云计算等新一代网络基础设施的建设，加快关键技术、标准研发和产业化体系的形成，推动网络设备、智能终端、RFID、传感器、执行器的研发和产业化，继续保持电子信息制造业的支柱地位；推动新兴信息技术服务业扩规模、上水平，加快新兴信息服务业引进，鼓励区内软件和信息服务业转型升级，

围绕电网、交通等战略性基础设施的智能化以及金融、物流、医疗、教育、数字出版等现代服务业发展所形成的新需求，整合应用、产业、研发等产业资源，在核心和关键技术领域开展自主创新，促进形成新的上规模的信息技术服务业。

四是推进城市管理智能化、精细化。完善应急联动体系，加快推进应急指挥综合信息管理系统和安全生产、市政、环保等各专业预警预报信息系统建设；采用物联网等新技术深化网格化管理模式，建立开发区公共管理和运行体制监测信息平台；加强开发区地下管线、人防工程、地下出租屋等空间实体要素精细化、可视化管理，推进土地节约集约利用评价系统建设；探索新技术在水资源管理、环境保护、能源监控等方面的应用，建设智能水网、环境监测系统、能源监测系统，打造绿色低碳的开发区。

五是倡导数字化生活新方式。推进三网融合，倡导“数字家庭”（e－Home），推进数字社区建设，推进数字医疗建设，构建开放的学习网络，促进学习型开发区建设。

二、围绕融合发展实施重点工作

一是进一步提升信息基础设施水平，启动无限亦庄二期工程。“无限亦庄”二期工程采用 McWill + WiFi 的技术方案，进一步拓展无线网络覆盖范围，新建 21 个 McWiLL 全向基站，实现 31.8 平方公里高密度无线覆盖，重点开展基于城市综合管理平台的无线应用，推进在城市安全监控、环境监测、应急指挥、城市智能交通、移动办公等领域的应用，同时为开发区内的企业、居民提供无线接入等服务。

二是启动两化融合试点，推动信息化与南部制造业新区融合发展，争创首都两化融合示范区。大力推进信息技术在产品内涵、产品研发设计、生产过程控制、物流与供应链管理、企业经营决策等各个层面上的应用、渗透和融合，提升“高端制造”、“高端创造”和“高端服务”的国际竞争力，走出一条高端化、集聚化、集约化、充满生机与活力的新型工业化道路。计划在未来 3 年陆续开展企业信息化提升工程、产业创新服务工程、智能化装备自主创新工程、电子商务应用创新工程、中小企业信息化应用推广工程、节能减排信息技术应用绿色工程、物联网应用试点工程、新兴产业培育壮大工程等八个方面工程。

三是开展物联网、云计算等新技术应用探索，抓住创新发展的新机遇。在云服务方面，启动政务云服务试点研究，坚持着眼长远、全面规划、突出应用、一步到位的原则，站在打造首都南部政务云计算中心的高度紧密结合各种应用规划和设计方案。同时，不断拓展云服务的范围为高端制造服务。积极引导和鼓励社会力量在开发区设立大型云服务中心，为区内生物医药研发、汽车设计、重大装备研发等高端制造服务，使开发区成为北京市有影响力的商业数据中心、工业数据中心、云服务的先行区域。在物联网方面，首先是推进生物医药园智慧物联网试点，建成安全、低碳、节能、环保的智慧园区。依托物联网新技术，生物医药园将提供实验动物全生命周期监管、实验室危险品及重要物品监管、实验室温湿度控制、无人值守稳定性实验平台、实验垃圾处理、生物医药研发数据服务等增值服务；其次是推进物联网在应急指挥、环境保护、安全生产、市政管理等方面的探索应用，已启动开发区环保在线监测中心建设，大量运用物联网新技术，建设开发区“三位一体”的环境监控预警体系。

确立高远目标 聚焦转型突破 奋力开启“二次创业”新征程

南京市江宁区委常委、江宁经济技术开发区
党工委副书记、管委会副主任　　戴华杰

2010年，面对复杂多变的经济形势，江宁开发区团结一致、振奋精神，开拓创新、奋发有为，圆满完成年初确定的各项任务。突出表现在以下方面：一是高开稳走，主要指标攀上新高度。全年完成地区生产总值272.5亿元、规模以上工业产值859亿元、地方财政总收入82.3亿元、地方一般预算收入39.9亿元，分别增长31.6%、43%、31%和23.6%，较好发挥了全区经济建设主力军作用。二是先人一步，抢占产业发展新高地。成为全省首批新型工业化示范基地，汽车零部件、智能电网、通讯设备、风电装备、航空动力等五大产业获得省级特色产业基地称号；牵头组建智能电网产业及其软件产业联盟。三是成功晋级，迈上开放开发新平台。2010年11月11日，经国务院批准，正式升格为国家级开发区，使园区发展站在了一个新的更高起点。

回顾过去的一年，主要抓住以下五项工作：

一是千方百计抓项目，发展势头强劲有力。招商引资成效显著。全年新引进外资项目56个，新增千万美元项目40个，完成注册外资11.69亿美元，确认到位外资6.79亿美元，增长35.7%，创历史新高，居全市第一。重点项目加快建设。上海大众B级车、中环光伏等97个重点产业项目开工建设，大全新能源、长风新能源等37个项目实现投产，完成全社会固定资产投资315亿元，增长18%；其中工业有效投入177亿元，增长17.9%。重点企业加速发展。统宝光电增资10亿美元，打造世界第一的中小尺寸面板基地；南高齿先后3次增资1.3亿美元，打造风电、机电设备制造基地；中电光伏启动建设研发大厦，42家企业列入全市“千企升级”计划。

二是全力以赴促转型，产业结构优化提升。优结构、壮规模，积极推进产业转型升级，打造富有竞争力的现代产业体系。新兴产业增长迅猛。国网智能电网项目开工建设，智能电网博览馆即将开馆，智能电网产值突破120亿元，增长32%；引进大唐科技园、协鑫太阳能产业基地等新能源龙头项目，新能源产值达124亿元，增长45%；中航轻型动力项目开工建设。主导产业提速增效。电子信息成功引进协鑫OLED项目，长福马整车年产值突破百亿元，全年园区汽车产量达36万辆，产值接近300亿元，主导产业产值比重达65%。现代服务业加速提升。新引进软件及服务外包项目15个，全年实现离岸服务外包合同额3.79亿美元、执行额3.4亿美元，继续位居全市第一；软件收入达到195亿元，列全市第二；新引进物流企业6家，物流收入达75亿元，产业抗风险能力不断提升。

三是一着不让强创新，科技引领率先突破。快转型、强创新，不断完善区域创新体系，全力增创新一轮跨越发展优势。创新载体加快建设。中关村服务外包产业园被批准为“南京市服务外包孵化器”；无线谷一期8.8万平方米开工建设，北科产学研基地一期、归国博士创业园投入使用，全年新增创新载体面积34万平方米。创新合作成果丰硕。实施产学研项目25个，新增省级以上实验室、工程中心8个，新入驻孵化科技企业12家；科远自动化顺利登陆A股，新增高新技术企业8家，申请专利990件。创新人才加速汇聚。新引进高层次创新创业人才15名，其中1人入选国家“千人计划”，5人初步入选“省双创人才计划”；成功获批市级服务外包人才培训基地，为提升区域创新能力提供了有力支撑。

四是想方设法快建设，功能环境精细优化。优环境、造功能，改善城市功能布局，打造满足新一轮发展的优势环境。城市功能不断优化。会展中心、1912街区等加快建设，城市公共服务功能和高端商务集聚能力有效提升。管理水平不断提升。推行精细化管理，开展机械化保洁，实施环境综合整治和长效管理，使现代化城市形象更加亮丽。

五是真抓实干惠民生，社会事业协调推进。大力推进就业工程，完善三级就业安置体系，免费组织专业技能培训、订单式培训，帮助统宝、华宝等用工大户解决招工难题，全年推荐就业1.5万人次，培训劳动力6900余人次。大力推进各项事业。成立开发区和科学园商会；党建、综治、人大等工作有序推进，园区和谐水平迈上新台阶。

2011年是江宁开发区“二次创业”的关键之年。开发区将以转变发展方式为主题，全面启动十大行动计划，更加突出产业升级、科技引领、品质提升、民生改善和协调发展，加快建设国内领先的创新型生态化科技产业新城，努力为“十二五”时期又好又快发展开好局、起好步。重点抓好五个方面工作：

第一，以产业结构调整为重点，全力加快经济转型升级。

坚持以产业提升优化经济结构，以自主创新引领转型升级，大力推动经济发展方式加快转变。

一是把战略性新兴产业作为转型升级的主攻方向。大力实施新兴产业培育行动计划，打造新兴产业集群。聚焦突破智能电网产业，瞄准打造“五个中心”（即智能电网的技术创新中心、标准质量中心、产业研发制造中心、人才培养集聚中心、应用示范中心），加快推进国网智能电网、大唐电力产业园、省电力试验研究院等项目建设，新引进一批相关产业链项目，确保2月上旬建成智能电网博览馆。大力发展无线通信产业，重点突破4G技术应用、无线宽带接入等关键核心技术，确保今年8月“无线谷”一期工程建成运营，55所等一批重点项目竣工投产。加速培育航空动力及通用航空产业，加紧中航金城轻型动力项目建设，加快南航无人机、金城派克、中航工业机电产业园等项目签约落户，更多集聚航空指向性项目。加快新能源产业发展，提速推进中环光伏、南高齿、协鑫OLED等重大项目，带动产业链上的关键配套项目落户。

二是把支柱产业作为转型升级的重要抓手。实施支柱产业壮大计划，更加突出央企招商、产业链招商、基地招商，大力引进一批龙头型、旗舰型、内外资大项目，着力推动汽车、电子信息做大规模、壮大实力，确保全年引进主导产业项目40个以上。汽车产业向新能源汽车、高档整车方向发展，突出关键零部件项目引进，形成更加完整的产业链。力争整车产量突破50万辆，发动机产量突破20万台，实现产值450亿元。加快推进电子信息产业链式扩张，重点发展新一代平板显示、新型电子元器件等领域的高附加值环节和产品，加快统宝中小尺寸面板等重点项目建设，培育优势产品和特色产业链。力争实现电子信息产业产值446亿元。

三是把现代服务业作为转型升级的有力支撑。研究出台鼓励现代服务业发展政策，大力培育软件及服务外包、创意设计、总部经济等新兴业态。力争全年引进软件企业15家，新增亿元以上软件企业26家、软件研发面积20万平方米，实现软件销售收入265亿元；力争金鹰国际主体建成，1912街区入住率达80%；实现物流收入90亿元；引进服务外包项目6

个，实现离岸服务外包执行额3.1亿美元，继续走在全市前列。

第二，以扩大有效投入为抓手，全力加快重大项目建设。

以培育大产业为目标，以实施大项目为抓手，进一步加大有效投入，加快项目建设。

一方面是紧抓重点项目建设。把加快项目建设作为增创发展优势的重中之重，一着不让地主攻重点投入、优质投入，每周召开开工协调会，解决审批对接、要素保障等方面的矛盾和问题，形成“落地一批、开工一批、竣工一批、投产一批”的良性格局。强势推进国网智能电网、55所、中电研发中心等98个重点产业项目建设，全年确保完成工业有效投入210亿元以上，尽早形成新的经济增长点。

另一方面是发展壮大骨干企业。实施规模经济培育提升工程，以“百企升级”为主要抓手，梳理排定20家有潜力、有实力的重点企业，全力做好项目申报、技改投入、品牌创建、政策对接、人才引进等综合服务，壮大一批产出超10亿、50亿的龙头型企业，培育一批具有自主知识产权的成长型企业，大力扶持南高齿、统宝光电、中电光伏、长福马整车、上海大众等一批骨干企业，促进其扩大投入、扩充产能，全年确保新增2家产出超百亿元的企业“小巨人”。

第三，以激发创新活力为目标，全力加快创新水平提升。

加快科技资源和要素的集聚整合，深入推进自主创新工作，努力将创新优势转化为新一轮发展竞争优势。

一是增强载体功能。大力实施“三创”载体建设行动计划，提速推进启迪科技园、吉山软件园、腾飞创造中心片区等创新平台建设，着力打造包含企业孵化区、服务外包区、科技创新区于一体的“点、线、面”相互补充的创新格局。全面启动东吉谷建设，全年开工建设“三创”载体150万平方米，竣工80万平方米；年内引进和培育“两站两中心”24个；积极推进产学研“三螺旋”合作，全年实施高水平产学研项目30个，专利申请量、授权量分别达1200件、600件。

二是强化人才支撑。突出抓好招才引智工作，大力引进领军人才、各类紧缺型人才，全年新引进高层次创新创业人才18名，其中千人计划人才2～3名、省“双创”人才4～5名，设立5名创业导师和15名创业助理，进一步完善全过程服务。加快推进人才公寓建设，争取改造和新建5万平方米，进一步增强园区吸引力，加快国家海外高层次创新创业人才基地创建步伐。

三是优化创新环境。创新投融资体系建设，全年新增创投资金2亿元，科技创新融资规模总量达到12亿元，力争新增上市公司2家。进一步创新服务管理机制，加强与国家、省、市出台的创新扶持政策对接，加强科技项目申报，完善商贸服务、金融服务、信息化服务、政策服务等关键性平台。

第四，以增强城市功能为关键，全力加快城市经济发展。

以南部新城建设、青奥会举办为契机，大力推进城市更新优化、环境品质提升等工作，推动开发区从工业园区向科技产业新城跃升。

一是进一步提升基础设施水平。继续协调服务好宁杭城际、地铁3号线、机场轻轨线等国家和省市重点工程；配合做好跨秦淮河大桥、跨秦淮新河大桥等工程；大力推进景区林相改造工作，力争全年新增43万平方米绿化。

二是进一步提升城市功能品质。精细化实施凤凰港核心区、九龙湖研发商务园、东吉谷、大学城共享区规划完善；加快开发区、科学园一期“腾龙换凤”步伐，确保今年国庆前会展中心投入使用；进一步提升城市服务功能；加大九龙湖周边综合整治力度，实施环湖资源、亲水设施的规划设计。

三是进一步提升城市管理层次。健全“大市容、全覆盖、无死角”的城市管理体制，实施精细化、网格化、智能化管理，切实提升城市综合管理效能，采取有力措施，重点做好1912休闲街、大学城乐活街等市容管理，重点提升胜太路、湖滨路等特色水平，营造国际化社区氛围。

第五，以办实事惠民生为根本，全力加快和谐园区建设。

始终坚持以人为本，切实履行社会责任，加大环境建设，实现科学发展与和谐共建相互促进。

一是抓社会事业全面发展。创新就业推荐方式，加大技能培训力度，力争全年推荐就业11500人，开展职业技能培训5800人次，动态消除“零就业”家庭。支持创新创业，多渠道增加群众财产性收入、经营性收入。建设完善一批社区服务和商业设施，增强配套能力和集体资产增收能力。

二是抓节能减排深入推进。突出抓好重点领域、重点行业和重点企业的节能减排，确保完成区域节能减排的硬指标。进一步完善整体规划，健全管网体系，逐步实现区内污水处理全覆盖。借鉴苏州工业园、无锡高新区等生态工业园创建经验，推进国家级生态工业示范园区创建，确保年内通过预验收，全面提升开发区生态环境水平。

三是抓发展环境不断优化。健全完善公共突发事件应急处置机制，强化社会矛盾排查、疏导化解工作。深入开展创先争优活动、劳动关系和谐企业建设，确保劳资矛盾调处率达100%。围绕中心工作，深入开展宣传文化活动，为发展提供良好的舆论支持。

力促多种产业融合发展
助推区域产业优化升级

扬州经济技术开发区管委会办公室

智能电网，又被称为电网“高速公路”，正成为一个超前的新兴产业、当今世界最前沿的新能源产业。智能电网产业是传统电力装备产业与新兴产业的高度融合，产品高度集成，技术含量和附加值高，产业链长，经济带动作用强。通过智能电网产业的发展，还能相应促进太阳能、风力发电等新能源产业的规模化发展和电动汽车的普及。鉴于对能源生产和使用方式的革命性影响，及其对相关产业的拉动作用，智能电网已成为我国实施能源发展战略、把握全球产业调整机遇、抢占新一轮发展制高点的重要产业之一。扬州经济技术开发区是传统电力电子生产基地和国家级绿色新能源产业化基地，具有发展智能电网产业的比较基础和优势，大力发展智能电网产业，一方面，培育新的经济增长点，在新一轮经济发展浪潮中抢占先机；另一方面，充分发挥自身产业优势，促进传统产业转型升级。

一、把握智能电网产业发展趋势

2009年以来，一直致力培育和发展以太阳能光伏为代表的绿色新能源产业，并一举摘得全国第一个国家级绿色新能源特色产业基地的扬州，将目光投向了智能电网产业，把发展智能电网产业，作为加快电力装备制造业转型升级，推动扬州绿色新能源产业乃至全市工业经济转型发展至关重要的抓手和途径。2009年6月底，扬州举办国内首个智能电网产业发展论坛，并于10月制定了《扬州市智能电网产业发展规划》，在江苏省第一个通过论证。同月，《扬州市智能电网示范城市建设规划》也通过专家论证。未来5年，扬州将率先建成全国智能电网示范城市，到2015年，年产值1000亿元以上，到2020年，智能电网配套产业过2000亿元。

扬州经济技术开发区按照“发挥优势、超前布局、示范带动、分步突破”的总体思路，把握智能电网未来技术与产业发展趋势，坚持高端引领与规模拓展相结合、重点突破与整体提升相结合、消化吸收与自主创新相结合、市场推动与政府引导相结合，立足自主化，聚焦产业化，在国内率先建成智能电网三大基地，即智能电网功能示范应用基地、智能电网关键技术研发基地、智能电网核心设备产业基地，不断提升产业核心竞争力。

（一）示范应用带路，彰显产业特色

定位智能电网建设与发展的角色分工，更多关注配电、用电环节，以智能电表的应用为切入点，由下而上逐步建成完整的智能电网产业链。努力通过演示未来先进的智能配电、用电模式，成为智能电网产业标准，使扬州在智能电网发展上确定话语权。现已成功完成1万平方米智能电网展示厅建设工程，扬州智谷已经成为展示全球智能电网产业最先进技术和产品的国际性展厅，被授予“江苏省智能电网示范基地”称号。

扬州智谷具有三大特色：一是展厅按“国际”级标准建设，参与智谷展厅共建的GE、LS、西门子等都是世界级知名智能电网企业，其技术和产品演示出对智能电网不同的理解；二是充分体现“中国”特色，国网电力研究院、江苏电力公司等代表国家电网展示了中国智能电网的特色、发展规划及技术和产品；三是演示强调“互动”效果，力求以通俗易懂的方式展示智能电网的技术和产品，通过参观者互动参与，强化对智能电网的理解。开发区新光源公司和群硕公司共同开发的智能电网互动平台，重点突出新能源接入和智能电表应用的软件支撑。

（二）科技创新支撑，提高核心竞争力

科技创新是产业发展的不竭动力，是产业发展的有力支撑。重点建设扬州智谷研发中心，把中心建设成为智能电网产业孵化器，目前已经引进韩英铎院士工作站、西安交大扬州智能电网技术与装备研究院、群硕软件、西门子北辰智能电表研发中心等重点研发机构，占领智能电网关键技术制高点，引领智能电网产业发展方向，打造核心竞争力。重点在新能源并网技术、大容量储能技术、传感与广域量测技术、电能运行控制技术、一次设备智能化技术和远程集抄、双向计量技术等领域取得新突破。群硕软件已成功开发出智能电网互动平台，在2010年4月18日投入使用，运行良好，协助北京公司全力开发智能电网运行，同时扬州近期筹划与中国电信展开在企业应用、智能手机等相关领域的合作。

（三）强化招商引资，打造产业化基地

建设智能电网展示厅不仅是展示智能电网最先进的技术和产品，更重要的是引进智能电网生产企业，打造智能电网产业基地。群硕软件开发（扬州）有限公司已经入住智谷研发中心，主要从事智能电网软件平台研发和服务业外包业务，包括智能电网架构设计、解决方案和系统集成；中能智谷已落户开发区。国际级GE、LS、西门子、大同等公司已和开发区达成共同打造扬州智能电网产业基地协议，并得到国网公司的大力支持。北辰电气作为一家电力电器研发、生产的高新技术企业，其智能电表的研发成功标志着全区在智能电网应用的关键环节率先取得重大突破，2009年产值同比增长128%；GE与北辰的应用中心正在有序运行。

（四）网站论坛造势，增强扬州影响力

一方面，积极利用报刊、网站各种媒体宣传扬州，创建智能电网产业基地门户网站，可以浏览全球智能电网产业最先进的技术和产品。另一方面，积极邀请院士、世界知名企业、智能电网专家、政府高层领导来扬州考察、举办智能电网产业发展论坛。已经成功举办两届国际性智能电网产业论坛，论坛档次高、人数多、影响大，引起业内高度重视。

二、建成国内首个“智谷”——国际化智能电网产业科技园

位于扬州经济技术开发区内的中国智能电网展示馆正式启动，这是国内首个建成的智能电网产业的专业展馆，标志着扬州加快集研发、示范、展示、交易、创业孵化、产业服务为一体的国际化智能电网产业科技园建设，打造千级亿智能电网产业，加快产业转型升级取得重大突破。

“扬州智谷”建有智能电网产业展示中心、研发中心和公共服务中心。

展示中心：作为扬州经济技术开发区智能电网产业对外宣传的窗口、交流合作的平台，集中展示扬州智能电网产业先进的产品和技术，并通过示范展示智能电网的发展方向和先进理念，提升扬州智能电网产业基地的知名度和美誉度。主要展示新能源发电接入系统、智能输变电设备、智能调度、智能电表、智能家居、电动汽车及充电站等方面的先进产品和技术。

研发中心：以产学研结合集聚资源、以市场化运作推动发展，以智能电网产业应用技术和产品开发为主导，推动产业科技创新，开发具有自主知识产权和自有品牌的智能电网关键技术、产品和设备，为扬州智能电网产业集聚集群提供技术支撑。主要从事新能源接入系统、智能电力设备、配网自动化、智能计量系统以及智能电网应用支撑平台软件技术和产品的研发、生产。

公共服务中心：整合、集成、优化产业公共服务资源，为高新技术研究、技术创新、创业孵化提供各类商务、金融和生活配套服务及设施。主要提供技术交易、专利评估、投融担保、人力资源、信息咨询、会务商住、工程配套等服务。

“扬州智谷”就是智能电网的孵化器，“扬州智谷”的打造，已成为扬州吸引全球智能电网产业合作的吸金石。国家电网公司、美国GE、德国西门子、韩国LS、台湾大同等一大批国内外智能电网产业领先企业到开发区进行产业展示与合作，扬州智能电网产业集聚效应初步显现。

三、明晰智能电网产业未来发展思路

扬州开发区将以国家战略为导向，发挥区域优势，聚焦高端引领和产业前景的发展方向，着眼高端技术，重视关键基础器件，重点布局推进，分步实现突破。

（一）开展深度调研

一是对区内相关企业进行摸底和调查，充分掌握下情；二是充分掌握国际、国内产业发展趋势和政策，深谙上情；加强产业市场发展前景研究，为企业提供指导性建议。

（二）突破关键技术

引进重点研发机构，重点突破智能电网核心技术。主要依托韩英铎院士工作站开展大规模储能技术研发，力争尽快实现产业化；依托亚星、飞驰集体开展新能源汽车研发和生产；依托西门子北辰研发中心开展智能电表研发和生产；依托国宇开展IGBT产品开发；依托群硕软件开发智能电网软件支撑平台。

（三）打造产业基地

围绕重点领域，引进国内外优势企业，打造有竞争力的智能电网产业集群，形成研发、制造、人才、信息、配套等集聚，打造国家级智能电网产业基地或产业园区。其重点一是促成GE、LS、西门子等企业和北辰合作项目尽快实施，并促进其在扬州产业化投资，共同打造扬州智能电网产业基地；二是积极争取国网布局扬州，在扬州建立产业基地；三是强化两化融合，促进本地企业转型升级、做大做强。

（四）完善优惠政策

制定促进智能电网产业发展优惠政策；建立智能电网产业联盟，以智谷为中心，由电力、信息等领域的研发、制造、咨询等单位共同发起，形成智能电网信息发布、沟通交流、咨询互动、标准研究的载体和平台，推动智能电网产、学、研、用联合。

遵循低碳理念 发展循环经济 又好又快建设国家生态工业示范园区

潍坊滨海经济技术开发区管委会

潍坊滨海经济技术开发区成立于1995年8月。建区以来，开发区紧紧抓住黄河三角洲地区上升为国家战略的历史机遇，围绕转方式、调结构的部署要求，始终遵循“蓝色、高端、高效、生态”理念，以循环经济和生态工业理念为指导，按照经济规律和生态规律要求，以清洁生产为切入点，大力发展循环经济，积极培育特色产业集群，形成“点线面”三位一体共同推进的生态园区建设机制，初步走出一条集“科技创新、资源节约、环境友好”为一体的新型工业化可持续发展之路，实现了经济社会与生态环境的协调发展。2010年4月1日，园区被正式批复为“国家生态工业示范园区”，成为全国首家被正式批准的行业类国家生态工业示范园区。4月25日，经国务院批准升级为国家级经济技术开发区，是全国科技兴海示范区、国家科技兴贸创新基地和山东省科学发展园区。

一、强化组织保障、完善发展规划是创建生态园区的首要前提

（一）加强领导，建立园区创建机制

为扎实推进园区创建工作，成立了生态工业示范园区创建工作委员会，下设办公室，全面负责研究制定园区创建发展规划、政策措施和管理推动工作。建立联席办公会制度，定期专题研究并着力解决园区建设中的关键问题，形成“政府主导、专业部门牵头、职能部门联动、企业积极参与”的创建机制。组织实施了《潍坊滨海经济开发区国家生态工业示范园区建设工作要点》，明确任务、分工负责，统一监管、加强考核，对重点生态链上的企业实行领导资源重点包靠、政策资源重点倾斜、社会资源重点投放、服务资源重点支持，对生态项目建设实行重点项目捆绑责任制、包靠单位帮办制，加强项目建设的督促协调和服务，全力提升生态工业发展质量。

（二）科学规划，提升园区建设水平

聘请山东大学对生态工业示范园区创建的思路、目标、途径和工作重点等进行了详细规划。根据资源利用层次，在区域布局上形成了居民生活区、工业生产区、原盐生产区、卤虫对虾养殖区、耕海牧贝区等五大循环经济功能区，组成了紧密的生态网络。在功能区内部，把在工艺上有内在联系的企业聚集到一起，实现物质能量循环，提高了资源的集约化利用程度和生态经济综合效益。同时，委托国家环评中心编制了潍坊滨海经济技术开发区规划（区域）环评，为生态园区创建工作奠定了坚实基础。根据发展需要，适时对园区建设内容进行补充完善，注重经济发展方式的转变和经济结构调整，重点打造集先进制造业基地、绿色能源基地和蓝色高端产业科教创新基地于一体的生态园区，全面提升园区发展质量。

（三）改革创新，建立园区政策法规体系

本着“先评价、后建设”和“总量控制”的原则，制定出台一系列推动循环经济发展的经济政策，充分利用税费调控工具，对循环经济、无污染、低耗能的项目落实优惠政策，并根据企业的科学投入、环境保护、节能降耗、自主创新等情况进行重点扶持。近年来为区内循环经济型企业减免税收近6000万元。每年配套1500万专项资金用于重点资源化利用项目、排污治理项目和公共环境治理项目，推动节能环保技术改造、完善治污设施、实现污染物减排。引导鼓励社会资金投向生态经济建设，已有10亿多元社会资金用于“三废”资源的开发。在融资担保、金融支持等方面，主动为生态产业链上的企业发展提供支持，推动优势资源向循环经济企业聚集，先后为47家符合产业政策的企业提供信用担保2.01亿元，有力保证了生态循环经济企业的正常运转和做大做强。

二、发展循环经济、实现资源综合利用是创建生态园区的关键环节

自觉运用循环经济理念，立足本地基础，依靠科技支撑，大力发展生态工业，构建起“一水五用、动脉扩张、静脉串联、动静耦联”为主的循环经济发展模式，实现了经济、社会、环境“三效益”的统一。

（一）“一水五用”

指海水首先被用来养殖鱼虾蟹等海产品，随浓度升高和吸收化工废热、晒盐等环节后，用于生产硫酸钾、氯化镁、氢氧化镁等化工产品，基本实现了海水和卤水中有用成分的充分利用。

（二）动脉扩张

在“一水五用”的基础上，围绕主导产业不断延伸产业链，形成盐、碱、溴、精细化工四大系列动脉产业链条，使开发区动脉产业不断拓展壮大。

（三）静脉串联

在发展动脉产业的同时，将综合利用废弃物的静脉产业串联于动脉产业之中，互相补充、相互增值，实现了废弃物的资源化。全区每年投入4亿元以上资金用于废弃物综合利用，“三废”综合利用企业年可实现销售收入6亿多元，所创税收占全区新增税收的30%以上，实现了经济、社会、环境的“同生共赢”。

（四）动静耦联

动静脉产业链条互为依托，紧密相连，静脉产业发展壮大后又变成了动脉产业，实现了资源、能量、产品之间的动静耦联循环。全区现有企业中，循环经济产业链上的企业占到70%，年产值占到全区的80%以上，初步形成一个以上下游产品接续成链、关联产品复合成龙、资源封闭循环综合利用为特色的生态工业“互联网”。同时，加大产业整合重组力度，推行盐溴联产，将原盐生产企业全部整合到30万吨以上规模，推进资源综合利用，实现了精深加工，推动了产业上档升级。

三、培育新兴产业、提升产业结构是创建生态园区的必由之路

（一）提升项目质量，完善生态工业链条

招商引资过程中注重质、量并举，按照生态环保理念和转方式调结构的要求，明确重点引进项目和禁入项目，对不符合园区产业结构的、环保风险大的、投资强度低的、非循环产业链上的化工项目坚决否定，实现绿色招商。坚持园区化布局和链条式发展方向，以专业园区为载体，大力开展产业招商，着力引进一批蓝色、高端大型产业和战略性新兴产业项目，对产业升级和区域经济带动力强的大高外项目以及完善产业链条的造链补链项目。做大做强石化盐化一体化项目，围绕产业链关键节点，特别是围绕弘润石化、中海油炼化等大型骨干企业，将现有的产业资源统筹考虑，延长拉伸石油化工产业链条。通过绿色招商，全区在建5000万元以上的项目236个，过10亿元项目13个，过百亿元项目5个，协议总投资达1000多亿元。

（二）发展新兴产业，打造低碳经济园区

大力发展“五大”（大物流、大教育、大娱乐、大社区、大装备制造）、“五新”产业（新能源、新建筑、新材料、新信息、新医药），全力打造“以低碳经济为核心”的国家生态工业示范园区，促进了优势产业的规模化

快速聚集。加强新型能源产业战略研究，借鉴国内外先进经验技术，积极推广风能、生物能、太阳能、地热能、潮汐能等清洁能源，改善园区能源利用结构。倡导低碳生活方式，全面推广应用可再生能源。强制推行建筑节能，推广建设“上有太阳能、下有地热、墙有新型保温材料、内有LED照明”的节能省地环保型建筑，加快建设新能源、低碳样板工程，积极创建低碳经济示范区。

（三）加快科技创新，推进研发平台建设

加大投入，搭建平台，推进自主创新，促进科技产业化发展。以市场机制为基础，以重点企业为主题，规划建设蓝色经济公共研发中心，组建盐化工、海洋生物医药、现代海洋渔业、海洋装备制造业、海洋能源资源、海洋交通运输物流、海洋工程建筑、海洋生态环保、海洋科技信息等大公共研发平台。抓好高科技人才引进培养，加强产学研联合，成立省卤水资源综合利用创新战略联盟，进行共性关键技术和高端产品研发。引导企业加大科研投入，加快传统骨干企业向高新技术企业转型。全区已建立国家中小企业服务平台、博士后工作站等12家省级以上科研机构，先后与国内20余所高校院所建立了紧密合作关系，为科技创新提供了良好的人才和智力支持。

四、加大环保投入、夯实生态工程是创建生态园区的基础保障

（一）加强节能减排工程建设

近年来，累计投入26.7亿元开工建设了太阳能光伏发电、风力发电、电机变频节电改造、抽凝机组循环水采暖改造等一大批重大节能减排和技改项目，投资3亿元筹建了污水处理厂和园区危险废物处置中心。这些工程项目的正常运转，为节能减排任务的完成提供了坚实保障。

（二）加强环保基础保障建设

把完善环保基础设施作为创建生态园区的必要手段和实现园区持续发展的重要保障。投资1500多万元建设了环境监测站，投资450万元建设高标准监控中心，投资500多万元建设了大气自动监测设施，全面提高了环保监管技术水平，实现了环保监控管理的数字化、信息化。

（三）加大生态绿化建设

先后投资10亿多元重点实施了道路立体绿化、娱乐休闲广场、白浪河生态公园、滨海生态林带等四大工程。累计种植苗木700万株，草坪80万平方米，城区绿化覆盖率36.5%，人均占有公共绿地达18平方米，全区生态环境得到进一步提升。

五、完善支撑措施、强化企业监管是创建生态园区的有效手段

（一）推行清洁生产审核和环境管理体系认证

配套专项资金补助，鼓励引导企业推行清洁生产审核、开展ISO14001环境管理体系认证工作。督促企业落实清洁生产实施方案，实现有毒有害原材料的减量、替代和污染物总量削减。加强环境管理体系人员培训、内审检查、管理评审以及企业ISO14001环境管理体系认证。全区有51家企业通过清洁生产审核和ISO14001环境管理体系认证。

（二）加强环境监管

严格控制重点污染物排放总量，积极推行排污许可证制度，杜绝无证排污、超标排污、超总量排污现象；提高项目准入门槛，坚决杜绝“两高一低”项目入园建设；强化建设项目“三同时”管理，确保做到新建项目必须环评，环评项目必须执行“三同时”要求。对环境违法企业，始终保持环境监管的高压态势。

（三）加强理念引导

先后邀请20多位院士、专家和环保系统有关领导讲授循环经济知识和生态工业理论，先后举办循环经济高层论坛2次、循环经济专场讲座7场，提高了广大企业对生态理念、节能减排技术的认知，推动了新工艺、新技术在园区企业的推广和应用，对推动循环经济发展起到了重要的理论指导作用。

创新实干　谱写北部湾开放开发新篇章

钦州港经济技术开发区工委书记、管委会主任　陈润良

钦州港经济技术开发区是华南经济圈、西南经济圈与东盟经济圈的结合点，大西南出海的最便捷通道，广西北部湾经济区核心工业区，曾在孙中山先生《建国方略》中被称之为“中国南方第二大港”。2010 年 11 月 11 日，钦州港开发区经国务院批准升级为国家级经济技术开发区，是国家批准实施《广西北部湾经济区发展规划》、国务院颁布《关于进一步促进广西经济社会发展的若干意见》之后广西第一个国家级经济技术开发区。

一、开发建设成就

“十一五”时期以来，开发区坚持以科学发展观为指导，围绕市委“建港口、兴产业、造新城”奋斗目标，紧紧抓住发达地区产业转移的机遇，按照“高起点谋事、高效率办事、高质量成事”的工作要求，解放思想，大胆创新，开发建设取得令人瞩目的成绩。

（一）经济指标快速增长

开发区成立10多年来，GDP和财政收入以年均两位数以上的速度增长。2010年，预计地区生产总值累计完成78.6亿元，同比增长42%；规模以上工业总产值累计完成300亿元，同比增长154%；财政收入累计完成27亿元，同比增长120.5%；港口吞吐量累计完成3000万吨，同比增长49%；完成集装箱25万标箱，同比增长149%，跃居环北部湾区域各港口前列。

（二）基础设施日趋完善

截至2010年底，钦州港已建成投产的集装箱、煤炭、件杂货、散货、滚装、油气等泊位52个，其中万吨级至10万吨级泊位15个，已建成1万吨级、3万吨级航道和10万吨级航道，港口吞吐能力达到6000万吨；铁路和公路方面，已形成完善的铁路和高等级公路运输网络；供水方面，日供水能力已达5.5万吨。预计到2012年，全年中国货物吞吐能力将超过1亿吨，以跨越发展之势阔步迈向亿吨大港。

（三）临海工业发展迅猛

大力推进临海工业建设，工业项目建设取得长足发展，产业结构不断优化。随着中国石油、国投电力、印尼金光集团、新加坡来宝集团、中粮集团等特大型企业先后进驻，开发区产业体系产业布局逐步明晰，基本形成石化、造纸、能源、冶金、粮油加工和现代物流六大产业，产业发展态势良好。已建成投产的规模以上临海工业企业有中石油1000万吨炼油项目、金桂林浆纸一体化一期工项目、东油沥青、新天德能源、国投钦州燃煤电厂、汇海粮油60万吨大豆加工项目等近30家。预计2012年，开发区工业产值超过1000亿元，财政收入可达100亿元以上。同时，一批工业项目正在加紧推进，临海大工业所产生的产业集聚效应正在逐步形成。

（四）招商引资成效显著

积极实施招商引资“一把手”工程，不断完善招商策略，突出招商重点，创新招商机制和方式，扩大对外开放，重点引进各类民营企业、外资企业和国有企业，吸引各类投资主体参与开发区的开发建设。到目前为止，开发区累计引进100多个项目，合同投资总额800

多亿元；新加坡、印尼等东盟各国和美国、韩国等国及中国香港、中国台湾地区的客商在开发区投资项目近20个，合同总投资23亿多美元。2008、2009年，开发区连续两年被广西自治区政府评为“广西招商引资工作先进开发区”。

二、发展战略和远景目标

当前，钦州港经济技术开发区正步入跨越发展的关键时期，面临难得的发展机遇：

2008年1月，国务院批准了《广西北部湾经济区发展规划》，从此北部湾经济区上升为国家战略，钦州港在发展格局上实现了大飞跃；中国－东盟自由贸易区于2010年1月全面建成，国家实施新一轮西部大开发，广西北部湾经济区作为国家开发战略重点，有利于钦州港争取国家和自治区给予项目、政策等方面的更多支持；2008年5月29日，国务院批准设立钦州保税港区，成为我国中西部地区沿海唯一的保税港区，开放程度得到了进一步提升；2009年12月7日，国务院批准了《关于进一步促进广西经济社会发展的若干意见》，批准在钦州保税港区设立汽车整车进口口岸，这是继天津、大连、上海、广州黄浦之后第5个被列为沿海整车进口的口岸；2010年11月26日，国务院又同意钦州港口岸扩大对外开发。钦州保税港区封关运营，整车进口口岸启动建设，开发区区域合作进一步扩大，钦州港开放度更高、更广，吸取要素资源加快发展的优势更加凸显。

新形势下，钦州港开发区将对未来定好位，确定新坐标，明确新目标。

1. 发展目标：“两中心、一基地”。按照建设现代港口、新型工业为主要特色、物流商贸多元发展的综合型、现代化的国际新城区的总目标，开发区未来发展的具体功能定位为：广西北部湾经济区核心工业区，面向中国－东盟合作的区域性国际航运中心、物流中心和出口加工基地。围绕打造广西北部湾经济区新的经济重心和钦州副中心城市的现代化国际性都市区这一目标，紧紧抓住广西北部湾经济区发展战略全面实施的机遇，坚持“一手抓环境建设、一手抓招商引资”，突出发展“大港口、大工业”，着力构筑“两中心”（区域性国际航运中心、物流中心）“一基地”（出口加工基地），继续保持经济持续、快速、协调发展。经济结构调整取得明显成效，科技创新能力、经济增长质量和效益显著提高，综合经济实力大幅度增强，主要经济指标占全市、全区的比重逐步提高；基础设施的规模和档次跃上新的台阶，城市建设和管理的水平显著提高，生态环境明显改善；在全面完成“十二五”计划提出的各项目标的基础上，在2010年～2015年，GDP、工业总产值、固定资产投资、实际利用外资、地方财政收入等主要经济指标预计年均增长30%以上；到2015年，综合经济实力跨入全国一流国家级开发区先进行列，在全面实现更高水平的小康社会的基础上，在全区率先基本实现社会主义现代化。

经济发展预期指标为：规模以上工业总产值2015年达到1500亿元以上；地方财政收入2015年达到150亿元以上；港口实际吞吐量达1亿吨以上，集装箱吞吐量超过150万标箱。

2. 发展战略：依托港口、物流带动、产业支撑、建城兴区。一是依托港口。港口经济是开发区的最大优势和最核心资源，必须紧紧依托港口，大力发展包括港口工业、港口物流、港口服务业在内的港口经济和背靠港口大进大出的临港产业，推进保税港区与港口的区域性功能对接，实现港区优势互补、联动发展。二是物流带动。现代物流作为一种先进的组织方式和管理技术，按照专业化、规模化、信息化、国际化要求，将运输、仓储、装卸、加工、整理、配送、信息等方面有机结合，形成完整的供应链，为用户提供多功能、一体化的综合服务。三是产业支撑。港口城市的发展，不但要以物流基地作为载体，还要有强大的产业作坚强后盾。四是新城兴区。要以新区建设为依托，统筹城乡经济社会协调发展，不断改善城区环境，提升城区形象，促进人与自然的和谐共处。

三、以优环境、招大商、强产业、引智力、扩新区、铸和谐为发展抓手

（一）“软硬兼施”，创造一流的投资环境

首先，始终以港口码头、铁路公路、园区配套、市政基础为重点和“高标准规划、高质量建设、高水平经营、高效能管理、高速度配套”的指导方针，按照“整合资源、优化功能、合理布局、协调发展”的原则，突出推进30万吨级航道、30万吨级和一批10万吨级以上码头等事关全局的战略性基础设施项目建设，使之尽快适应“两中心一基地”发展格局要求，真正实现硬环境“硬起来”。其次，要让软环境变成“硬实力”。现阶段，区域经济和产业的发展给开发区的投资环境提出了新的要求。投资环境重点正逐步从基础设施转移到以开发区环境和服务为核心竞争力的软环境上来，为企业降低成本提供必要的条件。按照“服务高效、法制阳光、学习创新、开放竞争、务实进取”的要求，以开展“创新管理机制、打造‘五型政府’”为载体，让开发区工管委机关牢固树立“一切为了投资者，一切为了企业，用最好的服务，最佳的环境，让投资者获得最大的回报”的理念，建立起一套更加有利于开放开发的行政管理体制。要全面重点推进政府机构和事业单位改革、干部人事制度改革、行政审批制度改革、行政综合执法改革、公用事业企业改革、投融资体制改革，在体制创新方面大胆求索，力求突破，为经济发展提供充满活力的体制机制环境。同时，坚持经济发展与环境保护并重的原则，按国家环保要求设定项目准入，严格执行项目环评一票否决制，走出一条科技含量高、经济效益好、资源消耗低、环境污染少、人力资源优势得到充分发挥的新型工业化路子。

（二）招大引强，紧紧盯住世界500强企业

按照“专业化招商、职能化服务”思路，继续以招商引资为中心，以大项目建设为龙头，坚定不移地搞好对外、对内开放，使开发区逐步成为经济国际化的先行区和示范区。按照“扩大规模、拓展领域、优化结构、提高质量”的思路，继续实施“抓大、靠高、引强”的指导方针，紧紧盯住世界500强和国内外知名大企业，着力引进超亿美元以上的大项目、高科技项目，确保每年都能引进投资超亿美元项目和世界500强项目，确保每年都有一批重特大项目开竣工，大大增强发展实力，提高经济的质量和水平，始终保持经济社会发展速度高于全国开发区的平均水平。

（三）产业崛起，打造北部湾核心工业区

未来5年，开发区围绕建设广西北部湾经济区核心工业区，在实施广西北部湾经济区开放开发战略决策中率先崛起，争当发展排头兵这一目标，坚持以经济结构调整为主线，按照“大项目－产业链－产业基地－制造业基地”的发展思路，以“三大园区”（钦州石化产业区〔含台湾<钦州>石化产业园〕、钦州港综合物流加工区〔含湖南<钦州>临港产业园〕、金光工业园区）为平台，以“六大产业基地”（石化、造纸、能源、粮油加工、装备制造、现代物流）为重点，花大力气发展壮大支柱产业，促进产业的集群化，抢占北部湾经济区产业发展制高点，让“钦州品牌、钦州制造、钦州物流”叫响世界、走向国际。

（四）引智“借脑”，全力建设产业人才高地

“十二五”期间，全区将人才科教摆上重要战略位置。在当前独立科研、院校不配套的情况下，树立“不求所有、但求所用”的理念，重点是项目引人、事业留人，充分利用中石油、林浆纸等已投产重大项目优势，认真规划，争取支持，建设“项目人才小高地”；充分发挥现代网络的便利，实行政府雇员制，专业人才兼职制，与一批国内外顶尖级专家、学者建立紧密的网络联系。完善用人机制，做好招才引智工作。解决好已引进人才的后续服务问题，充分发挥现有人才的积极性和创造性。落实调动科技人员积极性的政策措施，鼓励、吸引国内外的高学历、高素质的科技管理人才

来开发区创业，进一步提高人才队伍的层次和水准。积极吸引国内外知名大学、科研机构来区设立研究院、分支机构、试验基地。建立多渠道、多层次人才培养机制，努力培养和造就高素质的党政干部队伍、企业经营管理者队伍和科技人才队伍。

（五）规划引领，提升行政商务中心新区功能

滞后的城市建设已成为制约开发区经济和社会发展的瓶颈，当务之急是抓好以下工作：一是高标准规划引领。坚持以规划为龙头，突出北部湾经济区核心工业区的特征，高标准修编钦州港政商务中心新区总体规划、分区规划和控制性规划和各专项规划；二是超常规大手笔建设。紧紧抓住自治区、钦州市重视并着手开发滨海新区、三浪湾旅游区的机遇，主动融入，以塑造现代产业承接作为城市定位，将开发区新城区建设成为钦州老市区、滨海新城、三浪湾新区相互辉映的国际化、现代化城市新形象；三是提前着手特色旅游业的开发。以工业旅游和“总部经济”开发为抓手，将“三大工业园区”、“六大产业基地”、保税港区和各总部都开发建设成为特色旅游景点，以旅游带旺城市人气；四是以房地产开发带动城市发展。以度假式为主的海景房开发为重点，带旺开发区人气；五是加快市政基础设施建设。进一步完善开发区路网体系，积极构建以公路和轨道交通为框架的道路网络。大力推进区域信息化，加快建设区域地理信息系统、宽带互联网、信息服务系统等信息基础设施，构建数字开发区。

（六）民生优先，倾力推进各项富民惠民工程

“十二五”期间，将秉承“发展为了人民、发展依靠人民”的执政理念，始终把改善民生作为加快发展的出发点和落脚点，深入构建和谐社会。一是努力提高居民生活水平。创造更多就业机会，加强职工培训，增强再就业能力。二是健全完善社会保障体系。建立起覆盖开发区的全方位农村社会保障体系。深入开展个体自由职业者参加基本医疗保险工作和离退休人员社会化管理服务工作，加强社会福利建设。三是推进卫生、医疗、保健体制创新，初步形成以政府举办的非营利性医疗机构为主体，各类营利性医疗机构为补充，社区医疗网点为基础的医疗服务网络。

发展绿色、低碳、循环经济
打造“生态工业”新名片

徐州经济技术开发区管委会

生态工业示范园区对于建设资源节约型、环境友好型开发区具有十分重要的意义，是实现可持续发展的必然选择，是提升开发区竞争力的有效途径。徐州经济技术开发区在成功创建省级生态工业园区后，全面启动了国家生态工业示范园区创建工作。

一、以发展绿色、低碳、循环经济为切入点，打好生态园区攻坚战

开发区在优化产业结构、提高能源利用效率、推广应用减排新技术等方面展开创建攻坚战。结合开发区社会、经济和环境现状，依托三大优势，不断推进工业园区生态人文和生态

管理制度的建设和完善，实现能源、资源梯级利用、基础设施和信息共享，初步建成生态工业园区体系，实现规划建设目标。

（一）打造三大生态产业链

一是装备制造产业链。依托徐工集团、徐工斗山发动机、卡特彼勒、中天仕名等企业，突破工程机械整机装配、关键零部件设计、大型构件制造、智能化控制等关键技术，引进关键“补链”项目韩国斗山集团生产的大功率发动机。至此，开发区已形成优质基础件—关键零部件—高水平辅机—整机组装的装备制造产业链。现有工程机械整机产品九大类，20多个系列，其中工程起重机、压路机、挖掘机、装载机、摊铺机等5个工程机械整机产品市场占有率位居全国第一。

二是新能源光伏产业链。大力发展新能源光伏产业，依托江苏中能硅业、江苏艾德、强茂电子、台湾力晶等企业，形成从高纯多晶硅、拉棒、切片、电池板、电池组件到太阳能发电系统较为完整的产业链。

三是环保节能产业链。以太阳能、风能、生物质能为主要方向，积极发展清洁及可再生能源。在生态农业方面，积极推进农作物秸秆、禽畜粪便和生活垃圾等可再生资源的综合利用。在风力发电领域，已形成罗特艾德、力士回转支承、华东机械、维斯塔斯等企业为龙头的产业集群。依托武汉凯迪、保利协鑫等企业发展生物质能和节能环保产业。同时，着力推进中德低碳经济实验区建设。

（二）集成四个工业系统

一是工业固废集成。针对区内装备制造、工程机械等产业密集的特点，着力构建静脉产业链，有针对性地引进星丰金属资源、保利协鑫可再生能源和浩通新材料等高水平的资源回收公司，为区域内资源闭环流动和循环利用奠定良好基础。同时，开展工业废物生态管理标识活动，引导和推动区内企业在原料采购、生产过程、工艺设计、废物代谢等多个环节进行废物减量。

二是废水集成。高度重视环境基础设施建设，区内建设了荆马河、开发区和大庙三座污水处理厂，污水管网覆盖率达100%。

三是能源集成。全区实行集中供热，变点源治理为集中治理，有效削减污染物排放总量。

四是信息集成。建立生态工业园区网站，及时发布行业的清洁生产信息，定期公布污染物排放情况，提供园区企业的固体废物信息；建设环保监控中心，通过对区内环境监测点、污染源、放射源等污染源监测，提升环保处理设施的运行质量。

（三）推进五大重点工程

一是节水节能工程。对年综合能耗在5000吨标准煤以上的企业，开展能源审计和对标管理工作；更换高压钠路灯，使用LED节能照明路灯，年节电量达6.5万度；开展新增建筑节能工程，凡新增民用建筑均采用双层中空玻璃，空气厚度为20毫米，节能率达50%，近两年已完成节能建筑210.7万平方米。同时，制定奖励扶持政策，下发《关于节能降耗环境保护项目奖励办法》和《关于对区内企业节能降耗环保保护考核管理的意见》。

二是中水回用工程。利用荆马河污水处理厂水源点，采用高束纤维滤池处理工艺，建设了开发区中水回用厂。其设计出水水质达到《城镇污水处理厂污染物排放标准》一级B标准，主要用于区内中能硅业、热电厂、垃圾发电厂的工业循环冷却水，每年将节约清洁水源近700万立方米。

三是垃圾发电工程。投资4.13亿元建设了保利协鑫垃圾发电厂，该公司采用国际先进的二段往复式机械炉排炉，日处理垃圾近1000吨，日发电约28万千瓦时。

四是环境专项整治工程。制订了园区河道水环境专项整治和村庄河塘整治实施方案，针对园区内主要河道生态清淤、动力调水、生态修复等水环境综合治理工程。淘汰落后产能，关闭了13家水泥厂和42个石灰窑，消减二氧化硫排放量667.7吨。

五是环境管理工程。从源头上杜绝高能耗、高物耗、高污染项目进入，对入区项目实行严格的环保一票否决制度。鼓励促进节能减排、低碳技术的研发和产业化，制定了《徐州经济技术开发区产业结构调整指导目录》、《关于促进现代服务业发展的意见》、《关于推进科技创新工作的意见》和《关于支持优势骨干企业加快发展的意见》等文件。

二、落实六大举措，推进国家生态工业示范园区建设

为发展绿色经济、低碳经济和循环经济，提高能源利用效率、优化能源结构，抢占新的发展制高点，开发区实施六大举措建设国家生态工业示范园区。

（一）构建生态工业产业链

进一步完善装备制造业、新能源光伏、现代服务业三大支柱产业生态链。一是实施绿色招商。针对主导生态链缺损部分，通过招商引进关键补链项目，把工业链发展成生态链。

二是严格执行能耗和环保标准，严把产业准入和退出关，把节约资源落实到生产、建设、流通等环节。

三是优化产业结构。以信息化为基础提升传统产业能级。加快发展现代服务业，积极实施绿色服务，形成绿色运输、绿色仓储、绿色产品等生态服务业。

（二）集约利用土地资源

建立投资项目评价机制，坚持供地量与投入产出、科技含量、财政贡献和投资强度等指标挂钩，提高土地利用效率。严把项目准入关，提高供地门槛。推行工业企业土地集约利用程度综合激励措施。开展已供土地利用情况调查，对土地利用率偏低的企业，采用土地置换、空间置换、产权置换等多种方式，促进土地的布局调整和高效利用。

（三）加快节水型软硬设施建设

推广节水工艺、技术和设备，对高耗水企业进行技术革新。积极推广中水回用，对用水量超过 5000 吨的用水大户进行监管和考核，制定节水激励机制，通过政策优惠提高企业和个人节水积极性。同时，开展节水型企业、节水型社区的创建工作，提高节水意识。

（四）着力实施全方位节能降耗

落实环保奖励基金政策，支持、鼓励企业加大节能减排技术改造和技术创新投入，实施一批潜力大、应用面广的示范项目。积极推广节能新技术、新工艺，新建筑严格执行国家规定的节能 50% 的设计标准。抓好重点行业和能耗大户的节能降耗。运用工程减排、结构减排、管理减排、政策减排、科技减排等多种手段，完成生态工业园区的节能减排目标任务。

（五）有效提升生态环境质量

积极推进“数字城管”和“网格化”管理。全力创建国家森林城市，加强城市绿地建设。抓好环境提升工程，加快污水处理厂尾水提标改造。加快实施新建道路和专业园区“绿化”、“美化”工程。

（六）开展环境综合整治工作

实施园区内主要河道生态清淤、动力调水、生态修复等水环境综合治理工程。开展园区河道清淤、漂浮物的清理打捞等专项整治行动。组织实施清洁生产、能源审计和对标管理等活动。

徐州开发区将以循环经济理念和工业生态学原理为指导，以工业共生和物质循环为建设方针，围绕实现项目低碳化、经济循环化、环境生态化，力争通过对园区的生态化改造和建设，体现与发挥开发区区域比较优势、提高市场竞争力相结合，与引进高新技术、提高经济增长量相结合，与区域改造和产业结构调整相结合，与环境保护和区域节能减排工作相结合，实现开发区可持续发展，着力将“生态工业”打造成开发区“靓丽名片”。

综 合 篇

2010年北京市开发区发展情况综述

一、经济指标

2010年，北京市开发区实现总收入18401.39亿元，同比增长21.79%。实现工业总产值6169.5亿元，同比增速为20.3%。全市开发区工业总产值占全市规模以上工业总产值的比重为45%。实现利润总额1451.42亿元，同比增长17.8%，其中工业企业利润总额493.1亿元，同比增长35.8%。开发区企业应缴税收总额943.8亿元，同比增长32.3%，其中工业企业纳税总额404.5亿元，同比增长52.9%。开发区全年投产（开工）企业22396家，其中工业企业4918家。开发区年平均从业人员130.61万人，其中工业企业年平均从业人员53.56万人。

二、产业结构

2010年，北京市开发区电子信息产业、装备制造业、基础产业、都市产业、汽车及交通设备产业、生物工程和医药产业等六大主导产业不断发展，工业总产值达到5993.43亿元，产业集中效应显著。其中，电子信息产业工业总产值为2199.4亿元，占开发区主导产业工业总产值的36.7%，同比增速为4.5%；装备制造业工业总产值为1414亿元，占开发区主导产业工业总产值的23.6%，同比增速为27.4%；都市产业、生物工程和医药产业工业总产值分别为577.5亿元和407.6亿元，增速分别为17.3%和16.8%；汽车及交通设备产业工业总产值为508.8亿元，同比增速最快，达到52.6%。

三、科技创新

2010年，以中关村国家自主创新示范区为依托的创新企业在战略性新兴产业领域研发出一批国内外领先的重大成果。在移动互联网领域，联想发布移动互联网战略，正式进军移动互联网领域；优视科技推出中国第一款拥有完全自主知识产权的手机浏览器，成为全球移动互联网应用软件领域的排头兵。在物联网领域，中星微已拥有自主研发的SVAC标准算法、芯片、智能、终端和平台五大物联网核心技术，申请物联网相关技术专利200余项。在云计算领域，北京讯飞的智能语音云服务平台成为移动互联网时代的重要战略制高点。在生物医药领域，万泰生物成功研发世界首个甲型H1N1流感病毒HA抗原酶免检测试剂盒。在新能源和新材料领域，国能风电研发的具有自主知识产权的兆瓦级垂直轴风力发电机技术，将加速推动国内风电产业升级；综艺超导研发的高温超导滤波器具有常规滤波器无可比拟的优异性能，是一项突破传统微波器件性能极限的高新技术。

四、招商引资

2010年，北京市开发区实现招商企业3649个，同比增长8.99%，其中总投资亿元以上的企业105个、招商工业企业308个；全年招商项目总投资额1033.2亿元，同比增长48.2%，工业企业总投资261.2亿元，同比增长87.2%。全市开发区外商实际投资10.8亿美元。其中，国家级开发区外商实际投资额为8.6亿美元，占全市开发区总额的79.5%。

五、项目建设

2010年，北京市开发区累计完成投资597.7亿元，同比增长50.4%，其中基础设施投资136.6亿元，全年新增固定资产243亿元，与2009年基本持平。开发区全力推进北京数字电视产业园、移动硅谷产业园、北京云基地等专业园区建设。北京数字电视产业园总建筑面积71万平方米的京东方8.5代线项目主体厂房工程基本建设完成，移动硅谷产业园配套市政工程建设基本完成，中国首台云计算服务器在北京云基地正式下线，在全国率先实现将云计算从技术概念转化成产品实体的重大跨越。

六、中关村“1+6”先行先试政策

国务院原则同意中关村国家自主创新示范区“1+6”的鼓励科技创新和产业化系列先行先试改革政策。“1”是指搭建首都创新资源服务平台，“6”是指支持在中关村深化实施先行先试改革的6条政策：推进科技成果处置和收益权改革，中央级事业单位处置科技成果，价值在800万元以下的，可由本单位自主处置，同时抓紧研究制订处置收入的管理使用办法；开展完善股权激励个人所得税政策试点，对中关村园区内高新技术企业转化职务科技成果以股权形式奖励个人的，加大税收优惠力度；中央有关部门会同北京市研究制订股权激励试点方案审批细则，明确审批主体、审批程序等；原则同意在中关村开展科研项目及经费管理改革试点，在科研和产业化项目招标、立项等环节中，加大对中关村园区内企业的支持力度，开展科研项目经费后补助等试点；在中关村代办股份报价转让试点工作基础上，加快推进全国场外交易市场建设；在中关村先行开展完善高新技术企业认定试点。

七、中关村科学城建设全面启动

中关村科学城是指中关村大街、知春路和学院路周边区域，总面积约75平方公里，是中关村国家自主创新示范区核心区的核心，是国内科技智力资源最为密集、科技条件最为雄厚、科研成果最为丰富的区域。中关村科学城的建设将积极服务于国家战略，开展教育、科研体制机制改革先行先试，不断引领技术创新和产业组织创新，突破一批关键核心技术，着力研发和转化一批重大科技成果，大力培育和发展战略性新兴产业，为首都产业结构优化升级提供有力支撑。2010年，共有26个重大项目在中关村科学城启动建设。

（北京市开发区协会）

2010年上海市开发区发展情况综述

一、经济指标

上海市市级以上开发区工业总产值从2006年的9300亿元提高到2010年的16295.23亿元，“十一五”期间年均增长15.04%。2010年，104个产业区块实现工业总产值22628.83亿元，同比增长25.22%，占全市工业比重73%。工业向104个产业区块集中度为72.91%，较2009年提高0.48%，其中公告开发区工业集中度为52.5%，提高1.57%。上海市公告开发区平均的主导产业集聚度为86.50%，较2009年提高0.21%。从业人员达到233.18万人，其中公告开发区达

到196.06万人。

2010年，全市工业总产值千亿元以上的开发区（产业基地）有7个，分别是松江工业区、金桥开发区、漕河泾开发区、宝钢基地、嘉定工业区、国际汽车城、康桥工业区，其中松江工业区工业总产值已超过3000亿元。全市开发区第三产业主营业务收入达到13324.71亿元，增长41.53%，第二、三产业之比为57.5：42.5，三产比重提高近1个百分点。上缴税金2242.3亿元，同比增长32.68%，其中公告开发区上缴税收1817.44亿元，同比增长32.26%。全市开发区引进合同外资60.58亿美元，内资企业注册资金达到556.28亿元。开发区已成为上海产业经济发展的主要载体，是推动区域经济增长的动力引擎。

二、产业能级

上海市开发区总体呈现行业覆盖面较广，主要行业集中度较高的局面，主导产业集聚度不断提高，产业集群效应显著，成为上海市先进制造业发展的重要载体。2010年上海市开发区电子信息产品、汽车、石油化工及精细化工、精品钢材、成套设备、生物医药等六大重点行业产值达到18522.56亿元，占全市开发区比重达86.6%。2010年，上海市开发区工业总产值占比超过1%的行业共有16个，总产值达到20030.7亿元，总占比为93.6%。产值超过3000亿元的行业分别是通信设备、计算机及其他电子设备制造业和交通运输设备制造业，产值超过1000亿元的行业已达7个。2010年，全市公告开发区的平均主导产业集聚度为86.5%，较2009年提高0.2%。

三、科技创新

上海开发区大力推进高新技术产业化进程，产业结构调整升级步伐加快。市级以上开发区高新技术产业产值从“十五”期末的3372亿元提高到5277.17亿元，企业总部、信息传输计算机服务业、软件业、物流业和设计研发等生产性服务业在开发区内发展迅速，2010年全市高新技术开发区实现第三产业营业收入2604.5亿元，增长47.7%。上海市各区县和园区规划了电子信息制造业、新能源汽车及关键零部件、新材料等41个高新技术产业化基地的产业布局；新能源、民用航空制造业、先进重大装备、生物医药、电子信息制造业、新能源汽车、海洋工程装备、新材料、软件和信息服务业等九大重点领域高新技术加速产业化。上海市共认定高新技术企业3129家，高新区共有766家，占全市高新技术企业总数的24.48%。上海高新技术产业开发区集中了全市近一半的企业技术研发机构，全市共有42家国家级企业技术中心、323家市级企业技术中心，而高新技术产业开发区经认定的各级研发机构达581家，国家级的达38家。上海高新技术产业开发区是上海高科技人才集聚地，集聚了一批国内外一流科技专家，2010年上海高新技术产业开发区的研发人员数为106128人，占从业人员比重的21.54%，研发经费为313.82亿元，占销售收入比重的4.08%。2010年，上海高新产业开发区专利授权数5294个，共拥有有效专利15848件。

四、生态环保

上海开发区坚持建设资源节约型、环境友好型园区，积极推进节能环保和土地集约节约利用工作。2010年，全市市级以上开发区能耗总量1523.32万吨标煤，万元产值能耗0.098吨标煤，比2009年下降2.5%，其中，松江、金桥、漕河泾等开发区下降幅度超过10%。在莘庄工业区和金桥出口加工区成功创建国家级生态工业园区的基础上，上海闵行经济技术开发区、上海张江高新技术产业开发区等园区积极争创国家级生态工业园区，开发区注重生产、生活和生态和谐发展的趋势正日渐显现。

五、土地集约利用

上海开发区面临着土地资源耗竭和产业结构调整等一系列问题，全市开发区通过调整产业结构、严把项目准入关、盘活存量土地，土地集约节约水平不断提升。2010 年，全市开发区工业用地固定资产投资强度 35.05 亿元/平方公里。其中市级以上开发区固定资产投入 36.68 亿元/平方公里。全市开发区平均土地产出水平达到 56.46 亿元/平方公里，其中市级以上开发区达到 62.96 亿元/平方公里。2010 年全市开发区综合容积率为 0.55，其中市级以上开发区综合容积率达到 0.64，与 2006 年相比提高了 0.06，产业基地容积率为 0.37，城镇工业地块容积率为 0.55。

六、招商引资与利用内外资

上海市开发区 2010 年根据园区的自身产业定位，围绕主导产业、支柱产业进行产业链化招商，效果明显。

2010 年，全市开发区吸收外资合同金额 60.58 亿美元，同比增长 6.4%，占全市吸收外资合同金额的 39.6%，其中市级以上开发区吸收外资合同金额 56.55 亿美元，同比增长 14.52%。2010 年，开发区引进外资项目 1005 个，同比下降 8.64%，占全市批准外商直接投资合同项目的 25.73%，其中市级以上开发区引进外资项目数 872 个，同比增长 9.69%。

2010 年，全市开发区工业项目合同外资金额为 27.79 亿美元，同比下降 3.15%，占开发区吸收外资合同金额的 45.87%，其中市级以上开发区吸收工业外资合同金额 25.92 亿美元，同比增长 14.14%。

2010 年，全市开发区实际到位外资金额 39.41 亿美元，同比下降 20.07%，占全市实际到位外资金额的 35.44%，其中市级以上开发区全年实际到位外资金额 36.5 亿美元，同比下降 15.30%。

2010 年，全市开发区累计引进内资项目 11584 个，同比增长 110.12%。市级以上开发区全年引进内资项目 8077 个，同比增长 146.85%。

2010 年，全市开发区落户内资注册资本 556.28 亿元，同比增长 121.27%，其中市级以上开发区落户内资注册资本 459.79 亿元，同比增长 162.6%。

（上海市开发区协会）

2010 年江苏省开发区发展情况综述

一、概况

江苏作为沿海开放地区，是最早建设开发区的省份。1984 年 12 月，国务院批准设立南通、连云港经济技术开发区，掀起了江苏省开发区设立和建设的序幕。江苏开发区经过 20 多年的建设，经历了从无到有、从少到多、从小到大的发展过程。2010 年，国务院新批准设立扬州、徐州、镇江、淮安、吴江、常熟、江宁、盐城经济技术开发区和泰州、昆山高新技术产业开发区。截至 2010 年底，经国务院批准设立的国家级开发区有 22 家，经省政府批准设立的省级开发区有 103 家。国家级开发区中有 13 家经济技术开发区、6 家高新技术产业开发区、1 家综合保税港区和 2 家旅游度假区。省级开发区中，有 80 家经济类、6 家高新技术类、3 家化工类、10 家工业园区类、

4家其他类开发区。全省开发区始终坚持环保优先、集约开发、协调发展，保持了健康的发展态势，运行质量和效益不断提高，成为全省开放型经济的集聚区、新型工业化的先行区、宜居宜住的新城区。

二、经济指标

全省开发区经济规模和综合实力进一步增强，完成业务总收入70681.21亿元、地方一般预算收入1164亿元，同比分别增长24.5%、26.2%。国家级开发区完成业务总收入27084.99亿元、地方一般预算收入436.5亿元，分别增长23.1%、24.6%。全省开发区呈现出苏南地区在高平台上稳定发展，苏中地区保持技术健康发展，苏北地区快速发展的态势。

全省开发区产业规模进一步扩大，完成工业总产值52807.73亿元，其中规模以上工业总产值44993.92亿元，同比分别增长22.1%和22.1%。国家级开发区完成工业总产值19163.64亿元，其中规模以上工业总产值17430.2亿元，分别增长18%和18.8%。开发区完成工业增加值11643.79亿元，同比增长23.4%。国家级开发区完成工业增加值4171.83亿元，增长23.6%。产业结构进一步优化，开发区完成主导产业增加值8545.8亿元，同比增长23.2%，国家级开发区完成主导产业增加值2992.08亿元，同比增长17.6%。

三、投资环境

2010年，全省开发区进一步加强基础设施建设，完善服务体系，努力创造与国际接轨的一流的投资环境。开发区在加大基础设施投入的同时，更注重环境的保护，强调经济的发展和环境的改善同步增长，全省开发区均已通过环境评价。全省开发区都把为客商服务、使客商满意作为重要工作来抓，树立一切为投资者着想的"亲商"观念，在不断改善软环境上下功夫。在软环境上努力营造透明的法律和政策环境，办事高效的行政环境，公平竞争的市场环境，完善的服务体系。各开发区在服务上狠下工夫，不断改进服务方式，提高服务水平。各地开发区都普遍建立了外商服务中心，实施"一个窗口对外、一个口子收费、一条龙服务"方式，为外商提供3个全过程服务体系：一是项目洽谈引进过程的服务体系；二是项目实施过程的服务体系；三是项目竣工投产后的常规服务体系。此外，一批为外商投资企业提供信息咨询、技术咨询、产品营销策划、产权交易服务的中介机构逐步建立。这些中介机构寓管理于服务之中，为外资企业提供全方位、多层次的高效优质服务。一些外商投资企业多的开发区近年还陆续建设了主要为外商服务的国际学校、国际幼儿园、国际医院等配套设施，为外商及外籍员工在开发区内创造了舒适方便的环境。

四、固定资产投入

开发区固定资产投资增速较快，完成全社会固定资产投资9480.09亿元，其中工业项目固定资产投资6065.83亿元，同比分别增长25.9%和22.6%；完成基础设施投入1403.77亿元，同比增长27.9%。国家级开发区完成全社会固定资产投资2569.33亿元，其中工业项目固定资产投资1378.3亿元，分别增长35.3%和28.8%；完成基础设施投入344.18亿元，同比增长47.1%。

五、招商引资

全省开发区实际到账注册外资190.72亿美元，同比下降1.7%，其中国家级开发区实际到账注册外资70.02亿美元，同比下降1.7%。但新批外资项目略有增长，开发区新批外商投资企业2738家，同比增长0.8%，高于全省平均水平1.2个百分点，其中国家级开发区新批外商投资企业962家，同比增长7.4%。开发区新增内资企业注册资本1677.63亿元，同比增长19.3%，其中国家级开发区新增内资企业注册资本641.13亿元，同比增长19.1%。开发区新增内资企业25921家，同比增长6.2%，其中国家级开发区新增内资企业11922家，同比增长12%。

六、对外贸易

开发区外贸进出口总额和出口额降幅分别低于全省3.3和5个百分点。开发区完成进出口总额和出口额分别为2600.63亿美元和1477.63亿美元，同比分别下降10.3%和11.3%。国家级开发区完成进出口总额和出口额分别为1847.72亿美元和1029.8亿美元，分别下降10.6%和11%。

七、科技创新

开发区内设有高新技术创业服务中心（孵化器）259家，同比增长40.8%，中心（孵化器）内共有6801家企业，同比增长36.9%。区内有研发中心3305家，同比增长25.4%。当年新增授权专利为42259项。开发区内有高新技术企业1830家，实现高新技术企业业务总收入11105.46亿元。国家级开发区有高新技术企业791家，实现高新技术企业业务总收入6478.13亿元。

八、特色产业

开发区结合当地产业优势和资源优势，科学规划、合理布局、集约发展、特色化发展，培育和建设一批特色明显、集聚效应强、有科技支撑的特色产业园区。新批准设立了海峡两岸（昆山）光电产业园、盐城环保产业园等22家特色产业园。全省开发区内累计批准设立了82家特色产业园，形成新材料、新能源、生物医药等特色产业的集群。特色产业园的建设，对江苏省开发区优化产业结构、提升产业发展水平发挥了积极作用。

九、可持续发展

开发区积极按照循环经济发展的要求，规划和建设园区，不断提高投资强度、产出效益和环保标准，努力降低资源消耗，引导企业加大技术改造力度，实施清洁生产。全省通过ISO14000认证的开发区有116家，比2009年新增17家，其中国家级开发区全部通过认证。新批创建省级生态工业园区的开发区有17家，全省已有52家开发区参与创建生态工业园区，其中创建国家级的有7家，省级的有45家。无锡高新区获国家三部委正式命名，成为国家级生态工业示范园，全省获国家正式命名的有3家（全国共6家），江苏参与创建和获正式命名数量均居全国第一。

十、海关特殊监管区

2010年，国务院批准设立昆山、苏州高新区综合保税区和武进、泰州出口加工区。截至2010年底，全省共有13家出口加工区、3家综合保税区、1家保税港区，是全国海关特殊监管区数量最多、功能最全、建设水平最高的省份。全省出口加工区完成进出口619.57亿美元，其中出口422.98亿美元，同比分别增长3.4%和5.4%。新批外商投资企业84家，同比增长95.3%；实际到账注册外资额8.21亿美元，同比增长11.6%。基础设施投入23.68亿元，同比增长283.6%。

十一、南北共建开发区

新批准设立了7家南北共建园区，其中“上海嘉定工业区建湖工业园”和“上海西郊工业园区东台工业园”两家南北共建园区，是全省首次批准设立的跨省间的合作共建。截至2010年底，全省累计批准南北共建园区27家。对已上报的25家共建园区数据统计，全省共建园区完成基础设施投入达25.4亿元。引进注册项目413个，其中外资项目76个、开工在建项目249个、已建成项目436个，进区项目总投资546亿元，其中外资14亿美元，实际到账注册资金96亿元。全年共实现业务总收入425亿元，完成工业产品销售收入402亿元，实现规上工业增加值102亿元，完成地方一般预算收入8亿元。

十二、沿海开发区

沿海开发区实现工业产品销售收入7841亿元、地方一般预算收入161亿元，同比分别增长40.5%、34.9%，增速明显快于全省开发区平均水平；进出口额110亿美元，同比下降12.9%，好于全省开发区0.7个百分点；基础设施投入390亿元，同比增长47.8%，占全省开发区的22.5%。

十三、社会发展

开发区的发展有效地扩大了就业，推动了和谐社会构建和区域共同发展。开发区期末从业人员达860.36万人，同比增长8.5%。其中工业从业人员616.89万人、外籍人员6.24万人，分别增长0.2%和8.3%。国家级开发区期末从业人员260.61万人，增长11.2%。其中工业从业人员167.81万人外籍人员2.82万人。

（江苏省开发区协会）

2010年江西省工业园区发展情况综述

一、园区规模与综合实力

2010年，江西省工业园区实现主营业务收入超过9000亿元，达到9832.7亿元，同比增长43%；完成工业增加值2309.9亿元，增长21.6%。与“十五”期末相比，主营业务收入、工业增加值分别增长5.8倍、3.8倍。新增国家级开发区7个，其中九江、井冈山、赣州、上饶、萍乡5个开发区晋升国家经济技术开发区，新余、景德镇2个高新区晋升国家高新技术产业开发区，全省国家级开发区（高新区、出口加工区）总数达到12个。过百亿工业园区明显增多，由“十五”期末的2个增加到34个，占全省园区总数的36%，其中2010年新增14个。

二、经济质量与整体效益

全省工业园区平均每天有8.4个企业开工建设，现有入园企业12520家，其中投产工业企业8108家，比“十五”期末增加2333家。60个园区利润保持50%以上的速度增长，其中31个园区利润实现翻番。上缴税金过亿元园区达到75个，较“十五”期末增加60个。94个工业园区实现利税973.3亿元，增长55.9%，其中利润593.2亿元，增长69.9%；上缴税金380.1亿元，增长38.1%。据统计，全省工业园区上缴税金占全省财政总收入比重达到31%，与“十五”期末相比提高11.5个百分点。

三、结构调整与产业集群

利用全省工业园区产业集群发展专项资金，重点支持18个工业园区编制产业集群规划，集中扶持14个特色产业，引导园区进行结构调整、转型升级，涌现出铜加工、钢铁、光伏、钨和稀土等一批特色鲜明、配套紧密、具备打造重大产业集聚基地潜力的产业集群。鹰潭市铜产业成为江西省设区市中首个千亿产业，主营业务收入达到1260亿元。新余光伏、赣州钨和稀土、小蓝汽车零部件、青山湖纺织服装、吉泰电子信息等特色产业基地销售收入达到100亿元以上。

四、招商引资与外向型经济

全省工业园区招商引资实际到位资金1973.5亿元，增长38.5%，增幅高于2009年41个百分点。全年新开工、投产亿元以上重大项目876个，总投资2913.8亿元，分别增长25.9%和11%。投资5亿元以上项目161个，投资总额1752亿元，占重大项目总投资的60.1%。全省工业园区完成工业固定资产投资2352.8亿元，增幅达到57.9%；园区单位面积投资强度由2009年的50万元/亩提高至75.7万元/亩，增长51.3%。71个园区出口创汇保持正增长，16个园区实现翻番。据统计，全省工业园区实现出口交货值900.7亿元，增长35.7%，占全省出口总额比重由“十五”期末的73.1%提高到99.5%。

五、生态创建与绿色环保

以鄱阳湖生态经济区为重点，在全省优选21个工业园区开展第三批省级生态工业园区创建试点，试点园区总数达到42个。南昌高新区、九江出口加工区等20个试点园区达到省级创建标准，经省政府批准，成为江西省“首批省级生态工业园区”。23个生态工业园区建设规划通过专家评审，使2/3以上的园区完成生态工业园区建设规划编制，总数达到63个。围绕造林绿化“一大四小”工程，扎实推进园区绿化工作，全省60个园区绿化覆盖率达30%以上。工业园区污水处理厂及配套管网建设加快推进，全省已经建成污水处理厂并投入运行的工业园区有10个，在建的有25个，其中10个园区污水处理厂列入了2010年的示范工程。

六、发展环境与服务水平

积极开展创业服务年活动，相继出台《关于进一步促进中小企业发展的实施意见》（赣府发［2010］10号）、《关于进一步提升工业园区发展水平实施意见》（赣府厅发［2010］62号）、《关于进一步加强生态工业园区建设的若干意见》（赣府厅发［2010］27号）等一系列支持园区和企业发展的政策措施，为支持园区和企业发展提供了有力保障。全省工业园区中小企业统借统还贷款项目扩大到19个园区，累计为568家企业提供贷款担保13.3亿元，园区企业融资压力进一步缓解。免费对36万名园区新招员工和在岗职工进行技能提升培训，免费培训近2万名工业园区及中小企业经营管理人员，全省工业园区安置就业164.5万人，增长17.6%，较“十五”期末净增79.5万人，成为全省扩大就业的重要载体。

（江西省中小企业局）

2010年福建省开发区发展情况综述

一、经济指标

2010年，福建省开发区实现规模以上工业总产值9926.39亿元，实现税收412.07亿元；实际利用外资（按验资口径）34.16亿美元，外贸出口380.96亿美元，分别占全省的58.87%和53.28%，比2009年分别提高21.2和1.58个百分点。

二、拓展提升

泉州经济开发区、漳州招商局经济开发区

升级为国家级经济技术开发区，泉州高新技术产业园区升级为国家高新技术产业开发区；福建省政府批准设立了华安经济开发区、三明经济开发区、三明现代物流产业开发区、湄洲湾国投经济开发区等4个省级开发区和洛江经济开发区扩区；福州台商投资区扩区和新设泉州、漳州台商投资区申报取得实质性进展，已获国家商务部、国土部、住建部三部门审核同意；福建省政府批准龙岩经济开发区与龙州工业园区整合扩区，并向国务院申报升级为国家级开发区，正在向国务院有关部门征求意见。

三、招商引资

举办“第三届山海开发区项目对接洽谈会”，50余个开发区、120余名开发区领导和企业代表与会，成功签约了一批投资项目。组织开发区参加“第十四届投洽会（9·8投洽会）”布展招商。泉州、漳州台商投资区等11个开发区参加省团布展，福州、融侨、东山、泉州、漳州招商局经济技术开发区和海沧台商投资区参加了中国开发区协会组织的布展。期间共有51个省级以上开发区、对外签约项目140个，总投资43.12亿美元，拟利用外资39.69亿美元。

四、区域投保

福州高新技术产业开发区、泉州经济开发区、莆田高新技术产业园区分别与中国出口信用保险公司福建分公司签订了合作协议，推动在开发区建立“区域投保”模式，区内出口企业可享受保险费率、保单融资利率等方面的优惠政策。莆田高新区由财政全额补助，在全省率先实施区内出口企业保险全覆盖政策，极大调动了出口企业参保积极性，为企业开拓国际市场保驾护航。

五、闽台合作

2010年5月初，组织开发区分团随省经贸考察团赴台对接交流，福州保税区与基隆港务局、象屿保税区与台中港务局、海沧保税港区与高雄港务局、泉州出口加工区与台湾加工出口区电电公会、晋江陆地港与高雄船代公会分别签署了合作备忘录，建立了业务交流及协谈机制，双方将在物流产业、海运市场信息交流等方面加强合作。

六、陆地港

福建省政府出台了扶持陆地港发展的政策措施，提出土地、融资、报关报检、铁海联运、路网衔接等10个方面的政策，支持陆地港加快建设。陆地港项目先后列入“福建省物流业调整与振兴重大项目”、“省级重点项目”和“扩大内需重点项目”，在用地指标、土地报批、土地费用等方面享受相应的优惠政策。武夷山、晋江、沙县、龙岩等4个陆地港全面开工建设，进展顺利。武夷山陆地港于2010年12月26日启动试运行。

七、海关监管区

国务院批准福州保税港区整合设立，厦门海沧保税港区正式封关运作，积极推动在平潭设立两岸合作的海关特殊监管区域。现有海关特殊监管区功能进一步完善，一是推广“分批进出、集中申报”的通关查验模式，进一步降低物流运营成本；二是福州、泉州和福清出口加工区成功拓展了物流功能，方便周边企业就近申报；三是组织对全省10个海关特殊监管区域运行情况进行评估，促进海关特殊监管区建设达到新水平。

八、环境保护

2010年，福建省87个开发区已全部实现环评和委托环评，其中完成规划环评的有50个片区，已委托正在开展环评的有63个片区。已实现污水集中处理的有64个片区（含已单独建成污水集中处理设施或污水已接入城镇污水处理厂处理），在建的有12个片区，两项合计占67%。按照福建省政府提出的到2012年，全省省级以上开发区绿化覆盖率达30%、创建绿色园区100个的目标任务，截至2010年底，已创建完成绿色开发区35个。

（福建省开发区协会）

2010年吉林省省级开发区发展情况综述

吉林省现有省级开发区60家，9个市（州）和长白山管委会、60个县（市、区）都有了开发开放的载体。吉林省省级开发区大体分为高新技术类、经济技术类、旅游经济类、农业经济类、贸易经济类、出口加工类等六种类型，基本形成汽车及汽车零部件、农产品深加工、生物医药、光电子技术、信息技术、新型建材和旅游等七大产业。吉林省经济增长第一动力的固定资产投资，重点产业项目建设，大部分集聚在开发区；扬长补短，培育新的经济增长点，提高高新技术产业、服务业、民营经济在全省经济总量中的比重，重要突破口在开发区；汽车、石化、农产品加工、医药、光电子信息等支柱优势产业中一大批成长性好的企业，主要集中在开发区。

吉林省省级开发区从设立到现在，基础设施明显改善，承载能力大幅提高，投资环境逐步优化，对当地和全省经济的贡献份额不断加大，已经成为区域经济协调发展、东北老工业基地振兴的战略支撑点和科学发展的示范区，是吉林省经济发展的重要增长极。

一、经济指标

2010年，吉林省省级开发区实现GDP2766.04亿元，比2009年增长27.15%；实现规模以上工业企业增加值2668.16亿元，比2009年增长3.55%；完成一般预算全口径财政收入603.78亿元，比2009年增长37.39%。

二、投资环境

经过20多年的开发建设，吉林省省级开发区已成为对外开放、招商引资和项目建设的重要载体；成为集聚新兴产业、优化经济结构、转变发展方式的示范区和增长极。省级开发区基础设施建设已达到“七通一平”，绿化、亮化、美化工程已基本达标，有的已达到“九通一平”。优良的环境是开发区发展的生命线，是开发区实现又好又快发展的根本所在。同时力争做好三个“争取”，一是争取各级党委政府支持。争取开发区所在地党委、政府的支持，给予开发区与其地位和作用相符合的管理权限，支持开发区自主进行改革创新，从人力、物力、财力上向开发区倾斜。二是争取各部门支持。各开发区要主动与有关部门沟通交流，争取各部门的理解和支持。三是争取社会支持。提倡“亲商、安商、富商”新理念，注重加强与外商的感情交流，帮助外商解决生产、生活、安全等方面的问题，创造适合于企业生存发展、适宜于客商生活居住的良好环境。建立征地拆迁补偿、就业、社会保障、村改居、集体经济发展等多领域协调发展制度。

吉林省委、省政府《关于加快推进开发区发展建设的意见》（吉发［2006］10号）和《关于进一步加快推进开发区发展的意见》（吉发［2009］18号）实施以来，各级党委、政府高度重视，在人员配备、机构设置、权力下放、政策执行等方面下大力气狠抓落实，开发区软环境建设上升一个大台阶。体制机制创新成果得到巩固和完善，服务质量和服务水平得到不断提高，全方位、全过程、全天候、无障碍服务在全省得到普遍推广。各地各部门从各自的职能出发，出台扶持政策，简化办事程序，下放各种事权，确保了开发区建设所需的重要职能到位。

三、产业发展

各开发区充分发挥本地优势，突出自身特色，规划建成一批专业园区，如长春文化印刷产业开发区、长春空港开发区、长春玉米工业园、四平循环经济示范区、初步形成了一批特色鲜明、专业程度强、科技含量高的现代制造业集聚区。开发区已基本形成汽车及汽车零部件、农产品深加工、生物医药、光电子技术、信息技术、新型建材和旅游等七大主导产业。截至2010年底，已有1084家高新技术企业在开发区注册。中国大唐集团投资的新能源项目、中粮集团投资的大米综合加工项目、凯迪投资的低碳循环经济项目、抚松锦江泉矿泉水项目和长白山旅游度假区等一大批产业项目得以实施和推进。

四、自主创新

吉林省充分依靠较强的科教实力，完善政策支持体系，在重点开发区建设完善了一批高水平的技术研发中心、大学科技园等，大力开发重点领域的关键技术。加强产学研结合，围绕重点产业发展需要，突出企业主体作用，推动重大科技成果在开发区实施产业化，促进高新技术产业向开发区集聚。支持开发区重点企业技术改造，鼓励区内企业建立产业技术联盟，完善产业技术平台，开展共享服务。倡导和支持企业创新技术和产品，培育名牌产品和驰名商标，提升企业及园区的知名度。要优化科技人员的创业和生活环境，健全发挥人才作用的机制，落实省里制定的引进人才政策，鼓励和支持各类人才到开发区创业发展，为开发区提供强有力的人才支撑和智力保障。通过实施综合性措施，使开发区成为技术创新的“摇篮”、科技成果转化基地、高科技术企业孵化器、提升企业素质的排头兵和吸引人才的高地。

五、招商引资与利用内外资

开发区已经跨越了单体项目招商阶段，成为对外开展全方位招商引资、合作的重要载体。2010年累计入区企业投资总额达到7261.01亿元，实际利用外资15.8058亿美元，比2009年增长15.8%。实际利用内资1419.91亿元，全年完成固定资产投资5141.04亿元，比2009年增长22%。

六、土地集约利用

开发区认真贯彻执行国家的宏观调控政策，高度重视与珍惜节约土地资源。工业用地成为吉林省开发区用地的主导。开发区作为现代制造业发展的主要承载区，在土地集约利用方面率先垂范，走出一条集约化发展新路子。开发区对现有土地“精耕细作”，把集约利用土地和产业结构调整结合起来，用有限土地资源谋求更高的产业能级和经济效益，提高集约化发展水平。一是做好园区规划修编。会同省国土等部门，对全省开发区用地状况进行评估，根据投入产出强度进行分类，按照“先行试点、逐步推进”的原则，对部分投入产出水平高，确需调整规划的开发区要预留充足的用地空间。二是盘活挖潜存量土地。积极探索新形势下盘活存量土地、提高土地容积率和投资强度的新模式、新办法。加大低效用地调整力度，在法律框架内破解回购劣势企业的土地难题，为开发区产业集群发展、结构优化升级赢得土地空间。三是鼓励开发区“零”增地发展。引导和鼓励企业利用地上和地下空间，建立多层厂房和地下生活生产设施。重点引进占地少、科技含量高、附加值高的项目，努力提升现有企业用地集聚度。鼓励农村建设用地整理，把盘活存量土地与区内旧村改造、建设社会主义新农村结合起来，拓展开发区项目建设空间。

七、生态环保

注重环保节能增强开发区可持续发展能力。开发区不应是污染、高能耗的代名词，而应是高效利用资源、有效节约资源、注重环境保护的典范。环境支撑能力的大小，资源、能源利用水平的高低，决定了开发区的发展档次、水平以及今后的发展前途和命运。一是积极开展省级生态工业园认定工作。会同省环保局等部门，制定省级生态工业园管理办法，建立联合工作机制，加快推进生态工业园创建工作。二是开展循环经济试点工作。会同相关单位开展循环经济试点，按照循环经济模式规划、建设和改造开发区的思路，建成一批循环经济产业示范园区。三是加强环保基础性工作。重点推动抓好开发区内污水处理厂及其配套管网、集中供热、供气，以及园区绿化等环保基础设施建设。

八、社会事业与文化建设

为进一步促进开发区项目建设和招商引资工作，更好地服务开发区企业和投资者，推进和加快开发区发展，根据吉林省开发区发展实际和经济发展方式转变的要求，吉林省经济技术合作局全力做好开发区调整和整体规划工作。在全省开发区中开展人力资源平台、项目信息平台、投融资平台、创新研发平台、物流服务平台（以下简称五种平台）建设，提高开发区管理服务项目、企业和社会的水平，促进开发区科学发展、和谐发展、加快发展。

1. 人力资源平台建设。开发区人力资源平台以“网络促进就业、人力转化资本”为宗旨，充分利用人力资源市场的硬件设施，创新交流手段，利用各种媒介发布招工求职信息，创新人才交流招聘渠道，创新人力资源市场平台功能，促进企业与求职者和谐交流，并以“全心全意打造开发区招聘品牌”为目标，为用人单位和求职者提供专业化招聘服务，创造和谐的交流环境。人力资源网站和人才信息库建设，要满足入区企业的需要，储备好各类人才。努力做到开发区发展需要什么人才，就能够通过平台提供什么人才。

2. 项目信息平台建设。项目信息平台主要以宣传推介开发区的投资环境、总体概况、项目资源、招商优惠政策、企业信息、办事流程等内容。利用信息和网络技术，积极建立开发区项目信息服务平台，及时采集、分析、发布区内项目及企业信息，在信息共享、协同管理、监督考核等方面为招商引资和投资者提供服务，设立完善的项目信息库，存储投资者所需各种信息，方便投资者和区内企业再投资，从而降低招商引资成本，全面提高招商引资工作效果和为投资者服务的水平，促进开发区招商引资工作和项目建设。

3. 投融资平台建设。依托政府、金融机构、企业联手搭建投融资平台，创新融资方式，不断扩大融资规模，完善融资服务体系，逐步提高开发区自我造血功能和融资能力。通过投融资平台积极筹措经济社会发展所需资金，增强开发区对基础设施、产业结构调整升级、公益事业、科技创新、中小企业所需资金投入能力，推动经济社会平稳快速持续发展。投融资平台要达到既能为中小企业提供贷款和担保，又能为开发区基础设施建设提供资金支持。省里已经建立了开发区担保公司，各开发区也要积极探索加快金融服务平台建设。

4. 创新研发平台建设。创新研发平台建设主要是解决吉林省开发区内企业自主创新能力弱、技术人才短缺、产业升级步伐较慢、可持续发展动力不足、缺少核心竞争力等问题。创新研发平台的主要任务是，集聚高技术人才，创新研发高、新、尖端技术，促进高新科技成果转化，增强开发区及区内企业的核心竞争力，使其成为开发区可持续健康发展的源动力和助推器。创新研发平台在自我研发的基础上，积极争取国家和省级科研项目的支持，努力提高科研能力和水平。特别要通过加大对孵化器的投入，加快创新研发平台建设，促进中小企业进驻开发区，培养一批具有创新能力的企业。

5. 物流服务平台建设。开发区的物流服务平台建设主要是科学规范物流企业向标准化、信息化、专业化、规范化的现代物流方向发展，具有综合服务能力。在政府部门和企业支持下，建立现代物流服务体系，整合现有物流相关信息资源，进行综合处理，促进不同物流平台之间的共享和整合，从而改善整个物流系统的运作环境，提高物流系统的运作效率，降低供需双方的运行成本，增加企业发展的竞争力，营造顺畅、良好的物流环境。

（吉林省经济技术合作局）

2010年山西省开发区发展情况综述

一、概况

山西省首批省级开发区批设于1992年，至2010年底已发展到24家。按级别分：国家级2家，省级22家；按类别分：高新技术开发区2家，经济开发区22家。全省开发区分布在11个地市21个县区，大部分依附在母城周围。主管部门分别由山西省商务厅和山西省科技厅进行管理。

二、投资环境

2010年，山西省商务厅、省国土资源、省规划建设厅联合出台《关于促进山西省开发区快速发展的意见》，进一步明确了各部门的职责、联合协调办公的办法，及时解决开发区发展中的土地、规划建设等问题。各开发区都建立了“小政府、大社会”精简高效的政府管理体制，实行“一站式、一条龙”为入区企业服务的政务大厅。山西省财政厅为开发区设立了专项基础设施建设贴息资金2000万元，优化了开发区的发展环境。

三、招商引资与开放性经济

2010年，全省开发区实际利用外资5.78亿美元，同比增长26.7%；进出口24.5亿美元，同比增长36%；科工贸总收入2668亿元，同比增长24.3%；区内生产总值833亿元，同比增长22.7%；税收收入90亿元，同比增长22.2%。

四、土地利用与社会事业

全省24个开发区共有土地规划面积198平方公里，已开发利用89%，仅有11%的发展空间。山西省开发区入区企业达到9000余家，充分利用当地的资源优势，解决了开发区所在地的就业问题，带动了地方经济社会发展，大部分开发区都解决了新农合医疗、农民培训、文化娱乐等问题，促进了经济社会和谐健康发展。

（山西省开发区协会）

国家级经济技术开发区篇

大连经济技术开发区（金州新区）

【大连金州新区成立】 2010年4月9日，大连新市区管理体制改革启动，原大连经济技术开发区、金州区合并，成立金州新区，加挂大连经济技术开发区、大连出口加工区、大连金石滩旅游度假区党工委、管委会和金州区委、区政府牌子，为大连新市区架构三大功能区组团之一。金州新区组团的规划范围是大连经济技术开发区管辖的8个街道、金州区所辖的12个街道（原金州区亮甲店街道、二十里堡街道划归大连保税区管辖，三十里堡街道、石河街道划归大连普兰店湾新区管辖），发展重心为航运服务聚集区、现代产业聚集区、滨海旅游宜居城区。4月29日，金州新区成立大会在开发区大剧院举行。金州新区的成立，是大连市发展历程中前所未有的一次城乡空间布局调整和管理体制创新，在大连经济技术开发区和金州区发展历程中具有里程碑意义。金州新区成立后，将充分发挥行政区的发展潜力、空间优势和管理优势，充分利用经济功能区体制、政策、效率等优势，实现资源合理配置和区域优势互补。

【经济发展】 2010年，开发区完成地区生产总值1100.41亿元，按可比价格计算比2009年增长18.1%；完成固定资产投资555.3亿元，比2009年增长25.1%；完成财政一般预算收入82.6亿元，比2009年增长20.2%；完成税收157.8亿元，比2009年增长18.9%；完成工业总产值2919.2亿元，比2009年增长25.2%；完成农业总产值86.5亿元，比2009年增长4.3%；完成渔业总产值24.4亿元，按现价计算比2009年增长19.1%；实际利用外资33亿美元，比2009年增长51.7%；实际到位内资165亿元，比2009年增长50%；农民人均纯收入达到16847元，比2009年增长15.4%。

【投资环境】 2010年，开发区全力推进城乡基础设施和环境建设，全域城市化进程进一步加快，投资环境进一步优化。年内，启动《金州新区发展规划》和10个功能园区规划编制工作，投入园区发展资金21.5亿元，编制完成土地利用总体规划大纲，全面启动岸线资源整合和填海造地工程。全区动迁居民5919户、企业288家，动迁养殖海域5000公顷。完成城乡基础设施项目366个，总投资40.6亿元。新建、改建、扩建城乡道路56条145.6公里，振连路金州新区段主体工程完工，跨海交通工程项目预可研和报批工作完成。金州新区中心汽车站竣工，占地面积5万平方米。新建、改建、扩建变电所6座，总投资3.8亿元。完成居民住宅供热分户工程15万平方米，全区供热面积达到3055万平方米。新增煤气用户2.8万户，全区煤气用户累计14.8万户。全年拆除违法建筑355处1.2万平方米。新建、改造城市绿地54万平方米，城市人均公共绿地面积21平方米。对金州热电有限公司、开发区热电有限公司等4家供热企业13台大型锅炉实施脱硫治理。卧龙湾、大魏家污水处理厂建成并通水试运行，华家污水处理厂主体工程完工。首批71辆清洁能源公交车投入运营。对大魏家河、青云河、登沙河华家段等5条河流实施综合治理。实施各类农建工程420项，新增节水灌溉面积1800公顷。

2010年9月9～10日，金州新区管委会与商务部投资促进事务局签署战略合作框架协议，双方将通过海外“引资”与“引智”，完善大连生物医药基地的国际双向投资环境，促进生物产业的国际双向交流与合作，共同建设大连生物医药基地国际合作平台。

【招商引资】 2010年，开发区以国际化视野科学谋划产业布局，不断创新招商引资方法，拓展招商领域，加速高端产业链形成。以十大功能园区为载体，突出主题、概念、创意招商，扶强做大特色支柱产业，加快培育战略新兴产业。采取“走出去、请进来”的方式，先后组团赴日本、韩国、中国香港、中国台湾、欧美等国家和地区进行项目推介，促进佳能大连办公设备有限公司三期项目、罗姆电子（大连）有限公司LED照明项目、格劳博机床（大连）有限公司项目等大项目推进，开创招商引资工作新局面。

年内，开发区新批准外商投资企业112家，合同外资额29.1亿美元，比2009年增长1.9倍。实际到位外资33亿美元，比2009年增长51.7%。新批增资企业83家，投资总额54.2亿美元，其中罗姆电子大连有限公司自1993年设立后进行第13次增资，投资总额从3000万美元增至2.3亿美元。投资总额超过1000万美元以上的项目47个，比2009年增加4家，主要包括奥地利锦祥照明系统（大连）有限公司、德国格劳博机床（大连）有限公司、美国唯特利管道设备（大连）有限公司、大连索尔自动化科技发展有限公司、大众汽车自动变速器（大连）有限公司、大连港泰集装箱周转站管理有限公司、大洋船舶工程有限公司、利优比压铸（大连）有限公司等。项目落地建设周期进一步加快。全年开工建设项目73个，其中新投资项目35个，续建或新增项目38个。

企业增资势头强劲。年内，蒂森克虏伯发动机系统（大连）有限公司增资500万欧元，投资总额4650万欧元，注册资本1850万欧元，年产凸轮轴300万根以上，年产值超过4亿元人民币；佳能大连办公设备有限公司增资2800万美元，投资总额3.94亿美元，注册资本1.33亿美元，主要生产打印机暗盒、普通激光及彩色打印机，年产值约60亿元人民币，增资项目为彩色打印机车间，新建厂房约3万平方米；大连精工电子有限公司增资870万美元，投资总额6740万美元，注册资本2392万美元，主要生产手表零部件及汽车ABS（防抱死刹车系统）部件，增资项目主要用于引进手表部件加工精密机床设备；利优比压铸（大连）有限公司增资1327万美元，投资总额1.48亿美元，注册资本4994万美元，主要生产铝质发动机壳体及变速箱壳体，增资项目为新建厂房2万余平方米及新增压铸线2条。

截至2010年底，按行业分，金州新区历年批准的利用外资项目包括：房地产业222个，专用设备制造业184个，农副食品加工业146个，纺织服装、鞋、帽制造业150个，通用设备制造业134个，通信设备、计算机及其电子设备制造业124个，电器机械及器材制造业117个，交通运输设备制造业114个，化学原料及化学制品制造业97个，金属制品业95个，木材加工及木、竹、藤、棕、草制品业82个，其他行业1019个。按外资项目来源分，金州新区历年批准的利用外资项目分别来自以下国家和地区：日本703个、韩国398个、中国香港585个、美国271个、中国台湾117个、加拿大54个、新加坡41个、马来西亚40个、澳大利亚19个、德国26个、英国21个、意大利20个、法国13个、泰国16个、中国澳门10个、其他国家150个。

【产业布局】 2010年，开发区新兴产业基地建设全力推进。努力建设东北大型石油化工基地、东北亚先进制造业基地、亚洲重要电子信息产业基地3个千亿级产业集群和生物医药、LED（发光二极管及其相关半导体照明产业）2个百亿级产业集群。

战略性新兴产业发展势头强劲。中国一汽集团节能与新能源客车生产基地项目建成投产，大连易威川汽电动汽车动力总成有限公司、凯威塑胶工业有限公司、大连德豪光电科技有限公司、大连国通电气有限公司4个重大产业项目开工建设。全年新上重点科技项目

122个，新增大连市工程实验室5家。大连电瓷集团股份有限公司通过中国证券监督管理委员会发行审核委员会审核，获准公开发行股票并在深圳中小板上市，全区上市企业累计8家，位居全市首位。

【对外贸易】 2010年，开发区不断扩大外需市场，增强发展后劲，推动对外贸易发展方式转变。截至2010年底，全区实现进出口总额197.8亿美元，比2009年增长33.9%。其中，进口总额110.1亿美元，比2009年增长33.6%；出口总额87.7亿美元，比2009年增长34.3%。在自营出口总额中，机电产品出口额占14.8%，高新技术产品出口额占31.2%。日本、东南亚国家联盟、美国、欧洲联盟、韩国、中国香港等主要市场出口额占自营出口总额的94.4%。

对外贸易出口成效显著，实现出口总额87.7亿美元，其中外资企业出口额85.9亿美元，内资企业出口额1.8亿美元。截至2010年底，石油加工、炼焦及核燃料类产品出口额18.1亿美元，占出口总额的20.6%；通信设备、计算机及其他电子设备类产品出口额21.8亿美元，占出口总额的24.9%；电器机械及器材类产品出口额11.4亿美元，占出口总额的13%；通用及专用设备类产品出口额12.5亿美元，占出口总额的14.3%；纺织服装、鞋、帽类产品出口额3.3亿美元，占出口总额的3.8%；食品加工类产品出口额4.9亿美元，占出口总额的5.6%；木材加工类产品出口额2.6亿美元，占出口总额的2.9%；塑料制品类产品出口额1.9亿美元，占出口总额的2.2%；其他行业产品出口额11.2亿美元，占出口总额的12.8%。

全区出口产品主要面向日本、韩国、美国、中国香港、印度尼西亚等国家和地区。其中，出口日本38.6亿美元，占出口总额的44%；出口韩国9.8亿美元，占出口总额的11.1%；出口美国6.8亿美元，占出口总额的7.8%；出口中国香港6.4亿美元，占出口总额的7.3%；出口印度尼西亚6.2亿美元，占出口总额的7.1%；出口新加坡5.3亿美元，占出口总额的6%；出口荷兰2.1亿美元，占出口总额的2.4%；出口德国1.8亿美元，占出口总额的2.1%；出口马来西亚1.4亿美元，占出口总额的1.6%；出口俄罗斯联邦1.2亿美元，占出口总额的1.4%；出口印度1.1亿美元，占出口总额的1.3%；出口泰国9000万美元，占出口总额的1%；出口其他国家和地区6.1亿美元，占出口总额的6.9%。

【工业生产】 2010年，开发区工业项目完成固定资产投资814亿元，占全区固定资产投资的94.6%。全区有规模以上工业企业998家，实现工业总产值2280.8亿元，占全区工业总产值的78.1%，占全市规模以上工业产值的28.3%；实现工业增加值590.1亿元，占全区工业增加值的87.1%；完成出口交货值548.7亿元，占全区工业出口交货值的85%。在规模以上工业企业中，有轻工业企业313家，产值263.1亿元，占规模以上工业企业产值的14.4%；有重工业企业650家，产值1559亿元，占规模以上工业企业产值的85.6%；有内资企业472家，外资企业491家。石油化工、装备制造、电子信息工业企业实现产值1342.3亿元，占规模以上工业企业产值的73.7%；完成出口交货值428亿元，占规模以上工业出口交货值的91%。

【科技创新】 2010年，开发区有技术研究开发机构200家，有科技人员1.2万人，其中，市级以上工程技术研究中心27家、企业技术中心26家；外资企业研发中心42家。企业科技人员14万人，企业研发费用占产品销售收入比例达1.5%。年内，全区新增高新技术企业17家，高新技术企业总数达到64家，占全市高新技术企业总数的26.4%。全年完成高新技术产业增加值150亿元。

加强科技企业孵化器（高新技术创业服务中心）建设与加速器建设。年内，新增孵化面积20万平方米，有在孵企业150家，孵化成功企业18家。在孵企业拥有研发型人才540人，年生产总值实现4.5亿元，为社会提供就业岗位3000余个。

启动生物技术外包中心、软件及服务外包园区建设工作，完善专业园区管理与运营，加速创新基地建设。截至2010年底，全区科技园区占地面积20.8平方公里。共有大连市国家半导体照明工程产业化基地、大连经济技术开发区国家级电子元件产业园区、金州新区国家信息产业高技术产业基地核心区、“国家火炬计划”大连双D港生物医药产业基地、“国家火炬计划”大连双D港新兴工业化示范基地、大连金州国家农业科技园区6个国家级产业基地，这些产业基地的发展壮大将进一步带动全区新兴产业的发展。

累计完成科技招商项目44项，其中，开工或在建项目9项、签约项目13项、达成意向项目22项。全区实际利用外资3110万美元，实际利用内资2.1亿元人民币。年内，区科技局继续实施重大产业化项目推进计划，先后支持重大产业化项目19个，财政扶持资金3.55亿元，完成项目总投资额71亿元。

全年安排区级科技计划项目119个，其中，工业类项目68个、农业类项目38个、其他类项目13个。拨付研发资金3433万元，其中，工业类项目2258万元、农业类项目850万元、其他类项目325万元；全区参与实施区级项目的科研人员1100人，其中具有中级、高级技术职称的人员占67%。确定区级知识产权试点示范单位28家，其中有9家单位被确定为市级以上知识产权试点示范单位，市级以上知识产权试点示范单位累计达18家。

年内，全区共有37个科技项目得到科技部、辽宁省科学技术厅、大连市科学技术局立项支持，获科技扶持资金2180万元。其中，科技部19项，扶持资金1120万元；辽宁省科学技术厅3项，扶持资金180万元；市科技局15项，扶持资金880万元。申请专利2680件，其中发明专利457件，实用新型专利1648件，外观设计专利575件。全区专利授权总量达1206件，其中，发明专利91件、实用新型专利870件、外观设计专利245件。

【现代服务业】 2010年，开发区现代服务业实现全面发展。现代服务业项目建设加快。总投资500亿元的大连世茂嘉年华项目开工建设，总投资500亿元的大连金石国际旅游度假区项目正式签约。大连金发地综合批发大市场、中益家居建材博览中心一期等项目全面竣工。大连金石唐风国际温泉会馆开业，金石滩文化博览广场、大连金石葡萄酒庄、大连友谊金石谷俱乐部、大连世界文化雕塑艺术主题园等一批高端旅游项目开工建设。旅游节庆活动丰富多彩。成功举办“2010中国·大连（金州新区）国际樱桃节”、“2010大连国际沙滩文化节”、“第二十四届大连国际马拉松赛”、“第九届大连国际冬泳节暨国际冬泳邀请赛”等节庆活动。全年实现旅游综合收入79亿元。金融机构完善。引进韩国友利银行大连分行，成为全区首家、大连市第10家外资银行分行。成立大连双D高科产业发展有限公司等7个融资平台，全区投融资平台总数达到14个。新增金融机构5家，金融资产稳步增长。继续发挥政策性担保机构的作用，为民营中小企业提供融资担保服务。政府服务效能提升。深化行政审批制度改革，加强服务窗口标准化建设，42项限时办理业务审批时限整体缩短18.5%。成功协办新加坡英文杂志《未来政府》中国峰会，努力探索政府管理服务改革创新新思路。在机关干部中开展“转变作风、提升效能、优化环境”主题实践活动，公务员队伍整体素质有新提高。

【社会事业】 2010年，开发区各项社会事业进一步发展。全年投入社会事业资金20.8亿元，投入教育事业资金9.3亿元。维修改造校舍30万平方米；投资2200万元，实现中小学教育信息化“班班通”；切实加强校园安全管理，为全区中小学校配备专职安保人员593人；对农村困难家庭毕业生实施免费职业教育。投入1200万元落实计划生育家庭奖励扶助政策，5万余人受益。

【机构设置与开发区领导】 大连经济技术开发区（金州新区）党工委、管委会下设党工委机构7个，分别是：纪工委（监察局）、党工委管委会办公室、组织部、宣传部、统战部、政法委、政研室；设管委会机构23个，分别是：发展和改革局、经济发展局、教育文化体育局、科学技术局、民政局、财政局、人力资源和社会保障局、土地房屋局、环境保护局、规划建设局、城市管理与行政执法局、交通局、农林水利局、海洋与渔业局、经济贸易局、卫生与人口计划生育局、审计局、食品药品监督管理局、安全生产监督管理局、旅游局、信访局、建筑工务局、行政服务办公室；设群团机构5个，分别是：总工会、团委、妇联、工商联、残联；辖产业园区10个，分别是：大连金石滩国家旅游度假区、大连双D港产业园区、大连卧龙湾国际商务区、大连金州经济开发区、大连金渤海岸现代服务业发展区、大连登沙河临港工业区、大连金州国家农业科技园区、大连先进装备制造业园区、大连金石国际运动中心区、大连冷链物流及食品加工园区；辖街道办事处20个，分别是：中长街道办事处、先进街道办事处、拥政街道办事处、友谊街道办事处、光明街道办事处、站前街道办事处、登沙河街道办事处、杏树街道办事处、大魏家街道办事处、七顶山街道办事处、向应街道办事处、华家街道办事处、得胜街道办事处、大李家街道办事处、金石滩街道办事处、董家沟街道办事处、大孤山街道办事处、海青岛街道办事处、湾里街道办事处、马桥子街道办事处。

大连经济技术开发区（金州新区）党工委书记为姚家凯，管委会主任为张世坤，管委会副主任为路刚、王延辉、阎利军、宋海青、滕人贵、李莉、孙军、秦淑华、卢俊福、丛军。

大连经济技术开发区（金州新区）管委会

秦皇岛经济技术开发区

【经济发展】 2010年，秦皇岛经济技术开发区（以下简称秦皇岛开发区）完成地区生产总值180.29亿元，规模以上工业产值481.04亿元、财政收入25.38亿元（其中地方一般预算收入7.98亿元）、全社会固定资产投资79.07亿元（其中项目建设投资53.66亿元、房地产开发投资25.41亿元），进出口总额23.83亿美元，前3项经济指标均创历史最高水平，全部5项经济指标是2009年的7.8～13.3倍。

【投资环境】 硬环境建设精品纷呈。2010年展园正式开园，并被授予“河北省科普教育基地”称号。深河环境改造工程效果显现，成为市区西部的绿色长廊、生态长廊和水景长廊。秦皇西大街环境改造、北京道环境建设等21项工程顺利实施，有效提升了全区环境品位。完成签订拆迁协议，面积达53万平方米。

软环境建设实力增强。一是加大对中小企业扶持力度。2010年，区财政投入980万元，重点扶持领先科技、宏岳塑胶、图成玻璃等9家成长型中小企业发展，2010年，9家企业实现产值6.47亿元，利税1.27亿元，同比分别增长19%和47%。积极拓宽融资渠道，获得基建贷款11.8亿元，国家贴息资金3684万元，有力保障了项目建设。同时，努力争取上级政策资金，获得中小企业发展、技术改造和科技扶持资金4317万元，扶持企业数量和资金额度均创历年最好水平。二是不断提高服务水平。积极完善“三个服务体系”，按照“能并则并、能减则减”的原则，制定出台《重点项目投资服务手册》，最大限度精简审批事项，提高审批效率，将审批时间压缩了60%。三是深化服务内容。建立工、管委领导联系重点企业制度，掌握生产经营状况，解决困难和问题，为企业发展出谋划策。适应特色产业快速发展的需求，及时成立电子信息行业协会，搭建了产业互动发展的平台。

【产业发展】 秦皇岛开发区2010年主导产业集聚效应显现。总投资1391万美元的金海大豆分离蛋白项目开工建设，总投资7千万元的新顺成食品成立，总投资4.64亿元的烟草机械易地技改项目投产，总投资2.2亿元的齐燕数控机床进入调试阶段，总投资1.75亿元的中集冀东二期开工建设，总投资3亿元的津峰线缆一期投产，粮油加工、装备制造、汽车及零部件、金属压延四大主导产业进一步壮大。四大主导产业实现工业产值370.6亿元，占规模以上工业产值的77.1%。

粮油食品加工行业形成以金海集团、中粮鹏泰为代表的骨干企业15家，配套企业2家，成为中国北方最大粮油食品加工基地，构成包含原材料供应、生产加工、产品包装等环节的食品加工链，并向下游的高附加值产业带延伸。粮油加工业产值133.5亿元，同比增长3.1%，占规模以上工业产值的27.8%。

装备制造行业形成以山船重工、秦冶重工为代表的骨干企业15家，配套企业6家，成为中国北方重要造船基地。装备制造业产值110.7亿元，同比增长42.9%，占规模以上工业产值的23%。

金属压延行业形成以中油宝世顺、美铝合金为代表的骨干企业10家，成为国家重点项目大口径直缝埋弧钢管供货基地。金属压延业产值76.3亿元，同比增长26.7%，占规模以上工业产值的15.9%。

汽车及零部件行业形成以戴卡轮毂、旭硝子汽车玻璃为代表的骨干企业18家，配套企业10家，成为全国技术水平最高、规模最大的高档汽车轮毂生产基地。汽车及零部件行业产值50.1亿元，同比增长35.9%，占规模以上工业产值的10.4%。

【招商引资与利用内外资】 2010年，秦皇岛开发区围绕国家战略性新兴产业发展规划，不断加大产业招商力度。一是引进战略投资项目取得重大进展。总投资40亿元的中信戴卡产业园开工建设；总投资28亿元的新瑞晶光伏科技即将开工；总投资10亿元的光宇新能源汽车已经签约；总投资60亿元的热电联产项目已草签协议。二是产业招商成果显著。总投资2800万美元的宏点精密电子正式投产；总投资1200万美元的新顺成水解蛋白项目即将投产；总投资2700万美元的国际TI管材基地完成土地招标。三是项目建设顺利推进。全年实施千万元以上项目57个，总投资432亿元，完成投资60亿元，同比分别增长39%、32%和10%；申列省重点项目14项，总投资192亿元，6个计划新开工项目全部开工。

【科技创新和重点企业】 秦皇岛开发区以企业技术创新为基础，以数据产业基地建设为中心，加大资金投入，积极促进企业自主创新。2010年，区内积极支持企业自主创新，发展创新型企业，努力打造公共服务平台，已建成平台4个，包括服务外包公共支撑平台、软件技术开发平台、秦皇岛开发区数据中心、秦皇岛数据产业研究院（IBM技术支持）。经认定的工程技术研究中心2家，累计共有研发中心19家，其中国家级企业技术中心1家、省级企业技术中心14家、省级工程技术研究中心4家。2项科技成果获“2010年度河北省科学技术奖”。9项科技成果通过河北省科技成果鉴定。组织开展秦皇岛开发区优秀自主创新企业评审工作，秦皇岛康泰医学系统有限公司等8家企业获得“优秀创新主体奖”，给予资金扶持80万元。经过产业升级，高新技术产业得到快速发展。2010年，区内经认定的高新技术企业为2家，通过省级科技成果鉴定9项，获得省级科学技术奖2项。高新技术产业完成工业总产值119.5亿元，销售收入177.3亿元，利税13.5亿元。

【开放型经济】 2010年，秦皇岛开发区企业克服国际金融危机的不利影响，通过开拓国内市场，扩大对内招商引资，保持了经济增长的稳定势头，实现地区生产总值180.3亿元，按可比价计算，增长16.6%；规模以上工业主营业务收入522.7亿元，同比增长18.6%；出口10亿美元，增长23.2%；实际利用外资1.47亿美元，增长10.1%；实到内资75.24亿元，增长7.1%。企业规模和经济效益显著提高。全区2010年新增产值超亿元企业10家，达到53家，亿元以上企业实现产值447.3亿元，占全区的93%。规模以上工业实现利润20.7亿元，增长85.5%，占全市工业企业利润的62%。财政收入25.4亿元，增长24.5%。服务业快速发展。全区实现社会消费品零售总额26.1亿元，同比增长39.3%。服务外包企业达到21家，实现收入5800万元。

【社会事业与文化建设】 2010年，秦皇岛开发区加大社会事业投入，让发展成果惠及更多群众，各项社会事业得到全面进步。一是社会保障水平显著提高。超额完成城镇失业、医疗、养老等各项保险任务。投入1.08亿元，将全区3000多名失地超龄人员纳入城镇养老体系，彻底解决了他们的生活保障问题。加大社会救助和双拥优抚力度，发放各类补助金180多万元。扎实推进新型农村合作医疗，参合率达到97.1%。二是就业工作取得实效。全年新增城镇就业4380人，完成目标的115%。制定出台《促进失地人员就业创收暂行办法》、《创业带动就业实施意见》等文件，鼓励企业吸纳失地农民，支持农民自主创业，安置农民和就业困难人员1179人。三是加大惠农力度，农民持续增收。全年发放“双创”奖励和各类补贴1.27亿元，全区农民人均收入超过9000元。四是教育事业快速发展。全年投入2300万元用于学校改造和标准化建设，新建第三小学。实施城乡对口共建，推动城乡教育均衡发展。五是社区管理步入规范化轨道。新增自然家园等5个社区居委会，社区管理和服务水平迈上新台阶。六是文化建设得到加强。积极推进文化惠民工程，深入开展全民健身运动，掀起全民健身热潮，全区干部群众精神面貌焕然一新，凝聚力、向心力不断增强。

【人才建设】 秦皇岛开发区区内及区外有燕山大学、东北大学分校等13所高等院校。同时，秦皇岛市周边的北京、天津、沈阳分布着数百所知名院校和科研机构，人才交流便利，为秦皇岛开发区发展提供充足的人才保证。2010年，秦皇岛开发区在人才队伍建设上不断创新工作思路，多渠道、多途径做好开发区人才引进和培养工作，建立了一整套人才培养体系，集聚和培养了一大批高科技创新型、高层次管理型以及高技能实用型人才，为开发区发展提供了坚实的人才保障。

【机构设置及工管委领导】 中共秦皇岛开发区工委是中共秦皇岛市委的派出机构，行政规格为副市级，内设工委办公室、组织部、宣传部、纪工委、政法委、工会联合会、机关工委、企业工委、妇女联合会、共青团。秦皇岛开发区工委主要领导成员为：工委书记郑宝亮，工委副书记胡英杰、李生、周雁、徐贺、陈永富、郝凤斌，纪工委书记王家林。

秦皇岛开发区的行政管理机构为秦皇岛开发区管理委员会，是秦皇岛市政府的派出机构，行政级别为副地级，下辖管委办、经发局、财政局、政策法制局、建设规划局、招商局等20个直属单位。秦皇岛开发区管委主要领导成员为：管委主任胡英杰，管委副主任郑宝亮、李生、邵宏根、李颖熹、扈秋宁、郭晓城、刘洪柱、何华庆。

（秦皇岛经济技术开发区管委会）

天津经济技术开发区（南港工业区）

【经济发展】 2010 年，天津经济技术开发区（南港工业区）生产总值实现 1545.86 亿元，可比增长 25.1%。其中，第二产业增加值完成 1188.03 亿元，可比增长 25.6%；第三产业增加值完成 357.84 亿元，可比增长 22.1%，第二、三产业比例为 76.9∶23.1。工业总产值突破 5000 亿元大关，实现 5101.28 亿元，同比增长 21.4%。固定资产投资完成 500.63 亿元，同比增长 49.5%。财政收入完成 361.5 亿元，增长 29.1%。进出口总值 339.75 亿美元，增长 26.5%；其中出口完成 165.53 亿美元，增长 24.1%。

【投资环境】 2010 年，开发区综合投资环境进一步优化提升。编制《天津经济技术开发区（南港工业区）国民经济和社会发展“十二五”规划纲要》以及开发区九大产业“十二五”规划。全面清理、检查行政事业收费政策执行项目，建立收费公示制度。编制“企业服务 300 问”，企业服务工作更加透明规范。保税物流中心正式封关运行。被工业和信息化部正式批准为“国家新型工业化产业示范基地（电子产业）”。天津泰达国家现代服务产业化基地被国家科技部认定为“国家现代服务产业化基地”。

2010 年 12 月 6 日，国家商务部《关于国家级经济技术开发区 2009 年投资环境综合评价情况的通报》发布，天津开发区总指数排名第一位。这是天津开发区在国家级开发区投资环境综合评价中连续第 13 年排在第一位。2009 年度国家级经济技术开发区投资环境综合评价，包括综合经济实力、基础设施配套能力、经营成本、人力资源及社会责任、环境保护及节能减排、技术创新环境、管理体制建设、发展与效率等八类指标。此次投资环境综合评价，共有 55 个国家级开发区参评，天津开发区以 715.04 分的总指数位居第一，比排名第二的苏州工业园高出 62.25 分。其中综合经济实力、人力资源及社会责任、技术创新环境、管理体制建设四类指数获第一名；基础设施配套能力、环境保护及节能减排、发展与效率三类指数均排名前 5 位；经营成本类指数排名第 47 位。

2010 年，开发区管委会党组、管委会按照滨海新区区委、区政府部署，制定并落实“解难题、促转变、上水平”活动方案，加大服务企业力度，提升区域投资软环境。全年走访企业 163 家，解决劳动用工、交通运输、市场开拓、通关速度、治安管理、电力和燃气供应、员工住宅等问题 72 个。加强与海关、商检等单位协作，以保税物流中心封关运行和海关诚信企业分类管理为契机，为企业提供便利的通关环境。整合现有银行和金融类企业资源，拓宽融资渠道，为企业解决融资难问题。运用由担保中心、政府、银行、企业共同参与的融资担保模式，为企业提供融资担保服务，全年贷款担保额 3.5 亿元。提高行政审批效率，贯彻“一窗接件、双限时、效能登记、帮办领办”工作机制，简化审批程序。设立“24 小时开门服务接待处”，随时受理来电来访。推动网上事项办理，政策兑现全部实现在线受理。构造与经济发展相适应的人力资源服务支撑体系，做好人力资源的储备和培养，为重点企业、重大项目提供人力资源保证。累计认定劳务输出基地和学校 25 家，签订合作框架协议 60 余份，输送人员 1.8 万人，保证富士康等重点项目如期开工建设。

【产业发展】 2010年，工业保持稳定增长，实现工业增加值1157.31亿元，可比增长25.4%；实现工业总产值5101.28亿元，同比增长21.4%，其中外商及港澳台地区投资企业完成4164.21亿元，同比增长20.5%；内资企业完成937.07亿元，同比增长25.6%。重点企业继续发挥带动作用，有11家企业工业产值超过100亿元。全区工业产值过10亿元的企业73家，产值合计占全区的86%；产值超过1亿元的有254家，产值合计占全区的97.3%。一汽丰田、三星集团、摩托罗拉、渤海钻探、渤海装备、奥的斯、诺和诺德、顶新系列等重点企业对全区经济发展发挥着重要作用。产业结构继续升级，电子通讯、汽车、装备制造、石油化工、生物医药、食品饮料、航天、新能源新材料等八大产业共完成工业总产值3947.13亿元，占全区工业总产值的77.4%。

高新技术产业规模继续扩大，实现产值2309.83亿元，同比增长18.5%，占全区工业总产值的45.3%。生物医药、航天技术、新能源新材料等产业对全区高新技术产业发展的作用不断提高。

建筑业平稳增长，全区建筑企业实现增加值30.72亿元，可比增长43.5%。完成建筑业总产值126.75亿元，同比增长35.8%，完成施工面积6566.97万平方米。

第三产业持续快速增长。交通运输、仓储和邮政业实现增加值46.5亿元，可比增长65%，批发和零售业实现增加值110.41亿元，可比增长22.4%，住宿和餐饮业实现增加值5.24亿元，可比增长1.5%，金融业实现增加值61.37亿元，可比增长24.6%，房地产业实现增加值26.65亿元，可比下降28.7%，其他服务业实现增加值107.66亿元，可比增长26.8%。

信息传输、计算机服务和软件业规模继续扩大，电信业务总量完成2.82亿元，固定电话长途电话通话时长5.36亿分钟。年末程控电话装机容量12.36万门，固定电话用户8.41万户。宽带用户数达到4.62万户。批发和零售业高速增长。2010年，永旺大型购物中心开业，吸引佳世客超市、苏宁电器等大型零售企业进驻，开发区商业购物环境得到进一步提升。2010年，天津开发区完成社会消费品零售总额118.07亿元，同比增长6.3%。喜来登在天津的第二家五星级酒店落户开发区，开发区四星级以上酒店已达11家，其中五星级酒店5家。餐饮业实现营业收入5.7亿元，同比增长1.9倍。

金融业继续快速发展，新兴业务加速集聚。2010年，融资租赁业规模进一步壮大，工银租赁、中联重科融资租赁保持快速增长，兴业金融租赁和约翰迪尔租赁相继落户。小额贷款公司保持快速发展态势，年内新增方洲、新春2家小额贷款公司。中国首家外商独资的消费金融公司捷信消费金融正式开业，金融创新再获重大突破。非银行金融机构投资活跃，2010年新设基金类企业195家；认缴出资额142.36亿元。全区共有银行机构35家，其中外资银行7家，银行营业网点93个；各类保险机构11家；上市公司6家，其中境外上市公司2家、财务公司3家。

会展业持续发展。2010年，全区共举办展会14次，展览总面积30万平方米，累计吸引参观人数44万人（次）。

【招商引资和利用内外资】 开发区秉承“项目是生命线”、“投资者是帝王”的理念，坚持“三资并重”，注重第二产业和第三产业协调发展。创新改革招商体制，积极拓展招商渠道，加强产业专业化招商，积极推进龙头项目，加大后期服务力度，在引进利用内外资的规模和质量上取得优异成绩。2010年，全年新批外商及港澳台地区投资项目136家，投资规模在1000万美元以上的有76家，新批《财富》全球500强项目8家。办理增资项目236家，合同外资金额57.35亿美元，同比增长5.6%；实际使用外资金额36.25亿美元。增资额超过1000万美元的项目有34家，包括惠普、英洛瓦物探装备、富士康集团、通邮集团、三星电子、摩托罗拉移动、顶新集团等优势产业项目。

新设立登记内资企业820家，增加注册资本企业332家，注册资本458.48亿元。新批民营企业625家，注册资本154.24亿元。内资企业在全区经济中的贡献超过1/3，所占比重显著提升。

2010年，区内累计批准来自74个国家和地区的外商及港澳台地区投资企业4870家，项目投资额622.07亿美元，合同外资金额462.73亿美元，实际使用外资金额260.89亿美元，项目平均投资规模1277.34万美元。其中投资规模超过1000万美元的项目有882家，投资规模超过1亿美元的项目有52家。全区共有内资企业9546家，注册资本1770.69亿元，注册资本在1000万元以上的内资企业达1757家，其中民营企业1200家，注册资本817.2亿元。2010年《财富》全球500强企业中，共有来自境内外的78家在天津开发区投资，投资项目达166个。一大批国际著名跨国公司，如美国摩托罗拉、IBM、惠普、可口可乐、百事可乐、哈里伯顿、霍尼韦尔、联合技术、菲利普莫里斯、约翰·迪尔、邦基，日本丰田汽车、丰田通商、雅马哈、矢崎、松下电器、电装、京瓷、出光兴产、伊藤忠商事、丸红商事、住友商事、佳能、三菱商事、永旺商业、三菱电机、三井物产、日商岩井、爱信、积水、日本邮船、川崎，韩国三星、现代、乐喜金星国际、浦项制铁，德国大众、大陆、蒂森克虏伯，瑞士雀巢，法国施耐德、拉法基、威立雅，英国葛兰素史克、BOC，荷兰阿克苏诺贝尔，丹麦诺和诺德、维斯塔斯，中国台湾地区鸿海、顶新、英业达、富士康，以及中石油、中石化、中国工商银行、中粮集团、建龙重工、新兴重工、长城汽车、中海华润等已经成为天津开发区的投资主体。

【社会事业】 教育体系继续完善，教育质量明显提高。截至2010年底，全区共有各级各类学校12所，其中大学5所、民办学校1所；在校学生3.68万人，其中大学生3.03万人、中小学生6526人（含669名外籍学生），幼儿园8所，入园儿童2017人。教职工3072人，其中外籍教师117人。2010年，开发区高考本科上线率90%，一本上线率46%，居民及流动人口子女九年制义务教育入学率100%。

医疗卫生保障水平进一步提升。2010年卫生改革不断深化。泰达心血管病医院创新的体制机制和管理模式得到国家重视，并向全国推广。泰达医院“三甲”创建工作稳步推进。积极推进社区卫生服务中心建设，建成康翠社区卫生服务站和微电子工业区门诊部。实施“健康促进年”活动，同世界卫生组织和联合国人口基金会共同开展“天津市青年流动人口健康促进与卫生服务”项目。2010年，开发区有9家综合性医院、3家专科医院，14家社会力量办其他医疗机构、8家社区卫生服务站，53家企业保健站，拥有各类卫生技术人员1479人，其中高级职称卫生技术人员204人，病床1026张。全年诊疗55.71万人（次）。加大食品药品监管力度，杜绝公共卫生事件发生。

【机构设置与管委会领导】 2010年4月，经开发区编委会研究批准，对投资促进系统机构进行调整，成立投资促进领导小组办公室和投资促进一至四局，其中投资促进一局与投资促进领导小组办公室合署办公，投资促进四局与南港工业区经济发展局合署办公，以适应招商形势需要。

2010年，中共天津经济技术开发区管理委员会党组书记、管理委员会主任为何树山，天津经济技术开发区管理委员会副主任为孙胜、张军、倪祥玉、艾亚民、马玫、施扬、郎东。天津经济技术开发区管理委员会副巡视员为王恺。

（天津经济技术开发区管委会）

烟台经济技术开发区

【经济发展】 2010年，烟台经济技术开发区（以下简称烟台开发区）完成GDP 791亿元，增长17.1%；完成工业总产值2480亿元，增长16.7%；实现税收103亿元、增长28.1%，地方财政收入35亿元、增长30.2%。在经济快速发展的同时，万元GDP能耗、水耗持续下降，顺利通过国家生态工业示范园区验收，被评为“全省节能工作先进集体”和“全省循环经济示范单位”。

【开放型经济】 烟台开发区2010年共引进各类项目115个，实际利用外资3.4亿美元，总投资42亿元，其中过亿元或千万美元以上项目26个，世界500强投资项目4家、累计达到50家。外经贸快速发展，全年进出口总额293.7亿美元、增长18.3%，其中出口166.3亿美元、增长18.8%，鸿富泰、鸿富锦、浪潮LG等3家企业进入全省出口前十强。把企业上市作为可持续发展和产业培育的战略性任务，研究出台优惠政策，1家企业成功上市，上市企业合计2家。大力实施“走出去”战略并取得积极成效，已有7家企业在境外投资建厂。

【投资环境】 烟台开发区坚持城市规划、城市经营和经济建设一体化推进，聘请中规院深圳分院、同济大学、清华大学以及国际一流城市规划院所，对全区进行了新一轮战略规划研究。坚持以重大基础设施布局引领城市发展，启动建设了一批事关城市形象和人民生活的城建重点工程，全年完成固定资产投资240亿元、基础设施投资30亿元，累计分别达到1947亿元和271亿元，形成了与国际接轨的投资创业与公共服务体系。在山东省首家通过ISO14001环境管理体系和ISO9001行政管理质量体系“双认证”，被联合国环境署确定为“中国工业园区环境管理示范区”。

【产业发展】 烟台开发区累计注册各类企业16000余家，其中工业企业2800余家，外商投资企业1250余家，构筑起机械制造、电子信息两大主导产业拉动，汽车、手机、电脑、船舶、工程机械五大产品集群崛起的产业发展格局，成为全国重要的汽车工业基地、电子信息产业基地，启动了生物医药、新材料、新光电三大新兴产业。2010年，机械制造、电子信息两大产业完成产值1960亿元，100家企业产值过亿元，5家企业产值突破百亿元。坚持依托工业化和城市化，大力繁荣发展现代服务业，2010年全区服务业增加值增长29.1%，占GDP比重比2009年提高1.7个百分点。

【科技创新】 2010年，烟台开发区实现高新技术产业产值1845.7亿元，占规模以上工业总产值的比重达76.1%；6家高新企业成为山东省创新型试点企业，5家列入“国家火炬计划”；获批建设“国家聚氨酯高新技术产业化基地”；获得市级以上科技立项35个，获得市级以上科技奖励8项，其中“国家科技进步二等奖”1项、“省科技进步三等奖”2项；新增2个中国驰名商标，专利申请1240件、同比增长41.7%，专利授权551件、同比增长96.8%；拥有各类人才5万余人，其中博士300余人、外聘专家100余名，3人入选国家“千人计划”，5人入选省“万人计划”第一层次。

【社会事业】 烟台开发区以城市化理念统筹城乡发展，2010年民生投入10.7亿元，增长38.9%。加大社会保障力度，城市和农村低保标准分别提高到每年4800元和2600元，均居全市首位。高度重视就业再就业工作，全年新增城镇和失地农民就业再就业6.6万人。加快农村安置小区建设，全年完成投资13亿元，建成住宅5500套。城镇居民收入、农民人均收入分别达到3万元和1.3万元。

【机构设置与管委会领导】 烟台开发区管委会有23个工作部门，公务员编制254名。国税、地税、工商、海关、商检、国家安全局、技术监督局等省市垂直管理单位在区内均设有派驻机构。

烟台开发区领导成员为：烟台市委常委、开发区工委书记、管委会主任王曰义，工委副书记、管委会副主任陈文晔，工委副书记谭维忠，管委会副主任高松敏、苏智、孙夜晓、王宏峰、李国友、刘建民、于少轩、杨林盛。

（烟台经济技术开发区管委会）

青岛经济技术开发区（黄岛区）

【经济发展】 “十一五”期末，青岛经济技术开发区（黄岛区）经济迈上“315”新平台，工业总产值突破3000亿元，增长24.5%，总量是“十五”期末的3.7倍；地区生产总值突破1000亿元，增长15.9%，总量是“十五”期末的2.7倍，人均2.5万美元；辖内地方财政一般预算收入突破50亿元，增长26.1%，总量是“十五”期末的3倍。开发区以占青岛市不足3%的国土面积，创造了全市近1/5的GDP和实际到账外资、1/4强的工业总产值，成为青岛的经济重心和开放重镇。

2010年，开发区完成地区生产总值1003.17亿元，增长15.9%，总量在青岛市继续保持首位；完成第二产业增加值654.25亿元，增长14.6%，占GDP的比重为65.2%；实现第三产业增加值345.14亿元，增长18.9%，占GDP的比重为34.4%。完成规模工业总产值2975.28亿元，同比增长24.8%。完成全口径财政收入251.9亿元、地方财政收入128.4亿元，分别增长217.3%和361.4%。消费品零售额达到104.06亿元，增长19.4%；全社会固定资产投资累计完成366.11亿元，增长19.8%。金融系统本外币各项存款余额584.04亿元，各项贷款余额459.19亿元，城乡居民储蓄存款额174.46亿元。城镇居民人均可支配收入27467元，农民人均纯收入11906元，分别增长11.9%和13.7%。

【投资环境】 开发区已建成青岛前湾港、黄岛油港、胶黄铁路、环胶州湾高速公路、轮渡码头、国际国内电话交换站、移动通讯基站等一批大型交通通讯能源设施以及区内的道路、供排水、供电、供热、供气等市政环保设施。青岛流亭国际机场距开发区53公里，通过环胶州湾高速公路可以直达。同三高速、青兰高速纵横区境。前湾港北港区23个深水泊位全部建成，港口集装箱和货物吞吐量分别达到1200万标箱、3.5亿吨；引进马士基等世界500强和著名船代货代公司100余家，物流业增加值占GDP的13%，将逐步建成东北亚物流中心。

【招商引资】 全区新批外商投资项目65个，累计总投资24.5亿美元，其中新批过千万美元项目42个。累计合同利用外资14.9亿美元，增长114.6%；实际到帐外资5.63亿美元，增长38%。实际到位内资101亿元，增长16%。截至2010年底，全区累计批准外商和港澳台地区投资项目 2213 个，总投资 206.3 亿美元，合同外资 141.4 亿美元，实际利用外资 77.6 亿美元。其中引进总投资过千万美元项目 462 个、过亿美元项目 26 个。

【产业布局】 港口、家电电子、石化、汽车、造修船、海洋工程“六大产业集群”布局基本形成。产值和销售收入均过亿元的企业达 128 家，其中，过 10 亿元的 29 家、过百亿元的 4 家，集群产值占工业总产值的 3/4 以上。上汽通用五菱全年整车产量突破 40 万辆，发动机产量突破 35 万台，二期 20 万辆产能扩容项目已开工建设，达产后整车产能将达 70 万辆，成为中国北方最大的微型商务车生产基地。大炼油全年原油加工量突破千万吨、产值达 500 亿元。形成了船用曲轴、船用柴油机、造修船、港口及船用机械、海洋工程、船舶电力推进系统等高层次产业链条，建成国内重要的船舶产业基地和亚洲最大、技术最先进的海洋工程制造基地。航空产业、新能源等新兴产业崭露头角，俄制直升机、五菱新能源汽车等项目开始建设，大唐新能源风电场一期开工建设、装机容量 49.5 兆瓦。服务业投资大幅超过制造业，高端旅游业成为西海岸新一轮发展的热潮，总投资 270 亿元的 25 个旅游项目加快推进。

【对外贸易】 2010 年对外经贸全面恢复到金融危机前水平，黄岛口岸年进出口验货值达 1300 多亿美元，总量占青岛关区外贸业务量的九成以上；完成外贸进出口 71.5 亿美元，增长 25.8%，其中出口 40.7 亿美元，增长 36.3%。

【科技创新】 区内把提升自主创新能力作为转方式调结构的中心环节，深入实施“双十高”工程，以高科技推动产业链向两头提升、价值链向高端攀升。新列入国家“863”计划和技术创新基金项目 4 个，获得国家科技进步二等奖 2 项，成功创建驰名商标 1 件、省著名商标 5 件，名牌产品数量继续在全国同级行政区域保持领先地位。高新技术产业产值占全区规模以上工业总产值的 62.89%，总量继续保持青岛市第一。山东科技大学“山东省矿山灾害预防控制重点实验室”被认定为“省部共建国家重点实验室”，海尔物流成为国内首家通过验收的物流类国家级服务业标准化试点项目，区高校毕业生创业孵化基地被确定为国家“大学生科技创业见习基地试点单位”。大力发展低碳和循环经济，全面完成“十一五”期间万元 GDP 能耗降低 22% 的目标。投资 9800 余万元实施 13 项节能技术改造，实现节能 5 万余吨标煤；加快推进轮胎再制造、可再生能源建筑应用等领域 41 个循环经济重点项目建设，14 家单位创建为省市级循环经济试点，电镀工业园评选为“省级循环经济示范园区”；总投资约 50 亿美元的大唐新能源等 18 个新能源项目加快推进，太阳能、风能等产业初步形成。

【城区建设】 抓住桥隧和七区统筹发展机遇，加快对接和融入主城区，推进传统产业升级改造，提升城市功能和区域承载力。一批高质量、多功能的城市综合体加快推进，青岛国际生态智慧城已进入推进实施阶段，石化区、北部新区前期调研论证已全面启动。大青岛城市交通体系日趋完善，海底隧道、海湾大桥全线贯通，疏港交通、隧道接线等工程加快推进。推进城市建设精品工程战略，银沙滩景区道路改造及景观、唐岛湾滨海广场、岔河综合治理等工程完工，唐岛湾疏浚及南岸绿化、生态植物园、辛安前河综合治理等工程加快建设，打造了一批新的城市精品景观带。城市功能日益完善，城区日供水能力达 20 万吨，天然气供应能力达 60 万立方米/日，用热总面积达 740 万平方米。北京电影学院现代创意媒体学院获教育部批准、2012 年正式招生，凤凰岛旅游观光人工岛项目启动前期工作，凯宾斯基、索菲亚、金沙滩希尔顿等在建高星级酒店达到 10 家。

【社会事业】 深入推进新一轮创建全国文明城市活动，市民文明素质和城区文明水平不断提升。加快公共文化服务设施建设，新建改建 15 个社区文化活动中心，“幸福青岛开发区”

等系列群众文化活动扎实开展。引导发展商贸流通业、乡村旅游，培育发展龙泉河庙会、薛家岛海鲜节等乡村民俗文化节庆品牌。安排促进就业资金2000万元，发放困难企业稳岗补贴1100余万元，新增就业2.5万人，城镇登记失业率1.77%。积极稳妥推进集体林权制度，全区13.5万亩林权改革基本完成。城镇、农村低保标准分别提高到每月370元、230元，新农合筹资水平提高到270元，保障标准全省最高；企业退休人员人均月提高养老金163.6元，达到退休年龄的农民每月领取的退休金最低322元，在青岛市率先实现城乡居民养老保险全覆盖。

【西海岸出口加工区】 2010年，园区工业总产值实现6.3亿元，完成全年任务的105%；项目固定资产投资2.1亿元，完成全年任务的105%；实际到账外资4642万美元，完成全年任务的132%；进出口总额7780万美元，同比增长53%。总投资1.5亿美元的台湾成霖科技项目生产经营情况较2009年有较大改观，订单生产及出口量大幅提升；总投资1500万美元的中韩国际物流项目仓储物流业务增长迅猛，进出口货物6万余吨，货值近亿美元。一期总投资5亿元的俄制直升机项目奠基；黄岛通用航空起降点及航空服务业综合项目签署合作开发建设框架协议，一期工程计划2012年6月投入使用。总投资1.6亿美元的日本三美电子项目和总投资3000万美元的新加坡圣美尔国际工贸项目奠基开工。

【机构设置与管委会领导】 青岛开发区工委（区委）工作部门：青岛市纪委经济技术开发区工委、黄岛区纪律检查委员会机关、工委（区委）办公室、组织部、宣传部、统战部、政法委、区直机关工作委员会。管委（区政府）工作部门：发展和改革局（物价局、中小企业发展局），教育体育局，科学技术局（知识产权局、科协），财政局，劳动和社会保障局（民政局），城市建设局（人民防空办公室），市国土资源与房屋管理局黄岛国土资源分局，交通局，农村经济发展局（林业局、水利局、畜牧兽医局），海洋与渔业局，安全生产监督管理局，对外贸易经济合作局，卫生局（人口和计划生育局），审计局，统计局，旅游局，行政执法局（市政公用局），重点工程局，临港开发建设局，日韩投资促进局，欧美亚投资促进局，港澳台投资促进局，国内投资促进局，出口加工区管理局。

开发区领导成员为：中共青岛市委经济技术开发区工作委员会（中共青岛市黄岛区委员会）书记姜杰（青岛市委常委），副书记张大勇（青岛前湾保税港区工委书记）、马卫刚、苟训林，常委于钦德、王谊、张建刚、车贵正、张文晓、郭继山。青岛经济技术开发区管理委员会（青岛市黄岛区人民政府）主任姜杰；副主任张大勇（副主任、区长），马卫刚（副主任、副区长），庄贵相（副区长），张薇（副区长），王崇江（副区长），孙大贵（副区长），刘鹏照（副主任），明秀云（副主任），刘鲁强（副主任）；主任助理陈国良。

（青岛经济技术开发区工委管委）

南通经济技术开发区

【经济发展】 南通经济技术开发区（以下简称南通开发区）成立于1984年12月，是国内首批14个国家级开发区之一，是国家环保总局授予的“ISO14000”国家示范区，是国家权威机构评选的跨国公司眼中最具投资价值的开发区前10强，是江苏省委、省政府授予的社会治安安全区。2010年实现地区生产总值378.1亿元，增长20%；实现财政总收入64.28亿元，增长41.8%，其中一般预算收入24.85亿元，增长41.7%；完成全社会固定资产投资242.1亿元，同比增长27.1%；完成全部工业总产值1150.4亿元，增长20.9%，实现规模工业总产值803.1亿元，增长27.2%；进出口总额35.45亿美元，增长22.92%，其中出口额19.13亿美元，增长36.2%，进口16.32亿美元，增长10.5%。

【投资环境】 南通开发区南靠长江、东临黄海、紧邻上海，地处长三角核心区域，拥有水、陆、空立体式交通网络，世界第一斜拉桥苏通长江大桥和崇启大桥两大过江通道，将开发区与国际大都市上海有机连接，1小时可到达上海，3小时内可到达长三角地区各大城市；宁启高速、沈海高速、沿江快速、新长铁路、宁启铁路交错汇集；开发区毗邻上海虹桥机场、浦东国际机场，南通机场与国内相关主要城市开通了航线；吞吐量近2亿吨的南通港，与世界300多个港口通航。区内基础设施配套完善，实现了“九通一平”。始终恪守“为投资者服务、让投资者盈利”的服务宗旨，为中外投资者辟有“绿色通道”，在项目审批、项目建设、企业通关等方面，提供全面、优质、高效、专业的“一站式”、“保姆式”服务。

【招商引资】 切实加大战略性新兴产业、高新技术产业和现代服务业的招商力度，全年完成工商登记注册外资7.28亿美元，实际利用外资4.86亿美元。全年新批外资项目28个，增资项目23个，其中总投资超千万美元项目31个、高新技术项目20个、新兴产业项目25个。总投资5亿美元的太阳能电池项目、总投资4亿美元的欣兴电子项目、总投资3亿美元的台湾利音LED项目、总投资9300万美元的日立化成助剂项目签约落户。总投资60亿元的清华同方LED半导体产业基地、总投资4960万美元的朗盛台橡新材料、总投资9500万美元的信越有机硅等一批重大项目开工建设。

【产业发展】 编制了南通开发区重点产业规划，提出“4+4”的产业发展格局，即发展“精细化工、装备制造、纺织及造纸、食品加工”等4个优势产业和“电子信息、新医药、新能源、现代服务业”等4个新兴产业。支柱产业扩量提质，现代装备制造业、化学新材料等主导产业占规模工业比重不断提高，润邦重工挂牌上市。新兴产业势头强劲，清华同方LED、中天科技光纤预制棒、库博三元复合材料、振华龙源海上风电设备等新材料、新能源项目快速推进，以联亚、联科、百奥迈科、领航干细胞等为主体的生物医药产业不断壮大；高新技术企业增至85家，高新技术产业产值达到269.16亿元，占规模以上工业产值比重达到33.5%。现代服务业加速集聚，全年新批服务业项目268个，服务业实际投入超过100亿元，汽车城、钢材城、通富妇儿乐城、长三角建材城等服务业重点项目进展顺利，星湖街区已有50余个项目落户，携程现代信息技术服务中心投入运行，江苏微软培训中心、“世界之窗”创意设计产业园、中智科技云计算中心、连邦软件、江苏宜居等多个基地型、领军型、特色型服务外包项目成功落户。南通开发区荣获“微软中国2010年度服务外包成就奖”和“中国呼叫中心建设示范基地”称号。

【城市建设】 全年组织实施了39个城建项目，完成城建投入15亿元。编制完成开发区中心区控制性详细规划和重点地段城市设计、景观规划等规划。建成天星横河滨河公园，建成能达绿廊4.8万平方米；东方大道北延、星湖大道改造、新开路改造等13个项目基本竣工，竹行小学、海关监管仓库等一批重点项目相继建成；国家生态工业示范园区规划顺利通过环保部、商务部、科技部的批准。全力推进能达商务区建设，1.4平方公里核心区内各项配套设施基本建成，入驻项目26家，总投资约70亿元；特色商业组团星湖街区、星湖101广场正式运营，润华国际五星级酒店、能达总部大厦、益兴总部大厦、金融财富大厦、星湖101大厦等10多个重大项目正在加紧建设。

【科技创新】 出台《科技进步2010～2012年行动计划》、《关于鼓励和促进科技创新创业的若干意见》、《南通开发区创业投资引导基金管理办法》和《加快能达商务区总部经济发展的若干意见》，鼓励企业提升自主创新能力，提供融资担保等配套服务，大力扶持现代产业发展，全年发放科技奖励扶持资金2000余万元。全年组织产学研合作重点项目20余个，4家企业成功申报省级工程技术研究中心。全年申报各级各类科技计划和项目102个，其中国家级科技计划项目5个、省级31个，百奥迈科、领航干细胞获得省级重大科技成果转化项目立项。累计申报专利3203件，联亚药业有限公司自行开发研制的药品正式获美国FDA批准，实现了中国处方药物制剂进军美国主流市场零的突破。

【人才建设】 出台《关于进一步推进高层次人才集聚的若干意见》，开展6次高层次人才专题招聘活动，全年共引进海内外高层次创新创业人才（团队）33个、创业创新项目9个，申报江苏省科技创新团队4个，江苏省"双创"人才及南通市工程技术关键人才获得市级以上资助930万元，8万平方米的人才高级公寓全面启用。

【社会事业】 扎实推进各项惠民工程，8项实事工程基本完成。全面落实各项强农惠农政策措施，农业增效、农民增收和农村稳定的良好局面进一步巩固提升。开发区被评为"区域教育现代化先进县（市、区）"，天星湖中学成功通过了江苏省四星级高中现场评估验收，6家幼儿园创成江苏省优质园。"三送"工程扎实推进，职工图书馆被全国总工会授予"国家级职工书屋"示范点。社会保障体系不断完善，22个村（社区）达到充分就业村（社区）标准，年满60周岁农民和城镇居民全部纳入基本生活保障范围，被征地农民实行社会保障全覆盖。

【管委会领导】 中共南通市经济技术开发区工作委员会书记为陈德新，副书记为葛亮、严宪、陈晓东，委员为范新泉、董克新、丁秉华、陈强、陈琦、王世瑞、范志强、李晓斌。南通市经济技术开发区管理委员会主任为葛亮，副主任为严宪、陈晓东、范新泉、董克新、陈强、陈琦、王世瑞、池宇。

（南通经济技术开发区管委会）

连云港经济技术开发区

【经济发展】 连云港经济技术开发区（以下简称连云港开发区）是1984年12月经国务院批准设立的首批国家级开发区，与连云港城市核心区——连云新城、港口主港区相邻，是连云港市对外开放的主窗口和新兴产业的主要集聚区。2010年，连云港开发区启动了实施沿海开发规划的《开发区新兴产业发展三年行动计划》。完成地区生产总值200.5亿元，同比增长23.2%；工业总产值601亿元，增长31.5%；财政总收入55.3亿元，增长31.4%，其中一般预算收入21.67亿元，增长76%；进出口总额实现26.76亿美元，增长18.6%，其中出口总额9.95亿美元，增长38.4%；固定资产投资156.6亿元，增长

23.9%，其中，工业投资116.2亿元，增长29.1%；实际利用外资3.2亿美元；内联到位资金67亿元；固定资产投资126.4亿元，增长25.8%，其中工业投入实现90亿元，增长33.7%。全区税收过5000万元的企业13家，税收过亿元的企业8家。

【招商引资】 全年新批准外资项目41个，项目总投资16.2亿美元，项目平均规模3958万美元，同比增长34.4%；备案内资项目87个，同比增加11个，总投资306.86亿元，同比增长14.5%，项目平均投资规模3.53亿元。总投资20亿元的华乐合金、总投资5.8亿元的长慧医药、总投资5亿元的石油装备、总投资4.6亿元的新型电池项目、总投资5700万美元的龙华通信、总投资3000万美元的东湖电子、总投资2400万美元的康信生物等一批重点项目入驻。

【项目建设】 启动建设了国家工信部在全国设立的唯一新能源产业和中小企业科技创新与成果转化示范园、省级清洁能源创新产业园等特色产业园区。以“项目有效投入年”活动为载体，全区新招引美国AA集团新能源汽车、联创酷歌动漫产业园、高力国际汽车博览园等项目126个；新开工总投资37亿元的天洋汽车、总投资5.8亿元的美国长慧医药等项目74个；新竣工总投资3.96亿美元的华磁商用电器、总投资4000万美元的伍江数码等项目56个。新招引、新开工、新竣工总投资过亿美元或过10亿元人民币的重大项目分别达18个、17个和10个。

【基础设施建设】 2010年，连云港开发区累计完成基础设施投入25.12亿元，形成固定资产11.38亿元，回填场地6400亩，建成道路15.36公里，配套公用管网103.26公里，竣工安置房25.09万平方米，新增绿地150.7万平方米。连云新城建设框架全面拉开，汇海路、新光路大桥等“五路四桥”工程快速推进。花果山大道立交竣工通车，城市主轴全线贯通。佟圩路高架桥基本建成。开发区服务外包中心大厦、猴嘴物流大厦开工建设。恒隆水务污水处理厂、110KV西墅变、开泰变建成投用。242省道沿线绿化景观工程、连徐高速沿线及零公里处环境整治工程高标准完成。

【产业发展】 新医药、新材料、新能源、新型装备制造等“四新”产业产值占全区工业总产值比重达65%，同比提高5个百分点。截至2010年底，在新医药领域，培育了新医药骨干企业30多家，新医药产业产值同比增长39.6%。在新材料领域，培育了新材料骨干企业40多家，新材料产业产值同比增长31.6%。在新能源领域，培育了新能源骨干企业30多家，新能源产业产值同比增长54.3%。在新型装备制造领域，培育了新型装备制造业骨干企业20多家，新型装备制造业产值同比增长42%。

【投融资体制改革】 继续做大做强江苏新海连发展有限公司，将其组建为集团有限公司，设立了连云港市首支总规模50亿元的中科黄海股权投资基金，成立三源投资担保公司，与20多家金融机构建立了合作关系。截至2010年底，江苏新海连集团总资产、净资产分别从“十一五”期初的28亿元、10亿元增加到200亿元和88亿元，成为全市资产规模最大的政府投融资平台。

【人才建设】 连云港高新区着力实施人才强区战略，构筑沿海开发人才高地。截至2010年底，全区各类人才总量达2.3万人，每万名人口中拥有人才数3235人，是国际公认小康标准人才密度的10倍。其中，国家“千人计划”人才4人，省“双创”人才、“333工程”人才48人，海外留学归国人员192人，硕士、博士532人。全区高层次人才规模已达1173名，从事科技活动人员近4100名，占人才总量的18.6%。

【科技创新】 中科院能源动力研究中心初步形成研发能力，建成或基本建成省级高性能纤维检验中心、风力叶片检测中心、恒瑞医药研发中心，豪森医药研发中心、康缘医药研究中心正在加快建设。新增国家级企业博士后工作站、省高层次人才创新创业基地、省级创新药物研究院等科技平台和产学研合作项目40多个。新认定信息化标杆企业4家。完成新产品新技术开发255项。列入国家、省科技计划项目数和获得扶持资金额继续名列全市第一。成功引进美国芯片设计、东亚文化创意等高层次创新团队。恒瑞"创新药物孵化基地"项目以总分第一名的成绩入选国家5个重大新药创制专项。康缘继恒瑞之后被评为"国家创新型试点企业"。中复连众国家级国际科技合作项目"3MW海上风力叶片研发"通过验收，在北京世界"绿博会"亮相获奖，全球最大的5MW风电叶片也相继下线。国电动力在德勤高科技、高成长中国50强企业中名列第二。中复神鹰获"全国纺织工业科学技术进步一等奖"。

【社会事业】 连云港开发区重抓发展富民，为民办实事的物质基础显著增强。所辖朝阳镇、中云街道、猴嘴街道实际利用外资均超过1600万美元，财政总收入增长22%。全区农民人均纯收入达9580元，增长12.6%。四星级连云港高中、大港中等专业学校建成招生。率先在全市接受省实施教育现代化区的评估验收。建成中云文体中心、朝阳文化服务中心。在全市率先完成农村电气化改造。进一步完善了覆盖城乡的社会保障体系。新设立6个社区居委会，实现辖区管理全覆盖。青口盐场划归管理。顺利完成村（社区）"两委"换届。

【机构设置与管委会领导】 连云港开发区管委会是连云港市人民政府的派出机构，代表市政府在开发区内行使管理职能。管委会下设党政办公室（政策研究室）、纪工委（监察局）、党群工作部、总工会、经济发展局、安全生产监督管理局、出口加工区管理局、社会事业局、财政局、建设局、行政服务中心、项目推进服务办公室、信访办公室、招商一局、招商二局、招商三局、招商四局等17个部门。

中共连云港市委常委唐国海同志任连云港开发区党工委书记、管委会主任，同时兼任中共连云区委书记、连云区人大常委会主任。另设党工委副书记2人（1人兼任常务副主任），管委会副主任8人，挂职副主任2人，党工委委员1人。

（连云港经济技术开发区管委会）

上海漕河泾新兴技术开发区

【经济发展】 2010年，上海漕河泾新兴技术开发区（以下简称漕河泾开发区）实现销售收入2188.9亿元，同比增长14.1%，其中第三产业收入809.7亿元，同比增长40.4%，第三产业占比上升至36.9%；工业总产值1253.1亿元，与2009年持平；地区生产总值（GDP）670.3亿元，同比增长15.8%，其中工业增加值360.9亿元，同比增长0.2%，第三产业增加值308.5亿元，同比增长40.5%；税收收入57.9亿元，同比增长23.3%；进出口总额180.3亿美元，同比增长1.9%。

2010年，漕河泾开发区获批"国家新型工业化产业示范基地"。在商务部国家级经济技术开发区的投资环境综合评价体系中，漕河泾开发区位列第八，其中发展与效率指数蝉联第一。在首次开展的上海市56家开发区综合评价中，漕河泾开发区综合发展总指数排名第一，四个分项指数中，资源利用、创新发展、投资环境三项分指数排名第一，产业发展分指数排名第三。此外，还被评为"上海市企业服务优秀园区"，"上海品牌园区"年内也再次经复评通过。

【投资环境】 2010年是漕河泾开发区“服务年”，继续坚持“以企业为本”的服务宗旨，以客户需求为导向，以创建“国家生态工业示范园区”为抓手，不断推进环境改善，创新服务方式，提升服务质量，推动区域经济朝着“高端产业，低碳发展”的节能高效方向迈进。一是进一步加强区区合作，为企业发展创造良好的服务环境。包括开展政策咨询讲座、警企座谈会；推动医疗服务进园区，共建医疗保健平台；与徐汇区政府、虹梅街道共建开发区实验小学，解决区内企业员工子女上学问题；围绕宣传世博，开展以“节能减排、低碳环保”为主题的系列活动；围绕产业发展组织各类研讨会和论坛，如“2010中国汽车安全系统技术与应用高峰论坛”、“中国民营科技企业发展高峰论坛”、“新能源产业发展高峰论坛”等；充分利用公共服务平台进一步为企业提供服务，帮助区内企业解决在人才引进、融资发展、扩建选址、政策落实、户口、劳资纠纷、设备通关、商检质检、政务咨询等方面的困难。积极协调地方政府有关部门帮助企业处理劳资纠纷。

此外，启动“漕河泾开发区服务平台”筹建工作，研究形成《漕河泾服务平台建设方案》、《漕河泾开发区服务战略五年规划》等文件，为下一步建立服务平台及“客户服务中心”打下基础。

二是按照“一带、三圈、五点”开发区商业布局规划，进一步完善园区配套项目建设。对密集度较高的小区配备银行、便利店、咖啡店等必备业态，对集聚区总部区等重点小区进行延伸业态配备，新引进招商银行、上岛咖啡、新食尚等项目，与公共餐厅形成互补，初步形成商业配套集聚的规模效应；绿洲商务会所二期实现整体开业，会所经营服务功能得到进一步完善和扩展；开发区“一卡通”扩展至55个商业网点联网运行。

三是整合各方资源，加快建设人才高地。人力资源公司继续做好人事代理、人员派遣、猎头服务、企业登记代理和人才培训等多元服务，新拓展人事快递、人事调解等特色服务，在复旦、交大等各高校举办校园招聘活动11场，区内554家企事业单位踊跃参会，推出1874个招聘岗位，计划招聘8685人，共收到求职简历10735份，取得良好社会反响；开发区人才网7月改版以来，访问量超过150万人（次），网上招聘会点击量超过23万人（次）；启动“国家级海外高层次人才创新创业基地”筹建工作，区内6人入选国家“千人计划”创新创业人才，新推荐2人申报国家“千人计划”，另推荐8人申报市“千人计划”；全面建设“漕河泾开发区双创培训服务平台”，漕河泾双创大讲堂共举办56场培训活动，累计657家企业、3016人（次）参加；通过举办“人力资源沙龙”等活动，搭建区内企业人事经理信息交流互动网络；与交大联手打造“漕河泾开发区高级金融人才培训基地”，开展2次金融专题讲座，全力打造漕河泾开发区金融人才集聚高地。

四是继续大力开展“三大园区”建设。双优园区建设方面，2010年初编制完成《国家生态工业示范园区建设规划》，9月获国家环保部、商务部、科技部批复同意，创建国家生态工业示范园区推进委员会同期成立，并于11月30日召开首次会议。此外，在区内大力开展节能环保宣传工作，集中完成一批低碳、节能、环保建设项目，重点推进贝岭等企业实施清洁生产审计，落实捷普、先进、3M、安普等企业开展节能减排技术改造，据单位统计共节约能源折合标煤约5000吨。与此同时，积极落实《环境改进两年行动计划》项目，完成蒲汇塘、上澳塘和高门泾等河道整治，完成电梯、玻璃镀膜、LED灯等一批节能改进项目，搬迁桂菁路垃圾房等建筑，贯通上澳塘、桂菁路沿线绿地，园区环境进一步改善。

数字园区建设方面，持续做好ERP维护工作，完成开发区门户网及人才网改版；加强园区网络基础设施建设，开通公共区域无线覆盖，新一代城市光网覆盖基本到位，完成31幢楼宇光纤进楼到户的接入；加快推进平安园区建设，完成区内17个路口、75根车道高清智能监控系统建设；开展智能停车引导系统和办公大楼智能化建设。

国际园区建设方面，以世博会为契机，进一步加强与国际姐妹园区交流，加强与以色列、加拿大、乌克兰的技术转移与创新合作，“中俄乌科技园”已有10个项目入驻创业中心，其中2个项目获得国家科技部专项资金支持，2个项目将成立企业并落户开发区。物业公司进一步深化与英国莱坊在浦江地铁广场项目的合作，倾力打造具有国际水准的高端项目典范；华美达新园酒店9月升级全新开业，成为华美达国际首家在运营期内成功实现品牌升级的酒店，继续保持“亚太首席”的殊荣，并荣膺温德姆国际酒店集团旗下仅5席的“2010年度全球最佳进步酒店”称号；保华万丽五星级酒店建设项目进展顺利，将为国际园区提供高端服务配套。

【招商引资】 2010年，漕河泾开发区着力实施“大招商”战略，统筹本部、浦江、松江、海宁、盐城等区域，发挥联动效应，加快引进高品质项目，“一五一”产业（即电子信息支柱产业，已形成的新材料、生物医药、航空航天和正在形成中的汽车研发配套、环保新能源五大重点产业，以及现代服务业支撑产业）格局进一步形成。

本部区域全年新引进项目362个，其中外资项目49个；新批准设立外商投资企业32家，新增合同外资2.5亿美元。新引进20个国内外重大项目，项目质量显著提升。如：沃尔玛、甲骨文软件、富士康科技、泰森集团、泰克科技、泰科电子、标致雪铁龙、思科视频技术、柯惠等世界500强企业9家；美光半导体、英维思科技、艾利、都富集团、捷普科技等美国500强企业5家；以及研祥智能、金煤集团、瀚洋船舶、华创证券、上海市知识产权交易中心、淘米网络等国内知名企业6家。

浦江高科技园2010年新引进项目50个，新增内资注册资本1.45亿元，外资注册资本1.76亿美元，项目注册率及科技含量均有提升。目前国内唯一以建筑智能化为主业的上市公司延华智能、世界500强——百事公司亚洲研发中心等一大批优质项目落户浦江。截至2010年底，浦江高科技园累计引进注册企业154家，总投资额17.73亿美元，园区先进制造业占闵行区工业比重已达23%。

松江高科技园新引进欧亚电气、联合路桥工程、海希工业通讯设备等近70个项目。

海宁分区启动后第1年即取得招商突破，成功引进宝捷机电、蓝晶科技、永大电气、丰源集团等多家高科技企业。其中，由法国博旭瓦集团投资的宝捷公司成为海宁首家纯欧美外资高科技企业，也是海宁首家采用度身定制模式的项目。

【创新创业服务体系】 2010年，漕河泾开发区“聚焦企业、聚焦服务”，进一步加大构筑“双创”服务体系和扶持自主创新力度，加快创新型科技产业园区建设。一是完善“双创基地”建设。孵化联盟现有7家成员单位，在孵企业360家；大学生创业创新园入驻企业82家，入驻率100%，被认定为“大学生科技创业见习基地”，并成为“中国青年创业国际计划（YBC）上海服务站”，累计引进科技苗圃项目50个，其中39个项目成功转化，转化率78%；浦江双创园累计引进企业100家；开发区软件园获评“2009—2010年中国软件和信息服务业年度优秀服务机构”，成为上海唯一获此殊荣的软件园区。

二是加强“双创超市”建设。初步形成包括企业辅导、项目申报、人事人才、企业融资、国际合作等16个服务模块约600项服务的“双创服务超市”，涵盖从预孵化企业、在孵企业、加速企业到规模企业等各个发展阶段的企业。同时，以获批上海市科技企业加速器建设试点单位为抓手，完善拟上市重点企业服务平台，围绕高成长企业提供全方位增值服务。目前申报入驻加速器的企业20家，年销售额超过6亿元，销售和利润增长率均超过30%。同时还成立松江创新创业园，进一步拓展延伸“双创”服务。

三是优化开发区投融资环境，多渠道帮助中小企业解决融资难问题。中小企业融资平台贷款规模增至1亿元，8家企业获批信用贷款2660万元；与上海银监局、徐汇区政府等联合主办"送金融服务进园区"活动，45个项目签约，授信金额33亿元；协调多家银行为8家企业提供贷款6525万元；与专业机构合作，对拟上市重点企业开展个性化辅导服务，开发区现有拟上市企业38家。

四是依托大张江资金，加强开发区自主创新能力和环境建设。专项资金重点支持高科技项目引进、生态工业园建设、创新创业培训服务、中介咨询服务、中小企业融资平台及大学生创业园建设。2010年度共申报项目19个，获批市级资金3983.5万元。其中，松江高科技园首次参与，获批612万元。

五是大力推动高新技术企业、技术先进型服务企业以及软件和信息技术服务重点出口企业认定工作。截至2010年底，漕河泾开发区内经认定的高新技术企业238家，占全市总数的7.64%；经认定的技术先进型服务企业17家，占全市总数的8%。经认定的软件和信息技术服务重点出口企业4家，占全市总数的17%。

六是推进公共设备和技术共享服务平台建设。汇集中国上海测试中心、微特检测、航空无线电电子研究所、大唐移动等企业资源，仪器共享服务平台加盟单位增至17家，共享仪器增至282台，服务次数1626次，服务金额965万元，有效提高了仪器设备利用效率，降低了中小企业研发成本。

七是积极争取政府资金支持，全面推进服务外包示范区和知识产权试点园区建设。推荐龙旗、理光等14家企业申报录用人才培训费和国际认证费等专项资金364万元；先后培训软件测试工程师、嵌入式软件工程师等各类服务外包人才656人（次），认证考试通过率78.3%。2009年区内企业专利申请量1072件，同比增加56.5%，累计专利申请量4756件；落实2009年度知识产权重点企业专项资助，完成知识产权信息服务平台建设，为区内企业提供良好的知识产权保护环境。

八是深入开展科技政策调研。首次编制完成开发区《2009年科技发展报告》及新一轮《创新创业三年行动计划》（2011~2013年）、《漕河泾开发区金融集聚区建设研究》等研究报告，为开发区转型发展、进一步完善科技服务功能、建设金融集聚区奠定了基础。

（上海漕河泾新兴技术开发区发展总公司）

福州经济技术开发区

【概况】 福州经济技术开发区（以下简称福州开发区）地处东南沿海、闽江下游北岸，距闽江口17海里，是福建省的重要商港、福州的水上门户。东南临江与长乐市隔江相望，东北毗邻连江县琯头镇，西与晋安区鼓岭乡接壤，地势西北高东南低。总面积275.6平方公里（其中开发区面积23平方公里）。辖1个经济区、3个镇、1个街道，户籍人口16.51万人。

福州开发区淡水资源丰富，建有库容1825万立方米的白眉水库，有日供水12万吨和日供水2.5万吨的自来水厂各1座。建有220千伏变电站2座，容量600兆瓦，其中220千伏鼓山变电站为全省唯一枢纽变电站。区内还建有110千伏变电站4座，容量为189

兆瓦。建有燃气混气站一座，日提供LPG混合气6万立方米，主干管压力2千克/平方厘米，配套管网遍布科技园区主要干道，可提供各种工业气体。

区内列入国家级文物保护单位2处，省级文物保护单位3处，市级文物保护单位9处，区级文物保护单位66处。开辟的旅游景点主要有中国船政文化博物馆、中法马江海战纪念馆、罗星塔公园，旅游线路主要有：船政文化游、“两马”（马尾、马祖）亲情游。

【生态环保】 率先创建国家生态工业园区，推进ISO14001区域环境管理体系持续稳定运行，推广低碳经济、绿色经济，二氧化硫排放量累计削减22.95%，化学需氧量累计削减10.1%。建成区绿化覆盖率40.31%，森林覆盖率62.25%，空气质量保持在优良水平，饮用水源水质达标率100%，被评为全国绿化模范区。

【土地利用】 推动上润二期、东南造船、万德电机等技改项目的建设，加大琅岐闽江大桥等项目的促批促建力度。福州水产品批发市场一期投入使用，中铝瑞闽高精铝板带、上润智能执行器等项目也竣工投产，琅岐闽江大桥、东部战略通道之沿山、沿江路等项目相继开工建设。围绕“推动马尾由单一的经济技术开发区向新市区转变，着力打造宜居宜业的新城区”最新发展定位，制定了市政提升、快安城市综合体、马尾科技文化中心、马尾公交客运中心、天马山体育公园、船政文化创意、亲水绿化、危旧房及景观改造、企业总部建筑群等“十大工程”建设。

【产业发展】 全区生产总值230.77亿元，增长13.3%；财政收入32.2亿元，增长23.1%，地方财政收入19.2亿元，增长26.7%；固定资产投资119.37亿元，增长45.6%；人均地区生产总值96155元；城市居民人均可支配收入26610元，增长12.3%；农民人均纯收入11831元，增长12%。

【招商引资与利用内外资】 新增对外贸易经营权企业25家，70家企业获得外贸扶持奖励1900万元，29家企业列入首批跨境贸易人民币结算试点。对外贸易实现恢复性增长，完成出口总值22.6亿美元，增长33.4%，其中机电、高新技术产品出口增长38.2%。出口加工区拓展保税物流成效凸显，完成进出口货值8.3亿美元。全年新增合同利用外资2.24亿美元，增长3.64倍，实际利用外资2.55亿美元，增长62.6%。按照一类口岸标准全面改造福州港客运站，开通两岸邮件专船，马尾港成为台湾活鱼搬运直航港口。马尾至台湾本岛海上货运航线实现常态化，“两马”航线运营1440航次、往返人员6万多人（次）。

【科技创新与重点企业】 全区完成工业总产值597.5亿元，增长18.2%，其中规模以上工业产值593.6亿元，增长18.7%。上市企业累计融资60亿元，上市企业成为经济发展的第一拉动力。企业自主创新能力增强，“国家创新型企业”新大陆成功研制全球第一颗二维码解码芯片，伊时代创建福州首个企业“院士工作站”，三澳数字播控系统等17个项目入选国家火炬计划或省自主创新产品，数字家居智能终端等7个项目获科技型中小企业创新基金扶持。创新成果加速转化，生物医药纳米制剂等60个项目成功对接。城区工业整合、技改提升步伐加快，中铝瑞闽高精铝板带、华映切裂罐等19个项目竣工投产，东亿食品、福龙生物等20家企业实施搬迁改造，东南造船、力鼎动力等21家企业通过技术改造，实现了产品结构调整优化和规模扩张。

【社会事业与文化建设】 全年新增城镇就业8200人，转移农村富余劳动力2100人。企业退休人员养老金、城镇居民基本医疗保险、城乡最低生活保障标准持续提高，城乡居民社会养老保险全面启动。新建保障性住房345套。增设社区居家养老服务站8个，全区56位孤寡老人享受免费家政服务。率先免费为农民办理新型农村合作医疗，农民参合率达98.5%。全面推进城镇居民基本医疗保险，参保率达95%。

精心打造船政文化品牌，船政遗址群成为国家国防教育示范基地。船政文化对台交流系列活动列入国台办2010年重点交流项目，成功举办“船政文化入台展”、“船政文化论坛”、“少年儿童体育夏令营”等活动。城区有线电视数字化整体转换基本实现。人口计生工作水平进一步提高，获“全国优质服务先进区”称号，新建或改造农家书屋17个、省级农民健身工程项目6个、乡镇农民体育健身活动中心2个。竞技体育不断发展，全民健身网络初步形成。

（福州经济技术开发区管委会）

广州经济技术开发区

【经济发展】 广州开发区由广州经济技术开发区、广州高新技术产业开发区、广州出口加工区、广州保税区4个国家级经济功能区组成。2010年，广州开发区实现地区生产总值1617.83亿元，同比增长18.6%，比2005年增长1.46倍，“十一五”期间（下同）年均增长19.4%；工业总产值4227.52亿元，同比增长21.26%，比2005年增长1.63倍，年均增长21.32%；财税总收入388.56亿元，同比增长24.78%，比2005年增长1.48倍，年均增长19.91%；实际利用外资12.26亿美元，同比增长5.23%；出口总额136.77亿美元，同比增长33.26%；完成固定资产投资317.81亿元，同比增长20.12%，其中财政基础设施投资107.41亿元，同比增长6.11%；“十一五”期间累计完成基础设施投资386.87亿元，是“十五”期间的2.36倍。

【投资环境】 2010年，广州开发区全面实施《广州国家级开发区创新发展模式改革试验总体方案》，围绕重点领域制定《创新发展模式三年行动计划》，推动体制机制创新。积极推进《广州开发区行政事业性收费综合改革试点方案》取得阶段性成果。开展区融资体制改革，探索新融资平台建设。开展学习借鉴新加坡成功发展经验专题研究，在城市规划、生态建设、社会管理、知识经济等方面推动研究成果向政策措施转化。推行模块化、精细化管理，提高质量体系运行效能，着力优化工作要素，提高工作效率。完成全区行政审批、备案事项的清理工作，总精简率达到56.51%。提高行政审批效率，对48项审批事项缩减时限297个工作日，平均减少6.39个工作日。不断加深与企业的联系沟通，深化区六大支柱行业协会作用，完善“企业网”功能，组建企业信息员队伍，组织区自主创新企业产品展。进一步完善用地项目评审机制，优化招商奖励机制。理顺国有资产管理权限，经营性国企经营效益明显增长。

【产业发展】 2010年，广州开发区三次产业结构为0:73.99:26.01，第三产业比重比2009年提高近1个百分点。其中：第二产业实现增加值1197.1亿元，增长16.85%；第三产业实现增加值420.73亿元，同比增长24.27%，比全区GDP和第二产业增加值增速分别高出5.67个和7.42个百分点。

2010年，全区实现工业总产值4227.52亿元，增长21.26%，全年新增工业总产值789.73亿元。其中，重工业完成工业总产值2507.06亿元，增长30.35%；轻工业完成工业总产值1720.47亿元，增长9.68%；重工业增速比轻工业高出20.67个百分点。轻重工业的比重由2009年的45.22∶54.78调整为40.7∶59.3，重工业比重比2009年提高4.52个百分点。

【重大产业基地和项目建设】 2010年，广州开发区被批准成为“国家新型工业产业化（工业设计）示范基地”、“国家现代服务业产业化基地”、“广东省新一代通信设备和终端制造产业基地”、“物联网产业基地”、“平板显示产业基地”、“广州市信息化和工业化融合示范区”。国家级产业基地累计达到13个。LG8.5代液晶面板项目获得国家核准。金发科技等20个项目入选“广东省现代产业500强”，威创等30家企业入选“广州战略性新兴产业重点企业”。新增世界500强投资项目4个。“一企一策”扶持的29家企业合计产值占全区37%，增速高于全区工业总产值增速8个百分点；出口总额占全区49%，增速高于全区出口增速19个百分点。克服亚运限制施工影响，全年共筹建企业240家，顺利实现企业投产91家，试产19家，开工筹建企业76家，签订土地合同企业54家。广州科学城科技企业加速器一期11万平方米已建成，一批优质项目已进驻，二、三、四期工程已动工建设。顺利推进广州国际生物岛13万平方米标准产业二、三单元建设，全面展开招商引资工作，储备了一批高端项目。

2010年，广州科学城完成基础设施建设投资53.62亿元，增长10.46%，截至2010年底，累计完成基础设施投资320.9亿元；广州国际生物岛完成基础设施建设投资4.85亿元，下降21.14%，截至2010年底，累计完成基础设施投资23.54亿元。2010年，萝岗中心区建设配套工程完成投资18.72亿元；广州国际体育演艺中心建设完成投资14.75亿元；汽车产业基地（永和）基础设施完成投资4.98亿元；九龙大道改造工程投入1.69亿元；东区道路工程投入1.06亿元。工业投资项目中投资超亿元的企业达到了25家。排名前三位的分别是电子及通信设备制造业、交通运输设备制造业、化学原料及化学制品制造业，分别完成投资32.76亿、25.35亿和12.72亿元，各占工业项目投资总额25.47%、19.71%和9.88%。

【招商引资与利用内外资】 2010年，全区新批外商直接投资项目99个，合同利用外资12.96亿美元，下降35.72%；实际使用外资12.26亿美元，增长5.23%，占广州市实际使用外资的30.8%。当年新引进投资总额1000万美元以上的项目55个、3000万美元以上的项目27个、5000万美元以上的项目16个。截至2010年底，共引进世界500强企业105家。2010年，全区共引进第二产业项目34个，合同利用外资7.3亿美元，下降58.3%；第三产业项目64个，合同利用外资5.65亿美元，增长6.9%，其中租赁和商务服务业占14.31%，批发和零售业占17.08%，科学研究、技术服务和地质勘查业占13.21%，信息传输、计算机服务和软件业占8.49%，交通运输、仓储和邮政业占0.57%。

2010年，全区完成固定资产投资317.81亿元，增长20.12%，其中基础（公共）设施投资107.41亿元，增长6.11%。从产业投向看，第二产业完成投资128.88亿元，增长17.14%，其中工业项目投资128.62亿元，增长17.57%；第三产业投资188.93亿元，增长22.24%，比全区固定资产投资增速高出2.12个百分点，第二、三产业投资额的比例从2009年的41.58∶58.42调整为40.55∶59.45。从投资主体看，国有经济投资167.02亿元，增长20.7%；民间投资47.05亿元，下降1.94%；港澳台地区、外商经济投资103.74亿元，增长32.59%。

【社会事业】 2010年，广州开发区、萝岗区创建全国文明城市工作取得显著成绩，顺利通过“国检”，在2010年广州市开展的8次公共文明指数测评中4次获得第一，总评成绩在全市各区排名第一。“三旧”改造工程全面启动，实施区领导包干推进23个社区（村）的“三旧”改造。全年区财政投入民生支出104亿元，较2009年实际支出增长30%。制定1.8亿元的财政扶持政策，推动笔岗社区率先纳入全市“三旧”改造计划。开展第六次人口普查，人口计生工作得到提升，被授予

“全国计划生育优质服务先进单位”荣誉称号。开展扶弱助残活动，被评为“全国残疾人社区康复示范区”。夏港街成为广州市首批唯一通过“全国安全社区”考评验收的街道。

教育文化体育方面，2010年，广州开发区、萝岗区本级财政对教育投入4.29亿元，比2009年同期增长9.34%。截至2010年底，广州开发区、萝岗区共有小学27所，在校学生16819人，普通中学13所，在校学生14568人，其中普通高中在校学生3635人。全区共有幼儿园29所，幼儿园在园人数6795人，幼儿教师326人。全区有省一级学校7所、市一级学校65所、区一级学校25所，中小学校专任教师2392人。承办广州亚运会篮球赛事，成立广州国际体育演艺中心团队、广州国际体育演艺中心场馆外围保障团队，在广州国际体育演艺中心举行亚运篮球赛21场，国内外13支运动员队伍参赛，吸引观众29.4万人次。举办包括亚运主题活动在内的大型广场综艺演出26场，组织开展“第三届萝岗香雪文化旅游节暨工业科技旅游节”、“2010广州国际女子网球公开赛”等文化体育活动。“NBA季前赛”、“湖南卫视跨年演唱会”等有影响力的体育文化娱乐活动在广州国际体育演艺中心举行。创新开展“社区大讲堂”活动，组织6期家长培训，参与居民达到2850余人。2010年签约新加坡南洋理工大学知识城创新基地、新加坡国立大学管理学院广州知识城知识经济研发培训基地、知识城国际教育合作项目、知识城华侨中学合作项目等4个教育项目。区第三次全国文物普查实地调查阶段工作顺利通过省验收。区选送《局长家事》、《传》2个节目分获中国第九届艺术节戏剧类、舞蹈类“群星奖”。香雪女声合唱团参加2010年第六届世界合唱比赛锦标赛突破性获得民谣组别金奖和女声组别银奖。

卫生方面，截至2010年底，广州开发区、萝岗区有各类卫生机构125个、卫生技术人员1530人。2010年，区实施社区（农村）卫生机构一体化管理，建立村（居）卫生站经费保障机制，启动全科医师规范化培训。首创为村卫生站核定编制，核定每个村卫生站编制2人，纳入镇医院统一管理。实施村（居）卫生站减免收费，年均门诊每人次减免4.65元。笔村、火村和萝岗社区卫生服务站在社区集体经济的资助下，其居民基本实现免费看病。完成九龙镇乡村医生分流补贴工作，82人领取分流补贴203.76万元。全区新农合参合率达到99.99%，新农合筹资每人每年340元。2010年获得新农合补偿的群众129344人次，受惠率达95.8%，平均每个住院病人报销3423.32元，平均住院实际报销比例为43.19%。住院报销最高封顶额从2009年的5万元提高到10万元。全区在建卫生项目5项，萝岗中心医院完成主体工程和室外装饰工程，急诊、门诊楼交付使用。区中医医院、红十字会医院部分投入使用，妇幼保健所、永和社区卫生服务中心主体工程完成。萝岗街、永和街成功创建“一星级卫生街道”，夏港街成功创建“二星级卫生街道”。

劳动就业和社会保障方面，2010年，全年区财政投入民生支出104亿元，较2009年实际支出增长30%。全区城镇登记失业人员再就业率达72.81%，特困失业人员和零就业家庭就业率达100%。共开发岗位53503个，成功推荐17620人就业，其中户籍人员6475人。举办招聘会78场，进场求职人数129469人，达成意向和现场录用15160人。建立起5个市级创业示范基地，新增自主创业人员486户，带动就业1289人。完成户籍人员职业技能培训24592人，企业转岗培训25508人，外来务工人员岗前培训49233人。外省农村劳动力职业技能培训10082人，本省农村劳动力“双转移”职业技能培训8320人。全区户籍人员参加城镇老年居民养老保险1053人，医疗保险13760人，农转居养老保险15069人，新农保19451人，九龙镇领取老年生活津贴村民6253人。城镇和农村低保救济标准分别提高到410元和335元，农村散居五保供养标准达469元/月，其他相关救济标准同步增长，均达全市各区最高水平。启动7个社区家庭服务中心建设，首家由专业社工参与建设的社区家庭服务中心“联和一家”正式投入运营。永和街新庄社区等10个社区顺利通过省第四批“六好”平安和谐社区验收。

【机构设置与管委会领导】 广州开发区党工委、管委会设纪律检查工作委员会、工委办公室、组织部、宣传部、政策研究室、发展和改革局、经济发展和科技局、规划局、财政局、劳动和社会保障局、建设和环境管理局、保税业务管理局、企业建设局、国有资产监督管理办公室等职能机构。

2010年，广州开发区领导成员为：党工委书记、管委会主任薛晓峰、凌伟宪，党工委副书记石奇珠、陈小华，管委会副主任石奇珠、郑锡雄、蔡刚强、李红卫、郭粤明、崔新宇，秘书长崔新宇、王春华，中共广州开发区纪工委书记赵春华。

（广州经济技术开发区管委会）

湛江经济技术开发区

【经济发展】 2010年1月，湛江经济技术开发区（以下简称湛江开发区）经广东省编委批准，和广东省东海岛经济开发试验区（以下简称东海岛试验区）正式进行机构整合，实行一套人马、两个牌子，管辖面积354平方公里，是中国目前管辖区域最大的国家级经济技术开发区之一，其中建成区（原湛江开发区）处于湛江市区中心，面积9.2平方公里，东海岛发展区（原东海岛试验区）处于湛江市区东南方，面积344.8平方公里。现湛江开发区下辖4个镇、2个街道办，人口25万人。2010年，全区生产总值132.7亿元，比2009年增长14.9%，增速居全市第二；工业总产值189.4亿元，同比增长30.4%。地方财政一般预算收入7.1亿元，同比增长25.5%，总量居全市第一；固定资产投资92.98亿元，同比增长48.2%；实际利用外资1160万美元，同比增长15.3%。

【投资环境】 两区整合后，湛江开发区的区位优势更加明显。拥有海岸线148.9公里，其中可建码头岸线37公里，水深26～44米，航道距岸仅200～300米，进港航道宽2公里，能同时通航两对30万吨级货轮或进出50万吨级油轮。可依托区位优势和深水良港发展临港重化工业、海洋经济产业和海岛旅游业。建成区和东海岛发展区的基础设施建设不断完善。全年投入基础设施建设资金8亿元。建成区已形成较为完整的供水和排水系统，用电设施可满足远期发展需要，电信服务设施俱全，部分区域已有管道供气网络，功能设施建设已基本完成，现代化中心城区雏形初具。东海岛发展区通往湛江市区已有一条贯岛公路呈东西向穿越规划区，东海港区与湛江港区水域相连，水上交通非常便利。岛上正在加快各项基础设施建设，主干道路、管网、供水、供电及污水处理等项目工程已全面启动。

【产业发展】 两区整合后，湛江开发区大力调整产业布局，开创了产业发展新的局面。在建成区，重点发展第三产业，着力打造湛江中央商务区。充分利用“三旧”改造政策，引导建成区冠豪、双林药业等8家企业相继外迁东海岛，为第三产业腾出发展空间。出台《湛江经济技术开发区第三产业发展奖励暂行办法》，大力吸引金融、商贸、物流等企业，发展总部经济。新建的祺祥大厦、城市尚品、银隆广场等一批高端商务写字楼和酒店相继竣工。龙潮、霞海等“城中村”与开发商签订了开发改造协议。在东海岛，重点发展临港重化工业和滨海旅游业。一是钢铁、炼化两大项目有效推进。炼化项目已获国家发改委正式核准。1000万吨广钢环保迁建项目已获省发改委核准，可动工建设。投入14.1亿元用于钢铁、炼化两大项目的征地拆迁和补偿安置工作，已完成征地46691亩，搬迁近2万人。其中钢铁项目的征地拆迁工作已完成，主厂区场平工作已完成99%。炼化项目主厂区需搬4个村庄，已完成3个村的征地拆迁任务，钢铁项目安置小区按计划稳步推进。钢铁项目排污工程和重件码头已建成。二是加快基础建设步伐，为重大项目打造支撑载体。东海岛跨海大桥建成通车；海岛通用杂货码头、疏港公路、鉴江引水工程、东简污水处理厂等配套工程已动工建设。利用东海岛开发投资公司等融资平台进行融资，全年融资8亿元，用于推进东海岛水、电、路、管网和通讯等基础设施及外围配套设施的规划、建设。三是旅游经济发展迅速。依托龙海天中国第一长滩和硇洲岛等旅游资源发展滨海旅游产业，已建成龟头生态渔村等项目。成功举办了“东海岛人龙沙雕旅游文化节”；承办了“第三十七届世界旅游小姐总决赛采风活动”。全年共接待游客约200多万人次，旅游综合收入11亿多元。

【招商引资】 充分运用5亿元扶持资金大力推进广州（湛江）工业产业转移工业园建设，以转移园为平台进行招商引资，2010年引进中电投、LPG、冠豪高新、LNG、华润等项目21个，总投资额200多亿元，引进项目和投资额均创历年新高。

【科技创新和重点企业】 争取各级技改扶持资金380万元，有效支持区内重点企业挖潜技改，实现产业升级。申报省级科技计划项目18个，4个项目获立项，4家企业通过高新技术企业认定。新增4家研发中心，申请专利59件，同比增长27.5%，专利授权量42件，同比增长19.4%。全年高新技术产业产值达59.8亿元，同比增长15%，成功晋级为省级高新技术产业开发区。

【社会事业与文化建设】 建立起区、镇（街）综治信访维稳中心，形成以政法部门为核心，其他部门密切配合的联动机制。

民生工程长足发展。全年投入民生保障资金3.73亿元，同比增长41.1%。城乡居民基本医疗保险参加人数达20.1万人，参保率98.5%。全区4802名低保对象、795名抚恤对象、1708名五保人员（含孤儿261人），全部实现应保尽保。投入1536.5万元，完成43.9公里农村公路改造，实现村村通硬底化公路。投入3840万元，实施饮水解困工程，惠及东海岛21万群众。免费培训农村劳动力6370人，推荐就业1458人，城镇新增就业7496人，再就业1783人，农村劳动力转移就业10172人。

教育文化事业进一步发展。全年落实免费义务教育经费1331万元、农村校舍维修改造经费327万元。重新规划和调整中小学布局，进行了中学校长及中层领导竞争上岗。高中普及率达87.1%，高考上线率达56.3%。建成社区（农村）综合文化活动室16个、生态文明村103个、湛江最美的村庄15个。

【人才建设】 两区顺利实现整合，按大部制的要求，实行“一套人马，两块牌子”的管理模式，将两区原有40多个职能局整合为16个，继续保持开发区精简、高效的管理机制。强化对党员干部教育培训，选派375名干部到清华大学、市党校培训学习。实施人才强区战略，引进100多名区亟需的专业人才。出台开发区目标管理绩效考评实施细则和公务员年度考核细则，实行公务员工资体系向绩效工资体系过渡。

【机构设置与管委会领导】 湛江开发区区党委、管委会下设党政办、纪委（监察局）、组织部、政法委、发改和招商局、经贸和科技局、机关事务局、教育局、住房和规划建设局、财政局、农业局、旅游局、安监局、人口和社会局、城市管理局、交通局等16个部门。

湛江开发区党委书记、管委会主任为陈昊；另设区党委副书记3名（其中1名兼政法委书记、1名兼管委会常务副主任）；区党委委员、管委副主任6名；区党委委员5名。

（湛江经济技术开发区管委会）

温州经济技术开发区

【经济发展】 2010年，温州经济技术开发区（以下简称温州开发区）实现地区生产总值150亿元，同比增长10.9%；工业总产值416.7亿元，同比增长29%；工业增加值103.82亿元，同比增长15.1%；财政收入20.6亿元，同比增长15.7%；全社会固定资产投资44.02亿元，同比增长22.23%，其中工业性投资31.73亿元，同比增长47.43%；全区共有工业企业650家、规模以上企业254家，有产值超亿元企业88家、超5亿元企业10家、超10亿元企业4家、超20亿元企业1家。

【招商引资】 2010年，温州开发区坚持大项目招商和新兴产业招商，招商引资取得新成果。全年工业供地3992亩，共引进项目58个，包括中光科技、环科电子、格鲁斯特生物制药等一批新兴战略性产业项目。加快推进企业项目落地、进场、竣工、投产、达产等“五个一批”项目建设，正泰集团太阳能等8家企业集体进场，中光科技（高新园）等6家企业集体投产，27个在建项目基本结顶，38家应投产项目顺利投产。状蒲园区蓝江软件园顺利开园，温州市亿兆小额贷款公司揭牌营业。全年进出口总额实现13.06亿美元，同比增长28.1%；实际利用外资0.25亿元，同比增长30.2%。

【科技创新】 2010年，温州开发区深化科技创新政策引导，企业科技创新能力增强。全区区级以上高新技术企业共98家，其中高新技术企业32家，省级研发中心20家、市级研发中心27家、区级研发中心57家。新认定高新技术企业3家、省级创新型企业示范单位1家、省级创新型企业试点单位3家、省级科技型企业4家、区科技型企业6家。新列入国家创新基金项目6个、国家重点新产品项目3个，市高技术产业化项目6个、市科技计划项目10个、市科技重大项目3个，创历史新高。

【基础设施建设】 2010年，温州开发区加大固定资产投入，基础设施建设取得新突破。编制高新园区总体规划、滨海园区控规、民科基地中心区城市设计等规划。全年工程建设投入19.8亿元，桥梁、道路、文体设施、污水处理等17项重点工程加快推进。民科基地丁山片累计造地7035亩，丁山“三纵五横”施工便道顺利进场，民科基地天成垦区启动政策处理。完成明珠路等重点示范道路改造提升，启动12个小游园、金海湖公园一期、滨海大道两侧绿化等工程建设。完成上江河综合整治、汤家桥河清淤、滨海园区10公里河道护岸、状蒲园区管网普查等工程。完成滨海大道二期交通设施改造，雁荡西路人行道、高新园区、括苍西路交通改造等工程，新增状蒲园区停车泊位180余个。推进第三污水处理厂、污泥发电、中水回用等工程前期工作，完工一批商务办公楼、科技城研发总部和科技创新大楼等项目。启动上江村、汤家桥村旧村改造工作。

【社会事业】 2010年，温州开发区扎实推进社会事业建设，民生和谐取得新成效。开发区第一幼儿园9月开学，滨海学校秋季扩招。平安创建以满分通过省平安综治考核组验收。21家企业通过安全生产示范企业创建验收，安全生产三项指标保持零增长。全区净增各类保险参保人员3500余人。创新推行计划生育利益导向机制。完成第六次人口普查。全区40家企业与贫困乡结对帮扶，落实帮扶资金122.5万元。引进各类人才2028人，其中50余名人才入选市人才库，2人入选省“151”人才工程，1人入选国家“千人计划”。

【管理与服务】 2010年，温州开发区加大机构改革，服务效能提升。建立开发区行政服务中心，推进投资项目代办工作，全年完成25家企业手续代办。建立“一网式”审批模式，投资项目审批流程减少51个工作日，行政效能提速29.5%。组织实施“产业升级争示范”、“服务平台争典型”、“重点工程争先锋”、“岗位奉献争标兵”等“八争行动”。公开考录45名工作人员和教师。改革机关事业单位临时用工制度，规范临时用工管理。

【机构设置与管委会领导】 温州开发区下设党委办、纪委（监察室）、总工会、团委等4个党群机构，管委办、审管办、高新办、经济发展局、安全生产监督管理局、招商局、规划建设局、人事劳动局、市政环保局、社会发展局、财政局、城市管理与行政执法局等13个行政机构，国税分局、地税分局、工商分局、社保分局、国土资源分局、质监分局、卫生监督所、开发区海关等8个派驻机构。新设立综治办，成立温州滨海新城投资集团有限公司政府投融资平台，基础设施投资公司更名为城建发展公司。

管委会领导成员为：开发区党委书记、管委会主任肖健雄，党委副书记、管委会副主任郑邦良，管委会副主任陈叶挺，开发区纪委书记许益尧，管委会副主任郑炳停，管委会副主任沈伟卿，管委会副主任宋金理，党委委员、经济发展局局长谢少乐。

（温州经济技术开发区管委会）

昆山经济技术开发区

【概况】 昆山经济技术开发区（以下简称昆山开发区）创建于1984年，1992年8月成为国家级经济技术开发区。截至2010年底，累计吸引44个国家和地区客商投资的1737个项目，其中投资总额超亿美元的项目44个，合同外资164.63亿美元，实际到账92.73亿美元，形成电子信息、光电显示、精密机械、装备制造、民生轻工五大主导产业和特色产业。“十一五”期间，全区主要经济指标保持年均20%以上的增幅。2001～2009年，商务部公布的全国国家级开发区投资环境综合评价排名中，昆山开发区连续9年位列前4名，成为昆山率先发展、科学发展、和谐发展的一面旗帜。

【经济发展】 2010年，昆山开发区实现地区生产总值1201.67亿元，比2009年增长24.5%。其中第一产业增加值完成1.05亿元；第二产业增加值完成979.71亿元，同比增长23%；第三产业增加值完成220.92亿元，同比增长32.3%。第一、二、三产业增加值占地区生产总值的比重分别为0.1%、81.5%和18.4%。财政收入稳步增长，全区实现全口径财政收入150.48亿元，地方一般预算收入52.7亿元，分别增长25.6%和23.5%。园区载体功能不断拓展。昆山开发区被评为“2010年移动互联网影响力产业基地”和“2010年中国笔记本电脑最佳产业基地”；昆山出口加工区经国务院批准转型为昆山综合保税区；昆山光电产业园被列为“国家新型工业化示范基地”；国家生态工业示范园区创建通过验收并不断深化；留学人员创业园成为江苏唯一一家国家科技服务标准化试点单位。增长方式优化效果明显。规模以上工业产值单位能耗明显下降，每亿千瓦时电产出达到80.9亿元，同比提高9.1亿元；规模以上工业企业万元产值综合能耗为0.0322吨标准煤，比2009年下降14.2%。

【工业经济】 全区全年完成工业产值4606.2亿元，同比增长22.7%。主导产业支撑明显。全区规模以上IT行业完成工业产值3284.67亿元，同比增长22.9%，占全区规模以上工业产值的比重为76.3%。交通运输、通用及专用设备制造业等主要行业发展良好，增幅均高于全区工业平均增幅，对全区工业生产的持续增长提供了强大支撑。新兴产业发展迅速。全区新兴产业实现产值996.54亿元，同比增长42.4%，占全市新兴产业产值的比重高达64.7%。其中，新型平板显示产业实现产值524.8亿元，新材料产业实现产值141.33亿元。主要产品增速稳定。全区笔记本电脑产量6723万台，同比增长10.8%。数码相机、液晶电视机和液晶显示面板的产量保持高速增长，累计产量分别达到1650万台、548万台和875万片，同比增速分别为5.5%、101.6%和51.9%，挖掘机和叉车产量分别为11611台和2084台，同比增速分别为106.6%和207.8%。

【招商引资】 仁宝增资6亿美元扩大产能、建设研发中心和区域总部，电子信息产业全球制造和研发能力进一步提升；东京电子、神州图骥、景智电子研发中心顺利落户，旭硝子、新世纪光电等项目全面开工建设，龙腾光电成为国内产能最大的面板厂商，康佳电子首台液晶电视整机正式下线，自主研发能力大幅提升，龙飞、太极等项目建设加快项目运作，昆山光电产业链进一步拉长并延伸到光电装备制造领域；捷安特总部、新材料自行车项目投入建设，自行车产业向高端挺进；三星电机顺利投产，实现笔记本、手机等产品核心部件的本地化供应；凸版彩晶、智捷绿能、乐凯胶片等一批龙头项目达成投资协议。全区主导产业产业链进一步完善。外资项目持续增长。全年新批建外商及港澳台地区投资企业95家，合同利用外资金额15.44亿美元，同比增长5%，实际使用外资金额8.73亿美元，其中新批外资超亿美元项目5家、增资超亿美元项目2家；欧美项目招商量质并举，全年新批欧美项目11个、增资项目11个，完成合同外资1.24亿美元。内资经济异军突起。内资注册资本快速增长，有力地改善开发区外重内轻的局面。2010年，昆山开发区新增内资企业1710家，同比增长28%，全年新增内资注册资本58.28亿元，同比增长20.3%，再创历史新高，其中注册资本超1000万元企业55家。2010年，内资企业实现营业收入628亿元，同比增长27.9%，占全区营业收入的比重为11.5%，同比提高2.6个百分点。

【对外贸易】 2010年昆山开发区出口总额居国家级开发区首位，对外贸易高位增长，全年完成进出口总额693.34亿美元，比2009年增长30%，其中出口总额464.88亿美元，同比增长27.3%。外资占据主导地位。全年三资企业出口额达462.66亿美元，占全区出口总量的99.5%；出口产品以机电产品为主，全年出口额398.47亿美元，占全部出口额的85.7%。龙头企业带动作用明显。全区共有出口企业722家，其中出口额超1000万美元企业141家，超1亿美元的35家，超亿美元企业累计出口总额420.11亿美元，占全部出口额的90.4%；仁宝信息技术等7家电子资讯类企业年出口额超过10亿美元；在进出口贸易中，昆山综合保税区龙头效应明显，占全部进出口总额的77.1%；昆山开发区进出口总额、出口总额和进口总额分别占昆山全市84.4%、87.2%和79.4%。

【城市发展】 全区固定资产投资连续6年超百亿元，2010年完成固定资产投资196.4亿元，同比增长21.7%，房地产继续领跑全区投资，全年完成固定资产投资56.04亿元，同比增长58.8%；工业投资持续增长，全年完成固定资产投资80.47亿元，同比增长3.4%；服务业投资快速增长，全年完成固定资产投资115.93亿元，同比增长39%。城市功能不断完善。国际会展中心、时代大厦等一批功能项目相继启用，中冶国际、隆祺酒店、农商行等重点项目加快运作实施，沪宁城际铁路配套道路地下空间、轨道交通等工程加快建设。全年累计新开工功能性项目250万平方米。市政道路、污水管网、绿化景观等基础设施建设全面展开，新增绿化面积130万平方米，新建和改造道路35公里，新建污水管网25公里。

【科技创新】 昆山开发区实施“亿元科技领军人才计划”，累计引进10名国家“千人计划”海外高层次人才，占昆山全市70%，引进博士团队10个，吸引留学人员102名。科技专项计划进展顺利。组织申报省级以上项目15类120个，新增国家重大科技专项1个，国家火炬计划、国家科技型中小企业技术创新基金等项目12个；新增省、市各级研发机构和工程技术研究中心26家、高新技术企业23家、江苏省高新技术产品73个；新批国家博士后科研工作站2家、院士工作站2家、国家大学生科技创业见习基地1家。创新载体建设取得突破。科技广场全面启用，留学人员创业园荣获“江苏省小企业创业示范基地”称号；成功组建“江苏省平板显示产业技术创新战略联盟”，搭建汽车零部件专利检索、工程技术文献检索、EDA设计、工业设计、电子信息检测等五大公共技术服务平台。

【第三产业】 昆山开发区2010年实现服务业增加值220.92亿元，同比增长32.3%。全年实现利税总额66.26亿元，其中利润总额37.69亿元，分别同比增长33.8%和36.4%。大型超市和汽车零售行业继续保持高幅增长态势，全区25家汽车4S店和二级汽车销售商实现销售27.36亿元，同比增长49.5%。消费品市场持续活跃，带动了传统服务行业的快速增长，批发零售、住宿餐饮等两大行业完成增加值76.79亿元，同比增长45.2%。新兴行业发展亮眼。计算机信息业和物流运输业分别实现增加值7.97亿元和17.83亿元，同比分别增长88.3%和36.9%，新兴行业占全区服务业增加值的比重从2009年的10.3%提高至11.7%，成为全区服务业发展新的增长点。

【民生事业】 2010年，全区实现村（社区）可支配收入8268万元，净效益3464万元，农民人均纯收入18189元，同比增长13.6%，发放农民创业小额贷款1605万元，惠及创业户189户。全年累计投入近20亿元用于民生改善工程和公共服务配套设施改善，蓬朗社区医疗服务中心、开发区高级中学图书馆、蓬朗小学艺体馆等项目的建设有序推进，蓬朗中学、玉山中学和蓬朗文体中心相继建成，青阳街道服务中心、蓬朗派出所、蓬莱社区活动中心建成并投入使用。和谐劳动关系园区创建有序推进，入围“国家劳动关系和谐工业园区评选”。

【党群工作】 2010年，区内新建党工组织106家，发展新党员181名，大力推进非公企业“影响力工程”和街道社区、机关党建品牌建设，制订并实施《非公党工干部岗位资格评审认证的实施意见》，全区823名非公企业党工干部持证上岗，外企党委被评为“江苏省先进基层党组织”，陈惠芬“融合工作法”在全省推广。扎实开展弱势群体关爱工作，“昆山祥和帮困基金会”揭牌运作，初次捐助340万元。深入开展党员关爱帮扶生活困难群众行动，全区98.2%的党员参与，募集“关爱基金”74.9万元。建立干部中长期培训规划，全年举办10期培训班，参学人数3400余人（次），干部队伍整体素质不断提高；全面加强党风廉政责任制建设，荣获“江苏省内审工作先进集体”称号。

（昆山经济技术开发区管委会）

营口经济技术开发区

【经济发展】 2010年，营口经济技术开发区（以下简称营口开发区）生产总值400亿元，同比增长（下同）31.6%。区属规模以上工业产值575亿元，增长34.3%。实际利用外资3亿美元，增长49.2%。出口创汇11亿美元，增长155.8%。区属固定资产投资320亿元，增长32.8%。社会消费品零售总额62亿元，增长20.6%。各项主要经济指标继续保持30%以上的强劲增幅，总量位居营口地区之首、全省56个城区前列。

【投资环境】 营口开发区区位优势明显，投资环境优越。交通运输四通八达，长大铁路、哈（尔滨）大（连）公路、哈大高速铁路、沈（阳）大（连）高速公路均从区内东部穿过，疏港铁路、疏港公路横穿东西直达港口码头。距沈阳桃仙国际机场200公里，距大连周水子国际机场180公里，驱车1.5小时可达。东北第二大港、全国第十大港口——营口港，坐落在营口开发区内，拥有140余条国际、国内航线，与50多个国家和地区通航。与港口相配套的海关、出入境检验检疫部门和外轮代理、理货、供应等服务机构一应俱全。2010年，吞吐量完成2.25亿吨，集装箱运量333.8万标准箱，成为中国沿海的主枢纽港之一。拥有总投资380亿元，一期年产650万吨、二期年产1300万吨精品钢材的鞍钢鲅鱼圈钢铁厂；有东北最大、总装机容量184万千瓦的火力发电厂——华能营口电厂；有28.5公里长的黄金海岸线、中国慈母圣地——望儿山、鲅鱼公主、贝壳观景台、墩台山古烽火台、亚洲植物标本园、熊岳温泉、金沙滩海滨浴场等自然人文景观，构成了山、海、林、泉交相辉映的海滨旅游度假胜地。望儿山、月亮湖公园晋升为国家AAAA级风景区。营口开发区被评为“国家精品旅游城市”、“国际最佳温泉休闲旅游胜地”。

建区以来，营口开发区始终坚持“三为主、两致力、一促进”的立区之本，紧紧抓住东北振兴、沿海开放，特别是辽宁沿海经济带上升为国家战略的历史机遇，着力打造环境优势，积极构建沿海开放型经济新格局，经济社会发生了巨大变化。

【产业发展】 2010年，营口开发区产业结构日趋合理，第一、二、三产业比为2∶61.5∶36.5。第二产业主导作用明显增强，增加值实现246亿元，增长33%，新增规模企业15家。第三产业拉动作用进一步加大，增加值实现146亿元，增长30.2%。

临港、滨海工业区投资强度明显提高，产业集聚效应显著。船舶产业基地建设正在抓紧推进。鹊鸣湖高科技产业园区基础设施配套基本完成，创新大厦已开工建设。

现代服务业发展势头强劲。现代物流业迅猛发展，营口港保税物流中心预计实现贸易额9亿美元，一汽、宏通等一大批物流项目纷纷落户。餐饮商贸业繁荣发展，金泰海景酒店投入运营，万隆广场开工建设，红星美凯龙、奥特莱斯、乐购等项目正抓紧推进。旅游业持续火爆，全年接待国内外游客680万人次，旅游总收入55亿元。

【项目建设】 营口开发区新开工亿元以上项目97个，其中包括澳门翔峰电磁片、北钢管业等工业项目35个，上海亲和源、国际逸园大使村等服务业项目20个。中船重工、香格里拉、中航防务等一批大项目、高科技项目纷纷落户，美国伊顿、新东北电气与德国合作的精密设备制造、与日本合作的变压器等重点推进项目，投资额均在20亿元以上。

【生态环保】 2010年，营口开发区不断加强招商引资软环境建设，积极推进污染减排工作，加大对大气环境、水环境、声环境等各类污染源监管和治理力度，共获得大气监测数据288个、气象数据240个、地表水监测数据252个、噪声监测数据169个，污染源监测数据338个；拆除小锅炉68座，新建换热站80座，营口开发区实现集中供热1220万平方米。环境空气质量达到二级标准的天数始终保持在360天以上，无酸雨现象发生，环境空气质量状况良好；城市声环境功能区达标率为100%；集中式地下水饮用水源地水质达到地下水Ⅲ类水质标准，水质质量较好，城乡居民饮用水安全得到保障。

【开放型经济】 营口开发区充分利用国家级开发区、辽宁沿海经济带等优惠政策，积极发挥沿海、临港、区位优势，坚持以城市品牌吸引项目、以产业链条牵动项目、以优质服务留住项目，实施“第一、二、三产业”全面招商。坚持“走出去、请进来”，突出对地区有牵动性的重大项目招商，抓好重点区域、重点领域招商，形成多种产业、多个地区项目流、资金流的共同涌入。

【社会事业与文化建设】 2010年，营口开发区更加注重社会民生，加大社会事业建设投入，积极打造“和谐开发区”。

卫生医疗水平不断提高。新型农村合作医疗参保15万人，参合率达97%，资金使用率达94%。举办“健康大讲堂”5场，参与群众3.5万人次。集中开展食品、药品、卫生安全整治活动。营口开发区被评为“辽宁省卫生应急示范县区”。

【人才建设】 营口开发区第二批“百名人才”招聘计划圆满结束，所有人才全部上岗，确保实现“3年引进300名人才”的工作目标。研究制定《营口开发区高端人才引进工作意见》，认真做好高层次人才的吸引、使用、服务和管理工作，进一步提高人才总量和层次，努力形成营口开发区人才梯队和人才储备。

【机构设置与管委会领导】 营口开发区党工委、管委会下设职能机构为：工委办公室、组织部、宣传部、纪工委、政法委、统战部、管委会办公室、城乡规划建设局、监察局、发展和改革局、对外贸易经济合作局、人力资源和社会保障局、财政局、群众工作局、交通局、审计局、城市管理综合行政执法局、环境保护局、司法局、公安局。

营口开发区领导成员为：党工委书记高作平，管委会主任王立群，党工委副书记朱秀科，管委会副主任谭姝、敬峰、江东、宋勇、赵新明。

（营口经济技术开发区管委会）

威海经济技术开发区

【经济发展】 威海经济技术开发区（以下简称威海开发区）是1992年10月经国务院批准成立的国家级开发区，与威海出口加工区实行“两区合一”的管理体制，总面积198平方公里，辖2个镇、3个街道办事处、67个行政村、31个居委会，户籍人口12.76万人。2010年，全区实现生产总值141.24亿元，同比增长12.6%；工业总产值410亿元，增长23%；固定资产投资110亿元，增长30%；社会消费品零售总额60亿元，增长20%；财政总收入40.44亿元，增长96%；地方财政收入29亿元，增长168%；税收收入、工商税收收入、四税收入占一般财政收入的比重分别为95.85%、84.25%和59.41%；城镇居民人均可支配收入22235元，增长10.5%；农民人均纯收入10903元，增长11.6%。

【开放型经济】 威海开发区大力发展对外贸易，积极优化出口产品结构，着力培植骨干龙头出口企业。全年实现进出口总额35.7亿美元，同比增长32%，连续3年位居威海市首位。其中，出口19.1亿美元，同比增长30.9%。进出口过千万美元企业达到44个，同比增加12个，其中过亿美元企业6家，增加5个。深入开展对外经济合作，积极引导企业实施“走出去”战略，持续扩大对外投资规模。全年新批对外投资项目2个，总投资1670万美元。柬埔寨橡胶种植加工项目累计完成投资4760万美元，成为威海市最大的对外投资项目。

【投资环境】 威海开发区大力改善行政服务环境，认真贯彻落实《关于进一步扶持企业发展的试行意见》等一系列政策措施，建立重点外资企业直通车服务和联系卡制度，深化行政审批制度改革，组织企业家定期培训疗养，为骨干企业经营者健康查体，持之以恒地为企业做好热情服务、周到服务、诚信服务、依法服务和高效服务。2010年共兑现贡献突出企业经营者和企业奖励资金839.4万元，协助解决企业用工1.24万人，协调金融机构发放贷款26.7亿元，办理各类税收优惠9.8亿元，组织企业发行集合票据融资5亿元，拉动项目投资不断增长。大力改善城市设施环境，投资2亿元实施道路整修、广告牌治理、威峰市场和旧小区环境整治等18项城建重点工程，深入开展全国文明城市创建活动，初步建立“重心下移、四环联动”的城市精细化管理体制，圆满完成27个城中村改造任务，创造了宜居宜业的良好发展环境。

【生态环保】 威海开发区加强环境保护工作，切实做好大气质量监测，深入开展违法排污和夜间噪声等专项执法整治活动，加大农村水源地及河流保护力度，实施绿化30万平方米，全区森林覆盖率达到50.2%，人均公共绿地面积达到28平方米。深入推进节能减排，实施重点节能项目33个，万元GDP能耗、电耗、水耗同比分别下降3.7%、27.2%和13.2%，威海开发区被评为山东省首批“循环经济示范园区”。

【土地利用】 威海开发区坚持土地集约利用，加强园区规划建设，累计处置批而未供土地34宗、闲置土地8宗，共3590亩，收回低效用地1205亩。全区每亩土地投资强度达到280万元。

【产业发展】 威海开发区坚持以科学规划引领发展。统筹整合区内资源，组织编制《国民经济和社会发展第十二个五年规划》、《蓝色经济区和高端产业聚集区建设总体规划》、《商贸业发展规划》和《旅游业发展规划》，用先进理念引领产业科学、协调、全面发展。统筹推进三次产业协调发展。大力发展工业经济，着力培植骨干龙头企业，加快推动船舶及零部件、通用与专用设备、汽车及零部件、电子信息、食品医药、新材料、新能源和轻纺服装八大支柱产业集群发展。工业八大产业产值同比增长24.8%，达到376亿元，占规模以上工业总产值的96.5%。其中，船舶及零部件产业造船完工量达到76万载重吨，占威海市的1/2、山东省的1/4。坚持把加快发展现代服务业作为结构调整的重大举措，建设威海市现代商贸中心、城郊休闲度假旅游中心、现代物流集散中心、现代商务运营中心和韩国人来威创业消费居住文化中心，加快推进总投资152亿元的45个现代服务业项目建设，已有永旺威海购物中心、乐天购物广场等18个项目投入运营。服务业增加值达到51.7亿元，增长28%。大力发展以无花果为代表的城郊特色农业，全区无花果产量达到2650吨，带动农民增收1049万元。全年实现农村经济总收入58亿元，增长12%。三次产业比重优化为2.2∶63.33∶34.47。

【招商引资与利用内外资】 威海开发区坚持“专业招商、全员服务”，加强与跨国公司、高科技企业和新型产业沟通对接，积极推进以商招商和产业招商，鼓励外资企业增资膨胀，不断开创招商引资新局面。全年新引进内资项目 26 个，实际利用内资 31.6 亿元，增长 22%；新批准外资项目 22 个，实际利用外资 1.1 亿美元，增长 8.6%。17 个外资企业追加总投资 2.42 亿美元，增长 82%。列入推进计划的总投资 732 亿元的 152 个重点项目全部开工建设，投产 89 个。总投资 100 亿元的华东重装项目开工建设，主要生产石油、化工、海洋工程、核电、火电、轨道交通、航空航天、国防军工等领域大型锻铸件及成套装备，是国内第四个具备生产大型核电锻铸装备能力的企业，2018 年项目全部达产后，年生产能力将达到 120 万吨，销售收入超过 200 亿元、利税 50 亿元，提升中国在高端装备制造业的国际地位和话语权。

【科技创新和重点企业】 威海开发区实施自主创新战略，区科技创业服务中心累计引进科研机构和创新项目 40 个，被认定为省高新技术创业服务中心。企业自主创新能力持续增强，新建区级以上研发中心 12 个，累计达到 80 个，签订产学研合作项目总数 60 个，有 13 个科技成果通过省级鉴定，11 个企业被认定为国家高新技术企业。高新技术产业产值同比增长 29%，达到 187.5 亿元，占规模以上工业总产值的 48.1%。全区新增规模以上工业企业 62 个，总数达到 202 个；新增销售收入过亿元企业 17 个，总数达到 45 个；新增纳税过百万元企业 9 个，总数达到 143 个，其中纳税过亿元的企业 4 个、过千万元的企业 30 个。

【人才建设】 威海开发区建立健全人才工作机制，积极引导各类学历人才到区就业，大力培养科技创新人才，深入开发文化艺术人才、农村实用人才和骨干教师等专业人才，着力壮大人才队伍。全年新引进大中专毕业生 934 人，其中本科以上学历 551 人。全区人才资源总量达到 2.1 万人，占人力资源总量的比重达到 18%。

【社会事业与文化建设】 威海开发区教育事业优先发展，高标准完成 9 所学校 14 栋校舍抗震加固工程，实施教师绩效工资改革，狠抓特色素质教育，教育质量水平不断提高。医疗卫生改革稳步推进，新农合和社区卫生服务人口覆盖率达到 100%，城镇居民医疗保险参保率达到 95%。社会保障水平提升，全区新型农村养老保险、城镇职工养老保险参保率分别为 95% 和 76%。社会救助力度加大，城乡低保覆盖面分别达到 1.07% 和 3.38%。文化事业快速发展，新建社区文化活动中心 6 个、文化书屋 30 个，建立群众文体活动队伍 190 支，成立艺术协会 5 个，创办文艺刊物 2 个，举办“广场晚会”、“文化下乡”等活动 40 多场（次），送电影下乡 1128 场，群众文化生活更加丰富。

【机构设置与管委会领导】 威海开发区工委管委会内设行政机构共 11 个、直属事业机构 18 个。管委会领导班子成员离任 1 人，离岗 1 人，调入 1 人，提拔任用 3 人，总数 16 人。

（威海经济技术开发区管委会）

福清融侨经济技术开发区

【经济发展】 2010年，福清融侨经济技术开发区（以下简称融侨开发区）实现工业产值661.3亿元，比增23.8%；财税收入12.17亿元，比增8%；进出口总额（企业口径，下同）113.2亿美元，比增20.3%，其中出口62.2亿美元，比增20.2%；主导产业电子信息产业实现工业产值438.5亿元，占全区总产值比重的66.3%。

【投资环境】 融侨开发区地处台湾海峡西岸中部，是中国大陆距台湾岛最近的开发区之一。经过20多年的完善和建设，投资环境得到改善。各项基础设施建设有序推进。以国家（福清）显示器产业园为依托，开发区又被国家工业和信息化部评为首批“国家新型工业化产业示范基地”。同时，积极向国家科技部申报“国家高新技术产业基地”，力争再添一枚国家级品牌。开发区已形成“一区多园”的发展格局，进一步完善福清光电科技园环境建设。一是加快完善交通功能，市政工程清繁大道（光电园段）加快建设，公交枢纽站启动建设，园区公交线路开通，基本形成环园区交通网络。二是加快环境配套建设，憩园景观工程建竣，福通路景观改造完成，太城溪完成拦水坝设置，关闭北侧采石场，环境配套日趋完善；廉租房西环小区A区一期1、2号楼建成，已有大批员工入住，创业宜居条件逐步显现。冠捷家园建设，西环小区东侧扩征，福融路北段建设，捷联新厂区发展备用地建设等快步推进，为光电园区建设发展营造出良好形象。三是确保电力供应，增强10KV开闭所供电能力，生产要素得到有力保障。南部片区综合配套显著提升。加快推进公共基础设施建设，继续推进清埔路建设、关溪河道改造等工程建设及福前路、福程路前期工作。与此同时，南部片区大朋电子场地填方、南大洋包装征地拆迁工作稳步推进。同时进一步加大太城溪、光电园、南部片区等“美化、亮化、净化、绿化”环境建设，一批新的基础设施成为融侨开发区靓丽风景线。

【招商引资】 坚持“项目是生命线”理念，积极推动新批和增资项目同步发展，创新招商策略，整合招商资源，强化产业链招商，以载体吸引投资、以合作促进投资，招商引资成效显著，新批及增资项目19家，项目投资总额（含增资）46474万美元，合同外资17050万美元，实际使用外资金额9170万美元，内资实际到资47104万元人民币。

【产业发展】 融侨开发区是以电子信息产业为主导，全年电子信息产业实现产值438.5亿元，占全区总产值比重的66.3%。其他传统产业如玻璃、食品、塑胶、机电等产业发展平稳。

【科技创新和重点企业】 坚持把科技创新与品牌带动作为促进企业发展的重要抓手，努力形成“重品牌、创品牌、护品牌”的良好氛围。捷联电子荣获“首届福建省质量奖”，自有品牌AOC、ENVISION系列产品获授出口免检证书；捷联公司、诚丰家具获得“福州市第二批知识产权示范企业”称号；捷联电子生产的AOC牌液晶电视（LCDTV）及液晶显示器（LCDMONITOR）、福强电子生产的富强牌精密孔化双面印制板及多层印制板、吉美染织生产的图形牌针织面料、祥龙塑胶生产的轩龙牌塑料管材管件、天宇钢铁生产的中宇ZHONGYU＋图形牌低压液体输送用焊接钢管等8家企业的10个产品获得2009年“福建名牌产品”称号；天使、祥兴、馥华、胜田4家企业的相关商标被评为“福建省2009年度著名商标”；天使、成龙、海壹、科杰、冠良5家企业的相关产品被评为“2010年福建名牌产品”；诚丰家具（中国）有限公司生产的“诚丰SHINGFENG及图”荣获“国家驰名商标”称号。积极推动技术进步，加大对科技企业和科技创新项目的政策支持力度，积极为重点项目人才引进开辟绿色通道。完成科技创业中心等平台建设，完善科技发展载体，编制《开发区科技创业中心入驻条件及管理办法》，为科技企业和创业型项目孵化创造条件。

【生态环保】 全面推行ISO14001环境管理体系建设，园区环境得到明显提升。鼓励企业淘汰高污染、高耗能设备，完成节能减排指标任务。严格环境执法，配合市环保局，进一步控制和减少化学需氧量和二氧化硫排放量，强化对特耐王包装等企业排污监管及技术工艺改进工作。

【社会事业与文化建设】 开发区全面贯彻落实福清市部署，以安全促建设，以稳定促发展，以平安稳定促社会和谐。组织3次全区性安全生产大检查、大整改活动，并开展专项检查活动3次，共发出整改通知书32份，整改意见104条，制定《隐患排查专项治理工作方案》和《开发区安全生产百日专项行动工作方案》，召开安全生产在会和重点企业事故隐患治理排查专题会，举办特种设备操作人员和安全生产管理人员培训班。

用工环境逐步改善。建立健全劳动监察制度，完善劳动合同备案程序，加强劳资双方工资协调机制。冠捷公司、宇信电子、安德佳等一批企业根据实际情况纷纷开展调薪、调休，企业员工权益得到有效保障。同时，结合区域基础设施推进，完善员工公寓和休闲公园配套，有力改善职工工作生活条件。

加强文化载体建设。始终把创新活动载体贯穿到精神文明建设和丰富职工业余生活的核心目标上来。结合福清撤县建市20周年的契机，各类文艺演出、文体活动赢得广大员工的热烈好评和较大反响。

构建和谐劳资关系。认真抓好劳动保障工作，努力维护企业员工利益，认真调处劳资矛盾，实现和谐共处、共同发展。

【党建工作】 进一步优化非公企业党建工作机制，增强党组织的凝聚力，组织55名非公企业新党员参观阳下爱国主义教育基地并举行集体宣誓仪式，组织企业党组织负责人参观江阴码头、国电江阴福州发电厂、出口加工区等，激发党员干部的创业激情；全年新组建2个基层党组织，新发展党员46名。群团组织建设进一步加强，全年新组建工会8家，发展会员近100人。组建成立了开发区团工委，成立团委1个、团支部38个，建立团建联系点72个，举办了“青春奋进促跨越、创新服务助发展”座谈会，进一步激发了青年生力军的建设热情。

【机构设置与管委会领导】 融侨开发区党工委、管委会合署办公，下设办公室、财政局、国土规划建设局、党群工作部、劳动人事局、经济贸易发展局，其中劳动人事局与党群工作部是“两块牌子、一套人马”。开发区管理机构定编30人，其中行政编制20人、机关事业编制10人。机构定级仍旧保持副处级，领导干部予以高配。

融侨开发区管委会主任为魏唐茂，融侨开发区管委会副主任为郑昆金、陈恭尧、李强、林云明。

（福清融侨经济技术开发区管委会）

沈阳经济技术开发区

【经济发展】 2010年，沈阳经济技术开发区（以下简称沈阳开发区）实现地区生产总值632.16亿元，同比增长14.5%；规模以上工业总产值2210.11亿元，同比增长20.2%；规模以上工业增加值558.97亿元，同比增长14.5%；固定资产投资362.84亿元，同比增长36.85%；实际利用外资6.53亿美元，同比增长24.4%；一般预算收入29.87亿元，同比增长28.47%；社会消费品零售总额53.2亿元，同比增长14.4%。工业经济实现了速度、规模、效益的同步协调增长。工业发展对财政增长的拉动十分显著。装备制造业的主导地位继续得到巩固。工业投资不断加大，外资结构不断优化，直接利用外资中的70%以上为工业项目。沈阳开发区被评为“国家新型工业化示范基地”、“国家服务业综合改革试点区”，入选“中国十佳国家级经济技术开发区”。

【投资环境】 紧紧围绕招商引资和项目建设工作，在高水平规划、高标准建设的同时，继续加大基础公用设施的投入力度，大力优化区域投资发展环境，进一步提升了区域环境建设的档次和水平，城区功能日趋完善，区域面貌日新月异。通过抓好铁路、道路、给排水、电力、绿化、标准厂房等十大基建工程，使区域道路更加宽敞通畅，环境更加优美舒适，水、电、气等供应紧张局面得到有效缓解，公建设施得到极大改善；通过加大对区域环境的综合整治力度，区域生态环境和综合服务品位得到全面提升，为打造区域环境最美、生态环境最优、人居环境最佳的新型园区提供了保障。

基础设施建设投资总计10.22亿元，建设完成道路总长达20公里，在建道路总长6公里，污雨水排水管线50公里，给水管线25公里，泵站3座。完成敷设10KV双回路公共电缆网架及其他电力线路27公里；电力配套项目18个，新建路灯14条街路17个路段，总长14公里，新装路灯634盏。新增绿化面积70.25万平方米，种植树木达6.1万株。完成现代建筑产业园5.6万平方米，开发22路、沈盘线等几条重点街路及智园、慧园、界园、桃园等重点景观的绿化工程，工程的建设给人们提供更多休闲娱乐之余，也使区域整体景观环境上了一个新的台阶。

高度重视软环境建设。以为投资者提供最佳创业发展环境为目标，不断创新服务理念、增强服务意识、完善服务体系、改进服务方式、提升服务水平，区域服务环境得到进一步优化。成立行政审批服务中心，在沈阳开发区投资的企业，可以享受到“一站式限时服务”和“全程跟踪代理制服务”，“无顾虑投资、无干扰建设、无障碍发展”已经成为开发区一大特色。

【招商引资】 不断创新招商方式，按照市场化机制运作，建立与市场经济相适应的招商工作方式和机制，实现招商引资新突破。在对外招商上，主要瞄准世界500强企业和跨国公司以及中央直属企业，在重大项目的引进上实现突破。在对内招商上，重点瞄准“珠三角”、“长三角”等重点地区，在基础配套产业集群项目的引进上实现突破。在产业链招商上，主要瞄准先进企业，在具有先进技术的项目引进上实现突破。同时，紧紧依托区域内优势企业，大力开展以企招商，在引进国外知名企业与区内企业合资合作上实现突破。

创新招商体制和方法，强化绩效考核，紧

盯重点区域，全年组织外埠招商团组76批（次），推进项目400余个。围绕龙头企业发展、产业链延伸、产业集群壮大，着力引进集约型、成长型、税源型项目，举办装备制造业、现代建筑产业、现代服务业及机床产业集群等主题招商活动12次，协议引进项目126个，协议投资额230亿元。投资10亿欧元的华晨宝马第二工厂项目带动35家国外配套企业跟进入驻，产业链效应明显。投资规模达15亿美元的米其林沈阳新工厂开工建设，成为沈阳投资最大的工业企业。投资55亿元的美国博尼斯电子级多晶硅项目正式奠基，填补沈阳市产业空白。远大集团幕墙、电梯、电机三大主业实现基地化发展。日本鹿岛建设、积水房屋、法国施耐德电气、圣戈班玻璃建材等世界知名企业，江苏沃得等国内建筑机械领军企业正式签约入驻。

【产业集群】 2010年，沈阳开发区按照“外引内育迅速扩张规模”的发展思路，对外引进国内外重大项目，通过异地搬迁改造扩大企业规模，提升企业核心竞争力；对内根据产业结构培育大批配套项目，延伸了产业链条，为装备制造业集群式发展提供了重要保障。形成以沈鼓、沈重、特变电工沈变等近200家企业为代表的装备制造业产业集群；以远大等70多家企业为代表的现代建筑产业集群；以广汽日野、华晨E2发动机等150多家企业为代表的汽车整车及零部件产业集群；以东药、石蜡化工等60多家企业为代表的医药化工产业集群；以可口可乐、中富包装等30多家企业为代表的食品饮料及包装产业集群；以天利摩托等企业为代表的摩托车及零部件产业集群。电气、机泵阀、冶金、铸锻、表面精饰及有色金属等产业集群也正在加速建设和培育发展中。

装备制造业聚集区建设不断走向高端，先进装备制造业聚集度继续提高，完成装备制造业产值1531亿元，同比增长21%，对全区工业经济贡献率达67%。千亿产业集群规划得到有效实施，已有800家企业聚集发展，总产值达到1300亿元，产业聚合效应继续显现。具有产业牵动性和地区辐射力的重大项目建设实现突破。全年开复工3000万元以上项目233个，其中亿元以上项目73个，均居全市之首。公共服务功能不断完善。铸锻等公共制造平台集中加工能力全面提升；辽宁工业职业学院开工建设，开发区职业教育联盟集团成立；公共研发促进中心正式揭牌，省级以上各类研发机构增至110家。

现代建筑产业成为助推经济发展的新兴产业。以“龙头企业发展基地化、建筑装备重大化、产品水平高端化、发展过程低碳化、制品功能部品化、产业配套集成化和第二、三产业融合联动化”为导向，加速发展现代建筑产业。总投资128亿元的46个重点项目开工建设。全年完成现代建筑产业产值300亿元，同比增长25%；实现增加值90亿元，同比增长18%，占全区规模以上工业增加值的16.5%。现代建筑产业成为新的经济增长点。

【重点企业】 重点企业的核心竞争力继续增强。企业生产经营效益进一步提高，产销率达95.8%，实现利润72.5亿元，同比增长14.2%。沈鼓、沈化、东药3家企业实现产值超百亿元，全区百亿企业增至6家，机床集团跃居世界机床行业第二名。加大自主创新投入力度，重点企业投入研发资金18.8亿元，实现高新技术产值1165亿元。远大集团并购瑞士旭密林公司等12个海外并购项目顺利实施。特变沈变集团百万伏特高压变压器在国内特高压交流试验示范工程中投入运行。沈鼓集团百万千瓦核Ⅱ级泵填补国内空白。三一重装集团全硬岩掘进机、联合采煤机成为国内首台（套）产品。北方交通重工集团研发出近水平千米定向钻机，标志着重大煤矿技术装备实现国产化。

（沈阳经济技术开发区管委会）

杭州经济技术开发区

【经济发展】 2010年，杭州经济技术开发区（以下简称杭州开发区）经济保持稳定快速增长，实现地区生产总值359.97亿元，比2009年增长10.79%。其中，第二产业增加值285.16亿元，增长11.67%；第三产业增加值73.55亿元，增长8.18%。三次产业增加值结构为0.35∶79.22∶20.43。全区按常住人口计算，人均GDP为114608元，按2010年人民币对美元年平均中间价6.7695计算，人均GDP为16930美元。

财政收入稳定增长。2010年，杭州开发区一般财政收入实现80.21亿元，增长16.1%。其中，中央财政收入46.84亿元，增长9.39%；地方财政收入33.36亿元，增长27.05%。

【招商引资】 2010年，杭州开发区管委会出台《进一步完善开发区招商体制机制实施方案》（试行），对开发区招商引资工作体制机制进行规范。在2009年招商体制基础上，建立"1+6+1"招商体制，明确招商局及6个招商主体工作职责。

全年杭州开发区新批外商投资项目51个，完成投资总额18.59亿美元，完成合同外资9.72亿美元，实到外资6.08亿美元。全年共批准设立各类内资项目933个，完成协议内资43.95亿元，实到内资16.95亿元。

大项目带动作用明显。全年引进注册资本1000万美元以上外资大项目28个，5000万元以上内资大项目16个，引进杭州默沙东制药有限公司、康师傅控股有限公司、杭州娃哈哈集团有限公司、松下电化住设设备机器（杭州）有限公司等投产规模超100亿元的工业大项目。引进了宝龙地产控股有限公司、碧桂园控股有限公司等开发建设城市综合体的重点项目。增资项目明显增多，大力实施区内企业内部挖潜，着力推动企业的增资扩产，全年促成杭州松下家用电器有限公司、杭州神钢建设机械有限公司、杭州安费诺飞凤通信部品有限公司等34个项目的增资扩产，增资额3.62亿美元。

【产业发展】 2010年，杭州开发区工业经济总量大幅增长，行业结构不断优化，企业梯队支撑显著增强，经济效益大幅提升。全年完成工业增加值276.82亿元，比2009年增长12.2%。工业总产值和销售产值首次突破1300亿元大关，完成工业总产值1328.62亿元，增长22.61%，其中规模以上工业总产值1322.85亿元，增长26.5%。全区规模以上工业中，机械制造、电子通信、食品饮料、医药四大主导产业共实现工业销售产值838.14亿元，增长22.1%，占全区规模以上工业总量的63.2%，主导地位更加突出。机械制造、电子通信、食品饮料、医药四大主导产业的比重分别由2009年25.83%、19.17%、16.68%、2.65%调整到2010年的24.4%、20.72%、15.76%、2.33%，电子通信行业的比重进一步回升。

2010年，杭州开发区服务业发展步伐进一步加快。其中，全年批发零售业实现商品销售总额87.07亿元，增长26.78%；住宿餐饮业实现营业额5.83亿元，增长38.74%；社会消费品零售总额完成31.74亿元，增长20.13%。全区物流行业营业收入超过500万元以上的物流企业达51家，实现营业收入12.8亿元，增长23.3%。金融机构本外币存款年末余额268.14亿元，增长15.64%，贷款年末余额199.46亿元，下降2.78%。全年财产保险总业务量9744万元，增长20.34%。

杭州开发区城市化进程稳步推进，农业经济进一步缩减。2010年，第一产业实现增加值1.25亿元，下降17.67%，农林牧渔业总产值完成1.95亿元，下降9.38%。全区农作物播种面积为1368公顷，下降16.99%。

【对外贸易】 2010年，全球经济有所回暖，全区对外经济贸易快速恢复，对外贸易关系显著增强。全年完成进出口总额79.85亿美元，比2009年增长37.45%。完成进口总额32.06亿美元，增长45.52%，其中外商投资企业完成29.66亿元，增长56.78%；出口总额47.79亿美元，增长32.53%，其中外商投资企业完成44.72亿元，增长33.24%。加工贸易仍是开发区出口主要形式，占全部出口的79%。

【科技创新】 创新环境持续优化，园区建设取得新进展。2010年，下沙电子商务产业园、和达文化创意产业园、浙商大学生创业园相继开园；新增浙江工商大学、江南大学2个大学科创园，累计建成12个大学科创园；服务外包人才培训基地建设稳步推进，高科技孵化器3号楼建成投用，为新兴产业发展奠定基础。

产学研合作不断深化。2010年，开发区成立产学研合作联盟，正式促成中科院理化所南方中心落户；全年新增产学研合作成员单位42个，累计达235个；积极推进产学研合作项目，全年共促成产学研合作项目50个。

科技创新成效明显。全年新培育市级以上高新技术企业55个，新增国家重点支持的高新技术企业13个，累计分别达到255个和65个。新增市级以上研发（技术）中心16个，累计94个。全年申报市级以上科研项目107个，其中国家级项目19个、省级项目17个。全年完成专利申请量3095件，专利授权量2190件。全区高新技术产业实现销售产值870.94亿元，高新技术产业比重65.68%。2010年11月，经人力资源和社会保障部批准，原杭州开发区省级博士后试点工作站升级为国家级博士后科研工作站。

【社会事业】 教育基础持续夯实。截至2010年底，杭州开发区共有各类学校27所，其中大学14所、中小学12所、聋人学校1所。大学共有在校学生169691万人，教职员工15339人；中小学共有在校学生11210人，教职员工900人。全年新增幼儿园2所，共拥有幼儿园19所，入园儿童数达4599人。

卫生服务体系继续完善。浙江省中医院下沙院区（东方医院）二期开工建设、下沙三甲医院主体结顶，下沙街道卫生服务中心建成投入使用。全面推进医疗改革，在社区卫生服务机构全面实施国际基本药物制度，实现药品销售“零差率”。开展社区卫生信息化建设，推进街道社区卫生服务中心改革，完善公共卫生服务体系。截至2010年底，全区共有各类医疗机构65个，其中医院5所、卫生防疫机构1个。全区医疗机构共有医生599人，较2009年增加194人，病床数507张，较2009年增加25张。

社区品质大幅提升。加强基层组织建设，完成20个社区组织换届选举工作。完成3个新建社区“一门式”服务大厅设置，建成2个社区卫生服务站，启动综合文化站建设，进一步完善了社区硬件。实施社区创建工程，截至2010年底，开发区市级和谐社区达19个，省级和谐社区为2个。

【管理与服务】 深入推进服务型政府建设，大力营造亲商、安商、富商的“服务文化”。“两家两中心”（即市民之家、网上市民之家，行政服务中心、网上行政服务中心）于2010年10月起正式运行，成为政府服务和公共服务的区域性主窗口，提供“一站式”便捷高效服务。其中市民中心办事大厅面积5000平方米，进驻26个窗口单位及部门，开设办事窗口70个，提供办事事项400余件。

深化投资项目审批代办制，着力优化项目审批程序，精简行政审批流程；继续取消开发区收取的各类行政事业性收费。深入开展企业走访调研，健全长效服务机制和解决问题分工负责制，全力以赴帮助企业解决各种困难和问题。

【浙江杭州出口加工区】 2010年，浙江杭州出口加工区工业经济、外贸出口加速回升，产值和出口两大指标增长幅度比2009年上升60%。产业、产品结构稳步调整，保税物流业务量翻两番。拓展出口加工区的产业范围，成功引进杭州孟氏装饰材料制造有限公司。出口加工区全年实现工业总产值138亿元，比2009年增长62.35%。实现税收5.67亿元，其中工商税收1.47亿元、海关代征税收4.2亿元。实现工业增加值10.4亿元。进出口总额28.91亿美元，其中出口19.09亿元，增长68.19%。

【前进工业园区】 2010年，前进工业园区开发区建设指挥部把工作重心转移到“做产业”与“做环境”并重、突出“做产业”，全力推进大力度招商和大规模建设。截至2010年底，园区区块5.35平方公里项目已全面启动建设，规划体系基本形成，主骨架路网框架全面拉开，水、电、气等配套基本到位，25个项目已落户园区，大江东新城首座集商贸、居住、办公、金融服务为一体的城市综合体已启动建设。全年完成工业总产值11.5亿元、全社会固定资产投资10.81亿元，完成合同外资3.19亿美元，实到外资1.1亿美元，协议内资21亿元，实到内资7.12亿元。

【机构设置与管委会领导】 杭州开发区下设纪工委（监察局）、管委会办公室、人事劳动社会保障局、社会管理综合治理办公室、经济发展局、社会发展局、公安分局、财政局、国土分局、规划分局、建设局、招商局、城市管理办公室、出口加工区综合管理局等16个行政部门。

中共杭州市委经济技术开发区工作委员会书记为盛成皿，副书记为俞建国、冯国明。杭州开发区管理委员会主任为盛成皿，副主任为冯国明、张学宁、施水祥、程锋、张振丰、李建平、詹国平、沈燕俊、何铨寿。

（杭州经济技术开发区管委会）

芜湖经济技术开发区

【经济发展】 2010年，芜湖经济技术开发区（以下简称芜湖开发区）新增工商注册企业370家，同比增长42%（下同），其中工业企业130家，增长75%。实际利用外资3.7亿美元，增长9%。实际利用内资160亿元，增长67%。实现规模以上工业总产值1020.2亿元，增长36.4%；实现规模以上工业增加值257.6亿元，增长24.6%（按可比价计算）。实现进出口总额17.5亿美元，增长80%。实现财政收入64亿元，增长16%。实现固定资产投资176亿元，增长40%。

【投资环境】 芜湖开发区区位优势明显，水陆空交通便利。5条铁路干线在芜交汇，3条高速公路，以及205、318国道穿境而过，距上海3小时车程，距南京禄口机场1小时车程，朱家桥外贸码头航线直通海外40余个国家和地区。

区内人才劳动力资源供应充裕，产业工人培训机制发达，人工成本相对低廉；基础设施配套能力较强，供电充裕，管道液化气、管道蒸汽、光纤宽带通讯、雨水排水系统、污水管网一应俱全，服务完备；功能配套服务设施完善，可充分满足生活需求；气候常年宜人，环境优美，适宜人居创业。

目前，开发面积近60平方公里，基础设施累计投资132亿元；开业投产企业1527家，累计投资839亿元，其中工业企业551家；实际利用外资25亿美元，引进23家世界500强企业进区投资；汽车及汽车零部件、家用电器、新材料3个主导产业基本形成，具备较强竞争力；汽车及高端装备、光伏光电、生物工程、电子信息等战略性新兴产业和现代生产性服务业正全力拓展，一批骨干项目已经建成或正在建设之中。

【招商引资】 2010年，芜湖开发区突出谋划产业招商、选商。围绕集群化发展目标，重点抓好三大支柱产业关键零部件招商，着力拉长产业链，打造产业集群；倾心培育新兴战略产业，着力招引龙头企业，同步开展新兴产业及核心配套企业招商并初显成效，三安光电、德豪润达等一批重大项目正式落户并开工建设。注重发展总部经济和配套服务业。总投资150亿元的中世国际物流项目2010年12月正式签约。安得物流成为全省首个国家5A级物流企业。抓好现有企业扩大投资。鼓励企业挖掘现有土地、厂房等潜力，做大做强；推动精诚铜业、长信科技、神剑化工上市募集资金扩建项目顺利实施。全年共落实总投资亿元以上项目41个。

【产业发展】 建区以来，芜湖开发区坚持把主导产业培植、龙头企业培育、产业链配套作为产业发展的关键环节来抓。已形成汽车及汽车零部件、家用电器、新材料3个主导产业；汽车及高端装备、光伏光电、生物工程、电子信息等战略性新兴产业和现代生产性服务业正全力拓展，一批骨干项目已经建成或正在建设中。

汽车及零部件产业：奇瑞汽车已形成年产100万台发动机和90万辆整车的生产能力，连续10年位居国内自主品牌乘用车企业销量第一名，连续8年位居国内乘用车企业出口销量第一名。汽车零部件生产企业超过100家，2010年实现产值489.4亿元。

家用电器产业：聚集以美的、日立为代表的知名品牌企业，是国内最重要的家电生产基地之一。美的制冷、美智空调、日立空调等企业生产能力达年产1200万台空调器；美的厨卫、美的精品、美的洗涤等企业年产达860万台厨卫电器、5100万台精品电器和500万台洗涤电器等。2010年实现产值255.2亿元。

新材料产业：海螺型材是国内最大的型材生产企业，以海螺、华亚、可耐福为代表的型材企业可年生产60万吨型材、6万吨PVC管材、3000万平方米石膏板；鑫科新材料是国内最大的精密铜带和白铜合金生产企业，楚江集团是国内最大的铜板带材及线材生产基地之一；中达电子等电子材料企业在海内外市场均占有重要份额。2010年实现产值204亿元。

开发区正重点培植的汽车及高端装备、光伏光电、生物工程、电子信息和现代生产性服务业，已经引进了一批技术含量高、投资规模大、产业带动性强的龙头项目。

汽车及高端装备产业：瞄准汽车重大技术装备、智能制造装备、高效节能环保装备等新兴领域的关键设备及部件开展招商，同时注重引进产业核心配套体系和培育研发创新体系，高起点推进产业集群化发展，打造特色装备产业基地。

光伏光电产业：不断延伸并壮大以光伏、光电为核心的节能环保产业链。光电产业以三安光电、德豪润达的LED外延片等新材料及相关设备制造项目为代表，下游拓展汽车及半导体通用照明、背光源等封装项目。推动MOCVD制造、大功率LED封装及照明应用、LED自动化测试等一批上下游配套项目加快落实。光伏产业以信义集团光伏玻璃和长信公司玻璃镀膜技术为切入点，以薄膜太阳能技术路径作为发展主线，打造完整的光伏产业链，重点推进澳洲绿色新能源集团太阳能电池片和逆变器等项目。

生物工程产业：以中国芜湖生命健康城为依托，重点发展以生物工程技术、中医药现代化、新药研制开发、干细胞再生医学、生物农业、保健产品、高端医疗器械、康复医疗为主的生命健康产业，进而带动生物科技孵化器、技术服务外包、金融服务、中介服务、商业休闲、康居娱乐、物流贸易、教育培训等产业的培育和发展。

电子信息产业：瞄准国际一流企业和技术，通过技术引进、结构调整和科技创新，重点发展以信息技术、电子材料及元器件、软件、汽车电子、微电子为主的电子信息产业。

现代生产性服务业：大力发展现代物流业，完善产业功能配套，重点建设临港物流园和东区高速枢纽物流园；结合产业特色，加快发展高端生产资料市场。

【科技创新】 芜湖开发区不断完善以企业为主体的技术创新体系和以高新技术产业化为中心的创新服务体系，紧紧围绕“自主创新、结构优化、转型升级和产业高端化、集群化发展”的目标，有效组织区内企业实施“火炬”计划、工业领域科技开发计划、科技攻关计划和科技创新工程。推动高校院所与区企业间产学研合作。成立“质量兴区工作领导小组”和“名牌战略推进工作协调小组”，积极组织企业用足用好扶持政策争创名牌。

【社会事业】 芜湖开发区坚持做到发展成果共享，把新增财力主要用于与民生息息相关的社会事业。加大财政投入，进一步完善社会救助体系，完善覆盖城乡居民的社会保障体系。创新公租房建设和运营模式，引入企业参与公租房建设。万春新苑三期安置房、龙山新苑廉租房、万春新苑蓝领公寓建设按计划顺利推进，城北和城东公租房项目开始施工。坚持日常整治与专项整治相结合，坚持委领导带队上路检查，强势推进市容整治工作。启动数字化城管指挥中心及各处置平台系统建设。

【机构设置与管委会领导】 2010 年，芜湖开发区管委会内设工委管委办公室、东区建设领导组办公室、监察室、经济贸易发展局（安全生产监督管理局）、招商一局、招商二局、招商三局、规划建设局（市容管理局）、财政局、人力资源和社会保障局、出口加工区管理局、社会事业局 12 个工作部门。下辖龙山、万春 2 个街道，建设和公用事业管理处、投资服务中心 2 个直属事业单位。

芜湖开发区党工委书记、管委会主任为杨良文，党工委副书记、管委会副主任为潘东旭，党工委副书记为叶政林，管委会副主任为张春虎、后力、汪斌、黄镭，党工委委员为方春果。

（芜湖经济技术开发区管委会）

广州南沙经济技术开发区

【经济发展】 2010 年，广州南沙经济技术开发区（以下简称南沙开发区）实现地区生产总值 488.25 亿元，增长 16.16%；完成工业产值 1415.17 亿元，增长 21.51%；社会消费品零售总额 45.27 亿元，增长 38.81%；税收总额 215.2 亿元，增长 46.04%；财政一般预算收入 25.25 亿元，增长 25.29%；进出口总额 100.55 亿美元，增长 62.96%；港口货物吞吐量 1.23 亿吨，增长 11.56%；集装箱吞吐量 725 万标箱，增长 9.32%。

【开放型经济】 2010 年，南沙开发区进出口总额突破百亿美元大关，达到 100.55 亿美元，同比增长 62.96%，其中出口 35.46 亿美元，同比增长 42.93%；进口 65.1 亿美元，增长 76.42%，出口增速位居全市各区县第 2 位。按出口贸易方式分类，全区实现一般贸易出口

2.4 亿美元，增长 23.85%；加工贸易出口 26.74 亿元，增长 47.39%；保税区仓储出口 0.59 亿元，同比为净增；保税仓进出境出口 5.72 亿美元，增长 20.98%。按出口目的地分类，对中国香港、日本和美国等传统市场稳定增长，分别增长 46.71%、12.51% 和 42.55%；对新加坡、越南和韩国等新兴市场分别增长 5 倍、1.2 倍和 1.9 倍。按出口商品分类，主要集中在机电和音像设备及其零件附件、纺织原料及纺织制品等类别，出口额分别是 9.82 亿美元和 6.34 亿美元。全区机电产品出口 14.84 亿美元，高新技术产品出口 4.43 亿美元，同比分别增长 56.1% 和 23.5%。

2010 年，全区港口完成货物吞吐量 1.23 亿吨，增长 11.56%；集装箱吞吐量 725 万标箱，增长 9.32%。截至 2010 年底，保税港区拥有集装箱班轮航线 39 条，其中国际航线 26 条、国内航线 13 条；全年累计航次达到 4.87 万次，增长 39.09%。

南沙保税港区获批“广东省首批服务业集聚区”。保税港区信息系统已正式投入使用，约有 30 家取得保税业务资质的企业进驻港区开展业务。2010 年，南沙保税港区进出区货值 193 亿美元；保税业务进出区货值 13.3 亿美元，其中保税仓储业务货值 4.2 亿美元，国货出口复进口业务货值 8.3 亿美元，拼箱货值 0.8 亿美元；区内企业进出口货值 2 亿美元；车检业务货值 1.15 亿美元。

【投资环境】 交通设施：南沙开发区形成以高、快速路为骨架，以铁路、地铁、航运为支撑，贯通区内、连接广州市中心、辐射珠三角的综合交通体系。南沙港快速路、虎门高速、京珠高速、新龙及凫洲特大桥等重大交通基础设施已建成投入使用。南沙客运港已开通航班往返港澳。开发区作为珠三角交通枢纽的优势日益凸显。

服务设施：南沙正加快建设公共服务配套设施，打造宜业宜居现代化滨海生态新城。以蕉门河两岸景观带为中心的新城区已启动建设，南沙大酒店、香港中华总商会大厦、珠三角世贸大厦、祈福酒店、南沙新客运港等一批重大基础设施已相继投入使用；南沙中心医院、广州外国语学校、南沙体育馆、社区服务中心等也已建成使用，文化体育卫生等公益设施逐步完善，城市中心区的综合服务功能大大增强；商业氛围日益浓厚，一批中高档社区项目陆续开发建设，餐饮、娱乐、金融、中介等各类服务业加速集聚。

南沙保税港区是全国第 5 个、广东省第 1 个通过国家正式验收的保税港区，是目前国内对外开放层次最高、手续最简便、政策最优惠、功能最齐全、区位优势最明显的特殊经济功能区，已建成 10 个 5 ~ 10 万吨级码头。

【招商引资】 2010 年，南沙开发区实际利用外资 6.28 亿美元，同比增长 0.63%。签订外资合同个数 31 个，合同利用外资 9.45 亿美元，增长 57.27%。截至 2010 年底，已有 48 个世界 500 强项目落户南沙。

【产业发展】 以汽车、造船、核电装备为重点的临港现代产业迅速发展。广汽丰田混合动力环保汽车下线，全区累计年销售轿车 26.8 万台，增长 31.1%。成功制造了直径达 13.17 米属全国最大的复合地层气垫式泥水混合盾构机，并应用于广深港高铁的狮子洋隧道工程中。中船龙穴基地的“新甬洋”超大型油轮和“中海兴旺”等大型矿砂船建成出坞。投资约 11 亿元的东方电气出海口三期工程已投产，并成功引进东方电机落户南沙，全年核电装备产值增长 42%。国内唯一 LED 电视薄膜生产供应基地已投产，国内规模最大的烟酰胺生产基地已竣工。投资近 2 亿元、产能达 1000 吨/天的植物油精炼项目已投产，实现年销售收入约 10 亿元。此外，180 万吨冷轧钢板、LED 芯片、环保节能家电、广州造纸基地环保迁建、日用化工等一批重点项目建设进展顺利，华润热电二期、立白日用化工、合捷工程塑料等项目已建成投产或试产。保税港区不断开拓新业务，通关环境持续改善，新引进京海航运、发展航运等一批有实力的物流企业。

商贸旅游等第三产业进一步发展。黄山鲁森林公园二期、滨海泳场升级改造等工程已完成。湿地游览区已扩大至近万亩，新建成观景台、荷花池、绿岛等8个景观设施。开通了南沙至澳门的客运航线。举办“妈祖诞文化旅游节”、“首届龙舟赛”、“绿道·水乡游”、“海鲜美食节”、“甜玉米文化节”等各类活动，全年接待游客约380余万人次，实现旅游综合收入8.3亿元，增长38%。房地产业蓬勃发展，全年商品房销售额达25.73亿元，增长38%。

【科技创新和重点企业】 2010年，南沙开发区公共创新平台建设稳步推进。华南理工大学农产品精深加工研究中心和绿色能源研究中心已进驻广州现代产业技术研究院，并积极与区内企业开展项目对接，兰州大学南沙研究中心也即将入驻；香港科大霍英东研究院正积极筹划建设工业自动化国家工程研究中心华南分中心。高新技术企业快速成长。晶科电子（广州）有限公司已建立起完整的规模化LED芯片、模组芯片及LED照明光源生产线，成为珠三角规模最大的专业大功率、高亮度LED芯片上游制造企业，并被列入“广东省现代产业500强项目”，三类LED芯片主要产品被认定为“省高新技术自主创新品牌”。广州凯希电子科技有限公司、广州威宝网络有限公司等科技型中小企业发展迅速。全年新增4家高新技术企业，全区高新技术企业数量累计达到12家。加强信息化重大项目建设，推动南沙经济社会发展。以“服务型网上政府”为目标，强化网上信息公开力度，大力推进区政府门户网站建设工作，网站已完成37个子网站的建设，访问量达到98万人（次）。大力推进“全息南沙”项目建设，为全区分析与决策提供辅助功能和为各部门提供可视化的专题展示。积极配合建设“信息广州”的目标，建设完成南沙“无线城市”建设项目，全区共建成热点AP 279个，覆盖区内各街镇主要公共场所、重点企事业单位等。持续推进镇街及新农村信息化建设工作，加大乡村信息基础设施建设力度，新建村居委会上网服务站23个，全年培训村民上网人数累计达到5000多人（次）；建设农产品交易平台，引导农民利用现代电子商务手段实现农产品网上宣传与销售；创新社保（市民）卡应用，在全省范围内首次实现退休人员远程生存认证区域性应用。启动区域信息化和工业化融合工作，积极筹备建立区两化融合促进中心。狠抓政府信息化规范，严把技术审核关。

【社会事业与文化建设】 南沙开发区就业和社保工作成效明显。加大城乡统筹就业力度，全面推动创业带动就业工作，提供2.15万个就业岗位，城镇登记失业人员就业率为73.8%。新建成市级创业基地6家、区级创业基地4家，申领扶持创业小额担保贷款339万元。25项事权下放的公益性岗位安置本地劳动力2160人，获得省、市充分肯定。全面推进区内35岁以上农民参加养老保险工作，参保人数达4.6万人，其中1.6万人已享受养老待遇。建立完善了城镇低收入困难家庭生活救助机制和城乡困难群众临时困难救助制度，农村低保标准从240元提高到300元，城镇低保标准从365元增至420元，农村五保户供养标准从436元提高到645元。长者长寿保健金发放范围扩大至80岁以上老人。

教育、卫生等工作取得新进展。完成全区义务教育阶段学校的规范化建设工作，达标率为100%，通过了广东省义务教育规范化学校终期督导验收。广州外国语学校招生情况位居全市前列。全力创建国家级示范性普通高中，南沙一中顺利通过省初期督导评估验收。按“两相当”的要求提高了教师待遇。普通高考成绩再创历史新高，全区本、专科上线人数和上线率均大幅度提升，再次大幅度超过市预测目标。通过巡诊、进修、培训等措施提高整体医疗水平，区、镇、村三级医疗卫生服务网络更加完善。南沙中心医院龙头带动作用进一步加强，就诊人数由开业初期的日均200人上升至600多人，高峰时期逾千人。新农合筹资标准提高至人均300元/年，参合率达99.95%，全区农村人口医疗保障实现全面覆盖。参合人员在各类医院就医人均实际补偿率达41%，其中在区内医院就医实际补偿率达62%，更大程度地惠及参合农民。完成大角山英烈墓的修建和上下横档岛古炮台的修复工作，南沙虎门炮台被列为“市爱国主义教育基地”。区图书馆成为国家一级馆，全区5个镇街文化站有2个成为省特级站，2个成为省一级站，75个行政村（居委会）已全面建成文化室和“农家书屋”。

【机构设置与管委会领导】 南沙开发区设有纪工委（监察局）、工委（管委会）办公室、工委组织部、发展和改革局、经济贸易局、国土房管（规划）分局、建设和管理局、财政局、保税业务管理局、环境保护局、企业建设局等部门。

南沙开发区党工委领导成员为：书记陈明德，副书记罗兆慈、袁桂扬，委员陈明德、罗兆慈、袁桂扬、孙雷、陈万雄、李自根、段险峰、林波、崔世刚、王洪涛。南沙开发区管委会领导成员为：主任陈明德，副主任孙雷、陈万雄、李自根、段险峰，秘书长王洪涛，副总规划师庄海波，副总经济师李芳琪。

（广州南沙经济技术开发区管委会）

惠州大亚湾经济技术开发区

【概况】 惠州大亚湾经济技术开发区（以下简称大亚湾开发区）于1993年5月经国务院批准成立，面积为9.98平方公里，2006年3月经国务院批准扩大到23.6平方公里。包括经济技术开发区在内的大亚湾规划区于1991年6月由广东省人民政府批准设立，辖陆地面积265平方公里，海域面积1300平方公里。大亚湾开发区地处惠州市南部，西接深圳，北濒广州、东莞，地理位置优越，市场辐射面广，市场空间广阔，已经成为深莞惠经济圈乃至珠三角经济区的一个重要组成部分。开发区拥有国家一类对外开放口岸——惠州港，以及惠深沿海、惠大等城际高速公路网络，距离深圳宝安机场、广州白云国际机场仅2小时车程，海陆空交通十分便捷。开发区内的供水、供电、通讯、消防等公用设施配备齐全，周边生活配套便利。近年来，随着中国海油1200万吨炼油项目和中海壳牌95万吨乙烯项目等石化龙头项目的建成投产，以及比亚迪、东风本田、华德油储等一批电子、汽车零部件及物流企业的带动，大亚湾开发区基本形成了以石化产业为龙头，电子、汽车零部件、物流等多产业齐头并进的发展体系，经济社会一直保持平稳较快发展。

【经济发展】 2010年，大亚湾开发区实现地区生产总值343.6亿元，增长30.7%；完成规模以上工业总产值1276.8亿元，增长48.2%；完成固定资产投资120.1亿元；港口货物吞吐量4287.6万吨，增长28.2%；地方财政一般预算收入14.1亿元，增长30.1%；国税收入117.8亿元，增长40.4%；地税收入18.9亿元，增长36.1%；社会消费品零售总额13.1亿元，增长16.4%。实际外商直接投资额2.7亿美元，增长3%。

【招商引资】 2010年，大亚湾开发区举办了“精细化工园区杭州招商会”，参加了“2010惠州调结构促转型招商引资推介会暨民营企业产品展销会”和“海峡两岸石油化工科技经贸交流大会”，共引进项目37个，投资金额约99亿元，其中石化中下游（含精细化工）

及公共服务项目18个，总投资额72.3亿元；新兴产业项目2个，投资额20亿元；电子信息、汽车零部件及其他项目17个，投资额6.6亿元。目前，开发区在建、筹建项目共77个，投资额850亿元；在谈项目31个，涉及金额237亿元。

【政产学研合作】 2010年，大亚湾开发区成立了大亚湾科技创业服务中心，负责组织与协调科技创新、孵化平台的搭建工作；举行了“大亚湾政产学研合作签约暨研发机构揭牌仪式”，与中山大学、中国石油大学、华南理工大学等7所高校签订了框架合作协议，力促更多的高等院校在开发区设立研发机构。

【城市规划建设】 2010年，大亚湾开发区城建计划工程建设类项目共241个，项目概算78.7亿元，其中99个完工、67个施工建设，累计支付资金10亿元。全年安排重点项目27个，涉及道路、公园、学校、绿化整治等多个方面，其中省立绿道（大亚湾段）一期工程、红树林公园一期、中兴中路北段、西区一中及配套道路工程、澳头中学及配套道路工程等10个项目已完工，中央公园一期、石化大道西段、西南大道等项目也即将完工。

【节能减排】 2010年，大亚湾开发区科学分解节能目标任务，对重点用能大户启动节能预警二级、一级响应机制，实行限电限产、停电停产等调控措施，同时积极鼓励用能企业开展节能技术改造，降低能源消耗量，全年节能超过1754吨标准煤，企业节能投资达1395万元，工业增加值能耗下降了23%，单位GDP能耗下降率7%。积极推进减排工程建设，建成中心区污水处理厂首期第二阶段配套管网工程（管网长度7.5公里），第二阶段主体工程（污水处理能力1.5万吨/日）也投入运行，污染物排放量得以明显降低。

【社会事业】 2010年，大亚湾开发区投资近5亿元建成了大亚湾一中高中部、大亚湾三中、澳头一小等3所新校区，并已投入使用；投资1500多万元用于西区街道创建省教育强镇，投资近3000万元率先在全市实现“校校通”，开通了“校讯通”信息使用平台。以承办广东省第十三届运动会女子足球及帆板比赛为契机，顺利完成体育中心改造、帆板基地等多个体育场馆建设。完成西区医院改制、霞涌医院改造，与中山大学第一附属医院合作的大亚湾区新医院项目正在加快建设。建成3个街道综合文化站和17间农家书屋，农家书屋总数已达到35家，实现了农家书屋在全区各行政村及社区的全覆盖。

【城乡发展】 2010年，大亚湾开发区顺利完成城乡养老保险、医疗保险工作，出台了《大亚湾区新型农村社会养老保险暂行办法》。注重抓好企业人文关怀，制定了《关于加强人文关怀化解劳资矛盾　构建和谐企业的工作意见》。全面开展扶贫开发“规划到户、责任到人”工作；进一步实施支农惠农政策，种粮补贴面积8505亩，发放种粮补贴各项资金59万元；进一步加强农田水利设施建设、村道硬底化建设、村容村貌绿化、路灯安装、泥砖房改造等重点工作，农村基础设施建设不断完善，群众交通出行、生产生活条件等方面得到明显改善。

【机构设置与管委会领导】 大亚湾开发区管委会下设两委办公室、组织部、政法委、工贸局、住建局、社管局、宣教局、人社局、交通运输局、财政局、审计局、环保局12个工作部门；市公安局大亚湾分局、市国土局大亚湾分局、市安监局大亚湾分局、市海洋与渔业局大亚湾分局、市城管执法局大亚湾分局5个市政府工作部门派出机构。

大亚湾区委书记为许光，管委会主任为侯经能，管委会副主任为黄伟才、王广军、张添才、叶光明、吴欣、李耀楠、詹星。

（惠州大亚湾经济技术开发区管委会）

北京经济技术开发区

【概况】 2010年，北京经济技术开发区（以下称简北京开发区）实现地区生产总值698.6亿元，工业总产值2228.7亿元，销售收入3736亿元，财政收入244亿元，税收收入212亿元，出口总额130亿美元，新批投资总额60.7亿美元，完成固定资产投资236.6亿元。万元地区生产总值能耗继续保持全市最优水平，成为全国首批“太阳能光伏发电集中应用示范区”，发展质量效益不断提升。全年吸引投资总额创历史最好成绩，引进了康宁二期、冠捷、东贝、英特尔研发中心、同仁堂健康药业、宽带资本、京东商城等一大批高端项目；新批投资在1000万美元以上外资项目36个，新引进世界500强项目5个，高端项目加速聚集。

【投资环境】 基础和配套设施进一步完善。新建成22.5公里市政道路，完成30公里市政道路共1867盏LED路灯的安装，建成连接亦庄新城和大兴新城的兴亦路，建成连通移动硅谷的科创十二街跨通惠排干渠桥。亦庄轻轨线正式通车，周边5座换乘停车场和公交接驳设施建设全部完成。开通开发区至首都机场专线巴士，新增18辆区内公交车，调整完善区内公交线路，实现双向运营。建成公共租赁住房40万平方米，引进沃尔玛超市等大型综合商务服务机构。

生态环境建设取得新成绩。完成轻轨沿线28万平方米绿化改造，建成占地16万平方米的X35号地景观公园，完成凉水河二期治理及景观照明工程。亦庄新城滨河森林公园建设积极推进，国家生态工业示范园区建设顺利通过现场验收。全年空气质量优良率达到73.15%，超额完成市政府下达的考核指标。

区域综合环境整治。集中开展专项整治，完成548公顷已征未用土地的平整，清理建筑垃圾65万立方米，平衡土方143万立方米，区域面貌焕然一新。拆除违法建设3000多平方米。

【产业发展】 专业园区建设。全力推进北京数字电视产业园建设，其中总建筑面积71万平方米的京东方8.5代线项目主体厂房工程基本建设完成，并且全面完成了项目基础设施和能源资源配套设施建设；康宁二期、东贝等15个配套项目签约落地，其中林德、冠捷、住友等7个项目已开工。移动硅谷产业园配套市政工程建设基本完成，京芯世纪、中电华通两家核心企业已开工。中芯国际一期增资扩产项目进展顺利。中国首台云计算服务器在开发区的北京云基地正式下线，在全国率先实现将云计算从技术概念转化成产品实体的重大跨越。

投融资平台建设。探索“政府主导、企业操作”的投资管理模式，初步搭建起全方位面向产业的专业金融服务体系。全年通过投融资平台实现融资168亿元、产业投资59.6亿元，均为历史最大规模。完成境外投资公司设立工作，打通新区海外融资渠道。成立小额贷款公司，成功发行第一期中小型企业集合票据，搭建企业直接面向市场的融资桥梁。成功主导实施松辽股份、通用汽车电动转向与传动业务、UT斯达康等一批国际国内并购项目，打造了开发区自有的上市公司，开创了中国成功收购国际顶级汽车零部件公司的先河，资本运作成效卓著。

【科技创新和重点企业】 科技创新专项资金项目落地。2010年1月28日，2009年度科技创新专项资金项目落地大会举行，95 家企业的 117 个项目获得支持，这是北京开发区再次拿出近亿元的资金用于支持区内企业进行技术研发和专利技术成果转化活动。2009 年共有 118 家企业申报了 160 个项目，经过层层筛选、严格评审，最终确定 95 家企业的 117 个项目得到专项资金的支持，资助金额达到 1 亿元，拉动企业研发投入 21 亿元。其中，北京开发区重点支持的节能减排企业蓝星（北京）化工机械有限公司，获得单个企业创新资金最高奖励。和 2008 年度创新专项资金支持的项目相比，新能源及节能技术领域的项目受到重点关注。在 117 个项目中，研发类共 53 个项目，包括配比项目 15 个获助 2548 万元，自研项目 38 个获助 4518 万元；成果转化类共 19 个项目获助 2230 万元；授权专利类共 45 个项目获助 435 万元。其中，新能源新材料以及环保节能 19 个项目的总体支持金额高达 2211 万元。

京东方启动安全标准化活动。2010 年 5 月 13 日，京东方光电科技有限公司安全标准化活动启动仪式举行，京东方成为开发区首家电子行业安全标准化试点单位。北京开发区一直非常重视安全标准化工作，此次将京东方公司纳为全区首家电子行业安全标准化试点单位，就是全区实现标准化的第一个步骤。京东方公司作为电子行业的重点企业，通过它的标准化活动建立起全开发区电子行业标准化指标体系，这是开发区安全标准化的新起点，也是开发区特色安全管理的重要一步。

中小企业知识产权战略推进。2010 年 11 月 12 日，由国家知识产权局、工业和信息化部联合实施的中小企业知识产权战略推进工程在北京开发区举办启动仪式。由北京市知识产权局和北京市经信委共同推荐，经国家知识产权局和工信部批准，北京开发区、中关村生命科学园成为中小企业知识产权战略推进工程首批实施单位。该工程是国家知识产权局、工业和信息化部为全面提升中小企业知识产权创造、运用、保护和管理能力，加快培育拥有自主知识产权、知名品牌和较强竞争力的中小企业，促进中小企业转变发展方式而推出的一项新举措。

中国首台云计算服务器下线。2010 年 12 月 23 日，北京亦庄云基地揭幕，中国首台云计算服务器在云基地正式下线，北京亦庄的超云工厂在产业发展之路上高调起航，中国云计算事业步入了实质性的发展阶段，从技术概念成功跨越到了实体操作，北京亦庄也由此率先完成了云计算产业链的布局。

【招商引资与利用内外资】 CMO 项目。2010 年 3 月 5 日，总投资额达 1.2 亿美元的 CMO（Contract Manufacture Organization 即全球生物制药合同生产）项目落户开发区。

FPGA 项目。2010 年 3 月 5 日，FPGA 项目及新一代存储芯片项目签约，总投资规模超过 13 亿元。FPGA（现场可编程逻辑门阵列）是一种广泛应用于通信、数据处理等众多领域的先进技术，项目签约后，开发区将出现国内首家，也是唯一一家提供全套自主知识产权 FPGA 的厂家。

恩智浦半导体项目。2010 年 4 月 28 日，位居全球半导体公司前 10 的恩智浦半导体为其在北京开发区落成的声学解决方案新工厂举行开幕典礼，并将恩智浦先进的矩形扬声器生产线从奥地利维也纳转移到中国来。恩智浦在开发区的新工厂占地面积 4 万平方米，拥有从维也纳总部引入的矩形扬声器新生产线，更拥有绿色的制造工艺——每制造一个扬声器，可比之前节约 6% 的电力，建成后将可为通信设备制造商提供更高性能的产品。

施乐辉项目。2010 年 5 月 25 日，施乐辉公司在北京开发区投资建设的外科植入物新工厂——施乐辉外科植入物（北京）有限公司正式投入运营。该工厂将通过先进的生物医疗材料和制造技术，为患者提供膝关节和髋关节等置换产品及相关配套器械。

中电华通项目。2010 年 6 月 3 日，重大工业项目——中电华通将在北京开发区建设无线宽带产业园生产基地。中电华通将在开发区移动硅谷投资 10 亿元，建设无线宽带产业园生产建设基地，主要生产无线通信设备、无线终端等无线产业链上下游产品，与无线宽带物联网产业园形成完整的无线宽带产业链。目前，已选定项目是生产“家庭用户端安全监控系统之宽带产品”。预计项目总投资将超过10亿元，达产后年产值超过25亿元。

东港安全印刷项目。2010年7月18日，东港安全印刷股份有限公司在北京举办庆典，宣布正式进驻北京开发区。东港安全印刷股份有限公司是国内最大的票据生产企业，也是国内影响最大的印刷行业上市公司之一。

住化华北电子材料项目。2010年7月21日，住化华北电子材料科技（北京）有限公司在北京数字电视产业园奠基。作为京东方8.5代线的又一重要配套项目，该公司建成后将主要生产偏光板等TFT－LCD上游配套产品，旨在打造一个面向京东方8.5代线提供综合原材料的生产基地，并随着市场的扩大，逐步引进电子用高科技化学品等其他产品，建设导光板、铝靶材生产工厂，向京东方及北京周边的企业提供更多的产品。基地总规划面积为5万平方米，总投资额6300万美元。

康宁显示项目。2010年7月23日，康宁显示科技（中国）有限公司与北京开发区签署入区协议，将投资约8亿美元建设新的LCD玻璃基板工厂。工厂具备8.5代玻璃基板的熔炉和后段加工生产能力，将生产世界上最为先进的LCD玻璃基板，为京东方八代线提供配套支持。

海吉星项目。2010年8月6日，北京海吉星医疗科技有限公司位于北京开发区占地近2万平方米的海吉星医药园正式破土动工。海吉星医药产业园将成为集生产、研发、物流等功能为一体的新医药产业园，建成设施配套齐全、交易电子化、信息网络化、管理服务一体化的现代化医药园区，并逐步形成以药品为主，医疗器械、保健品为辅，为集团公司下属生产基地提供研发技术支持、信息交流中心的综合性产业园。

杰富瑞项目。2010年8月18日，北京杰富瑞科技有限公司生产研发基地在北京开发区动工兴建。杰富瑞生产研发基地项目投资总额过亿，占地约10124平方米，总建筑面积21168.81平方米，建成后将致力于无创呼吸机、无创呼吸机面罩、高速低噪直流无刷电机、腕上远传血氧仪的研发及生产。

无线宽带物联网项目。2010年12月27日下午，京芯产业园、中电华通无线宽带物联网产业园项目奠基，北京开发区移动硅谷产业园正式进入新的发展阶段，未来3～5年将实现并带动周边产业达到每年1000亿元左右的销售规模。

【社会事业与文化建设】 社会事业取得新突破。妥善解决了亦庄地区800余名适龄儿童、少年就近享受义务教育问题。开设专门窗口开展卫生行政审批一站式服务，新设立3个社区卫生服务站。积极探索公寓社区化管理，建立永康公寓社区管理服务中心。落实推进“持卡就医实时结算”，共向区内企业发放社保卡9.4万张。开展了丰富多彩的社区文体活动。

【人才建设】 大兴区、北京开发区人才工作会议发布《大兴区、北京经济技术开发区“十二五”时期人才发展规划》、《中共北京市大兴区委、中共北京市委经济技术开发区工委关于深入推进人才工作的意见》、《关于鼓励高层次人才来大兴区、北京经济技术开发区创新创业的意见》以及《北京市大兴区、北京经济技术开发区为高层次人才提供专项服务工作的意见》等文件，并聘任16位高层次人才为两区政府特聘专家。

北京开发区进一步深化与周边区镇就业协作机制，通过加强岗位开发、开展定向培训、提供就业补贴等十项措施，有力推进了周边农村劳动力就业工作，全年共吸纳6046名大兴区劳动力及1029名通州区劳动力在开发区就业，成果共享成效显著。

【机构设置与管委会领导】 北京开发区工委、管委会内设机构为工委办公室，组织部（人事教育处、机构编制办公室、统战部），宣传部，党群工作部，政法工作部，机关党委

（机关工会），工会，管委会办公室（外事办公室、信访办公室），发展和改革局，产业促进局，科技局（知识产权局），财政局（国有资产管理办公室），人事劳动和社会保障局，房屋和土地管理局（北京市国土资源局经济技术开发区分局），建设发展局，征地拆迁办公室，市政管理局（水务局），社会发展局，审计局，环境保护局，统计局，安全生产监督管理局，研究室（法制办公室），信息化工作办公室等。

中共北京经济技术开发区工作委员会书记为杨林、林克庆，北京经济技术开发区管理委员会主任为张伯旭。

（北京经济技术开发区管委会）

乌鲁木齐经济技术开发区

【概况】 2010 年，乌鲁木齐经济技术开发区（以下简称乌鲁木齐开发区）实现地区生产总值 140.5 亿元，同比增长 40.2%，是 2005 年的 8 倍；工业总产值 282.6 亿元，同比增长 52.3%，是 2005 年的 10 倍；工业增加值 66 亿元，同比增长 52.2%，是 2005 年的 8 倍；全社会固定资产投资 68.7 亿元，同比增长 57.3%，是 2005 年的 6.6 倍；实际利用外资实现 9900 万美元，创历史新高，同比增长 35.1%，是 2005 年的 6.6 倍；本级财政收入 22.7 亿元，同比增长 51%，是 2005 年的 7.6 倍；预计外贸进出口贸易总额 18.4 亿美元，同比增长 1.1 倍，是 2005 年的 7.5 倍。实现城镇就业 8793 人。人口自然增长率 5.34‰，人口出生率控制在 7.81‰。万元工业增加值能耗较 2009 年下降 8%。

全年用于科技的财政投入累计达到 4185 万元，科技进步贡献率达到 55.7%，高新技术产业规模已超过工业产值总量 70%，对工业经济和全区经济贡献率分别达到 92.1% 和 44.5%。新增企业研发机构 4 家，新获得国家授权专利 73 件，新增申请专利 148 件。软件园、留学人员创业园、企业孵化器“三位一体”的新疆科技创新园建设已全面启动，科技协会、博士后工作站等科技服务载体更趋完善，并形成“横向到街道社区，纵向到企业”的科普发展新格局。知识产权工作取得重大突破，全区申请、授权专利双双突破 400 件，被授予“国家知识产权试点园区”称号。

大力发展循环经济，完善节能减排监测考核体系，企业能耗持续下降，全区规模以上万元工业增加值能耗 0.18 吨标煤/万元，仅相当于国家生态工业示范园区标准的 36%。27 家企业通过环境管理体系认证，全年企业环保投资达到 3.6 亿元。节约和集约利用土地成效明显，全年累计收回、盘活闲置低效用地 189 亩，土地集约利用评价结果名列全疆各类园区首位。

全年用于民生领域的财政支出 8.5 亿元，占财政一般预算支出的 56%，实施了校园建设与环境改造、街道社区建设、供水管网及户表改造、廉租房建设、文体设施建设等 14 个方面、20 余项“惠民工程”。

全年完成职业培训 7032 人，城镇登记失业率控制在 1.69%，“零就业”家庭实现动态清零；进一步完善城市低保，积极帮扶困难弱势群体，逐步完善社区卫生服务网络，新建、扩建 4 个社区卫生服务站；新建 3 个社区托老站。

加大文化教育投入。整建制接收水利水电

一处子校，大力支持实验学校、林子校、建工二中等学校建设，切实解决子女就学难问题。深入开展自治区第九个“公民道德建设月”活动，举办“第三届开发区运动会”，启动了“百日广场文化活动”和“社区公益电影放映工程”，各类群众文体活动达143场（次），群众文化生活更加丰富。

【招商引资】 乌鲁木齐开发区招商引资工作发展态势良好，特别是中央新疆工作座谈会精神逐步落实之后，加速发展势头更加明显，呈现出4个特点：项目质量有所提升。引进的项目质量较以往有明显提升，项目呈现品牌响、体量大、效益好的特点，太阳能、风能等新能源的开发利用取得突破性进展；经济结构、经济发展质量得到进一步提升，招商引资工作由“引”资向“选”资、“择”资转变趋势明显。投资领域不断拓展。继续夯实原有八大产业基地的同时，积极培育新的支柱产业，新引进中泰化学煤制气、红云红河新疆卷烟厂、新疆农机园、新疆软件园、东风汽车整车制造等涉及煤化工、烟草、农牧机械、电子软件、汽车等行业项目，使开发区招商引资结构更趋合理性，经济发展更趋多元化。跟踪服务力度加大。围绕“洽谈项目尽快签约，签约项目早日开工，建设项目早日投产”的工作目标，企业服务小组主动与企业联系和沟通，及时掌握了解企业存在的各种问题，积极为企业解决生产生活中遇到的困难，努力改善为企业服务的质量和水平，着力营造“亲商、安商、富商”的良好氛围。境外投资呈现上升趋势。全年，开发区企业对外直接投总额3.835亿美元，境内投资主体3家，境外企业数6家，分布区域为5个国家和地区，项目涉及石油开采加工、风机销售、家具制造及配送。

全年新核准、备案、注册项目总投资达到225.4亿元，同比增长86.7%，其中：内资工业项目投资额190.7亿元，同比增长3.4倍。落地资金80.6亿元，同比增长97.4%，其中重点项目投资达到18.6亿元，占企业工业项目投资额的70%，海螺型材、有色集团等8个项目落地规模超过8000万元。项目引进和落地的加速，进一步夯实了经济发展基础，加速了产业结构的优化提升。

【利用外资】 乌鲁木齐开发区实际利用外资创历史新高，达到9900万美元，同比增长35.1%。外贸进出口总额较2009年增加9.6亿美元，增速高达1.1倍。机电产品外贸额增速达到2.1倍，加工贸易进出口额占外贸总量1/3强，旅购贸易出口份额和战略资源产品进口份额分别为73%和94.4%。金风科技、美克、同华矿机等9家企业实现境外直接投资3.8亿美元。

【出口加工区】 乌鲁木齐开发区出口加工区洽谈项目25个，吸引安得物流、亚欧国际、灵玺投资、天诚物流等企业入区，涉及现代物流、国际物资交易、货包机、境外投资等方面。全年出口加工区实现进出口贸易额1.24亿美元，完成目标任务6580万美元的188%。完成加工贸易3204.4万美元。一般贸易完成9191万美元。完成招商引资3.5亿元，完成目标任务2亿元的175%。

【园区建设】 乌鲁木齐开发区新建、续建项目178个，其中跨年度工程41个，新开工项目137个。完成基本建设投资15.1亿元。新增道路总长55.4公里、市政管线107公里；园区设施配套能力增强，供水、供电、供气、公交等公共服务明显改善。

城区综合管理。实施一批背街小巷改造、棚户区改造和环境综合整治项目，城区面貌有了新的改观。整治巷道5条，共2.5万平方米，安装路灯450盏；生态绿化建设成效显著，新增绿地1667.2亩，植树86.5万株；落实大气污染治理任务，完成锅炉煤改气5台，建筑节能改造2.5万平方米。

加强规划和建设工作。甘泉堡南区、北区控规等6项规划编制及修编进展良好，围绕首府城市西延战略，完成一期、二期城市设计和景观设计，综合保税区选址及规划工作顺利推进。

功能区块建设持续完善。甘泉堡工业区开

发建设累计投入1亿元，完成北区1882亩土地预征工作，2800平方米服务区全面建成，绿化303.42亩，植树7万余株，土方平整113万平方米。加快出口加工区和二类口岸建设，1.2万平方米标准厂房建设进展顺利。合作区完成拆迁收尾，园区面貌大幅改观。

【新疆首家软件产业园项目落户开发区】2010年8月18日，新疆软件园奠基仪式在开发区合作区举行。新疆软件园是集聚新疆本土软件和信息服务企业，承接东部地区相关产业梯度转移的战略平台和功能载体。建设新疆软件园，是自治区发挥地缘、区位、语言、文化优势和多语种软件产业比较优势，规划发展多语种软件和信息服务业的一项战略性举措。新疆软件园项目由自治区经信委和开发区管委会共同建设，规划占地面积300亩，一期总投资12亿元，建设期3年。建成后，预计可实现软件与信息服务营业收入30亿元，软件产品和服务外包出口收入3000万美元，拉动就业8000人以上。项目奠基和开工建设，是开发区探索欠发达地区发展现代信息产业迈出的一大步，将有效促进首府新型工业化和现代信息服务业发展，对加快实现新疆软件与信息服务业“三大中心、两大基地、一个桥头堡”的战略目标，推动新疆软件和信息服务业跨越式发展意义重大。

【社区建设】 乌鲁木齐开发区基层组织建设进一步加强，正式组建了4个街道领导班子，新建街道全部正式挂牌，通过面向社会公开招聘的方式为各街道社区配备了105名干部，从区外选调了13名有工作经验的干部充实街道社区干部队伍，配备了9名懂“双语”的社区干部，在现有135名社区巡防队员的基础上，新招聘巡防队员154人，基层工作力量得到进一步充实。采取自建、购置、资产划拨等多种方式，完成13个社区阵地建设任务。

加强维稳制度建设，制定并印发《开发区处置各类突发事件应急预案》，全年共投入2000多万元，在全区231个重点部位安装了监控设备，实现辖区范围全覆盖。细化社区警务建设，合理调整社区警力布局，实行“一区两警”。组建区、街道、社区三级共810人的维稳队伍、317人的信息员队伍。加大出租房屋和流动人口管理。制定并下发《出租房屋登记备案管理办法》、《出租房屋分类登记管理办法》、《流动人口准住准聘管理办法》等相关制度。重点人口登记管控率100%。全面推进“四知四清四掌握”。从岗位职责、业务能力、工作实效等方面制定了考核办法和考核细则。充分发挥社区在维护社会稳定和服务群众中的作用。

（乌鲁木齐经济技术开发区管委会）

合肥经济技术开发区

【经济发展】 2010年，合肥经济技术开发区（以下简称合肥开发区）完成工业总产值1338.7亿元，实现地区生产总值464.4亿元，实现工业增加值367.1亿元，完成财政收入72.5亿元，同比分别增长30.14%、25.6%、28.83%、20.57%；其中，第二产业增加值398.74亿元，增长28.83%；第三产业增加值65.63亿元，增长12.04%；第二、三产业增加值比例为85.86:14.13。地区生产总值、工业总产值、财政收入分别是5年前的3.4倍、4.2倍、4.6倍。完成固定资产投资300.2亿元，同比增长20.9%，其中工业项目投资132

亿元，同比增长 26.5%。完成财政收入 72.52 亿元，比 2009 年增长 20.57%，完成税收收入 60.54 亿元，比 2009 年增长 32.79%。

【投资环境】 坚持科学规划引领建设发展，按“未来区域性特大城市主城区”的新要求，组织编制《合肥出口加工区专项规划》和《派河以南合作区域总体规划》，完成派河以南合作区约 62 平方公里航空摄影测量，为建设发展提供引导和支撑。优化城区功能布局，道路、水、电、供热、供气等市政基础设施日趋完善。2010 年，全区累计完成财政性投资市政基础设施约 8.43 亿元，基础设施覆盖面积由 34 平方公里扩展到 66 平方公里。加快推进新港工业园“三路一桥”建设，宿松路、集贤路、观海路等相继建成通车。塘西河流域开发区段雨污实现彻底分流。新增公共绿化面积约 43 万平方米，区域绿化率由 39% 提高到 42%，森林开发区战略成效显著。

2010 年 2 月，合肥开发区被工信部授予全国唯一的国家新型工业化家电产业示范基地，7 月、11 月又分别捧回合肥出口加工区和国家生态工业示范园区两块国字号招牌。在商务部对国家级经济技术开发区评比中，合肥开发区发展与效率指数从 2009 年的第 18 位跃居第 9 位，首次冲入全国十强。

【招商引资】 2010 年，合肥开发区紧抓招商引资第一要事，一是突出大产业招商、大项目招商、大企业招商和大平台招商，着力引进辐射力、带动力、支撑力强的大项目、好项目。全年累计签约项目 35 个，总投资 201.5 亿元，其中亿元以上项目 26 个、5 亿元以上项目 10 个。二是深化专业招商、重点区域招商、全民招商，形成招商工作新格局。三是强化产业链招商、中介招商、以商招商，依托“第六届徽商大会”、“中国 500 强发布会”、民企合作对接会等各类平台，加强招商推介。熔安重工挖掘机项目、宝龙达电脑、青雅液晶显示面板、尼普洛医疗器械等一批超 20 亿元大项目相继落户。截至 2010 年底，共引进内资项目 970 个，其中产值超亿元以上项目有江淮汽车、海尔、美菱股份、合力叉车、华泰集团、熔安动力等，投资商主要来自上海、江苏、广东、浙江等地区。较大的上市公司有海尔、江汽股份、合力叉车、长虹、美菱和美的等。共引进外资项目 288 个，其中较大的项目有联合利华、日立建机、佳通轮胎、友达光电等，投资商主要来自中国香港、中国台湾、新加坡、日本等地。

【产业发展】 龙头产业实现集群效应，特色产业集群初步形成。2010 年，汽车及零部件、家电电子、装备制造、日用化工、食品加工五大支柱产业累计完成工业产值 1030.7 亿元，占全区工业总产值比重 95.64%。海尔、日立、江汽、联合利华等骨干企业加快发展，海尔工业园产值超过 200 亿元。国内首台船用低速柴油机顺利下线，全省首台笔记本电脑下线。目前，全区规模以上工业企业增加到 184 家，其中产值超亿元企业 80 家、超 10 亿元企业 19 家，分别是 5 年前的 2.4、2.7 和 2.4 倍。国家新型工业化家电产业示范基地效应进一步显现，全年家电产业实现产值 374.5 亿元，同比增长 36.4%，拉动全区经济增长 12.5 个百分点。在 2010 年合肥企业 50 强榜单中，合肥开发区占据 15 席，其中合肥十强企业中，开发区占据 5 席。

【对外贸易】 2010 年，合肥开发区进出口总额 25.6 亿美元，同比增长 80.79%。其中出口总额 11.38 亿美元，增长 59.44%；进口总额 7.02 亿美元，同比增长 102.66%。主要出口企业有华凌电器、佳通轮胎、美菱股份、联合利华、合力叉车、应流机电、捷敏电子等，主要出口商品为电冰箱、橡胶轮胎、叉车、挖掘机零部件等；主要进口企业有日立建机、佳通轮胎、熔安动力、联合利华等，主要进口商品有挖掘机及叉车零部件、天然橡胶、合成橡胶等。

【项目建设及服务】 2010 年，合肥开发区进一步提升管理水平，对重大、重点项目方案实行区规建会、市规委会集体审查、集体决策机制，促进开发区由单纯的工业区向综合性新城区转型发展。创新方法举措，通过加强规划源头控制、强化批后监管等措施，推进土地集约节约利用和精细化管理，全年审批工业项目平均容积率由2009年的1.1提升至1.24。对土地报批信息实行“急事随报、动态周报”，全年共申报批准新增建设用地27宗，挂牌成交工业用地36宗，经营性用地3宗。继续加大闲置、低效用地清理力度，收回闲置用地1宗，加大项目调度和催建力度，对13宗低效用地发函催建，促成实质性开工9宗。

紧抓皖江城市带承接产业转移等政策叠加的机遇，以建设高水平的大项目、好项目为支撑，成为中部最大的日资企业聚集地和台资企业首选地。全年新建项目23个，总投资130亿元，续建和技改扩建项目70个，总投资220亿元。推进熔安重工、友达光电、航嘉电器、峻凌电子、海尔年产300万台冰箱、美菱年产120万台冰柜等重点项目开工建设，加快中外运合肥物流园二期等重点仓储物流项目建设，进一步壮大总部经济规模。

在优化服务方面，全年为园区企业争取中央及省市各类奖补资金2.63亿元。加强对重点行业、重点企业的预警监测，及时了解工业经济运行中存在的问题并积极协调解决，实现服务网络全覆盖。完善金融服务体系建设，成立安徽省第一只私募基金，引进江信国际集团，安徽国元创投公司以及2家小额贷款公司、3家担保公司。搭建银企对接平台，解决企业资金困难。累计组织各类招聘会120多场，帮助企业解决用工近万人。

【科技创新】 合肥开发区围绕现有支柱产业和骨干企业，加快推进“传统产业高端化、新兴产业规模化”，抢占自主创新“高地”，初步形成微电子，新材料以及住宅产业化等新兴产业，高新技术产业比重逐年增加，占到全区工业总产值的七成左右。积极推进企业技术中心、研发中心建设，截至2010年底，共有国家级企业技术中心3家、省级企业技术中心14家。

【社会事业】 坚持带领农民致富是立身之本。全年投入民生工程、社会保障、医疗卫生等项资金1.08亿元。祖居居民的人均可支配收入达13159元，较2009年增长12.4%。全年共完成征地3498.6亩，拆迁房屋26.44万平方米，发放征迁资金2.3亿元，安置住房12.83万平方米，934套廉租房顺利交付使用。严格依照“就高不就低”的原则，实现原有失地农民基本生活保障政策与合肥市被征地农民保障政策接轨，全年参保人数达到32488人。通过向入区企业推荐、政府购买岗位、鼓励自主创业等多种方式，解决居民就业问题。截至2010年底，全区企业从业人员达110926人。全区失地劳动力累计就业24159人，就业率为93.8%；在2009、2010年连续2年被合肥市授予“充分就业区”称号。1993年，祖居农民人均纯收入1705元，到2010年人均可支配收入达到13159元。

社会事业同步快速健康发展。区属学校标准化建设和办学水平达到全市平均水平。引进民办学校（含幼儿园）38所，区内共有13所区属中小学、14所高校；引入安医大二附院等3家医院，建成社区卫生服务中心5个，社区卫生服务中心100%全覆盖。全区建有体育广场20个、运动场（馆）191个，建成藏书2万余册的芙蓉社区图书馆。成功承办“第四届全国体育大会”和“第二届技工节”。群众性文体活动蓬勃发展，形成“社区文化节”、“环湖长跑比赛”等诸多特色鲜明的群众体育活动。文明平安开发区建设成效明显，在全市公共文明指数测评中连续荣获第一，全区综合防治体系日益完善。

【管理与服务】 构建起与市场经济相适应的“小政府、大社会，小机构、大服务”的管理体制和运行机制，以及“干部能上能下、职工能进能出”的用人机制。2010年，开发区进一步深化管理体制改革和创新，按照大部制原则整合部门和机构，围绕经济发展，撤销内设机构6个、吸收法定机构5个，将招商局分设为招商一局、招商二局；突出社会管理和城市管理2个重点，在不突破现有岗位数的前提下，社会管理及城市管理等部门的岗位有一定增加；建立纪检、督查、考核“三位一体”大监督格局、强化执行与监督相对分开。以“重心下移、职能转变、服务延伸、方便群众”为要求，全面推开社区管理体制改革，21个社区工作站挂牌，建立并运行党组织、居委会、工作站“三位一体”的工作机制。划分119个社区管理服务责任网格，实现社区管理服务扁平化。以精细化城市管理为目标，在全市率先实行“多位一体”的城市管理新体制，实行网格化管理服务，使开发区城市管理走向规范化、精细化的发展之路。深化财政、国资管理体制改革，强化市场化运作，有效防止国有资产闲置、流失，建立和完善了收入分配与经营效益挂钩的机制。

【机构设置与管委会领导】 合肥开发区下设工委办公室、管委会办公室、经贸发展局、建设发展局、社区管理局、财政局、社会发展局、人事劳动局、信访局、城市管理局、招商局、环保分局等17个工作部门。

合肥开发区工委书记、管委会主任为姚卫东，工委副书记、管委会副主任为操云何，工委委员、管委会副主任为孙余洲、李保国、程振革、吴昊、王家和。

（合肥经济技术开发区管委会）

郑州经济技术开发区

【概况】 郑州经济技术开发区（以下简称郑州开发区）规划控制面积86.7平方公里，区内常住人口、产业工人及从业人员12万余人。截至2010年底，郑州开发区基础设施覆盖面积41平方公里，累计完成固定资产投资430亿元，其中基础设施投资超过50亿元。全区聚集各类工业企业1500余家，其中外商投资企业205家，上市公司直接投资项目31个；拥有规模以上工业企业102家，世界500强企业中已有22家在区内投资建厂。

【经济发展】 2010年，郑州开发区完成地区生产总值69.9亿元，同比增长28.7%；工业总产值完成130亿元，同比增长50%；规模以上工业增加值完成30.1亿元，同比增长51.5%；全社会固定资产投资完成92.3亿元，同比增长40.3%；财政总收入完成23.2亿元，同比增长28%；财政一般预算收入完成7.4亿元，同比增长53.8%；实际利用外资2.8亿美元，同比增长18.7%；完成出口3.06亿美元，同比增长65.1%；社会消费品零售总额43.2亿元，同比增长19.3%。

【招商引资】 围绕汽车及零部件制造、装备制造、食品加工、电子信息、现代物流五大主导产业，先后参加“河南省与央企战略合作洽谈会”、“港澳深闽商访豫活动”等重大招商活动，集中攻坚龙头型、基地型、综合型、研发型以及后发优势型项目。全年新批进区项目75个，总投资77亿元，同比增长162%，其中外商投资项目12个，合同利用外资4.23亿美元。成功签约项目27个，协议投资总额214亿元，其中亿元以上项目16个、10亿元以上项目6个。新签约项目中95%以上为五大主导产业项目，同时还跟踪洽谈日产电动汽车、顶新国际、伊利饮料、台一电缆、丰树物流等90余个项目，拟投资总额近500亿元。全区合同利用外资、实际利用外资两项指标连续5年位居全市第一，占全市比重均提高到15%以上。

【产业培育】 工业主体地位进一步凸显，全区规模以上工业企业由2005年的不足60家增加到2010年的102家，规模以上工业利润是2005年的23倍。八大园区建设全面启动，汽车及零部件、装备制造、食品加工、电子信息、现代物流五大主导产业基本形成。汽车产业实现零的突破，2010年汽车产业产值占到工业总产值的33.6%。海马福仕达稳居全国同类车型销量前五名；日产“奇骏”、“逍客”实现量产，第二工厂已成为日产在中国继花都工厂之后的第二大生产基地。装备制造业已经形成以郑煤机、中国龙工、中铁盾构、中科英华、恒天重工为核心的产业集群。食品工业园已经吸引中粮、益海嘉里、百事可乐、杜邦等世界500强企业和跨国公司入驻，医药物流业已经汇集国药、华润、九州通三大行业龙头。高新技术产业快速发展，高新技术产业产值占规模以上工业总产值的比重由2005年的15.6%上升到32%。积极创新融资方式，加快企业上市步伐，实现了郑煤机、四方达等企业成功上市，金博士种业等4家企业被列为“全省首发上市重点后备企业”。

【对外贸易】 充分发挥出口加工区和保税物流中心对外贸易主平台作用，努力拓展外向型经济发展空间。2010年，郑州开发区实现进出口总额6.6亿美元，同比增长85.9%。其中，出口加工区实现进出口总额5.5亿美元，同比增长85%；实现工业总产值8.5亿元，同比增长31%；实现工业增加值2.3亿元，同比增长31%。出口加工区富士康项目从公司注册、设备安装到首条生产线的如期投产，仅用了30天时间，创造了把全球最大代工企业引进河南的“奇迹”，被富士康集团誉为“郑州速度”。河南保税物流中心正式通过国家四部委封关验收，为郑州经济技术开发区打造中西部地区功能完备、物流通畅、业务集中的内陆“保税无水港”打下了良好基础。

【项目建设】 2010年是郑州开发区确定的“开工建设年”，全年新开工超亿元项目25个，续建项目15个，总投资330亿元。全区以项目建设为核心，以打造8个超百亿元产业园区为目标，严格落实重点项目协调推进机制，全力抓好项目落地开工、建成投产，项目建设整体呈现大、好、优、快等特点，奠基和开工的一批重大项目成为全市亮点。郑煤机、中铁盾构、恒天重工、旭飞二期、双汇工业园、富泰华精密电子、宇通特种车、河南保税中心、海马第三工厂、百事可乐、露露、中粮工业园等一批超亿元、超十亿元的重大项目开工建设。截至2010年底，全区已累计引进亿元以上工业项目62个，总投资423亿，是“十五”期间全部项目投资的9倍，结束了郑州开发区没有重大工业项目的历史。总投资80亿元的海马郑州基地项目、总投资50亿元的中国恒天重卡项目、总投资34亿元的旭飞光电项目、总投资30亿元的中粮工业园项目、总投资32亿元的郑州日产新工厂项目、总投资28亿元的郑煤机高端产品生产园区项目、总投资15.6亿元的双汇食品工业园项目等一批超10亿元重大项目已开工建设。总投资138亿元的郑州宇通工业园项目、总投资100亿元的龙工中原工程机械生产基地项目已正式签约，将开工建设。旭飞光电一期、郑州日产第二工厂已经竣工投产；出口加工区富士康项目30天内建成投产，创造了被称为奇迹的“郑州速度”。郑州开发区项目建设呈现出“正在集聚、正在开工、正在建设、正在跨越”的良好态势。

【科技创新】 全区全年新申报各级研发中心24家，获批16家；申报专利247项，授权113项；申报各类科技资金项目111个，实际到位资金3439万元；申报高新技术企业7家，获批5家。荣获“河南省知识产权优势区域”称号，被确定为“省创新型产业集聚区（试点）”。两家企业参与制定了11项国家行业标准，两人入选中组部“千人计划”。培育出钻石精密、安图生物、金博士种业、联合磨料磨具等一批创新能力强的龙头企业。旭飞光电公司成功突破液晶玻璃基板制造核心技术，彻底打破了国外玻璃基板长期垄断的局面。中铁盾构将成为拥有自主产权的中国最大的盾构机生产基地。

【社会事业】 2010年，全区财政性民生投入达到1.7亿元，占全年财政支出的21.4%，同比增长120%。不断加大教育投入，郑州开发区第二中学新校和实验小学二期扩建已基本完工；优先足额拨付教育经费，完善了教师工资发放保障机制，全区一次性补发教师2009年以来的奖励性绩效工资，人月均1040元，远高于市内各区人月均800元的水平；区85中学在中招考试中再创佳绩，中招考试升入省级示范性高中人数连续3年翻番，教学质量稳居郑州市东部地区先进学校行列。医疗卫生事业快速发展，新建标准化卫生所12个，基本实现全区医疗卫生服务体系全覆盖；市第7人民医院新院区已整体搬迁开诊营业；辖区新农合报销比例提高，农村参合率达到96.2%。惠农政策较好落实，全年发放惠农补贴资金1113万元，涉及粮食直补、家电下乡、两免一补等7个项目，惠及农村5938户、22816人。扶贫救困力度进一步加大，重点保障低保、孤寡老人等弱势群体，实现了农村低保对象的应保尽保。就业再就业工作扎实推进，全年实现城镇就业1860人，农村劳动力转移就业779人。社会保险覆盖面进一步扩大，征迁安置群众基本生活得到有效保障。积极开展平安建设活动，平安村达到95%以上，“四严创”活动位列全市第二。进一步加强社会治安综合治理，扎实做好信访稳定和安全生产工作，社会大局保持和谐稳定。

【机构设置与管委领导】 郑州开发区管委会下设党政办公室、人事劳动局、财政局、规划建设环保局、社区管理服务局、教育文化体育局、行政综合执法局、国土资源分局、纪委监察审计局、投资发展服务局、企业服务中心、招商一局、招商二局、新兴产业服务局、汽车产业服务局、科技局、创业中心、科技创业园、留学人员创业园、工会、计生办、国资办、信息中心、政研室、拆迁办25个行政部门。出口加工区下设党政办公室、综合管理服务局、经济发展局、招商局、招商二局5个部门。

郑州开发区管委会党委书记、管委会主任、出口加工区党委书记、管委会主任为张延明。党委副书记、管委会常务副主任为李喜安。党委副书记、管委会副主任为李东明。党委副书记、出口加工区常务副主任为秦土旺。管委会副主任为时云辉、赵长根、黄楠、马斐颖、李国立、王义民。工会主席为王华耀。纪委书记为武斌、副书记为马良。

（郑州经济技术开发区管委会）

成都经济技术开发区

【经济发展】 2011年成都经济技术开发区（以下简称成都开发区）实现规模以上工业主营业务收入700亿元，同比增长40%；工业增加值207亿元，增长31.5%；利税180亿元，增长35%；出口创汇3.3亿美元，增长44.1%。其中，汽车（工程机械）主导产业实现主营业务收入443亿元、工业增加值91亿元、税收40亿元，分别增长75%、54%、50%，汽车（工程机械）产业增加值占规模以上工业、地区生产总值的比重分别达到43%、26.3%，同比分别提高2.5、4.3个百分点。在国开区最新综合排名中位居全国第26位，上升3位，名列西部第二，被列入“国家新型工业化产业示范基地”。

【环境建设】 在硬环境建设方面，成都开发区完成基础设施投资20.5亿元，启动了汽车产业东南片区55公里路网建设，开发区新区173.5公里路网、370.5公里管网全线贯通，34.2公里“四路”改造被建设部评为教学示范工程，一汽大众110KV变电站建成投运，加快推进开发南110KV变电站、开发区配气站等能源配套设施建设；促进宝湾物流（一期）、一汽国际（北区）等项目建成投运，龙泉聚商科研及生产服务中心、龙泉银河总部经济港等城市功能项目竣工投运，国际财智科技产业园区加快建设，“第九空间”大厦、银河城市综合体等项目加快开工，成都开发区进一步增强了产业发展配套能力。在软环境建设方面，成都开发区进一步加强规范化服务型政府建设和效能机关建设，认真执行ISO9001和ISO14001国际管理达标认证体系要求，坚持落实24小时服务热线、机关延时服务和节假日预约服务等工作机制，提升机关服务效能；加强生产安全工作、社会治安管理和维稳工作，营造了一流政务服务环境。

【招商引资】 2010年新引进产业化项目59个，总投资408.8亿元。重点引进投资72亿元的一汽大众三期扩能，投资55亿元、年产20万台的沃尔沃乘用车成都基地，投资28亿元、年产65万台的一汽大众发动机等重大整车及关键零部件配套项目，实现到位市外内资115亿元，实际利用外资2.9亿美元。

【产业发展】 2010年，成都开发区成功引进一汽大众三期扩能、沃尔沃乘用车成都基地、一汽商用车成都基地、神钢大吨位起重机生产基地等整车（机）项目，初步形成了“九车七机”产业体系。全年实现整车（机）产销10万辆，销售收入316亿元，增加值61亿元，分别增长100%、50%、68%。成功引进一汽大众发动机、吉利动力总成等关键零部件配套项目，推动了一汽大众发动机、中国兵装汽配园等181个关键零部件项目建链发展，已建、在建、拟建总产能达到125万台。成功引进投资20亿元的上海瑞华特纯电动客车及检测中心、投资2亿元的宁波卡倍亿电控研发中心等4个高端新能源汽车项目，加快推进了专用试车场和雷博、吉利、博世等一批专业检测机构聚集发展，全力推进九峰国际零部件交易中心一期等项目快建快运；同时成功举办“2010全球汽车论坛”等一批国际国内大型知名的汽车会展娱乐活动。

【项目建设】 成都开发区全年新开工项目56个，竣工投资项目32个，加快建设项目14个。其中汽车（工程机械）整车（机）完成投资69亿元，占工业投资的53.1%。重点促成一汽丰田新“普拉多”正式下线，全年实现整车产量2万台，吉利集团成都SUV项目全面竣工试产，神钢集团各型产品实现批量生产以及九峰国际汽配商城（一期）建成投用；加快一汽大众三期54万辆扩能升级项目、一汽客车等项目开工建设。一汽大众成都NCS项目零部件配套园28个关键零部件项目实现当年动工建设、当年建成投产。

【科技创新和重点企业】 成都开发区以加快转变经济发展方式为主线，以支撑成都汽车产业向高端发展为目标，开启了建设世界级万亿级成都国际汽车城跨越发展的新局面。全年，共承担国家、省、市科技项目30项，获得资金扶持2150万元。区高新技术企业达38家，企业技术中心、工程技术研究中心达20家，国家级（省级）知识产权试点示范企业达7家，博士后工作站达1家，专家院士工作站达2家。2010年，专利申请数900件，高新技术企业销售收入达到98亿元。

全年新增规模以上企业25家，累计达143家；新增销售收入上亿元企业16家，累计达50家，其中过百亿元企业3家；新增利税过千万元企业18家，累计达45家，其中过10亿元企业3家，过百亿元企业1家。重点促成一汽丰田搬迁扩建项目当年竣工投产，当年实现销售收入过百亿元；神钢集团实现销售收入150亿元，提前实现“创百亿”奋斗目标；南车掘进机、云内动力、海信科龙、天兴山田、立邦涂料等30个骨干企业持续扩产增效。

【人才建设】 成都开发区大力强化集体领导

下的个人分工负责制，“集体领导、独立负责、统筹协调、整体联动”的工作机制进一步健全完善；坚持推进“人才强区”战略，大力实施“百千万”工程，引进各类急需紧缺人才13596名（博士、硕士1105名），切实增强了服务产业赶超发展的能力。

【机构设置与开发区领导】 成都开发区党工委、管委会内设机构为“一办五局”，即：党工委、管委会办公室（含机关党委），主要负责文秘、信息、文书、组织人事、人才开发、群团、目标管理督查、机关后勤事务、机关财务、对外联络及接待、会务承办工作（机关党委主要负责机关党的建设、纪检督察、共青团、妇联、工会、人事工资、退休服务等各项工作）；汽车产业投资服务局，主要负责统筹和履行汽车制造和汽车商贸、物流、博览、专卖与汽车为主题的文化、休闲、运动等项目投资促进工作；现代工业投资服务局，主要负责除汽车产业以外的新型工业化项目、重点工程机械、外资项目、孵化器项目等功能性服务项目的投资促进工作；项目建设服务局，主要负责项目进区后开工建设至项目建成投产前所有环节的协调、服务工作；企业发展服务局，主要负责建成投产企业的后续服务工作；统筹发展局（区域合作局），主要负责开发区战略研究及区域合作工作。

成都开发区领导成员为：成都市市长助理、党工委书记陈争鸣，党工委副书记、管委会主任廖仁松，党工委委员、管委会副主任李桦，党工委委员、管委会副主任贾伦才，党工委委员、管委会副主任程果，党工委委员、管委会副主任蔡本刚。

（成都经济技术开发区管委会）

昆明经济技术开发区

【经济发展】 2010年，昆明经济技术开发区（以下简称昆明开发区）营业总收入达469.6亿元，同比增长28.3%；工业总产值达221.46亿元，同比增长28.49%；实现工业增加值66.45亿元，可比增长24.7%；全区有规模以上工业企业128家，比2009年同期增加15家；规模以上工业实现增加值61.5亿元，可比增长25%，增速高于昆明市近9个百分点，总量约占全市规模以上工业增加值的10%以上；规模以上工业实现主营业务收入201.83亿元，同比增长36.52%；规模以上工业企业实现利税14亿元，同比增长25%。地方一般预算收入完成9.12亿元，同比增长42.69%；完成工业固定资产投资约39.8亿元，同比增长42.1%；全年完成外贸进出口总额9.82亿美元，完成全年任务的213.6%。

【招商引资与利用外资】 2010年，昆明开发区充分利用现有招商引资平台和渠道，不断拓宽思路、创新方式、加大力度、多方出击，有效推动了全区招商引资工作的顺利开展。特别是在土地资源相对不足的情况下，开发区精选投资规模大、税收预期高的用地类项目，兼顾有影响力、经济效益好的非用地类总部经济项目。同时，结合园区产业链现状及发展方向，大力开展产业链招商、以商招商，重点引进光电子、装备制造、生物医药等“补链”项目。积极参与主城区“退二进三”，主动帮助迁入企业落户，促进其发展壮大。完善招商引资促进政策，制定《2010年招商引资优惠政策》、《二级招商平台招商引资管理办法》等系列文件。进一步挖掘项目潜力，做好配套服务，促成优质项目增资扩股，扩大规模。完善项目推进机制，确保落地项目早开工、早建设、早投产。2010年，开发区实际到位并经市考核办认定的市外内资为141.75亿元；实际利用外资2.32亿美元；引进项目中工业项目占比达73.8%；引进投资过10亿元的工业项目3个，并积极引进央企入昆项目4个。

【产业发展】 2010年，昆明开发区产业结构进一步优化，轻重工业协调发展。全区工业实现产值221.46亿元，同比增长28.49%，其中轻工业实现产值98.26亿元，同比增长17.08%，重工业实现产值123.2亿元，同比增长41.72%，轻重工业结构比为44.37:55.63。

主导产业占全区产值比重增大。2010年，开发区装备制造（光机电）、烟草及配套、生物医药及食品等主导产业实现增加值51.42亿元，可比增长17.8%，主导产业占规模以上工业增加值的比重达79.4%。

产业培育效果显著，新型产业发展迅速。以新材料、新能源、生物医药、装备制造和光电子为主体的开发区新型产业实现产值131.8亿元，同比增长43.4%；实现增加值38.1亿元，可比增长33.26%。产值和增加值占全区规模以上工业产值和增加值的比重分别为60.4%和58.8%；新型产业增加值增速高于全区规模以上工业增加值增速9.26个百分点。全区工业产值超过1亿元的企业有45家，比2009年增加12家，产值合计占全区的87%，其中产值超过10亿元的企业4家，比2009年增加1家，产值合计占全区的34.6%。

【科技创新】 2010年，结合建设“创新型城市”的契机，昆明开发区进一步完善技术创新支撑体系，强化科技基础平台建设，加大科技创新工作扶持力度，有效推动了区内企业自主创新工作的开展。在成功获批“科技兴贸创新基地”后，开发区成立了“工作推进领导小组”，加快推进科技兴贸创新基地的建设工作；及时修订《企业技术中心资助实施办法》、《企业专利资助实施办法》等系列扶持政策，以更好地激励和推动企业技术创新；鼓励企业承担、实施科技计划项目，大力开展以企业为主体的技术创新活动，组织企业申报国家火炬计划项目、科技型中小企业技术创新基金项目、云南省科技计划项目等，帮助企业争取更多的资金和技术支持，加强科技宣传、培训和管理，促进科技成果转化和高新技术产业化。2010年，开发区新增高新技术企业15家、云南名牌产品6个；高新技术产业增加值增长25.7%，财政科技投入达到2779万元，占同级财政支出比重的3.03%；培养与引进高层次人才161人。

【社会事业】 2010年，昆明开发区围绕“以人为本、和谐发展”的核心理念，突出“统筹发展、内涵发展”的工作思路，不断加大工作力度，全面推动社会事业进步、公共服务水平提升，形成了社会事业健康、稳定、有序发展的良好局面。为巩固基础教育指标、提高教学质量，昆明开发区积极探索创新，通过“招商引教”的新形式进一步巩固和提高园区教育水平，高中阶段教育毛入学率达到90.07%，民办学前教育在校生比例为90.58%，民办高中阶段在校生比例达到72.74%；加强对医疗机构的监管，引进社会资本办医，医患纠纷进一步减少，医患关系进一步改善，医疗质量进一步提高，年内无重大医疗事故发生，区域内初级卫生保健工作100%全覆盖；城镇养老保险参保人数已达2.32万人，完成6.53万人的城镇基本医疗保险参保扩面任务；为规范繁荣文化市场，丰富群众文化体育生活，开发区加大集中整治、专项整治力度，全年对文化经营场所检查覆盖率达100%；通过多项有效措施，城镇新增就业921人，城镇登记失业率为2.59%，有效控制在任务目标3.5%以内；进一步完善监管体系，促进“一岗双责”制度的落实，实施安全管理“区域监管全覆盖”，全年未发生重特大安全生产事故。

【管理与服务】 2010年，昆明开发区继续贯彻“服务至上、效率优先”的服务理念，不断强化服务意识、优化服务流程，全面提升企业服务工作的质量和水平。一是通过转变服务态度、创新服务方式、提高服务效率，构建服务质量持续改进的长效机制，大力推进管理创新和服务创新，为人才创业、企业发展提供一个良好的投资软环境。二是进一步深化和完善了领导负责项目制度，完善责任首发机制、信息协同机制等各种有效服务工作做法，督促各部门、各单位做好走访企业、联络企业工作，推进服务企业工作，为企业提供“全天候”服务。三是做好注册审批、在建项目、前期建设、后期运营等企业服务部门日常工作，不断完善政务中心服务体系，全面实行“一站式、一条龙”服务，实现了对企业的全程优质高效服务。四是把服务企业的各项制度、办法落实到实处，根据“送政策、落实政策”的工作要求，通过网站宣传、上门宣传等方式，真正帮助企业用活各项服务企业的优惠政策。

【园区建设】 2010年，按照“老区提升、新区完善、确保重点、贯通节点、大跨度超前”的总体要求，昆明开发区围绕“大项目带动大配套、大配套促进大发展”的工作思路，以信息产业基地、出口加工区、大冲工业片区等专业园区开发为龙头，以园区主干道路、综合管线等配套设施和绿化工程建设为载体，加快推进基础设施建设，经济发展承载和保障能力不断加强。开发区列入《2010年昆明市交通基础设施建设白皮书》的14条道路已全面启动，31个基础项目全面开工建设，其中已竣工验收项目25个。2010年，全区完成基础设施建设投资11.33亿元，收储土地3237.75亩，新增“五通一平”面积4221亩，新增绿地面积95.04万平方米。

【出口加工区】 自2008年2月昆明出口加工区封关运行以来，出口加工管理局在配合建设局、产业公司稳步推进基础设施建设和网外项目建设的同时，不断完善管理与服务，促进招商引资和网内企业发展。2010年，出口加工区管理局新批准引进了云南金瑞种业有限公司和云南欧亚高科技发展有限公司2个加工贸易企业，以及云南云港国际物流有限公司和云南捷润国际货运代理有限公司2个保税物流企业；加工区围网内企业实现进出口货值2524万美元，其中进口2134万美元、出口390万美元；加工区全区实现开工面积148万平方米，竣工面积1.5万平方米。围网内外实现大面积开工建设，部分建筑已基本竣工，形成了紧锣密鼓、欣欣向荣的建设风貌。

（昆明经济技术开发区管委会）

长沙经济技术开发区

【经济发展】 2010年，长沙经济技术开发区（以下简称长沙开发区）实现工业总产值915.3亿元，同比增长42.2%；实现工商税收50.08亿元，同比增长43.1%；完成全社会固定资产投资77.48亿元，同比增长23.38%。各项经济指标均创历史新高，呈现大幅增长、跨越发展的良好态势。

【财政税收】 2010年，长沙开发区工商税收突破50亿元，同比增长43.1%，创历史新高。积极应对中央财政贴息政策变化，密切与上级财政部门的联系，向上级申报项目199个，累计到位各类财政补助资金3亿元，其中申请各类政策资金1.86亿元，获得基础设施建设贷款贴息1.14亿元。进一步畅通了贷款渠道，全年新增贷款8.61亿元。积极推进小额贷款公司试点工作，推荐千山药机等8家企业进入长沙市拟上市企业名单。加强预算管理，机关四项费用支出同比下降2.54%。

【投资环境】 长沙开发区继续深入开展“两帮两促”和“学习与服务”活动，全年深入企业召开现场办公会30余次，收集并解决各类问题100多个。创造性地开展了“向企业承诺、为企业服务、请企业评价”活动，将该项活动与“创先争优”、优化环境有机结合，管委会面向企业公开承诺，并将企业反映的问题以“交办会”的形式督促职能部门限期解决，获得企业的广泛好评。积极推进企业信用体系建设，提高园区企业信用管理意识和水平，帮助企业创建驰名商标，中央电视台《新闻联播》报道了区内“创新工商服务举措、竭诚服务园区企业”的经验。面向企业印发《关于深化行政审批改革，优化办事流程的实施意见》，全面清理、精简审批事项，改进审批方式，优化办事流程，大大提高了工作效率和顾客满意率。由长沙开发区率先提出的“宁静日”制度、检查备案制度等经验得到省、市充分肯定，并在湖南省广泛推广。完善中小企业创业园孵化功能，创立留学人员归国创业园，进一步优化投资创业环境。企业对区总体投资环境满意率已达93.26%。

【空间拓展】 长沙开发区会同长沙县完成了300平方公里路网、给排水和空港城规划，完成中央商务区控规与城市设计招标工作，完成星沙、黄花、榔梨配套工业园与星沙新城的对接规划。全面启动规划扩区和“以区带园”托管星沙产业基地的工作，星沙产业基地依托长沙开发区的品牌、产业、资金和管理优势，加大了公司运作步伐和基础设施建设力度，强力推进土地报批、拆迁腾地、土地平整等工作，吸引了山河工业城、住友轮胎、云箭、康宝莱、经沣欧美砖等一大批企业纷纷落户，全年共引进项目14个。星沙产业基地各项工作的顺利推进，为“以区带园”模式作出了有益探索，积累了经验，也为开发区拓展空间、辐射产业奠定了基础。

【低碳园区建设】 长沙开发区积极发展低碳经济、绿色经济，制定了《创建低碳园区、发展低碳经济方案》，出台了《节能低碳资金管理办法》，在园区干部职工中营造了创建低碳园区的浓厚氛围。加大“生态园区”建设力度，稳步推进“国家生态工业示范园”创建工作，编制了《长沙经开区生态工业园建设规划》和《长沙经开区循环经济发展规划》。建设规划已通过环保部、科技部、商务部组织的评审论证，其标志长沙开发区“国家生态工业示范园”创建已经进入实施阶段。完善了排污口规范化整治，启动了项目能评，强化了环保执法检查，建设项目环评执行率、“三同时”竣工验收达到100%，单位工业增加值耗能0.11吨标准煤/万元，同比下降16.4%。

【招商引资】 长沙开发区全年完成到位外资1.92亿美元，同比增长9.51%；完成市外境内资金形成固定资产投资19.51亿元，同比增长21.82%，圆满完成全年目标任务。全年共引进招商项目90余个，其中注册资本2000万美元以上的外资项目3个；总投资2亿元以上的内资项目9个，其中投资10亿元以上的项目4个。“十百千万工程”中已有总投资超过10亿元的七大项目成功落地。成功引进5家世界500强企业，园区500强企业达到23家。组织和承办“中国长沙2010汽车零部件合作洽谈会”、“2010年中国工程机械配套件行业年会”、“中国湖南国际友好城市经贸交流推介会”等大型专题活动，较好地推介了园区投资环境。成功引进菲亚特零部件产业群、中铁盾构二期、广汽三菱、住友轮胎等一批知名零部件项目。

【产业发展】 长沙开发区主导产业继续引领发展。全年工程机械产业实现产值645.9亿元，同比增长53.69%，占全区工业总产值的70.56%；汽车产业产值首次突破百亿元大关，达到103.8亿元，占全区工业总产值的11.34%。骨干企业支撑作用增强。园区过亿元企业达46家，过10亿元企业达10家，共实现工业总产值784.9亿元，占全区工业总产值的85.8%。三一重工、山河智能、中联浦沅、北汽福田、博世汽车等企业继续保持蓬勃的发展势头。高新技术产业快速增长。全年实现高新技术企业产值822.4亿元，同比增长43.99%。

【项目建设】 全面推进“四纵四横”道路建设，新修道路里程8公里，初步形成了与市区、托管工业园、空港城四通八达、融汇贯通的便捷交通网络。加快推进园区给排水、绿化、亮化、美化工程，共投入建设资金18.68亿元（含拆迁资金15.06亿元），安排大小工程73个，建成基础设施项目35个（包括续建），长沙国际学校、榔梨污水处理厂、无线星沙等一批重大项目顺利竣工并投入使用。

【社会事业】 长沙开发区深入开展了困难职工帮扶、劳资纠纷协调工作，加强了园区企业劳动合同签订、工资发放等情况的检查，扩大了园区社保征缴面，年内园区企业社会保险参保率由65%提升到75.9%，园区社会服务日趋规范、有序、和谐。区内加大人才引进力度，落实引进高层次人才鼓励政策，确定每月18日为开发区人才招聘日，全年共组织招聘会27场（次），引进人才9627人。贯彻落实安全生产责任制，深入推进食品、饮水和特种设备安全检查，全区安全生产保持基本稳定。积极开展社会治安综合治理，有力地维护了全区大局稳定。

（长沙经济技术开发区管委会）

贵阳经济技术开发区

【经济发展】 2010年，贵阳经济技术开发区（小河区）（以下简称贵阳开发区）围绕“六个继续坚持、六个更加注重”的发展思路，开拓奋进、扎实工作，经济社会保持平稳较快发展，圆满完成各项目标任务，地区生产总值达到58.99亿元，同比增长18.8%，高于全年预期目标3.8个百分点。其中：第一产业增加值达0.77亿元，同比增长4%；第二产业增加值达32.16亿元，同比增长21.0%；第三产业增加值达26.06亿元，同比增长16.3%；全社会固定资产投资完成94.35亿元，同比增长36.7%；财政总收入完成10.92亿元，同比增长22.1%，地方财政一般预算收入完成5.73亿元，同比增长21.2%。社会消费品零售总额完成41.07亿元，同比增长23.5%；城镇居民可支配收入人均16550元，同比增长10.3%；农民人均现金收入7437元，同比增长11.6%。

【投资环境】 贵阳开发区具有得天独厚的区位优势，完善配套的基础设施、优质的服务和投融资环境及让利于投资者的各项优惠政策。已形成以装备制造、工程机械、汽车零部件、电子信息等产业为主导，以新材料、生物工程、食品生产等其他高新技术产业为补充，以现代物流为配套的“多元推进、成龙配套”的多元产业发展新格局，并初步形成“横向成群、纵向成链”的产业集群，是贵州目前军工技术产业、装备制造产业的集聚和繁荣之地，是以装备制造业以及相关的生产服务性产业为主的“现代化工业强区、现代化都市新区、现代化生态示范区”，是贵州省新型工业化最具代表性的区域之一。

贵阳开发区已初步建立经济数据数字化监测模式，逐步完善企业运行数据的采集工作。利用国有资产管理公司、贵合投资公司和科工投公司，进一步拓宽融资渠道，2010年，积极组织项目申请国家开发银行贷款并成功获得国家开发银行贷款5亿元，又先后与国开行贵州省分行、交行贵州省分行、贵阳市商行等多家金融机构签订了近160亿元银证战略合作协议，扩大了园区投融资渠道和融资规模。与贵州大学建立紧密的产学研合作关系，促进区内多家企业与贵州大学的合作。基本完成贵阳开发区“公共创新服务平台”的基础工作。完成相应的流程及政策设计、网站建设，搭建了数据库的基本框架，完成了部分企业的基础数据采集并录入。搭建生产力促进中心与科技中介服务机构的业务合作关系，生产力促进中心正尝试开展为区内企业构建技术联盟包装项目资料、为区内企业申报高新技术企业包装项目资料、为区内企业研发费用的加计扣除做好项目资料等新领域的业务工作。拟定《贵阳经济技术开发区（小河区）加强自主创新体系建设的意见和实施细则》，帮助区内企业争取科技项目资金。区内有各种国有银行和城市商业银行网点，有公证、律师、会计、审计等中介服务机构。

贵阳开发区处于贵阳市半小时核心圈内，交通和物流运输十分便利。贵阳周边便捷的航空、高速公路、高速铁路网使贵阳成为连接西南到华南地区的重要交通枢纽，也是中西部地区通往东南亚地区的重要陆路通道。随着中国—东盟自由贸易区日益紧密的经贸合作与往来，贵阳开发区的经济战略地位将不断提升。

【招商引资】 2010年，按照“请进来，走出去”的招商工作思路，进一步拓宽招商范围，以产业对接暨旅游推介会为契机，通过贵阳市政府在北京、上海、重庆、广州、南京组织举办的大型经贸交流活动，联络客商，沟通信息，成功引进奇瑞客车、银川凯沃重工、中国普天新能源及物流产业园、浙江枫叶PE管材、中煤盘江煤电重工、贵州险峰机床异地技改、贵州迅发烟胶、精腾重机、温德姆酒店、喜百年酒店、西苑锦润酒店、沃尔玛超市、北京华联、肯德基等第二、三产业项目，引进劲嘉飞机刹车片、环宇高低压开关柜电汽原配件、奥兴机电制造等一批规模大、成长性好，发展后劲强的项目，引进贵州“保德”家政服务项目。北京华联、肯德基、沃尔玛、星空影院、重庆喜百年酒店、香港西苑酒店已顺利开业。

【产业布局】 贵阳开发区产业布局依据《贵阳经济技术开发区工业园区控制性详细规划》和《贵阳经济技术开发区生态经济建设规划（2006~2020年）》提出的目标，辖区内西南环线以北、花溪大道以东，桐荫路以西的北片区为金融商贸行政服务中心，片区内的第二产业“退二进三”，逐步搬迁至西南环线以南的小孟工业园区，小孟工业园区重点发展装备制造、电子信息、烟草医药及绿色食品3条产业链。围绕3条产业链，小孟工业园区布局了特种车辆、工程机械、矿用机械产业聚集区；航天及电子信息产业聚集区；航空、汽车整车及零部件产业聚集区；烟草及绿色食品产业聚集区；配套协作企业集中区等5个产业聚集区。辖区西部为生态涵养区，花溪大道龙王村沿河连接花溪湿地生态公园。

第三产业经济持续快速发展，2010年相继建成海纳广场、珠江商贸广场，沃尔玛、北京华联、喜百年酒店、西苑锦润酒店、肯德基、碧园影城陆续入驻，服务业日益繁荣。辖区7家金融机构全年完成存款余额102.57亿元，同比增长12.9%，贷款余额76.88亿元，同比增长15.4%，金融业发展喜人。房地产销售旺盛，全年销售3487套、销售面积近40万平方米。完成社会消费品零售总额41.07亿元，同比净增7.55亿元。三次产业结构调整为1.3∶54.5∶44.2，第三产业在全区经济比重逐步提升，三次产业结构趋于合理。

【对外贸易】 对外贸易恢复增长，贵州詹阳动力重工有限公司、贵阳主力电器有限公司、贵州华烽电器有限公司、贵州永红航空机械有限责任公司等企业出口产值增幅较大。全年进出口总额实现10434万美元，同比增长19.9%，其中出口实现6874万美元，同比增长10.4%；进口3560万美元，同比增长

43.7%。

【项目建设】 2010年，贵阳开发区把投资拉动作为加快发展的重要支撑，坚持以项目建设为载体，促投入、增后劲。相继建成金戈路一期、烟厂路、长江路二期、珠清路、珠显路、消防大队营房、法院办公楼、检院办公楼、指甲塘人饮工程等一批基础设施项目。贵阳烟厂易地技改项目顺利建成投产，贵航产业园快速推进，启动中煤盘江重工、凯沃重工、枫叶管材、险峰机床、普天新能源、国程物流、标准厂房等一大批产业项目的建设。完成小河区第九小学校安工程、公共就业和社会保障服务中心、贵阳市第二十五中学改扩建主体工程的建设。沐风园、美林谷、大兴星城、碧园花城等房开项目顺利推进，启动腾龙湾、星河国际城、金域华府、龙湾国际等楼盘建设。全年实施重点项目75个、中央扩大内需项目4个、省市重点项目25个，是建区以来建设项目最多、投资额度最大的一年。

【社会事业】 坚持以创业带动就业，创建国家级创业型城区，举办全省规模最大的就业招聘会，创建省内首个家政服务创业就业孵化中心，创建“充分就业社区”11个，城镇新增就业人数4347人，农村富余劳动力转移482人，“零就业”家庭动态保持为零。社会保障水平进一步提高，全年发放低保金228.12万元、20065人（次），实现了应保尽保。不断优化教育布局，推进教育资源均衡配置，投入5000万元支持贵阳市第二十五中改扩建工程，11月，辖区内贵阳市第二十五中学申报省级示范性高中工作通过初审；落实“两免一补”资金1444.71万元，全区2万余名学生享受到免费教科书；小河区第九小学校安工程顺利完成；启动“四馆一校”建设，文化体育事业蓬勃发展。继续打造“15分钟社区卫生服务健康圈”，继续扩大新型农村合作医疗，城镇居民医保扩面1164人，新农保扩面2331人，参保率达98%，确保95%以上的居民出家门步行15分钟就可看病，“小病在社区，大病进医院，康复回社区”的双向转诊机制不断完善。新增养老机构8家，城镇居民养老保险和农村新型社会养老保险参保率分别达到90%和65%。继续加大保障性住房建设力度，廉租房验收交房100套，并启动黔江厂、华烽厂、乐街小区4万余平方米的廉租房建设，发放廉租补贴55万元。完成全区272户危房改造工作。“五五普法”、“法治小河”建设取得新成效，安全生产工作和应急处置工作进一步加强。积极化解各类社会矛盾，及时回应“百姓—书记区长交流台”群众反映的各类诉求，解决了一批群众关心的热点难点问题。

【管理与服务】 稳步推进城市基层管理体制改革试点工作。根据《贵阳市城市基层管理体制改革试点工作指导意见》（筑党办发［2010］4号）精神，贵阳经济技术开发区（小河区）作为改革试点区，制定了《小河区城市基层管理体制改革试点工作实施方案》，变城市管理为城市服务。精简管理层级，撤销街道办事处，设立社区服务中心，改变现有的“市—区—街道—社区”四级管理模式，形成“市—区—社区”三级管理模式。强化各职能部门对群众的服务，寓管理于服务中，实现公共服务中心下移和服务对象、服务内容的全覆盖，促进社区向社会领域综合发展转变，社区职能从抓经济发展向抓社会服务转变。充分整合社区资源，减少管理层级，推行城市基层扁平化管理。成立区政务服务中心，设立“一站式”服务大厅，将本级政府权限范围内的行政审批事项和服务事项收归政务服务大厅统一“一站式”办理。为确保小孟工业园区所有项目建设顺利推进，成立园区办公室（副县级），直接为在建、新建项目提供直接管理与协调服务。

【机构设置与管委会领导】 贵阳开发区工委是中共贵阳市委的派出机构，贵阳开发区管委会是贵阳市人民政府的派出机构。开发区与小河区实行“两块牌子、一套班子”的领导管理体制。贵阳开发区（小河区）管理委员会（区政府）机构设置为：工业园区建设开发办公室（副县级）、管委会办公室、发展和改革局、教育局、工业和信息化局、监察局、民政局、司法局、财政局、人力资源和社会保障局、环境保护局、住房和城乡建设局、农业水利局、商务局、文体广播电视局、卫生和食品药品监督管理局、人口和计划生育局、城市管理局、统计局、安全生产监督管理局、公安分局。区直属事业单位包括：档案局（馆）地方志编纂委员会办公室、房屋征收管理局。区派出机构包括：黄河街道办事处、平桥街道办事处、三江街道办事处、金竹街道办事处；黔江社区服务中心、清浦社区服务中心、瑞华社区服务中心、兴隆社区服务中心。省、市派出机构包括：工商分局、规划分局、国土资源分局、国税局、地税局、质监分局。

2010年，贵阳开发区工委、管委会领导成员为：工委（小河区委）书记马宁宇，工委（小河区委）副书记钟汰甬，工委委员（小河区常委）叶惠明、王延刚、刘建才、陈云贵、刘本立，小河区常委苏学明、向洋、彭兵、黄家雄、王灏、何薇，管委会主任（区长）钟汰甬，管委会副主任（副区长）刘本立、常文松、龚新民，小河区政府副区长向洋、彭兵、何薇、施波、熊国玺、陈曦。

（贵阳经济技术开发区管委会）

南昌经济技术开发区

【经济发展】 2010年，南昌经济技术开发区（以下简称南昌开发区）地区生产总值达147.79亿元；区财政总收入2010年连续10个月保持30%以上高位增长，达19.19亿元，同比增长32.8%；一般预算收入4.91亿元，同比增长25.5%；全区工业增加值96.47亿元；其中规模以上工业增加值86.55亿元；2010年规模以上工业增加值占GDP比重达到58.56%。2010年新批外资企业36个，列全市第一；实际利用外资3.33亿美元，列全市第一，同比增长26.79%；实际利用内资67.15亿元，列全市第二，完成全年奋斗目标的104.54%，同比增长27.29%；其中5000万以上工业项目进资36.95亿元，列全市第二，完成全年奋斗目标的109.47%，同比增长25.16%；出口创汇3.846亿美元，同比增长52.05%。园区工业总产值达到423亿元。社会固定资产投资245亿元。在商务部最新发布的2009年国家级经开区综合排名中，南昌开发区由第37位跃升到第28位，综合实力明显提升。

【园区建设】 按照高标准建设的要求，南昌开发区2010年重点推进了10条道路建设，区内“七横七纵”主干道布局基本完成，园区道路交通、基础设施更加完善；实施了“森林城乡、花园南昌”建设，已成功申报国家级生态工业园。按照高水平管理的要求，开发区在纳入全市城区数字化城管体系后，克服基础薄弱的困难，强化措施、加大投入，组织开展一系列环境卫生专项整治活动，2010年数字化城管整改率从30%提升到97%，全区城管工作位次大幅前移，区容区貌明显改观。

【生态工业园】 自2009年南昌开发区开展创建省级生态工业园区试点工作以来，在各部门的大力支持下，开发区于2010年正式通过验收成为省级生态工业园区；2010年12月24日通过了由国家环保部、商务部和科技部三部委组织专家对开发区的国家生态工业园区的建设规划评审。

【产业发展】 2010年，南昌开发区形成以陆风、百路佳、格特拉克、南齿江铃铸造为主的汽车机电产业集群；以奥克斯、齐洛瓦、海立、盾安环境、安昱达钢板为主的家电产业集群；以晨鸣纸业、硬质合金、天高、西林科为主的新材料产业集群；以康师傅、润田饮料、英雄乳业为骨干的食品饮料产业集群，以诚志股份、立健药业、苏克尔生物为主的生物医药产业集群，以欧菲光、勤上光电、神基科技为主的电子信息产业集群等六大主导产业，2010年汽车机电产业集群已发展成为南昌开发区首个百亿集群。

【项目建设】 2010年，恒天K发动机、欧菲光触摸屏、格特拉克变速箱、海立空调压缩机、康师傅纯净水、苏克尔生物糖、北洋AK糖等大项目相继签约落户、开工建设、竣工投产。K发动机项目已列入南昌“十二五”规划，由深圳欧菲光科技投资15亿元兴建的南昌欧菲光项目，仅用2个月时间就完成了项目洽谈签约、开工投产的全过程，创下开发区成立以来之最，欧菲光公司是一家全球领先的精密光电薄膜元器件制造商，主打产品纯平触摸屏居国内第一，红外滤光片占全球30%的市场份额，市场占有率连续4年全球第一。全区有“30”项目3个，“10”项目7个，列省“十百千亿工程”项目21个，全市“百大重点项目”13个，亿元以上项目46个。

【民生工程】 南昌开发区依法完善社会保障体系建设，对养老、医疗、失业、工伤、生育5项保险进行扩面征缴，大力推进失地农民就业、养老保险等民生工程，保障全区农民共享经济发展成果，2010年农民年人均收入达到7320元。2010年教育投入1400多万元，2010年度全省县区教育工作评比活动中荣获省政府颁发的“全省教育工作优秀县区”称号；全区基本医疗保险实现全覆盖，开展新农合门诊统筹试点工作，全区农民参合率达95.51%；大力开展村庄环境整治，打造社区休闲广场，完善公共服务设施；推进农村清洁工程，建成农村垃圾中转站12座，全区农村人居生活环境大为改善。

【社会事业】 平安开发建设取得新进展，“天网工程”不断完善，妥善处置矛盾纠纷事件，信访维稳工作不断加强，社会秩序和谐稳定。开发区的综合治理工作连续3年获得全市先进。

【政治建设】 一是农村党建发展平台。通过打造“双带两服务”示范村、“五个之家”建设和开展“三类村”整治工作，使农村基层党组织的服务功能明显增强，农村经济发展、农民增收致富和农村民生改善取得明显成效。各村党组织根据自身的优势确定了各自的发展目标（农业村发展“一村一品”，失地村重点围绕园区发展相关配套企业和服务业）。南昌开发区下罗村、龙潭村、北山村和港口村被列为市“双带两服务”示范村。蛟桥镇第一期打造的下罗村、麦园村农村娱乐中心的“五个之家”无论从硬件、软件的建设上都达到了较高的质量标准，得到市组好评。目前区内建立的“五个之家”的村级党组织共有9家。村民对拆迁安置突出矛盾的解决满意率达到100%。二是非公党建服务平台。广泛开展争创“五个好”党组织和“五个先锋”党员活动以及党员“亮身份、树形象、争贡献”活动。全区共有非公有制企业176家，独立党支部89家，亮出党员身份的流动党员105人，两新组织建立独立党支部10个，联合党支部6家（涵盖无党员两新组织73家）。三是社区党建活动平台。围绕“三有一化”目标要求，抓好社区党组织队伍建设。采取多种形式整合资源，督促街道社区采取改建、新建、租赁等形式，抓好办公和服务场所的基础设施建设，为社区党员干部议事、干事搭建了平台。把“创先争优”活动与夯实基层党建相结合。优化组织设置，扩大组织覆盖，在加强基层党组织建设中创先争优。根据不同领域、不同行业、不同类型党组织的特点和工作重点，制定各类基层党组织工作标准，亮化考核细则，坚持“每年一考核、两年一表彰”，使争创活动制度化、规范化。在全区各级机关党组织开展“三民百日行动”和“万名干部下基层、民情夜访促和谐”活动。市委“创先争优”领导小组办公室先后6次通过简报、快报及新闻媒体等对区内“创先争优”活动先进典型及做法进行了报道。南昌开发区的“创先争优”工作得到市委的好评，名列各开发区之首。

【干部队伍建设】 为加强干部队伍建设，进一步提升开发区服务质量和工作效能，按照“公正、公平、公开”的原则，不断完善“定量与定性相结合、以定量为主”的考评办法，出台了《南昌经济技术开发区目标管理绩效考核实施办法（试行）》，对区机关各部门及所属单位、区直各单位、镇处及其他有关单位共26个考核对象进行细化、量化、分值化的考核，确保市委、市政府下达的年度综合目标管理考核指标和区工委、管委会年初提出的经济和社会发展年度目标任务得到有效完成。出台《南昌经济技术开发区机关工作人员年度考核实施办法（试行）》，采取对干部进行定期和不定期的组织考察、民主测评，从领导、中层、一般干部、服务对象等多个层面，对机关工作人员实行年度民主百分制量化考评，重点了解干部的德才素质，排定位次。同时，还将建立考核结果台账，把考核结果直接与干部选任及年终目标考核奖发放挂钩，并将考核结果在干部酝酿、干部讨论决定时以书面形式向区工委报告。

【南昌开发区扩区】 根据市委决定，2010年5月英雄开发区北园将由南昌开发区代管。英雄开发区北园有14平方公里。目前，英雄开发区北园移交给开发区管理的各项工作已基本完成。南昌开发区代管英雄开发区北园后，对南昌开发区实施“乐化组团”规划开发战略和把“乐化组团”打造成空港经济示范新区将有积极意义。

【南昌开发区分区规划敲定】 在市规划委员会2010年第三次会议上，南昌市审议并原则上通过了“国家南昌经济技术开发区分区规划方案”。今后，开发区将成为一个以产业发展为支撑、以大学园区为依托，公共服务配套设施完善，以产业、居住、教育科研为主题的综合性产业新城，是城市空间拓展、功能拓展的新的增长点。规划主要对区内规划建设区69.76平方公里范围的用地进行分区规划整合，其规划四至范围为：北起南昌齿轮厂——昌北大道，南至经济开发区行政用地边界，东临赣江，西至梅岭。合计人口总规模约34万人，其中学生人口14万人。根据规划，开发区总体上将形成“两轴、双核、六区、绿带蓝网”的基本格局。“两轴”为：以庐山大道为依托的城市TOD居住教育空间发展轴，将开发区与南昌旧城中心区、昌北红谷滩新区直接而紧密的联系在一起；以双港大道为依托的公共服务轴，集行政服务、会议展览、商业服务、绿化景观为一体，充分体现开发区新的城市形象。“双核”为两处重要城市公共服务核心，即：在昌九大道以西，以桂苑大道为中心，双港大道两侧，结合现有开发区行政中心、大学科技园区，打造行政科研核心，亦是蛟桥城市片区的城市副中心。其主要核心为：在昌九大道以东，双港大道两侧依托现有大学服务带打造开发区公共服务次核心。“六片”即6个功能区，分别为东部工业区、北部工业区、庐山大道综合区、中部综合区、西部工业区、生态发展区。“绿带蓝网”则为以城市绿心为基础，城市绿带和区内水系网络为骨架形成区内核心环境景观。

【管委会领导】 南昌开发区工委书记为李国根，工委副书记、管委会主任为崇江林。

（南昌经济技术开发区管委会）

呼和浩特经济技术开发区

【概况】 呼和浩特经济技术开发区（以下简称呼和浩特开发区）始建于1992年，1993年经内蒙古政府批准为自治区级开发区。2000年7月晋升为国家级经济技术开发区，下辖如意工业园区、金川工业园区、出口加工区和留学人员创业园。经过20年的发展建设，开发区发展成为首府呼和浩特的重要经济增长极、改革创新的试验田、对外开放的窗口。

【投资环境】 呼和浩特市是自治区的首府和全区政治、经济、文化、科教、金融中心。地处环渤海经济圈、西部大开发、振兴东北老工业基地三大战略交汇处，是“呼包银”经济带核心及“呼包鄂”金三角中心，也是国家重要的能源基地，同时还是西北和华北地区以及通往俄罗斯、蒙古、欧盟等国的物流中心集散地。所辖区域电力、天然气、风光等资源丰富。市内聚集自治区80%以上的大专院校和国家级、自治区级科研院所，有大中专院校66所，在校学生25万人。呼和浩特开发区作为内蒙古唯一的国家级经济技术开发区具有得天独厚的投资环境。

完善的基础配套设施。开发区成立以来，已累计投入47亿多元进行基础设施和配套设施建设。绿化率达35%，建成3个各近10万平方米的集文化与观赏，休闲与娱乐为一体的现代化大型广场。

优惠的扶持政策。开发区执行《国务院关于实施西部大开发区的若干政策措施》、《国务院关于进一步实施东北地区等老工业基地振兴战略的若干意见》、《国务院关于进一步促进内蒙古经济社会又好又快发展的若干意见》等政策。

健全的服务体系。开发区建立了精简、协调、效能的工作机构和运行机制，强化服务意识，健全了“三个服务体系”，即进区项目的“一厅式”服务，项目建设的全方位服务，企业投产后及运营中的经常性服务。

【招商引资和利用内外资】 “十一五”期间，呼和浩特开发区累计注册内资企业783家，引进内资实际到位资金208亿元；实际利用外资6.5亿美元。2010年新批内外资企业139家；实际到位内资52.38亿元，实际利用外资1.67亿美元。经济发展动力进一步增强，新建续建的固定资产投资项目46个，全年累计完成固定资产投资89.85亿元，同比增长45.44%。1000万元以上的26个工业项目完成投资46.34亿元，同比增长22.91%。

【产业发展】 “十一五”期间，呼和浩特开发区地区生产总值、工业增加值、财政收入分别累计完成471.4亿元、424.6亿元、65.9亿元，年均增长10%、9.3%、9.5%。已形成的优势特色产业有：以伊利为代表的乳业及绿色食品加工业，现有规模以上企业7家；以创维电子为代表的电子信息制造业，现有规模以上企业9家；以阜丰生物科技为代表的生物制药及相关产业，现有规模以上企业7家；以晟纳吉光伏材料为代表的新材料新能源加工业，现有规模以上企业4家；以利乐包装、天浩纸业为代表的包装材料业，现有规模以上企业4家；以精诚高压绝缘子、众环数控为代表的装备制造业，现有规模以上企业9家；以仕奇集团、中服羊绒等为骨干的纺织服装制造业，现有规模以上企业11家。2010年，完成工业总产值298.1亿元、地区生产总值107亿元、工业增加值93.4亿元。

【科技创新和重点企业】 创新型开发区建设

快速推进，企业承担了多项国家和地方科技创新项目，有力促进了企业技术进步，提高了企业的自主创新能力。截至 2010 年底，企业设立研发机构 12 个、企业技术中心 7 个，研发人数达到 1378 人，科技研发经费支出总额达到 3 亿元，政府支持科技发展资金达到 0.6 亿元，申请专利数达到 204 件，授权专利达到 126 件。

区内重点企业有：国内乳品巨头伊利集团公司、阜丰生物科技、齐鲁制药、双奇药业、大唐药业、惠丰药业、创维电子、TCL 王牌电器、方维电器、北特通信、晟纳吉光伏材料、日月太阳能、华生高岭土、利乐、天浩纸业、精诚绝缘子、众环数控、富特橡塑、上海电气、仕奇集团、中服羊绒等。

【生态环保】 在招商引资中优先选择低消耗、低排放、高产出的清洁项目，在过程管理中重点抓住能耗大户的管理，全方位、全过程倡导节能降耗理念，园区规模以上工业企业单位增加值能耗为 0.25 吨标煤/万元，全年综合能耗指标平均下降 42.97% 以上；从源头上有效控制污染物排放总量，以重点企业为对象，搭建废弃物处理平台，加大节能环保投入和设备技术保障体系建设，环保工作取得明显成效，重点工业企业污染物排放稳定达标率 100%；各工业园区环保部门加大了环境监测及执法力度，配合上级主管部门对企业开展环境保护信用等级评定工作，对化工、烟尘等方面进行了专项整治，工业废水、烟尘等达到排放标准，工业固体废物处置利用率达到 100%，建设项目环评“三同时”实现了 100%。

【开放型经济】 开发区充分利用呼和浩特出口加工区“境内关外”的特殊政策和功能优势，不断提升出口加工型企业的科技含量、发展规模和集聚水平。积极打造内蒙古一流的集保税加工、保税物流、保税仓储为一体的国家级综合保税功能区。全年进出口总额 2.78 亿美元，同比增长 63.53%。

【社会事业与文化建设】 全面落实安全生产责任制。社会治安综合治理取得成效。加强以流动人口服务与管理为重点的社会治安综合治理工作，改善了治安环境，为构建和谐开发区创造了良好的社会治安环境。就业和社会保障工作得到加强。全年实现就业和再就业人员 2836 人。切实加强社保网络体系建设，社保覆盖面进一步扩大。

加强精神文明建设，开展了丰富多彩的群众性文化活动，提升机关文化、企业文化、社区文化水平。大力提升开发区形象，形成开放、多元、整合的区域文化，提升开发区文化的品牌价值。

【人才建设】 充分利用国家级留学人员创业园和各类创新平台，鼓励企业与大学、科研院所联合，培养高层次科技创新人才，进一步拓宽人才引进绿色通道、积极引进拥有自主知识产权，掌握核心技术的专业人才。重点引进和培养高层次科技领军人才和创新创业人才，注重围绕主导产业组建科技创新创业团队。

【机构设置与管委会领导】 呼和浩特开发区党工委、管委会下设如意工业园、金川工业园、出口加工区以及留学人员创业园 4 个管理机构；开发区直属机构有党工委办公室、管委会办公室、综合办公室、监察室、经济发展局、建设规划局、人事劳动局、财政局。

呼和浩特开发区党工委书记为常志刚，党工委副书记为李博宏、云凤英，管委会主任为李博宏，管委会副主任为李智礼、赵浩沁、张俊平、赵常富、张国民、张焕宏。

（呼和浩特经济技术开发区管委会）

南宁经济技术开发区

【经济发展】 2010年，南宁经济技术开发区（以下简称南宁开发区）完成工业总产值130.162亿元，完成全年任务的106.18%，同比增长46.47%；财政总收入8.82亿元，完成全年任务的110.7%，同比增长49.12%；全社会固定资产投资65.2亿元，完成全年任务的108.59%，同比增长52.29%；完成技术改造投资16.39亿元，同比增长72.92%。招商引资实际到位内资41.3亿元；实际到位外资3100万美元；社会消费品零售总额28.98亿元，同比增长28.03%；主要经济指标均提前完成年度任务，增速排在全市前列，财税工作还得到市委、市政府以及市财政局发来贺信。年内新增亿元企业9家，总数达到27家，超出计划任务4家；新增规模以上工业企业4家，总数达到80家，超出计划任务2家。

【投资环境】 南宁开发区继续完善金凯、银凯两大工业园区的水、电、路等基础配套设施，扎实推进标准厂房建设，北部湾科技园BT项目全面开工，五象大道延长线项目壮锦大道至友谊路段竣工通车，友谊路改造工程（金凯路至国凯大道）两公里路段已竣工通车，全年完成基建投资21.28亿元，同比增长59%。年内开工建设基础设施项目共41个，年底竣工项目36个。实施市政道路建设里程18.95公里，排水管道17.58公里，道路排水已竣工5.34公里。年内共开工建设标准厂房21栋，新开工标准厂房总面积27万平方米，年内已完成建设15万平方米，绿化面积2.3万平方米。建设项目涵盖道路、标准厂房、水利整治、中小学校舍等园区配套设施。区内继续大力加强服务体系建设，打造服务平台，统筹协调开发区的招商、建设、办证、人力资源、安监、质监等部门，为入区项目提供全程一条龙服务，加强机关行政效能建设，推行和完善管委会领导现场办公、管委会领导联系项目、机关干部下企业等服务机制和措施，重点帮助企业解决项目报建报批手续办理、建设资金短缺、招工及项目建设过程中遇到的其他困难和问题，推动项目开工和建成投产。

【招商引资】 2010年，南宁开发区创新招商机制，切实转变招商方式，积极推进全员招商，形成“人人都是引资者、个个都是招商员”的浓厚氛围，全年共引进项目133个，投资总额67.94亿元；新开工项目34个，总投资26.86亿元；在建工业项目25个，总投资23.11亿元。引进合同内资62.09亿元，同比增长26%；引进合同外资8595万美元。引进超亿元工业项目6个。引进的康师傅饮料系列产品生产项目，是开发区建区以来投资最大的项目，共投资2.73亿美元，达产后产值可达82.6亿元，年纳税达6.61亿元，将成为区内食品产业的领军企业。此外，一批短平快、环保、财税贡献率好的中小项目、商贸项目和物流项目，也成为全年招商引资工作的亮点，比如南城百货、顺丰速运、浩天实业等企业，形成了“铺天盖地”的项目群落，基本实现了“天天谈项目、周周签合同、月月有开工”的工作目标。

【产业发展】 南宁开发区按照“建设成为以吸收外资为主、以产品出口为主的外向型加工制造基地。重点发展新能源、新材料、节能环保、机电制造、电子等产业，加快发展现代物流、电子商务等生产性服务业”的发展定位和“能快就不要慢、能多快就多快”的要求，秉承诚实守信、廉洁高效、功能完善、开放包容的原则，继续打好工业经济振兴、产业园区建设、招商引资突破、征地拆迁推进四场攻坚战，不断加快开发区经济社会发展步伐，实现“十二五”规划良好开局。

【项目建设】 全区全年有34个工业项目开工建设、22个工业项目竣工投产。年内新增规模以上工业企业10家；新增工业总产值超亿元企业9家；完成技术创新项目30个，技术创新投入1.07亿元。

北部湾科技园，是开发区2010年启动征地和基础设施建设的工业园，位于友谊路西侧，壮锦大道东侧，五象大道延长线南侧，环城高速公路北侧，总面积6500亩，该园产业定位为综合性产业园，包括总部基地、服务外包、高科技（光电和新能源）等，力争用3～5年时间，把该科技园建成广西范围内辐射、示范和带动作用最强，高科技企业最多，企业总部最密集，环境最优美的现代化科技产业新园区。北部湾科技园基础设施建设项目总投资7亿元，建设内容包括征地拆迁、场地平整、道路建设、排水工程等，预计2011年底前完工。总部经济大楼项目总投资2.5亿元，总建筑面积7万多平方米，层数为地上27层、地下2层，高度99.9米，建设期为2年，该项目的建设将为各类企业提供优越的办公、研发环境，提升项目周边土地价值，促进区域经济社会全面发展。

金凯南标准厂房，总投资约5.5亿元，总用地面积为12.44万平方米，总建筑面积为27.19万平方米，其中包括标准厂房17栋，面积16.78万平方米；总部大楼一栋，27层，面积7.07万平方米；配套宿舍楼6栋，面积2.12万平方米；饭堂综合楼一栋，面积1万平方米。该项目于2010年7月开工建设，2010年底已完成投资1.8亿元，开工建设标准厂房12栋，已完成封顶6栋，计划2011年8月厂房全部完工，预计2012年12月整个项目竣工。

五象大道延长线，设计起点为壮锦大道，设计终点止于良庆区五象大道与银海大道交叉路口，路段全长4.88公里，道路宽度为68米，其中开发区段长4.4公里，良庆区段长0.48公里，工程建设内容包括：道路工程、排水工程、桥涵工程、照明工程、绿化工程、交通工程、地下管线等。工程总投资约为5.95亿元，计划建设工期为19个月，2009年6月25日开工。其中，壮锦大道至友谊路段已于2010年10月底通车。

【大型企业落户园区】 开发区共有电气机械及器材和电子设备制造业、农副产品加工业及食品制造业、化学原料及化学制品制造业、工艺品制造业、造纸及纸制品业、塑料制品业、纺织服装业、金属制品业、非金属矿物制品业等企业1911家，其中工业企业167家，工业产值超亿元企业共27家，2010年完成规模以上工业总产值130.14亿元，完成规模以上工业利税总额4.73亿元。

康师傅饮料系列产品项目。2010年10月，开发区与康师傅饮品控股有限公司签订康师傅饮料系列产品项目投资协议，项目总投资2.73亿美元，是开发区建区18年以来单个投资额度最大的项目。“康师傅”饮料系列产品生产项目包括茶饮料、果汁饮料及矿物质水等。项目选址在银凯工业园，占地面积约530亩，建设12条热充线（或8条无菌线）和3条矿物质水生产线，项目建设期1年，分两期建设，其中一期投资1.15亿美元，购地280亩，建设“康师傅”饮料系列产品生产基地，建成后年产值达36亿元，年税收2.5亿元。全部达产后年产值将达到82亿元，年税收6.6亿元。

雄塑PVC塑料管材项目。年产1.3万吨PVC塑料管材生产线项目由广西雄塑科技发展有限公司投资建设，项目选址在银凯工业园内，总投资2.6亿元，占地面积约90亩，建筑面积7.33万平方米。项目于2008年6月28日开工建设，2009年底试产，2010年7月1日正式建成投产。主要生产工业与民用PVC塑料管材系列产品，项目达产后，年产值约4亿元，年创税1500万元，可提供400个就业岗位。

阳工电线电缆项目。该项目选址在银凯工业园内，建筑面积约3.4万平方米。项目由重庆宇邦线缆有限公司、广西阳工电线电缆有限公司和广东恒盛电器厂3家公司共同出资建设，项目投资总额约1.8亿元。于2008年3月开工建设，2010年3月高压车间已竣工投产。2010年7月裸线车间也已竣工投产。项目主要生产35kV及以下交联电力电缆、1kV及以下聚氯乙烯绝缘电力电缆、10kV及以下架空绝缘电缆、1kV及以下架空绝缘电缆、铝绞线及钢芯铝绞线、聚氯乙烯绝缘控制电缆、各种塑料电线等产品。整个项目达产后，年销售收入约6亿元，年创税约1200万元，可安排300人就业。

【机构设置及管委会领导】 南宁开发区管委会是市政府的派出机构，行使市级管理权限。管委会下设党政办公室、劳动人事局、财政局、招商局、建设发展局、经济发展局、社会事业局、城市管理局、安全生产监督管理局、纪检监察室10个职能部门和机关事务管理局、人才流动服务中心、征地拆迁办公室、动物卫生监督所、城市管理综合行政执法大队、国库集中支付中心、信息中心、招商中心、投资服务中心、南宁市建设工程质量监督站经济技术开发区分站、土地供应中心、市政环卫管理站、疾病预防控制中心13个二层直属事业单位及物业管理公司、南宁园区建设投资有限公司、房地产开发公司、开发总公司、南宁能达资产管理公司5个直属企业。设立国税局、地税局、工商分局、国土资源分局、环境保护分局、规划分局、派出所、消防中队8个派驻机构。托管那洪街道办事处，下辖槎路社区和金凯、银凯社区。

2010年，南宁开发区领导成员为：开发区党工委书记、管委会主任韦志鹏，党工委副书记熊瑞光，党工委委员、管委会副主任郝喜和、刘江、冯步广、吴春晓、孙北雄，党工委委员、纪工委书记杨秀明，党工委委员、管委会副主任陈志刚，党工委委员、管委会副主任、那洪街道办党工委书记韦贵乐，党工委委员、管委会副调研员杨孚初、刘忠平、刘军。

（南宁经济技术开发区管委会）

太原经济技术开发区

【概况】 太原经济技术开发区（以下简称太原开发区）座落在山西省会城市——太原。距离首都北京500公里，全程高速4小时到达，距西部中心城市西安600公里，全程高速5小时到达，是西部大开发的主要枢纽城市。太原市冬无严寒、夏无酷暑，年均降雨量500毫米，年均气温9.5℃，气候宜人。太原历史悠久、物华天宝、人杰地灵，拥有丰富的矿产资源、雄厚的工业基础、坚实的科技力量，这些都是太原开发区赖以发展的区域优势。

【投资环境】 交通便利。区中心距飞机场2公里，火车站3公里，市中心10公里。区内大运公路贯穿南北，208国道和307国道穿越东西，有太原市南环高速入口（太旧、大运、太长线）直达北京、天津、石家庄、西安、呼和浩特、郑州、济南等周边大城市，紧邻西南铁路环线（石太、南同蒲、在建中的大西线），是投资办厂的理想之地。太原开发区的周边，北邻太原高新技术产业开发区，西接小店镇，东临榆次经济技术开发区，处于太原市“南移西进”战略及“两市三区”合作开发的中心地带。同时，与之相邻的山西大学、山西财经大学、太原大学等200多家大中专院校和科研院所为区内企业的发展提供了强大的人力资源保障。

基础设施完备。太原开发区按照“高起点规划、高标准建设、高效率服务、高速度发展”的原则，邀请国内一流设计院和著名专家完成了50平方公里的总体规划、9.6平方公里的控制性详细规划和管网综合。整个规划注重用地平衡和生态建设，突出绿化和可持续发展，致力于建设花园式的工业新区。首期开发的9.6平方公里内基础设施建设方面的投资已超过20亿元，区内道路、供电、供水、燃气、供热、排水、污水处理、邮电和电信等“九通一平”工程逐步建设和完善。

太原开发区中心位置设220KV变电所，区内110KV变电站运行良好，两条10千伏高压线沿区内的大运路和创业街两侧架设，总长5500米，建设有开闭所5座，具有比较完善的供电设施，电力供应充足、可靠。建成供汽热源厂4处，其中开发区物业服务中心供汽能力为170吨/小时，东烁热力供汽能力为75吨/小时，富士康供汽能力为170吨/小时，33所集中供热项目装机容量107MW（供热面积150万平方米）。用水全部利用引黄水源，日供水能力约2万立方米，引黄水源DN900供水管网已全部配套。此外还有500～600米自备供水深井三眼作为备用水源。开发区排水系统采用雨、污分流制，区内雨水在西侧汇入北张退水渠。

【产业发展】 2002～2010年，太原开发区主要经济指标增速实现跨越发展。科工贸收入从4.7亿元增长到360亿元，年均增长72%；工业总产值从4.33亿元增长到211亿元，年均增长62%；地区生产总值从1.93亿元增长到59.1亿元，年均增长53%；财政总收入从362万元增长到11.9亿元，年均增长106%；出口从零增长到5.9亿美元，2010年约占全省出口总额的12.5%；累计实际利用外资17.7亿美元（全口径），约占全省同期实际利用外资总额的17%。

【科技创新和重点企业】 2010年，园区企业申报的省科技计划、省技术创新计划、省商务厅外贸区域协调发展促进资金以及太原市科技计划等项目共计32个。为企业争取政府科技创新资金支持共计1185万元。

重点企业有：富士康（太原）科技工业园、太原重型机械集团煤机有限公司、太重高速车轮生产线、煤科总院山西天地煤机装备有限公司、山西煤矿机械制造有限责任公司、太原向明机械制造有限公司、太原通泽重工有限公司、山西荣长汽车部件有限公司、智奇铁路设备有限公司、太原长安重型汽车有限公司、中国电子科技集团（太原）特种装备有限公司、中国电子科技集团（太原）光伏产业园、山西纳克太阳能科技有限公司、中国科学院山西煤炭化学研究所、青岛啤酒（太原）有限公司、蒙牛乳业（太原）有限公司、宏全食品包装（太原）有限公司、国药控股山西有限公司、亚宝药业太原制药有限公司、山西华元医药集团、山西创隆制药有限公司。

【招商引资与利用外资】 2010年，是太原开发区招商引资成果丰收的一年，仅中国（山西）装备制造业博览会、中国（太原）国际能源产业博览会两大盛会就引资87亿元。招商项目呈现新、特、大的特色。全年共引进生产项目38个，招商引资总额208.88亿元，其中投资项目超过10亿元的7个，5亿元的项目有9个；在制博会、能博会上的签约企业13家。共引进商贸型企业32家，总注册资金7301万元人民币。

【开放型经济】 2002～2010年，太原开发区实现了出口从零增长到5.8991亿美元，约占2010年全省出口总额的12.5%；2010年实际利用外资3.14亿美元，位列中部22个经济开发区第5位。2002～2010年累计实际利用外资17.7亿美元（全口径），约占全省同期实际利用外资总额的17%。

【社会事业与文化建设】 太原开发区按照“政府主导、市场运作、拆旧建新、片区改造、安置优先”的原则，统一招商条件、统一规划设计、统一拆迁标准、统一安置标准、统一建设施工，已全面启动城中村改造工作，改造后村民人均年收入可达15000元以上。已实现农村合作医疗参保率100%，养老保险参保率99.5%，村民全部纳入最低生活保障体系。

2010年，开发区共有10个社区，由于“村改居”社区的过渡性，除梧桐社区外，9个社区仍采用村委会管理办法进行管理。9个社区“两委”班子完善，居民代表和党员代表两个议事会健全，社区重大事项由“两委”、“两议会”进行决策。2010年，有南黑窑、鸿洋2个社区进行了改制，4个社区新建了办公场地、阅览室、棋牌室、健身活动场所等设施。截至2010年底，农民人均收入达10820元，是2002年的2.84倍。教育、卫生、养老等方面发生巨大变化。建成配套现代化设施的新学校；建立了区、村级医疗机构，合作医疗参合率达99.5%；60周岁以上老年人纳入养老保险，月享200元养老金。全区基本实现社区通水泥路、学校安全改造工程、新建村卫生室、广播电视、安全饮水、村级组织办公场所6个全覆盖。

【人才建设】 2010年，太原开发区累计为229家单位进行人事代理，办理人才落户6173人，档案存放9205人，代办社会保险927人，申报初、中、高级职称评审及技能鉴定1470人。在武汉召开的春季硕士、博士、高职称人士双向选择大会上，为企业招聘各类人才500余人。针对区内企业急需一线工人的情况，先后到吉县、襄汾、和顺等12个县区专场招聘，为通力公司招聘200余人，为富士康输送3000余人。截至2010年底，区内总计共有人才68924人，其中，博士11人、硕士258人、本科3825人、专科5634人、技能人员59196人；高级职称人员125人、中级职称人员943人、初级职称人员3251人。

【机构设置与管委会领导】 太原经济技术开发区管理委员会和中共太原经济技术开发区工作委员会分别是太原市人民政府和中共太原市委的派出机构，副厅级建制，拥有市级经济管理权限和部分行政管理权限，负责行使开发区的管理职责。机构设置如下，党群部门包括：党务工作部、纪工委、总工会、群工部、妇工委、团工委、综合治理办公室、机关党委、企业党委；行政部门包括：综合办公室、财政局、社会事务局、经济发展局、建设管理局、安全生产监督管理局、招商发展局、环保局、人力资源局、综合执法局、新闻宣传中心、接待办公室、政策研究室、投诉中心（信访局）、企业服务大厅、城中村改造办公室、北京招商办公室、科技创新局；事业单位包括：企业服务中心、分园区发展办公室、公用事业中心、太原经济技术开发总公司、太原新技术与教育发展中心、人才交流服务中心、劳动保障监察执法队、综合执法大队、计生服务站、农村财务委托管理中心、培训中心、征地事务中心；派驻单位包括：公安分局、土地分局、规划分局、工商局、国税局、地税局、质监局。

太原开发区管委会领导成员为：管委会主任张金旺，党工委书记邵秋枫，党工委副书记邢珺森、李春友，纪工委书记郭富有，管委会副主任董良、陈曦、乔建伟，管委会总工程师王建民。

（太原经济技术开发区管委会）

南京经济技术开发区

【概况】 南京经济技术开发区（以下简称南京开发区）成立于1992年9月，位于南京市东北郊，紧邻亚洲内河第一大港南京港新生圩外贸港区和龙潭深水港，2002年3月被批准为国家级经济技术开发区，2003年3月获国务院批准在区内设立国家级南京出口加工区。区内先后设立国家级高新技术产业园、海峡两岸科工园、显示器件产业园和省级高校科工园、电子信息产业基地以及市级生物医药科工园、韩国工业园、LG产业园、南京液晶谷等10余个国家和省市级特色产业园。建区以来，南京开发区始终按照“三为主、二致力、一促进”的发展方针，充分发挥产业和区位、交通、口岸等优势，依托南京市丰富的人文、自然资源，坚持走新型工业化和集约化发展道路，不断促进产业优化升级，经济发展质量和速度快速提升。区内已集聚400家来自20多个国家和地区代表行业乃至世界领先水平的企业。其中，世界500强投资企业44家，内资超亿元企业40家；高新技术产业产值占全区工业产值的75%；市级以上认定研发机构50多个。开发区平板显示产业集聚中电熊猫、夏普、乐金显示、瀚宇彩欣等企业，总投资约60亿美元，形成以TFT－LCD面板、模组及整机制造为核心的产业集群，成为国内液晶产业集群度最高、液晶模组生产规模第一的开发区，并全力打造全国领先、产业规模达3000亿元的“中国南京液晶谷”。2010年，南京开发区实现全口径地区生产总值330亿元，增长25%；地方一般预算收入26亿元，增长30%；工业总产值1710亿元，增长14%。

【投资环境】 2010年，南京开发区工业固定资产投资快速增长。完成全社会固定资产投资161.5亿元，同比增长220.2%；工业固定资产投资148亿元，同比增长208.2%。全年共有在建工业项目80个，其中新开工项目65个，完成投资135.3亿元；续建项目15个，完成投资12.7亿元；当年投资在5000万元以上的项目有50个，亿元以上的项目有35个。2010年，开发区共有29个项目竣工投产，完成投资28.5亿元。

2010年，南京开发区进一步推进基础配套设施建设，共投资13.4亿元。乌龙山以北东区污水处理系统建成使用，“01地块”员工公寓已有6栋主体封顶，五期员工公寓项目已报市发改委办理项目核准手续。循环经济示范园经适房项目经市发改委批准正式立项。龙潭经适房一期完成前期立项、选址及设计要点。东区龙潭污水处理厂等13个项目获省、市发改委批复正开展立项前期准备工作。其中，龙潭污水处理厂、金陵石化循环经济示范园道路建设等重点项目的立项正加快推进。全年累计完成配套设施建设项目16个、基础设施建设项目11个，总投资额3226万元；在建项目14个，预计总投资额25399万元。

2010年，南京开发区务实推进重点项目建设。南京液晶谷六代面板项目供热工程顺利通过验收。中铼科技项目厂房装修、供热等配套设施建设，中铁道岔项目土建及管架吊装建设，康尼机电冷精锻、印华科技项目挡土墙等均已完成。夏普研发楼已按期完成装修并移交使用。康尼机电公司、美药星公司、天加空调公司、伊丹树脂公司、中铁宝桥公司、白云电器公司等企业的“八通一平”工程全部竣工。区内企业全年在建项目36个，施工面积127万平方米，投资总额358亿元；竣工项目12

个，面积 21 万平方米，投资总额 46.2 亿元。

【产业发展】 2010 年，南京开发区根据全市“4+8+8”的产业规划和区域功能定位，确定未来发展五大主导产业。一是光电显示产业。依托中国南京液晶谷、国家显示器件产业园等平台，强化配套协作项目的引进，打造从 LCD 原材料、玻璃基板到终端整机制造完整的产业链，同时以激光显示、OLED、第二代与第三代太阳能光伏等新型产品为攻坚重点，不断加大推进力度，抢抓新型显示产业发展先机。二是医药食品产业。依托南京生物医药科工园和江苏生命科技创新园等平台，发挥龙潭港区的物流优势，以生物医药产业的研发生产和粮油加工为主线，建成长三角知名的“药谷”和粮油加工基地。三是装备制造产业。依托临港优势，引进具有先进科技水平的汽车及零部件、工程机械、轨道交通、风电设备等项目，形成重量级的产业集群。四是现代物流产业。依托综合保税区、“铁公水”联运物流中心、出口加工区、保税物流中心等平台，培育一批拥有创新物流技术和先进运作模式的品牌物流企业，构建现代物流体系。五是科技服务业。以物联网为主线，依托栖霞的产业平台和仙林大学城的科教研发资源，强化产业上下游配套服务，努力形成“一基地多园区”的产业发展布局。

2010 年，南京开发区支柱产业稳步发展。电子信息产业受龙头企业带动，39 家规模以上企业累计实现产值 873.4 亿元，同比增长 22.1%，占全区比重为 70.9%。生物医药产业在 2009 年实现快速增长的基础上，继续保持较快增长，9 家规模以上生物医药企业实现产值 16.2 亿元，同比增长 22.9%。轻工机械产业 25 家规模以上企业实现产值 139.4 亿元，同比增长 28.5%。新材料产业 16 家规模以上企业实现产值 192.2 亿元，同比增长 20%。

【招商引资与利用内外资】 2010 年，南京开发区围绕五大产业定位和产业升级目标，始终强调项目的规模、质量和效益，狠抓优质项目的引进落户和开工建设。先后赴欧洲、日本、韩国、中国香港、中国台湾等地开展招商，成功举办“光电显示产业峰会”、“激光显示产业发展论坛”等推介活动，积极参加省市组织的“苏台会”、“金洽会”等大型经贸活动，有效宣传了投资环境、推进了重点项目。全年签约引进千万美元及亿元以上大项目 32 个，完成实际到账外资 2.82 亿美元，增长 9.6%；实际到账内资 61.8 亿元，增长 127%。光电显示产业引进瀚斯宝丽触控面板、中铼光电触控面板、东光光电液晶显示模组、电子网板 ITO 导电薄膜、长青激光芯片、第壹有机光电 OLED 照明等项目，医药产业引进美药星电子医疗器械、大海医药等项目，装备制造产业引进博世汽车零部件、奥托立夫汽车安全带扩建、中建工业设备压力容器、南京港口机械、长江电机、新曙机械等项目，现代物流产业引进阿特拉斯物流中心、和欣图书仓储、美的电器物流、神彩电子物流等项目，研发项目引进夏普研发中心、阿特拉斯研发中心等，产业特色进一步彰显，产业结构进一步优化。全年新开工重大项目 24 个、竣工 20 个。其中中铼光电触控面板、长青激光芯片等项目实现当年签约落户、当年建成投产。

【科技创新与重点企业】 2010 年，南京开发区围绕主导产业升级和新兴产业培育，狠抓企业技术进步和创新要素集聚。创新载体建设步伐加快，南京环保科技产业园获得市政府的批复和授牌，低碳产业园成功获得商务部批准，中国南京液晶谷加速带动电子信息产业提档升级，夏普研发中心项目启动运作，六代液晶面板项目导入夏普最新四色显示技术。招才引智工作取得新突破，成功引进 2 支海外高层次创新创业团队，设立了 2 个高端产业化项目。引进来自加拿大的徐长青技术团队，总投资 1 亿元的长青激光芯片项目建成投产；引进来自美国的王锦山技术团队，总投资 7.8 亿元的第壹有机光电 OLED 照明项目签约落地。对新认定的省级以上高新技术企业出台奖励政策，企业创新活力持续迸发，全年按新标准认定的高新技术企业达到 46 家，市级以上工程技术中心和企业技术中心达到49家，全年专利授权230件，其中发明专利54件。康尼机电、圣和药业、烽火藤仓等科技型企业加速成长，艾欧史密斯热水器、英达热再生、夏普电子、乐金显示等外资企业面向全国乃至全球市场开展技术研发应用，创新驱动引领产业转型升级取得长足进步。

2010年，南京开发区重点企业年产量比2009年大幅增加。夏普电子电视机产量422万台，同比增长272%；模组产量532万台，同比增长105%。LG新港电视产量173万台，同比增长57.3%。乐金显示加大以苹果ipad应用显示屏等高端中小尺寸液晶屏的生产，模组年产量7877万台，同比增长23.6%。乐金化学电池产量28187万片，同比增长101%；偏光板产量22379万片，同比增长45.4%。博西华电器洗衣机产量65.6万台，同比增长80.5%。

【社会事业与文化建设】 2010年，南京开发区社会建设扎实推进。坚持以人为本，统筹经济社会全面发展，积极建设平安园区、和谐园区。组织区内企业与栖霞区进行就业对接，全年共安置失地劳动力就业1800人（次），其中“4045”困难人员350人（次）。深入企业宣传劳动法规，开展整治非法用工、拖欠农民工工资、维护职工合法权益等专项行动，从源头上规范用工行为，切实做好职工队伍维稳工作，确保了区内平安有序的良好环境。集中开展安全生产大检查和“三项排查”等工作，切实将各类问题隐患整改到位，确保了区内全年无重大安全生产事故发生。评选出31家文明单位，并向市文明委推荐5家企业作为省、市级文明单位；开展职工书屋建设，举办三人篮球赛、乒乓球赛、大型演出等文体活动，丰富了员工文化生活，全区保持了积极向上、健康文明的社会风尚。

【管委会领导】 中共南京市委南京开发区工委书记为臧正金，副书记为梁建才、马利、倪德龙，委员为金政权、贾斌、陈千茂、周铳、徐志国。中共南京市纪委南京开发区纪工委书记为倪德龙，副书记为张新有。南京开发区管委会主任为梁建才，副主任为金政权、贾斌、陈千茂、周铳、徐志国，巡视员为贾斌，副巡视员为刘众，主任助理国范曲立。南京出口加工区管委会主任为梁建才，副主任为金政权、贾斌、陈千茂、周铳。

（南京经济技术开发区管委会）

宁波大榭开发区

【经济发展】 2010年，宁波大榭开发区实现地区生产总值145亿元，同比增长11.5%；工业总产值363.6亿元，同比增长42.2%；财政收入79亿元，同比增长32.2%；固定资产投资48.3亿元，再创历史新高。“十一五”期间，累计实现地区生产总值581.1亿元，年均增长13.6%；工业总产值1138.3亿元，年均增长27.7%；财政收入237.7亿元，年均增长29%；进出口总额72亿美元，年均增长15.8%；固定资产投资184.5亿元，占历年投资总额的55.5%。5年累计引进外资项目总投资6.3亿美元，合同使用外资2.3亿美元，实际使用外资2.6亿美元；新批内资项目总投资92.5亿元。

【投资环境】 资源要素保障不断增强。完成韩华化学35KV线路、居住区电力线路改造等工程建设，完成协丰路改造、关外码头配套道路等工程建设。关外海堤工程、万华东侧海堤及场平工程、榭东污水排放工程、南岗碶闸改造工程等建成投用，完成曹家岙、礁巴岙水库复验。完成全区土地利用总体规划和土地集约利用评价成果更新工作，强化土地资源要素保障。着力提升环境承载力，坚决贯彻上级关于节能减排的系列部署，建立健全会战攻坚工作机制，圆满完成年度节能降耗考核指标和减排任务。绿化建设步伐加快，完成山地造林500亩、扶育幼林3500亩；全面启动绿化升级改造工程，建成区基本实现绿化“无空白”目标。

【产业发展】 依托大项目、发展大产业，加速推进产业集聚发展。大力推进“2+2”产业基地建设。在石化基地建设方面，全力打造国际级的聚氨酯原料产业基地，万华工业园百亿工程四大项目（宁波万华二期30万吨MDI及配套项目、东港电化20万吨离子膜烧碱技改项目、林德气体大型空分项目、韩华石化30万吨PVC项目）完成建设并投入试生产；积极打造千万吨级炼化一体化产业基地，加快推进中海油大榭石化重蜡油裂解制烯烃（馏分油综合利用）项目各项前期工作。在能源中转基地建设方面，完成中石化60万立方米原油储罐、宁波万华2万吨级液体化工码头等项目建设；实华二期45万吨级原油码头获得国家发改委核准，整体工程建设基本完成；中海油大榭石化配套3万吨级码头建设按计划推进；小田湾油品仓储项目完成工可报告初稿，仓储项目完成立项审批；中油燃料油30万吨级原油码头等3座码头（泊位）正式对外启用，占当年全省总启用数的1/2强。

加快第三产业发展步伐。按照物流服务与金融服务相结合的金融物流发展模式，开展现代物流业发展研究，完成大榭能源化工交易中心可行性研究及商业模式调研等前期工作，并入选全省“三位一体”港航物流服务体系启动类项目；积极开展码头设施、仓储中转、贸易流通等项目的招商工作，深化油品和液体化工品仓储项目的合作洽谈。三江购物俱乐部成功通过上市发行审核，成为在大榭注册经营的首家上市公司。

【对外贸易】 2010年，全区完成进出口总额21.8亿美元，同比增长39.8%。其中，出口4.34亿美元，同比增加4.1%，进口17.47亿美元，同比增长52.84%。其中，34家生产性企业完成进出口额11.54亿元，占全区进出口总额的52.9%，占比比“十五”末上升22.5个百分点；石化企业和码头仓储企业分别完成进口3.92亿美元和3.74亿美元，分别占全区进口额的22.5%和21.4%，比“十五”末分别增加1.16亿美元和1.78亿美元，增速分别为2.38倍和1.1倍，以临港石化和港口物流等带有大进大出特色为主导产业的产业格局优势进一步显现。

【项目建设】 扎实开展“工程建设提速年”活动，全年共有在建项目50个，其中，新开工项目24个、完工项目36个；工业、港口项目完成投资38亿元，占全区投资总额的79%。在工业、港口等重大产业项目顺利推进的同时，加速推进重大基础设施、重点民生改善工程建设。第二大桥工程土建施工全面展开、推进顺利，全年完成投资3.6亿元，累计完成投资4.7亿元，占工程总投资的25.5%；第二大桥榭西片区市政配套工程正式开工；环岛路高架及大桥BC匝道建成通车；大榭铁路支线工程项目建议书获铁道部和省政府的联合批复。榭西外来务工人员集中居住区完成建设并投入使用；滨海公园一期完成A区施工；综合养老服务中心一期工程完成土建工程建设，开始装修施工；文教广场正式开工，完成桩基施工；邻里中心北区商业广场完成主体结构施工；王榭新村一期、金海岸花园二期安置房正式交付。

【科技创新】 不断增强自主创新能力。分层次抓好企业科技创新体系建设，指导帮助综研化学开展市级企业工程技术中心创建；协助综研化学、康大美术等企业分别与温州大学、宁波职业技术学院建立科技合作关系，推动东港电化与宁波工程学院开展环氧氯丙烷产学研合作，并获市产业化合作项目立项。引导企业开展技术创新，宁波万华实施的国家“863计划”重点课题“大型24万吨/年MDI超重力过程强化与系统集成技术开发”通过验收，企业年新增产能14万吨，单位能耗下降近30%。深入实施专利、标准、品牌三大战略，获得国内授权专利62项（其中发明专利15项），指导3家企业参与行业标准制订，新增省著名商标1件、“宁波名牌”3件、市知名商标1件。

【社会事业】 以创建浙江省示范文明城区为目标，组织实施“文明创建深化年”活动。结合城市化推进中“安置社区向城市社区、农民向城市居民”两个转变的实际，制定出台更具针对性的《创建文明城区工作规划（2010～2014年）》和《责任分解》。按照市委、市政府关于对接上海世博会的部署和要求，对照《宁波市城市公共文明指数测评体系（2010年版）》，整改提升城区环境，努力营造舒心宜人的城区环境。在加快推进民生改善工程建设的同时，统筹协调文化、教育、卫生、劳动就业、社会保障等社会各项事业发展。以“社区文化月”活动为载体，广泛开展各类特色文化活动，全年组织各类文化活动70余场（次），直接参与群众1.5万人（次）。实施教师素质提升工程，深化课堂教育改革，中高考成绩有明显提高；充分利用社区教育学院和社区（村）市民学校培训网络平台，加强市民教育培训，全年培训市民12000人（次）、新大榭人2000人（次）。指导大榭医院创建省级规范化社区卫生服务中心，完成金海岸卫生服务站设置工作；广泛开展爱国卫生运动，继续加强甲型H1N1流感等重大传染病防治工作。积极开展就业帮扶专项活动，累计新增就业349人，组织被征地人员职业技能培训434人（次）；基本完成新型农村合作医疗保险与城镇居民医疗保险制度并轨工作，全面实施城乡居民社会养老保险制度；扩大社会保险覆盖面，超额完成市政府下达的各项考核指标。积极推进和谐劳动关系建设，持续规范劳动用工行为。扎实推进居家养老服务、残疾人小康工程等工作，累计落实居家养老结对服务145对，对154名二级以上低收入残疾人发放补助金62.5万元。金海岸花园综合服务示范社区建成开放，海文社区综合服务示范社区创建工作正式启动。

【管理与服务】 实施行政执法体制改革，按照权责明确、行为规范、监督有效、保障有力的要求，调整城市管理综合监察大队机构规格，相对集中行政执法权，整合各行政执法单位力量，提高综合执法的效率和水平。推进行政审批制度改革，出台《政府投资项目管理办法》配套制度，建立项目储备库制度；加快行政服务窗口平台建设和电子政务建设，健全公共资源招投标交易管理体制，规范政府信息公开制度，努力打造服务型政府和“阳光政府”。深化财政改革，扩大国库集中支付范围，在一级预算单位全面推广国库集中支付；继续深化政府收支分类和部门预算改革，以建设节约型财政为目标，调整优化支出结构，强化预算约束力；扎实推进财政绩效评价，首次将城乡医保、社区教育培训、居家养老和绿化养护等社会关注度高、事关民生的专项资金使用纳入绩效评价范围。按照省市统一部署，正式实施基本药物制度，切实减轻群众就医负担，与制度实施前相比，让利于民400余万元。

【机构设置与管委会领导】 宁波大榭开发区管委会为宁波市政府派出机构，内设办公室（应急办、外事办、宣传部、信访办、审计局、政研室），经济发展（安全生产监督管理）局，财政（地方税务）局，人事局，劳动和社会保障局，规划建设（环境保护、城市管理）局，交通（港口）局（口岸办），社区管理（民政、人口和计划生育）局，文教卫生局，拆迁办公室，行政服务中心（政府采购中心、招投标中心）等职能部门。国税、工商、国土、公安、检察院、法院、海关、检验检疫、边检、海事等垂直部门均在区内设置了分局或派出机构。

管委会主任为蔡希良，管委会副主任为张才国、王志荣、刘黎勇。

（宁波大榭开发区管委会）

上海金桥出口加工区

【概况】 上海金桥出口加工区（以下简称金桥开发区）是1990年9月经国务院批准设立的国家级经济技术开发区，1997年被国家科技部命名为上海金桥现代科技园区，成为国家高新技术产业区。规划面积27.38平方公里，分为北区和南区两部分，其中南区2.8平方公里于2001年9月经国家海关总署批准设立为上海金桥出口加工区南区海关监管区。经过近20年的开发建设，已快速崛起为上海重要的先进制造业基地和新兴的生产性服务业集聚区。

2010年1月，根据浦东新区区委、区政府关于调整开发区管理体制的意见，上海金桥出口加工区管理委员会作为政府派出机构，对上海金桥出口加工区、上海南汇工业园区和上海浦东空港工业园区（机场镇临空产业园区、川沙镇工业小区、祝桥空港工业区、老港化工工业区）实行一体化管理，管辖区域面积67.79平方公里。金桥开发区板块是新区“7+1”生产力布局的重要一环，是展示浦东开发开放成果的重要窗口和推进上海经济发展的重要增长极之一。

【投资环境】 金桥开发区园区基础设施完善，具备“七通一平”条件，还具有“集中供热”和“卫星通信”功能，是国内基础设施条件最好的开发区之一。开发区内道路、变电站、供水系统、通讯系统、绿化、公共交通等基础设施一应俱全。开发区周边的街道和镇是较为成熟的城市化地区，教育、医疗、商业、文化等社区设施齐全。园区内的金融、商检、报关、仓储、运输、科研、咨询、零售、餐饮娱乐、房地产、物业管理等配套服务项目基本完善，已成为上海最适合跨国公司设置地区总部、研发中心和制造业的基地。现代服务产业园区为跨国公司总部、研发中心等机构提供了新的发展空间。以碧云国际社区为主的开发区生活配套园区内建有高中档内外销住宅、办公楼以及配套的医疗、教育、商业、文化娱乐设施，园区内除适合跨国公司老总、高级管理人员居住的高档别墅外，还有适合一般外籍人士居住的酒店式公寓，社区配套设施完善。目前，园区内建有医院2所（华山医院浦东分院、浦东妇幼保健院），涉外诊所1家，国际幼儿园、学校3所以及知名的中欧国际工商管理学院。外籍居民1000多人。碧云国际社区已成为金桥乃至浦东外籍人士安居乐业的一流社区。金桥开发区是上海第一个通过ISO14000国际环保标准认证的国家示范区和上海市第一家国家级生态工业园区。

【招商引资与利用内外资】 注重策略调整，实施战略招商。制定《关于金桥出口加工区实施战略招商的思路和意见》，明确“一区二园”未来招商分工与招商战略方向，联合招商与联动招商机制。加强招商引资队伍建设，完善考核激励机制，建立招商引资、投资促进项目跟踪制度。设立南汇工业园区招商一中心，实施园区联动招商。对祝桥空港工业区内落户企业在建和已建的工业厂房进行摸底调查，开展资产招商。延长招商手臂，加强与国内外投资机构战略合作。在新区科委支持和指导下，南汇工业园区牵头成立由55家会员单位组成的浦东新区新能源产业联盟，提升联盟企业整体竞争力，推动浦东新区、上海市新能源产业发展。

注重实际效果，扩大招商宣传。举办金桥出口加工区经济发展情况说明会，集中宣传推介“一区二园”投资环境与资源优势，包括日月光、美特斯邦威等国际知名企业在内的29个项目集体签订了投资落户协议。主动联手中介机构和行业协会加强招商推介，与新区商务委、日本贸易促进会等联合举办金桥出口加工区（东京）招商推介会，扩大金桥招商引资影响力。组织园区代表参加“第十四届中国国际投资贸易洽谈会”。4个项目在“浦东新区战略发展推介会”上参加签约，外资投资额达1.3亿美元，内资注册资本达1.4亿元人民币。抓住金桥出口加工区成立20周年契机，组织“媒体记者恳谈会”、“发展战略研讨会”等，全面展示转型升级、产业结构调整等成功经验。

掌握招商信息，确保项目落户。准确把握国际产业转移、跨国公司产业结构调整和国内大企业投资动态变化等发展机遇，结合金桥产业优势，主动了解企业产能转移或增资扩产的信息，跟踪掌握重点企业和跨国公司兼并重组等动态信息，通过主动服务和协调难题，确保重点项目“信息不遗漏、服务不滞后、增资不流失”，努力形成政府、开发公司、进区企业、社会机构“资源共享、联动互补”局面。卡内基训练中国总部、中兴派能磷酸铁锂电池、索迪龙电子传感器等项目落户南汇工业园区。森松总部、世昕软件、世擎汽车装备、泰好电子等7个项目签约落户祝桥空港工业区。

完善工作机制，做好项目服务。健全与各园区开发公司工作对接机制，建立与税务部门、统计部门定期分析机制，建立大项目引进沟通协调机制，健全工作例会和项目推进专人负责制度，重点座谈分析和研究政策争取、规划调整、难题协调等。加强进入商务洽谈和储备名单的招商项目的信息沟通，主动协调解决项目推进中遇到的各种问题，重点推进LG、立邦、百事可乐、西泰克、欧姆龙等项目落户工作。积极推动美旗控股集团供应链基地、LED芯片等重大项目洽谈，加强新奥集团南方运营总部、正泰集团薄膜太阳能电池、沥高风电叶片复合材料等重点项目的跟踪力度，力促项目尽快签约落户。

【产业发展】 金桥开发区和南汇工业园区2010年完成工业总产值2188.13亿元，同比增长24.67%；合同外资7.38亿美元，同比增长64.73%；实到外资3.14亿美元，同比增长63.54%；内资注册资本16.43亿元；税收收入83.61亿元，同比增长16.21%；地方财政收入20.95亿元，同比增长15.43%；固定资产投资75.1亿元，同比增长19.87%。浦东空港工业园区全年完成规模以上工业总产值164.38亿元、合同外资2.45亿美元、实到外资2.55亿美元、内资注册资本10.34亿元、税收收入11.11亿元、固定资产投资24.88亿元。

加快产业结构调整。深化“优二进三”发展战略，积极探索产业发展、结构调整、方式转变的新思路、新举措，初步形成《上海市开发区—金桥出口加工区2010~2012产业发展研究》和《关于设立金桥出口加工区工业设计园的研究报告》。鼓励引导企业按市场化原则进行产业梯度转移，逐步将劳动密集型、资源消耗大、附加值低的企业迁出区内，完成三洋杰电池等10家企业迁移和关闭工作，降低能耗4384吨标煤，腾出土地93.4亩，为能级提升和结构调整腾出新的发展空间。积极参与国家新型工业化产业示范基地创建活动，通过上海市级新型工业化产业示范基地评审专家论证。

【科技创新和重点企业】 全力推进高新技术产业化。组织146家企业参加“火炬计划”2009年年报统计工作，比2009年增长50%，获得市高新技术企业认定办的表彰。组织96家企业参加高新技术企业认定培训会，从认定条件、申报程序和资料准备等方面帮助企业申报高新技术企业。通过产业导向等多种途径，帮助区内主导产业和龙头企业加快新产品开发和技术革新，增强新产品开发和科技推动能力，提升产业持续发展能力。围绕新区新能源产业化基地建设，加强新能源产业发展趋势、产业转移、竞争格局、发展瓶颈等研究，完成

《上海南汇工业园区新能源产业化基地潜在投资企业目录》等3份调研报告。祝桥空港工业区与新区科委签订合作备忘录，分别统筹落实1000万元科技专项资金，支持区内科技项目产业化及相关科技政策落实，发挥联动示范效应。

全力推进知识产权园区试点。通过更新知识产权保护公益广告、发放知识产权宣传册和专利申请政策及办理手册等加强宣传。加强与区知识产权局和光华专利事务所合作，切实发挥中介机构作用，调整优化30家专利专项申请资助企业，组织园区企业参加各类专题培训。配合新区金融局调研金桥自主知识产权先进企业，推动相关企业进入代办股份系统进行试点。并与有关券商沟通，研究对有意向企业做好上市跟进服务工作，提供政策服务和技术操作支持。

【社会事业与文化建设】 以配套建设为重点，优化发展环境。继续促进完善海关监管区“大通关”环境，建立完善电子审批管理系统、海关联网监管系统和出口加工区智能化管理信息平台，充分利用信息技术等现代化手段，实现加工区监管的科学化、规范化和信息化。祝桥空港工业区投入2000万元，开展“绿化”、“亮化”、“美化”和“净化”工程，整修公建配套设施，实现建成区道路路灯全覆盖。协调水、电、热、气、通信等部门，为落户企业的在建工程做好各类前期市政配套工作，确保企业能最快开工建设和顺利竣工。

参与世博、把握契机，积极开展世博主题活动。通过组织观看“以勤奋工作和出色表现为世博提供坚强保证”电视专题片、开展“我为世博添光彩”专题讨论、参与“网上世博承诺签名100%”等活动，激发党员干部“宣传世博、参与世博、奉献世博”热情。积极参与“浦东新区千名机关干部服务世博志愿先锋”活动，先后3轮共50人（次）到世博园区出入口开展秩序维持、咨询服务等。鼓励支持机关干部参加世博园区志愿者、站点服务志愿者和社区各类志愿者活动。做好“服务世博、奉献世博”立功竞赛评比表彰活动12名优秀人选的评选和材料申报。采取机关党组与镇党委签订承诺书等形式搭建区域化党建工作平台，完善党组织联系街镇、党员向居住地报到制度。

【机构设置和管委会领导】 上海金桥出口加工区管委会有5个内设机构：办公室、计划财务处、规划建设环境管理处、工业和服务业发展处、投资促进处；2个直属事业单位：金桥出口加工区安全生产监察队，金桥经济发展促进中心。

上海金桥出口加工区管委会主任、党组书记为朱嘉骏，管委会常务副主任、党组副书记为张素心，管委会副主任、党组成员为沈能、马淑燕、李幼林、奚志忠，管委会主任助理、党组成员为杨晔。

（上海金桥出口加工区管委会）

海南洋浦经济开发区

【概况】 海南洋浦经济开发区位于海南省西北部的洋浦半岛，由国务院于1992年3月批准设立，1993年3月开工建设，是海南唯一享受保税区政策的国家级开发区。开发区现有面积31平方公里、规划控制面积69平方公里，人口为5万。

2007年9月24日，国务院批准在区内设立国内第4个保税港区——洋浦保税港区，规划面积9.2063平方公里，其中一期2.3平方公里已于2008年11月20日正式开港运行。

海南洋浦经济开发区是中国面向东盟自由贸易区的最前沿；是经马六甲海峡进入中国海运的第一节点和北部湾离国际主航线最近的深水良港；是距离南海石油天然气资源最近的工业开发区；是国家授予的首批6个石油化工类新型工业化产业示范基地之一。

【经济发展】 2010年全区地区生产总值178.2亿元，可比增长17%，是2005年的5.7倍；规模以上工业总产值572.8亿元，同比增长30.1%，是2005年的13.2倍；工业增加值124.1亿元，可比增长12.8%，是2005年的8.9倍；税收总额147.1亿元，同比增长19.2%，是2005年的9.8倍；地方一般预算财政收入11.3亿元，同比增长44.1%，是2005年的2.3倍；港口吞吐量2816.7万吨，同比增长6.2%，是2005年的6.5倍，其中集装箱完成吞吐量21万标准箱，同比增长40.2%；进出口总值61.7亿美元，同比增长27.7%，是2005年的6.5倍；省政府下达开发区的“十一五”节能减排任务提前完成。

【产业发展】 紧紧围绕“一港三基地”产业定位，全力以赴做好招商引资和项目建设推进工作，一批重点项目进展顺利。一是大力推进主导产业招商和重点项目建设。160万吨造纸项目（一期）已试投产；205万立方米成品油保税库项目、30万吨级原油码头及配套储运设施工程、100万吨聚对苯二甲酸乙二醇酯等项目业主已经进场施工；300万吨液化天然气项目陆域形成工程已经完成；150万吨乙烯项目已申报列入国家“十二五”规划，项目前期工作和填海工程已经启动；海南炼化2000万吨炼油改扩建工程已申报列入国家“十二五”规划并委托中国石化工程公司开始做方案设计。此外，国家石油储备、中石化商业石油储备、华信能源商业石油储备、中汇控股油品保税库、海航集团成品油商业储备等项目前期工作推进顺利。二是加快发展航运产业。在省委省政府的大力支持下，海南泛洋航运公司成功抄底、快速发展，短短一年多时间，已拥有和控制集装箱船18艘，拥有集装箱4.1万TEU（用来表示船舶装载集装箱的能力），总吨位超过51万吨，新开通美西、澳洲等内外贸航线15条（其中挂靠洋浦航线9条），2010年完成集装箱运量42万TEU，集装箱运力进入世界50强（名列世界第42位、国内第4位），取得第一个经营年度运营收入11亿元、利润超5000万元的可喜成绩，圆满完成省委省政府、工委管委会下达的目标任务，为构建洋浦区域航运枢纽、物流中心打下坚实基础。

【社会发展】 不断加大搬迁安置、教育、就业、公共卫生、基本医疗、最低社会保障等民生工程的投入，2010年全年民生事业支出3.3亿元，超过新增财力，同比增长18%。搬迁安置呈现破题曙光。为切实解决好区内居民的搬迁安置，按照“先安置后搬迁”原则，研究出台更具吸引力和更加优惠的以公寓楼安置为主导的搬迁安置补充方案和实施细则，制订搬迁居民就业、生活补助、过渡补助、养老保险、物业管理费等一揽子的惠民政策，大幅度提高公寓楼安置的补偿标准，引导居民选择公寓楼安置；高标准、高质量开工建设了35栋、1520套、17万平方米的搬迁居民安置周转楼。进一步完善开发区公共服务设施。开工建设中小学校、道路、饮水、给排水、公共厕所工程等一批公共服务设施项目，其中，解决了11个村庄的自来水，还有6个正在抓紧解决之中。针对往年居民区排水不畅的情况，在2010年8月前完成5个低洼区域7.2公里的排水、排污工程建设，保证了居民正常的生产生活。稳步推进教育卫生事业发展。一是招聘了一批高素质的年轻教师，教师队伍得到充实；二是加大投入，全面完成校园安全加固工程，办学条件得到改善；三是全面推行素质教育，取得丰硕教学成果，教师在全省获奖人数和应届高中毕业生升入全国重点大学人数同比明显上升；四是加强卫生防疫，全年未发现传染性疾病发生；开展多项公共卫生服务项目，启动国家基本药物制度改革，区内群众看病就医得到改善。

【管委会领导】 工委书记为李国梁，工委副书记、管委会主任为倪强，工委副书记为张琦，工委副书记、副主任为王立民，工委委员、纪工委书记为王积权，工委委员、管委会副主任为梁博、邱宏民、王庆义、王应福，工委委员、组织部部长为张德昌。

（海南洋浦经济开发区管委会）

厦门海沧台商投资区

【经济发展】 2010 年，厦门海沧台商投资区（以下简称海沧区）实现地区生产总值 307.4 亿元，增长 14.8%（其中：第一产业完成 1.45 亿元，第二产业完成 223.6 亿元，第三产业完成 80.2 亿元。注：增速按厦门市统计局核定数）；区级财政总收入 41.6 亿元，增长 35.7%，区级财政收入 16.2 亿元，增长 25.2%；城镇居民人均可支配收入 26188 元、农村居民人均纯收入 13067 元，分别增长 11.2% 和 9.3%。

【开放型经济】 内外并举抓好招商选资，完成海沧商务大厦、五缘湾海沧大厦招商，全年引进厦顺铝箔增资、高利宝科技等外资项目 51 个；合同利用外资 2.3 亿美元，增长 46.1%，实际利用外资 3.3 亿美元；引进内资项目 317 个，投资总额 27.4 亿元。发挥经济特区、国家级台商投资区和保税港区政策叠加优势，深入推进对台交流合作。建设闽台诊断产品创新创业园，2010 年引进台资项目 16 个。海沧保税港区与高雄自由港区签订合作意向书。

【投资环境】 海沧区积极推进基础设施建设，完成全社会固定资产投资 164.4 亿元，增长 10%。启动海沧湾新城建设，泰地海西中心、东孚商业街、海沧湾海域整治等项目全面推进，海沧大桥西引道建成通车。全年完成征地项目 49 个、面积 4723 亩，完成拆迁项目 43 个、面积 74.2 万平方米，拆除房屋 672 栋、面积 39.4 万平方米，征地拆迁规模再创历史新高。

海沧区已建成比较完善的投资硬环境，累计完成基础设施和社会事业投资 304 亿元，主要基础设施有：

1. 具有深水岸线 10 余公里，规划建设万吨以上级深水泊位 32 个，已建成 10 万吨级集装箱码头、10 万吨级油码头、5 万吨级化工码头、5 万吨级散杂货码头等 17 个万吨以上级泊位，另有 8 个万吨以上级泊位正在建设之中。已开通到欧美、日韩、东南亚、香港、台湾等 48 条国际航线。

2. 交通条件四通八达。海沧区位于厦漳泉同城化的重要枢纽位置，厦深铁路、沈海高速公路、厦成高速公路及 319 国道、324 国道等高等级铁路、公路在海沧境内经过；海沧大桥将海沧区与厦门本岛连成一片，距离厦门高崎国际机场仅 15 分钟车程。

3. 水电供应充足。自来水日供水能力 8 万吨，原水日供水能力 6 万吨，污水日处理能力 10 万吨，建成 120 万千瓦的嵩屿电厂一期、二期，建成 500KV 输变电站 1 座及 220KV、110KV 变电站 16 座，另有 220KV、110KV 变电站多座正在建设之中。

4. 实现公路、铁路、港口、通讯、供水、供电、污水处理等“七通”，供水、通讯、污水、排洪的管网接到地块周边的道路，供电接到区间开闭所，地块按规划平整。新阳工业区、东孚工业区配套基本完善。

5. 建成从港区到南部化工园区的化工管廊，液体化工原料和化工产品可通过管道直接输送。供热系统逐步完备，新阳集中供热中心一期、南部集中供热中心已建成投入使用，分别为新阳工业区、南部工业区提供集中供热服务。新阳工业燃气厂建成投入使用。林德公司采用管道、槽车、气瓶等方式为海沧区企业提供多种工业用气。

6. 建成装机容量 2 万门程控电话系统，长途电话可直拨世界 210 个国家或地区及国内 1800 余个城市。银行、邮电、学校、医院等其他设施配套齐全。

【产业发展】 工业经济增效提质，2010 年完成工业总产值的 760.4 亿元，增长 24.2%。实施商标品牌战略、标准化战略，加强技术改造扶持，鼓励企业自主创新，促进产业转型升级。规模以上工业企业全年实现利润总额 86.9 亿元，增长 54%，完成产值 754.5 亿元，占全区工业总产值的 99.2%。大力扶持生物医药产业，出台《促进生物与新医药产业发展的若干意见》，推进生物医药产业园区规划建设，全年完成产值 37 亿元，增长 23.2%。建颖科技、丰泰汽车、易洁卫浴等 11 个项目开工建设，厦顺高精铝板带、阳光恩耐、金桥生产线等 27 个项目投产，钨业新能源三元材料、厦船重工三期等在建项目进展顺利。第三产业增速提档，全年实现三产增加值 80.2 亿元，增长 18.6%。社会消费品零售总额达 46.9 亿元，增长 47.4%。厦门石油交易中心挂牌成立，签约入驻企业 59 家。绿苑商城建成投入使用，新开一批连锁超市，城区商业氛围进一步提升。汽车 4S 店集聚效益明显，实现零售额 20.2 亿元，增长 120%；油画产业显现规模效应，海沧区成为全国三大商品油画出口基地之一；养生滋补品一条街初具规模，礼品城顺利开业。青礁慈济祖宫、天竺山森林公园、日月谷温泉等景区影响力不断提升。港口物流加速发展，保税港区一期投入运营，二期工程加快建设。港区基础设施不断完善，保税港区二期综合楼、西集中查验区主体、13 号至 19 号泊位水工主体建设基本完成，厦成高速、南海三路、芦澳路项目建设进展顺利，港区集疏运体系进一步完善。港口物流业日渐壮大，引进中外运、港丰、中远集装箱等物流项目，海沧国际石材物流中心正式运营。实现进出口总额 61.7 亿美元，其中出口 37.7 亿美元；实现港口吞吐量 2558 万吨，其中集装箱吞吐量 230.4 万标箱，分别增长 18% 和 24.3%。

【科技创新和重点企业】 科技事业持续进步，建设国家科技进步示范区，完成国家知识产权强县工程，出台《科学技术资金管理办法》，投入 2700 万元实施 54 个科技计划项目。加快海沧科技创业中心暨国家专利产业化（厦门）试点基地建设，推动科技项目对接和转化，全年取得 12 项科技成果，4 个项目获得国家科技项目立项，3 个项目获得国家“重大新药创制”专项立项。生物医药孵化器检测平台获得中国合格评定国家认可委员会（CNAS）实验室认可证书，区疾控中心内设实验室获得国家实验室认可资格。总投资近 10 亿元的阳光照明恩耐项目正式投产，并将建设企业科研技术中心进行技术开发和新产品研制，对于提高海沧光电产业集中度，促进行业技术进步将产生极大推进作用。总投资超 14 亿元的厦顺铝箔二期铝板带项目正式投产，可年产 20 万吨高精铝板带，产品质量达世界一流水平，并可替代进口产品，填补国内空白，改变高精铝板带产品主要依赖进口的现状。作为中国唯一生产印刷板版的厂家，柯达图文影像在已有一条生产线的基础上，新增一条生产线，产能达年产印刷板版 4000 万平方米。众达钢铁“钢筋全自动化深加工项目”奠基，将以全自动化设备及数字信息模式，在钢材生产的同时根据客户需求进行量身订做，以提高精确度，同时减少材料浪费，节省能源和资源。

【社会事业与文化建设】 2010 年，海沧区加大对各项社会事业投入力度，经济社会统筹协调发展。

各项社会事业持续推进。促进优质义务教育资源均衡覆盖，16所学校通过义务教育标准化建设市级验收，大部分外来员工子女就读公办学校。完成区幼儿园规划编制，新增1100个标准幼儿园学位。实施首批校舍防震加固工程，完成霞阳小学一期、海沧职业中专学生宿舍建设。落实医药惠民政策，抓好农村居民健康档案、重性精神病患者社区规范管理等试点工作。实施海沧医院病房改造，建成海沧社区卫生服务中心、东孚卫生院公共卫生楼。实施计划生育“优质服务”和“强基提质”工程，基本实现计生优质服务均等化，常住人口出生政策符合率达98.8%。广泛开展“温馨海沧”等广场文化活动，组织两岸三地千名画师创作《江山如此多娇》长卷油画，闽台送王船、海沧蜈蚣阁被列入“第三批国家级非物质文化遗产扩展名录”，图书馆获评“国家一级馆”。广泛开展全民健身活动，区体育中心一期工程稳步推进，成功举办“第五届东方中国女子高尔夫公开赛”。

城乡人居环境持续优化。城镇居民人均可支配收入26188元、农村居民人均纯收入13067元，分别增长11.2%和9.3%。积极实施“四绿工程”，推进“森林城市”创建工作，新建生态风景林164公顷、新增公共绿地103公顷。建成海沧湾公园一期工程，完成公交场站规划，新建一批公交停靠站，新增10条公交线路。完成一批城区道路绿化美化及道路架空线路缆化工程，建成海沧大道、新阳工业区等片区夜景工程。启动贞岱村旧村改造、新村建设，建成祥露等村（居）服务中心。在福建省率先建立村级公共事务支出补贴制度，农村公共设施运行管理逐步纳入财政统筹，获评“全国首批村镇垃圾治理全覆盖区”。推进抗灾减灾体系建设，实施新阳西区临时排洪渠及一批村庄排洪渠清淤改造，过芸溪流域综合整治顺利推进。

社会保障体系持续完善。扎实推动“创业型城市”创建工作。超额完成农村富余劳动力转移目标任务，实现零就业家庭动态归零。扎实做好新型农村社会养老保险试点工作，实行农村居民起始标准免费参保补贴，基础养老金标准为福建省最高，参保率达99.1%。进一步完善城乡居民医疗保险体系，参保率达98.5%。做好居家养老试点。基本建成区社会福利中心。实施重度残疾人居家护理补助、残疾人家庭无障碍改造等助残工程，福乐家园获评首批“省级示范园”。

社会管理水平持续提升。强化矛盾纠纷排查调处、劳动监察和法律援助工作。建成第六期、第七期治安报警电子监控系统。加强应急体系建设，完成区、镇（街）应急视频系统建设。落实安全生产目标责任制，全面开展“打非治违”和隐患排查专项行动，安全生产形势稳定。

【机构设置与管委会领导】 2003年，厦门市行政区划调整，设立海沧区，保留厦门海沧台商投资区党工委、管委会继续履行开发建设职能，管委会下设经济贸易发展局与建设局两个职能部门，主要负责招商引资、企业服务、基础配套等工作。

海沧区领导成员为：党工委书记钟兴国，党工委副书记、管委会副主任林世彝，党工委委员、管委会副主任 李文东，党工委委员、管委会副主任周威榕。

（厦门海沧台商投资区管委会）

廊坊经济技术开发区

【经济发展】 2010年，廊坊经济技术开发区（以下简称廊坊开发区）完成地区生产总值195亿元，同比增长25%，完成全年任务的104.3%；财政收入35.9亿元，增长31.6%，完成任务的114%，比2009年净增8.6亿元，其中一般预算收入7.4亿元，增长30.7%，完成任务的113.7%；规模以上工业销售收入254亿元，增长28.3%，完成任务的109%；出口总额6.6亿美元，增长38.4%，完成任务的124.5%；实际利用外资2.12亿美元，增长76%，完成任务的141.3%。

【投资环境】 完成廊坊开发区《控制性详细规划》、《中心区控制性详细规划》、《土地利用总体规划》修编和第二次土地调查及国家级开发区土地集约利用评价；争取新增建设用地指标3219.72亩，收回建设用地302亩，建设用地置换883.9亩，拆除房屋和临建319户（次）、面积8.2万平方米，征地拆迁2297.7亩，保证了润泽国际信息港、万达学院、英博电器二期等一批重点项目的建设。完成华祥路、云鹏道等7条道路，第一、第四、第六供热站换热站、蒸汽锅炉、供热管网等一批新建和改造工程，以及雨污水泵站遥测遥控系统升级工程，城区交通、供水、供热和污水处理等保障能力进一步增强。社区卫生服务中心、污水处理厂二期和中水回用等工程建设进展顺利；纬一道、金源道等4座雨水泵站、北新路道路排水，4所小学、医院等一批建设项目完成前期工作，2011年将全面开工建设。阿尔卡迪亚大酒店开始试营业，园区配套功能进一步完善；“廊和坊”国际金融生态新镇项目全面开工，金融中心平台建设顺利起步；建立“三员合一”工作机制，数字城管平台平稳运行；深入开展市容环境整治，实行主干道分级管理，城区环境综合管理水平有新提升。

指导莱佛士集团完成《东方大学城控制性详细规划》和企业战略运营体系打造，促进了新加坡方重组资金按约到位，东方大学城整体上市工作稳步推进，《中国国际化高科技人才创业园区》列入省、市“十二五”规划。莱佛士集团与云南卫视组建的“音乐现场”，成为大学城音乐人才的培训、实训基地，北大方正软件学院“数字艺术中心”被批准为中央财政支持的职业教育实训基地。促成莱佛士集团与新加坡教育工艺局合作，完成联合培养中等职业技术人才的前期准备；与国家服务外包人力资源研究院合作，将共同建立国家最大的人才储备库和服务外包发包基地。北大方正、中医药大学东方学院、北京城市学院分别荣获“中国最具就业竞争力十大软件学院”、“全国最受欢迎的独立学院”和“全国民办教育先进集体”等诸多荣誉。

【招商引资】 盯准产业高端。服务外包项目、企业研发中心、企业财务结算中心、技术转移中心等，成为开发区招商引资的新重点。已有梅花味精总部、马萨诸塞州技术转移中心、华为技术服务公司、清华科技园加速器等一批企业总部（区域总部）和高技术转移中心先后落户开发区，区内的企业总部和研发中心数量已接近20家。新引进的6个超亿元项目中，涉及精密数控机床生产、现代医药物流、数字智能电力设备等高新技术领域，6个项目计划总投资23亿元，建成后年销售收入可达50亿元，税收总额可达3亿元。

【高新产业】 全年共引进项目（含增资）83个，总投资555亿元，以先进制造业、现代服务业为代表的主导产业和以新能源、新技术为特色的新兴产业项目占到80%以上。对转变发展方式具有战略意义的“梦廊坊”文化产业园和中国地质文化示范园项目正式签约，檀居缘文化艺术中心、一诺产业基地等文化创意产业项目已经注册；总投资5亿元的廊坊壳牌河北区域总部正式落户，填补了廊坊开发区没有世界500强地区总部的空白；高铁设备科技研发中心、讯成网络创新基地、唯度国际物流等一批研发、信息、物流项目落地，壮大了生产性服务业规模；英博节能产业基地、埃克特能源科技、安瑞科能源等一批新能源、新技术项目入区，成为战略性新兴产业的重要支撑。同时，引进北京知名学校和高端医疗机构也取得积极进展。

全区高新技术产业产值达到工业总产值的30%以上，胶黏手机配件、高亮度LED芯片、柔性机器人加工系统等12项“廊坊创造”的产品继续稳居国内外同行业领先水平。新批项目中，四成以上涉及节能环保、新一代信息技术、高端装备制造、新能源、新材料等战略性新兴产业领域；自主创新、低碳经济项目引领发展，新奥煤基能源生产“零排放”试验中心升级为低碳能源国家实验室，新奥集团“煤催化气化制天然气关键技术及工艺开发”项目列入“国家科技支撑计划”，煤基能源生产“零排放”技术荣获“中国国际建设环境友好型社会成果展览金奖”，新奥博为磁共振导航监控微创诊疗系统荣获“国家2010年（第十届）信息产业重大技术发明奖”；英博电器高速大容量飞轮储能项目已投产，在发展低碳经济中开始发挥作用；奥霖锅炉高新燃烧技术在工业窑炉、燃油锅炉、管式原油加热炉等多领域推广；新奥煤基清洁能源项目、新光源项目福稳光电已正式落户。

【项目建设】 全年实施投资超亿元建设项目27个，当年累计完成投资25.9亿元。对主导产业发展有重大影响的润泽国际信息港项目已开工建设，并与微软、IBM、惠普等知名公司建立了战略合作关系；廊坊科技谷中科院热物理所、制浆造纸研究院等5个首批项目已经完工，科技谷会所、创业中心已部分投入使用，第四代园区建设取得实质进展；新奥光伏太阳能薄膜电池板产销两旺，世界最大规模兆瓦级光伏示范电站已建成发电，导电玻璃生产项目已进行设备安装调试；基伊埃亚力克斯管生产实现国产化，提升了产品市场竞争力；廊坊服务外包基地一期建筑已封顶，多家服务外包企业已签订入驻协议；阿克苏诺贝尔装饰涂料、上方皮革等9个项目列入省重点。

【社会事业】 全面落实各项惠民保障政策，共发放失地农民生活保障金5218.9万元，农村养老补贴291.2万元，落实粮食直补、农资综合补贴和家电下乡等各项补贴资金373.5万元；为123名贫困残障和重病职工、67个困难户和87名优抚对象发放救助优抚资金52.2万元，对农村19户危房进行了重建和维修，大幅提高了义务兵优待标准，农村居民人均纯收入达到7728元，增长15%；全区农民参合率达到99.5%，与市区3家医院实现了新农合出院即报，平均实际住院补偿比达到48.7%；住房公积金缴存企业累计达到230余家，覆盖人数1.8万人；依法推进社会保险扩面征缴，全年累计征缴基金3.5亿元。

社会服务职能进一步完善。建立健全传染病等公共卫生突发事件报告体系，消除了可能引起传播流行的各种隐患；举办“送书下乡”、“电影下乡”、读书进社区、消夏晚会等系列活动42场，进一步丰富了人民群众的文体生活；加强消费者权益保护，实施食品药品放心工程，开展乳制品专项整治活动，保持了重大食品药品安全事故“零记录”。加强农村劳动力就业再就业工作，实现农村劳动力向非农产业转移3515人，408名失业人员实现再就业。人口和计划生育、民族宗教、武装、残疾等事业也取得新进展。

以“净化社会环境、维护治安稳定”为目标，深入开展“冬季行动”、严打整治“百日会战”、校园周边环境整治等系列专项行动，始终保持打击刑事犯罪的强大攻势。充分发挥审判机关调解职能，经营流通领域纠纷案件、民事案件和刑事附带民事案件调解率分别达到87.7%、86%和100%。不断强化检察机关法律监督职能，全力推动“三项重点工作”深入开展，案件准确率和有罪判决率均达到100%。依法依规、从速从快调处劳动争议，调解和撤诉案件比例达到1/4以上。加强劳动监察，帮助农民工追讨工资500多万元，有效遏制了建筑领域突发信访事件。指导签订工资集体协商合同企业66家，覆盖职工1.8万人，创建国家和谐工业园区取得实质进展。

【管委会领导】 廊坊开发区领导成员为：工委书记孟繁祥，工委副书记王金忠，工委副书记王宁，管委会主任孟繁祥，管委会常务副主任王金忠，管委会副主任马兴旺，管委会副主任平加祥，管委会副主任、东方大学城管委会主任王小卫，管委会副主任黎斌，纪工委书记王冠军，工委委员、社会发展局局长孙绍虎。

（廊坊经济技术开发区管委会）

徐州经济技术开发区

【概况】 徐州经济技术开发区（以下简称徐州开发区）创建于1992年7月，1993年10月被江苏省人民政府批准为省级开发区，2010年3月被国务院批准为国家级经济技术开发区。下辖两镇和三个街道办事处，常住人口20多万。2010年徐州开发区坚持以科学发展观为指导，大力秉承“激情、思路、办法”的工作理念，牢牢把握经济工作主动权，以“四区”建设为目标，以推进新一轮“两个转变”为动力，以开展“产业升级年”活动为抓手，大力实施“二次创业”新一轮发展战略，努力做好各项工作，经济社会发展继续保持好的趋势、好的态势、好的气势，“十一五”规划确定的主要目标和任务全面完成。全年业务总收入突破千亿元，达到1517.6亿元，比2009年增长44.7%。地区生产总值实现368.8亿元，增长67.37%；固定资产投资完成240.6亿元，增长41%；一般预算收入完成22.5亿元，增长96.4%。

【经济发展】 2010年徐州开发区实现工业销售收入1205.5亿元，增长36.4%。其中，规模以上工业实现销售收入1175.4亿元，增长60.2%。工业品产销率达到99.8%，比2009年提高0.3个百分点。装备制造、新能源两大支柱产业分别完成产值660亿元和140亿元，各增长27%和75%。累计实现服务业营业收入327.6亿元，增长62.1%，占业务总收入的比重提高4个百分点。服务业实现增加值48.8亿元，增长57.5%，占GDP的比重达到13.2%。全区两税收入完成43.8亿元，占财政收入的96.1%。一般预算收入占财政收入的比重达到42.4%。自营进出口总额完成25.4亿美元，增长93%，其中出口完成13.4亿美元，增长89.9%。

【利用外资】 全年新批外资项目28个，增长110%，增资项目9个，增长12.5%。其中，4亿美元以上的项目1个、4000万美元以上的项目13个、2500万美元以上项目17个。全区实现合同利用外资7.46亿美元，实际到账外资5.52亿美元。

【项目建设】 年度实施的“三重一大”尤其是“双十”项目进展顺利。中能电子级多晶硅、协鑫铸锭切片、卡特扩建、宝通物流一期等项目竣工投产；斗山发动机、海伦哲专用车辆、荧茂电子触摸屏、星星农机汽车城等项目加快推进。全年工业投资完成110亿元，增长

25%。

【产业发展】 新能源产业迅猛发展。中能硅业产能突破2万吨，产能位居亚洲首位；协鑫铸锭切片项目竣工达产，产能达到3GW，成为世界最大的硅片生产企业；强茂艾德太阳能电池片及电池组件的总产能达到700MW。新能源产业链条在不断完善的基础上，规模进一步扩大，已成为国家重要的新能源产业基地。高端服务业发展步伐加快。软件园建设有序推进，大连开易、美的安得物流等项目入驻园区，有力带动了开发区高端服务业的快速发展。装备制造业加速向高端挺进。斗山发动机、卡特大型挖掘机、徐重大吨位起重机等项目加紧建设，卡特大型底盘项目已签约，这些项目使区内的装备制造业更加高端化。

【企业培育】 出台《关于实施一企一策、培育优势企业的意见》，有效提高了企业扩大生产、提高效益的积极性。全年新增亿元以上工业企业10家，亿元以上企业累计完成销售收入764亿元，占规模以上工业的85.8%。协鑫、中能、艾德等12家企业全年增幅超过100%，海伦哲、鑫皇铝业、世通重工等19家企业全年增幅超过80%。

【科技创新】 全社会研发投入占GDP的比重达到6%，比2009年提高1个百分点。新认定高新技术企业5家，获批创新型企业3家。一批重点企业的创新主体作用进一步增强，徐工集团成功研制2000吨级履带起重机、千吨级全地面起重机、混合动力装载机、山地挖掘机等高端产品，工程机械研究院和物联网应用研发中心启动建设，并成功入选“国家创新型试点企业”；中能硅业获批省级“两化融合”试点企业；艾德、恩华被认定为“国家火炬计划重点高新技术企业”；燃控科技升级为国家级博士后工作站并成功上市。生产力促进中心的科技孵化器功能进一步完善，创新公共服务平台正式启用。积极实施以质取胜战略，质量兴区创建通过省级验收。清洁技术产业园成为“省级科技产业园区”。

【人才建设】 出台建设人才强区的意见，明确了未来5年开发区高层次人才队伍建设的总体目标和具体措施。加大人才投入，设立人才专项资金560万元，用于人才引进、培养和资助。建立“徐州经济技术开发区人才工作网站”，全年引进国家“千人计划”1人、省“双创”人才2人、市急需人才24人。获批市第五批优秀专家12人、拔尖人才15人，并为省“333工程”人才4人申报了项目资助。推荐4人参加2010年“国家千人计划”评选。

【城乡建设】 紧紧扭住“四区”建设，把破解制约发展的瓶颈作为推进新一轮发展的重点。“十二五”规划及高铁生态商务区、庙山片区、中德鲁尔生态产业园、保税物流园区等专业性规划基本完成，为新一轮发展提供了空间资源保障。列入市、区两级的重大基础设施项目快速推进。佛教文化景区、鲁尔大道、铁路专用线、金龙湖小镇及高铁站区等工程进展有序，道路绿化、中水回用、供水电力、软件园道路管网、五星级酒店主体工程已基本完工。全年基础设施投资完成35亿元，增长57.9%。

【环境保护】 全年单位GDP能耗下降9%，节能减排目标全面完成。省级生态工业园区通过验收。珠山宕口公园、金龙湖景区、翔园等市民休闲场所建成开放。数字化城管系统覆盖面进一步拓展，城区管理步入规范化、法制化的轨道。蟠桃社区管理中心正式成立运行，社区管理服务系统不断健全，人居环境得到进一步改善。

【社会事业】 大湖、蟠桃、刘湾等小学及城东中学新校区改扩建工程取得积极进展，教育现代化创建得到深入推进。西朱社区卫生服务中心加快推进。全区4家社区服务中心及“两镇三办”医疗改革全面实施，居民就医环境显著改善。在全市率先扩大尊老金发放范围；全区农民人均纯收入达到10005元，增长14.6%；1800余户农民喜迁新居。此外，就业服务、社会保险、民政、计生等各项社会事业都取得明显成效。社会治安综合治理进一步加强，安全生产形势有所好转。

（徐州经济技术开发区管委会）

增城经济技术开发区

【经济发展】 2010 年，增城经济技术开发区（以下简称增城开发区）升级为国家级经济技术开发区，成为广州重点谋划的战略性发展平台、“东进”战略的重要节点。当年，实现地区生产总值 132.37 亿元，同比增长 20.15%，其中，第二产业增加值 128.74 亿元，第三产业增加值 1.69 亿元，全员劳动生产率 40.04 万元/人；完成工业总产值 459.8 亿元，其中外商投资企业工业总产值 391.56 亿元；完成财政收入 47.21 亿元，其中地方一般预算收入 5.41 亿元；实现税收收入 42.5 亿元，增长 50.34%；完成固定资产投资 33.58 亿元，其中基础设施投资 5.85 亿元；单位土地地区生产总值产出强度 1.89 亿元/平方公里，工业用地工业增加值产出强度 20.4 亿元/平方公里。

【投资环境】 组织编制了增城开发区总体规划、产业发展规划和“十二五”规划，主动融入大广州和珠三角，与周边的广州开发区、中新知识城互补互动、错位发展。投入建设资金 3.78 亿元，建成市政道路 16 条，水、电、通信、燃气、排水、排污等配套设施同步完善，开发建设基本格局初步形成。对区内农村预留地实行统一规划、统一开发、统一管理，以工促农、以城带乡的城乡一体化局面逐步形成。

【招商引资】 围绕主导产业开展产业招商，2010 年增城开发区先后引进总投资 50 亿元的北汽集团 30 万辆整车华南生产基地、总投资 20 亿元的广州江铜铜材、总投资 10 亿元的珠江钢琴乐器文化产业基地、总投资 6 亿元的科利亚现代农业机械等一批大型龙头项目，项目投资总额 94.9 亿元，预计达产后可实现年产值 829 亿元，年税收 65.45 亿元，投资强度、单位面积产值、单位面积税收分别达到 403 万元/亩、3527 万元/亩、278 万元/亩。新增内资企业注册资本金 5.08 亿元，实际利用外资 263 万美元。截至 2010 年底，增城开发区累计引进项目 50 个，项目投资总额 280.20 亿元，其中投资规模超过 1000 万美元的项目有 35 个、投资规模超过 1 亿美元的项目有 10 个。

【产业布局】 充分发挥龙头集聚带动作用。汽车支柱产业做大做强，广汽本田增城工厂动工建设第二条生产线，未来几年规模产能将达到 24 万辆，北汽集团 30 万辆整车华南生产基地签约落户，增城开发区已具备打造千亿级汽车产业集群的基础条件；省重点建设项目科利亚现代农业机械、南方电网特高压技术（广州）国家工程实验室加快建设；广州与央企签约项目中金数据系统华南数据中心和年产能 40 万吨铜材、年产值 240 亿元的广州江铜铜材项目先后奠基。增城开发区逐步形成以汽车、摩托车及其零部件产业集群发展为主导，机械装备制造、电子信息、服务外包等产业多元化发展的现代产业聚集体系。

【对外贸易】 2010 年，增城开发区进出口企稳回升，保持较快增长。全年实现进出口总额 7.87 亿美元，其中出口总额 5.42 亿美元、进口总额 2.44 亿美元，进出口增长速度为 37.75%。

【项目建设】 工业投资占据主导地位，2010 年增城开发区工业项目完成投资 25.14 亿元，占全区固定资产投资的74.86%。广汽本田增城工厂、豪进集团、博创机械等重大项目有力促进了全区工业投资的增长。第三产业投资逐步增长，完成投资1.43亿元。

【科技创新】 截至2010年底，增城开发区内共有研发机构3家、高新技术企业12家，2010年研究与试验发展经费支出2.12亿元，占地区生产总值比重为1.61%，同级财政支持科技发展资金2254万元。区内高新技术企业工业总产值65.14亿元，占全区工业总产值的14.17%，高新技术产品进出口额2609万美元，占全区进出口总额的3.31%。规模以上工业企业申请专利116项，其中发明专利46项。

【社会事业】 医疗卫生事业开始起步，2009年引进的专科医院建成投入运营。构建和谐劳动关系，年末区内从业人员33062人，其中规模以上工业科技活动人员1693人，占区内从业人员总数的5.12%；从业人员平均劳动报酬3.93万元，增长14.9%；同级财政教育经费支出3.54亿元；全年实现生产安全事故零死亡。社会保障事业逐步发展，社会保险参保人数31740人，社保覆盖率96%，从业人员社会保险缴费总额2.57亿元，占从业人员工资总额比重为15.42%，同级财政社会保障和就业支出1.69亿元。

【管理与服务】 以增城市成为中央政治局常委深入学习实践科学发展观联系点、中央“创先争优”活动示范点和广东省首个统筹城乡综合配套改革试点为契机，增城开发区深化改革创新，加强队伍建设，管理与服务水平不断提高。以加强博创、豪进等非公有制企业党支部建设为突破口，发挥党员的先锋模范作用，推动各项事业发展。试点开展基层党组织“公推直选”，民主建设取得新成效。制定和完善《社会投资项目筹建工作制度》、《项目引进与项目建设联动机制的实施方案》、《工作目标考核暨工作目标责任奖标准方案》、《区容环境卫生管理办法》等20余项制度，各项工作进一步规范化、制度化。成功举办开发区升级挂牌仪式、承办东部国家级经济技术开发区“十二五”规划编制工作会议。

【机构设置与管委会领导】 增城开发区管委会内设党政办公室（与纪工委机关、监察局合署），发展改革财政局，经贸科技信息局，国土规划建设环保局，企业建设和安全监督局等5个工作部门。

增城开发区党工委书记、管委会主任为徐志彪，党工委副主书记、管委会副主任为叶牛平，党工委副书记、纪工委书记为何世光，管委会副主任为彭高峰、刘棕会，管委会秘书长为蒋志恒。

（增城经济技术开发区管委会）

九江经济技术开发区

【经济发展】 2010年，九江经济技术开发区（以下简称九江开发区）实现生产总值73.1亿元，其中第一产业增加值完成2.36亿元；第二产业增加值完成53.83亿元，其中工业增加值完成47.75亿元；第三产业增加值完成16.92亿元；全年实现工业主营收入223.7亿元，同比增长44%，其中规模以上工业主营业务收入198亿元，同比增长48.8%，总量在江西省重点工业园区评比中进入前10，九江开发区被评为“江西省先进工业园区”。3月21日，国务院正式批准九江开发区升级为国家级经济技术开发区。此外，九江开发区还被江西省政府评为“江西省国家级开发区开放型经济先进单位”；省工信委授予九江开发区“江西省光伏产业基地”称号；在省政府教育督导评估检查中名列江西省第三。九江开发区 2010 年完成进出口 5.45 亿美元，其中出口 2.6 亿美元，实际利用外资 1.2 亿美元（其中现汇 7040 万美元）；全年完成固定资产投入 78 亿元，同比增长 42%。当年新开工 3000 万元以上工业项目完成投资 30 亿元，同比增长 60%。新增规模以上工业企业 15 家。财政总收入 7.59 亿元，同比增长 51.7%。一般预算收入 4.84 亿元，同比增长 38.2%，税收占财政收入比重达 95.8%。万元 GDP 能耗下降 3.1%。

【产业发展】 坚持走“龙头企业拉动、配套企业跟进、产业集群发展”的路子，对骨干龙头企业加大扶持力度，促使龙头企业加快发展。旭阳雷迪光伏产业园第一、二期年底已形成 1 吉瓦产能；第三期投入 80 亿元，已正式开工建设。预计 2012 年三期全部建成投产后，总产能将达到 4.6 吉瓦，年产值超 300 亿元。总投资 47.3 亿元的巨石玻纤生产基地，第一期年产 17 万吨玻纤生产线已全面投产，二期计划 2011 年全部建成，达到 35 万吨产能。新引进的佳能数码相机项目，总投资 1.5 亿美元，9 月底试产，已实现出口 6901 万美元。昌铃汽车靠大联强并入长安集团，汽车及发动机生产规模不断扩大，产值超 20 亿元。同时，积极引进了关联型企业和配套型企业，促进产业集聚发展。通过做大旭阳雷迪公司带动了中辉特光伏、超日光伏、旭阳光电、盛联太阳能、高派单晶硅等一批项目加快建设，导轮开槽、华融石英坩埚、新伟业砂浆回收等产业链配套项目也陆续开工建设或签约落户。光伏产业已形成单晶拉棒、多晶铸锭切片、电池片及电池组件、线锯导轮开操涂覆等较为完备的产业链条。新材料产业从玻纤拉丝、电解铜箔、电子布到线路板的产业链条初步成型；电子产业已从集成电路、线材等基础材料发展到 GPS、视听产品、数码相机等高端电子产品；汽车产业围绕昌河公司利亚纳轿车、K14B 发动机的产业链条不断延伸，四大产业集群正成为开发区经济发展的主引擎。

【招商引资】 2010 年，九江开发区围绕产业选项目，着力转变发展方式。围绕“新能源、新材料、电子信息、汽车及零部件”四大产业，聚精会神抓产业招商。全年共新引进项目 63 个，其中四大产业项目 47 个，占项目总数的 75%。新引进亿元以上项目 38 个，其中 10 亿元以上项目 9 个，10 亿元以上项目中有总投资 80 亿元的旭阳雷迪三期、1.5 亿美元的世界 500 强——佳能数码相机、30 亿元的香港盛联光伏产业园、3 亿美元的高派单晶硅、12 亿元的华祥电路板及覆铜板、10 亿元的志高空调二期等产业龙头大项目。此外，还引进了赛翡蓝宝石、杭氧罐式集装箱、空分低温设置、九整整流器等好项目、大项目。通过明确产业定位，推进产业招商，区域经济正由粗放型增长向集约型发展转变，由数量扩张向质量提升转变，呈现又好又快发展的强劲势头。

【项目建设】 实行目标管理和领导挂点，强化责任帮建项目。对签约项目实行目标约束管理，将项目建设进度、投产时限、经济效益等在合同中予以明确，倒逼投资方按期履约。实行区班子成员、部门负责人挂点联系项目责任制，将目标、时间、进度全面公开，要求挂点领导每周到挂点项目工作半天以上，并将服务成效纳入绩效考核，年底兑现奖惩。协调解决巨石玻纤、旭阳雷迪供电供气，德福电子贷款融资等 217 个问题，加快了项目建设速度，全年新增长能风电、徐工机械、欧威电子等开工项目 43 个，新增旭阳雷迪二期、志高空调一期、瀚森工业园、万电科技等竣工项目 28 个，14 个项目实现当年签约、当年动工、当年投产。

加强督促检查和分级调度，切实加快建设进度。把督察作为推动项目快速建设的关键环节来抓，采取实地察勘、拍照、查看资料等方式，对项目推进情况实行“一月一督查一通报”，对推进不力的项目责任单位、责任人进行问责。同时，实行区领导小组、分管领导和园区3个层面的调度机制，及时解决项目建设中的各类重大问题112个，促使了项目快建设。

【园区建设】 全年完成园区建设投入18.3亿元，其中银行融资5.43亿元。共征地2250亩，拆迁3619户、27.3万平方米，完成15个批次、5460亩土地报批。加快园区基础设施和生活配套设施综合开发建设步伐，切实提升了园区承载项目的能力。

加快建设基础设施。城西港区建成鄱水路、规划一路、沙阎北路、港兴路等道路，通车里程达42公里；220KV变电站建成投入使用；完成九码公路、港城大道绿化32万平方米，新增路灯、景观灯942盏；完成天燃气主管网建设，铺设管道6.8公里；污水处理厂快速推进，完成投资2000万元。出口加工区生态园区全面成型，4.5平方公里主次干道、支道、河流、厂区等绿化全面升级，园区绿化植被覆盖率达42%以上，新建4个垃圾中转站，全面完成雨污管网改造和完善工程；完成天池路建设，开工建设电镀集控区；汽车工业园完成顺意路、通畔垄路改造，新增道路11公里，完成长江大道南段改扩建工程。

建设配套设施全面跟进。城西港区建成便利中心和临江大市场；完成6栋1.3万平方米公租房，可安排2000名倒班工人和300名高管人员入住；完成港城学校生活配套设施建设；完成安置小区二期10万余平方米、安置784户。出口加工区完成投资2200万元、2.4万平方米的东区二期生活配套建设，可供5000名员工生活；启动园区明德、蛟滩小学改扩建工程；启动总面积达50万平方米的金丰御园、申佳苑、亿宁商住小区建设；协调开通市区至沙河客运专线，方便员工进出市区。

【城市建设】 高起点建设功能项目，提高发展水平。配合市直有关部门完成市一中分校、一医院分院、环湖二路、环湖一路及十里河改造和龙开河景观改造等工程；投资1.2亿元建设区综合服务中心；投资15亿元建设九江国际汽车城改建项目；建成赛城湖公园，全园绿化面积8万平方米，铺装面积2万多平方米。启动大润发、杨子巷商贸广场建设。完成前进新村三期拆迁安置小区和官牌夹泵站拆迁还房小区建设，建设面积4.6万平方米，可安置410余户。

高标准改建市政工程，提升城市品位。加大投入，加快市政基础设施建设步伐，新增城市供水管网36公里、排水管网47公里，新增绿化17.5万平方米。新增城市道路22公里，改造提升13.7公里，实现主城区“三纵三横”的主干路网格局。投入2.4亿元，完成长江大道、九瑞大道升级改造；投资2.6亿元的九码快速通道开发区段全面通车。

高效能加强城市管理，改善市容市貌。扎实推进“六城同创”工作，完成主干道44处景观“亮化”工程；成立出口加工区、城西港区、汽车工业园3个园区环卫机构，提高了综合管理效能。按照“属地管理、条块结合、稳妥推进、疏堵结合”原则，加强了违法建筑的整治工作，共拆除违法建筑237处约3.6万平方米，停建56幢、1.1万平方米。

【社会事业】 加快发展社会事业，着力保障和改善民生。实行新增财力重点向民生事务倾斜，全年新增投入5200万元，完成棚户区改造25.79万平方米，建设安置住房1041套、12.14万平方米；发放住房租赁补贴263万元，惠及1939户。完成1个“中心+村落”社区，1所城西港区社区卫生服务站，1个新湖社区计生管理示范点建设；完成区社会福利中心建设；完成开发区医院整合和整体搬迁、港城学校食堂和宿舍建设、港城学校幼儿园开园办学等工作。精心打造畔湖社区居家养老服务中心，社会化养老事业走在全市前列。

【机构设置与管委会领导】 九江开发区党委、管委会下设党群工作部、纪委（监察局）、人力资源部、招商局、经济发展局、建设环保局、社会发展局、财政局等区直部门；有出口加工区管理局、城西港区管理局、汽车工业园管理办公室、科技工业园管理办公室等4个园区管理局（办公室）；有向阳街道、七里湖街道、滨兴街道、永安乡、赛城湖垦殖场、茅山头综合垦殖场等6个街道（乡、场），有国土资源分局、规划分局等11个驻区单位。

九江开发区领导成员为：市人大常委会副主任、区党委书记李光荣，区党委副书记、管委会主任夏启国，区党委副书记、管委会副主任张俊，区党委副书记、管委会副主任柯尊玉，区党委副书记、党群工作部部长卢友华，区党委委员、管委会副主任刘芸，区党委委员、公安分局局长骆名远，区党委委员、管委会副主任黄家杰，区党委委员、管委会副主任杨剑，区党委委员、纪委书记张凯，区党委委员、城西港区管理局副局长刘宏，区党委委员及茅山头企业集团公司党委书记、总经理王友忠，区党委委员、管委会副主任李善云。

（九江经济技术开发区管委会）

马鞍山经济技术开发区

【概况】 马鞍山经济技术开发区（以下简称马鞍山开发区）是安徽省政府1995年10月批准设立的省级经济开发区，1999年3月正式启动建设，批准规划面积10平方公里，核准合并面积为11.44平方公里。历经10多年的发展，马鞍山开发区已进入规模总量扩张和内涵质量提升加速发展的新时期，成为中部地区最具竞争和发展实力的开发区。2010年3月升级为国家级经济技术开发区；同年5月，省政府批复设立省高新技术产业开发区。

【经济发展】 2010年，马鞍山开发区实现地区生产总值90.18亿元，比2009年增长10%；工业总产值214.66亿元，比2009年增长24.5%；工业增加值56.18亿元，比2009年增长8.25%；外贸进出口总额1.87亿元，比2009年下降10.42%，其中出口总额7362万元，进口总额1.14亿元；完成税收收入10.61亿元，比2009年增长34.58%，其中地方一般预算收入4.23亿元，比2009年增长16.4%。

【招商引资】 2010年，新批准入区项目29个，其中引进外资3000万美元或内资2亿元左右的大项目6个。全年实际利用外资3.01亿美元，同比增长20%，其中外商直接投资2.86亿美元；全年实际利用内资57.27亿元。截至2010年底，全区累计注册法人企业759家，其中外资企业60家。

【项目建设】 2010年，马鞍山开发区完成固定资产投资114.39亿元，同比增长46.3%，其中重点项目完成投资37.14亿元，工业性项目完成投资63.99亿元。半导体微电子生产线、新能源和重型机械用回转支承生产线等55个项目先后开工建设，非晶合金铁芯变压器生产线项目、汽车电子高新产品生产线等56个项目建成投产。

【基础设施建设】 2010年，马鞍山开发区完成南区污水处理厂BOT的招标工作，项目建设全面展开，一期工程计划2012年6月完成。南区扩区路网建设全面拉开，完成金山路下立交、红旗南路延伸段、黄山路西段等续建工程建设；先后启动银黄路、超山东路、金山东路、银塘路等建设工作，基础设施投资达3.8亿元。晨光小区二期安置房全部开工建设，完成投资1.4亿元；南区银塘组团安置房项目于12月29日举行开工仪式；完成廉租房建设600套，竣工面积3万平方米，完成投资2100万元。

【社会事业】 全年新增就业再就业6688人，

其中吸纳下岗失业人员再就业3124人，帮助困难对象再就业335人；完成职业技能培训1556人、农民工培训606人、再就业培训950人、创业培训70人。规模以上工业增加值单位能耗较2009年下降7%；制订出台环境保护考核办法和细则，组织区内34家重点企业基本完成“一厂一档”创建工作，完成68家区内企业的排污申报工作。落实安全生产责任制，与区内80家纳入监管的各类企业签订安全生产责任状。深入开展社会治安重点地区的排查整治，为重点工程建设创平安，落实“世博会”、“亚运会”安全保卫等工作。人口计生、食品安全、民族宗教等各项社会事业有序推进。

【机构设置与管委会领导】 马鞍山开发区为马鞍山市委、市政府派出机构，党工委、管委会合署办公。管委会下设招商一局、招商二局、规划建设局、土地房产局、经贸发展局、人力资源和社会保障局、财政局、安全生产和环境保护局、社会事务局、党政办公室10个行政部门。另设开发区公安分局、工商分局、国税分局、地税分局、质监分局、建管分局、消防大队、交警大队、行政执法大队等派驻机构。

马鞍山开发区党工委书记、管委会主任为马少华，党工委副书记、纪委书记、工会主席为慕建国，管委会副主任为白文化、缪新棠、陆维福、刘方文，纪工委书记、工会主席为张清。

（马鞍山经济技术开发区管委会）

漳州招商局经济技术开发区

【概况】 漳州招商局经济技术开发区（以下简称漳州开发区）地处厦门湾南岸，规划面积为31.4平方公里。由招商局集团有限公司、招商局（香港）集团有限公司、福建省交通运输集团有限责任公司、漳州市人民政府、龙海市人民政府、福建省港航管理局等六家股东联手开发，在近20年间，克服国家宏观调控、台海关系紧张和东南亚金融危机等诸多外部环境因素的冲击，深入贯彻科学发展观，紧紧抓住胡锦涛总书记来闽来漳考察、《海峡西岸经济区发展规划》颁布实施、招商局集团启动“未来十年”发展战略等重大历史机遇，以“规模、质量、效益”均衡发展方针为指导，解放思想，先行先试，全力推动科学发展、跨越发展。

【经济发展】 漳州开发区2010年财政总收入实现7.89亿元，同比增长22.83%，其中：地方级收入完成5.24亿元，同比增长14.62%，总量及地方级收入排名均位居漳州全市各县（市、区、开发区）第4位；全社会固定资产投资41.6亿元，同比增长49.07%；工业总产值实现109.41亿元，同比增长50.99%，其中：规模以上工业企业实现产值107.32亿元，同比增长48.64%；实际到资额实现4.84亿美元，同比增长100%；城镇居民人均可支配收入16665元，实际增长1812元；农民人均纯收入8072元，实际增长884元。

【投资环境】 漳州开发区拥有自然岸线长达28公里，其中深水岸线13公里，可建万吨级以上泊位33个。港口靠近国际主航道，港湾不淤且避风条件好，水深和锚地条件可满足建设第五代、第六代集装箱码头的需要。

漳州开发区是大陆距台湾高雄港（仅140

海里）、台中港（仅120海里）最近的开放口岸之一，对台区位优势比较突出。1992年，福建省政府借鉴蛇口开发模式，以闽政[1992]综367号文颁发了《招商局漳州开发区管理条例》，赋予开发区特殊的管理体制以及优惠的经济政策，为开发区的建设发展发挥了极其重要的作用。

【产业发展】 2010年，全区工业总产值实现109.41亿元，同比增长50.99%，其中：规模以上工业企业实现产值107.32亿元，同比增长48.64%。全区16家规模工业企业产销两旺，产品产销率达100%以上的企业为13家，其余3家也在95%左右。特别是中集公司在经受住金融危机的影响停产一年后全面恢复生产，年产值达到12.9亿元。全区工业总产值首次突破百亿，工业税收达到1.38亿元，同比增长62%，占总税收比重提高了4个百分点，实现利税与规模同步增长。

【招商引资与利用内外资】 2010年全区共引进项目31个，合同资金5.38亿美元，完成年度计划的358%，比增68%；实际到资2.42亿美元，完成年度计划的202%，比增6.8%。主要呈现三大特点：一是大项目多，投资千万美元的项目有5个，其中2亿美元的项目1个；二是入区企业增资扩建项目多，所引进的5个千万美元大项目中有4个为已入区企业增资扩建项目，反映了入区项目对投资环境的肯定与信心；三是第三产业项目多、到资快。全年第三产业项目到资额达1.72亿美元，占总到资额的74.23%，比增63.68%。

【项目建设】 2010年，漳州开发区四区开发项目累计完成造地约3000亩，完成土石方量约2180万立方米，启动了配套道路建设等工作；厦漳跨海大桥项目5个标段工程已全面展开，全年完成投资12.11亿元，累计完成投资18.4亿元；人工岛开发项目填海造地先行工程施工已全部完成，后续两个标段造岛工程相继展开，累计完成投资3.77亿元；原水工程项目全年完成投资6204.84万元，累计完成投资9635.9万元，完成总投资的64.24%，其中岳岭输水隧洞工程已完工验收，输水管线项目完成总工程量的50%。

【人才建设】 2010年，漳州开发区人才队伍建设的主要任务是增强管理干部队伍力量，提高城市建设管理、土地经营管理干部的专业知识水平，培养素质高，技术硬的专业技术团队。组织高级管理人员竞聘上岗，优化管理干部队伍结构；继续推行机构扁平化，拓宽基层员工发展通道；组织城市管理、土地经营管理等系列培训，提高专业技术干部队伍业务知识水平；组织“新员工团队融合”拓展训练活动等。

【生态环保】 漳州开发区确定每年的3月12日为开发区“生态保护日”，组织全区干部员工举行大规模植树造林活动，并组织大批志愿者上街宣传生态保护知识；开展以“生态文明、健康生活”为主题的系列生态保护活动及骑自行车、长跑、游泳等比赛，树立节能减排、绿色出行的生活理念；建设环境优美、低碳节能的大型景观工程——“南太武黄金海岸”。

【社会事业】 教育事业方面。2010年，区内实施厦大附中、厦大附小工程以及四所小学的改扩建，改善办学条件。同时，教育的管理水平、质量得到提升。厦大附中4名教师在漳州市教学比赛中获得一等奖，1名教师获“全国初中历史优质课竞赛说课组一等奖”。南太武实验小学等学校学生在参加“省市少儿故事大王比赛”中共获得7金3银8铜的优秀成绩。

卫生事业方面。2010年，开发区以引进漳州市医院开发区分院为契机，初步建立三级医疗卫生服务网络。共有各类卫生机构24个，卫生医技人员72人。

文体方面。2010年，开发区加强文化市场的监管，加快文化场所的建设，石坑、店地两个社区依托宗祠成立了老年活动中心；着力打造“节会文化”，先后举办“五一长跑”、“九九重阳登山节”、“中秋游园”、“亲子活动”、“古堡音乐节”以及篮球联赛等活动，丰富群众业余文体生活；大力开展民俗文化活动，石坑社区恢复了中断60多年的“闹元宵”活动。

社会保障方面。2010年，开发区着力推行被征地人员养老保险，按月发放养老补助金，全年共有906名社区群众领取养老补助金125.28万元。大力实施新型农村养老保险，全年发放农村养老保险金81.89万元。积极开展城镇居民医疗保险，全区应参保人数8148人、已参保人数7233人，参保率达85%以上。健全城乡最低生活保障制度，对保障对象的申请、审批程序等作具体的要求，明确低保工作负责体系和低保资金发放管理办法等。对二级以上残疾人员给予一定优惠政策。适当提高二级以上残疾人员的低保标准，减少失地养老保险个人负担比例。有效推进失地人员劳动力转移。搭建企业用工和社区居民就业对接平台，开展岗位进社区活动，全年为30余名社区群众推介就业岗位。积极发挥公共就业服务机构职能作用，全年收集就业岗位3370个，推荐就业580个，成功就业218人，储备人力资源885个。

【机构设置与管委会领导】 漳州开发区管委会有内设机构22个、投资企业3家，有限公司有内设机构9个、投资企业10家，管委会、有限公司内设机构干部员工约400人。2010年，管委会班子领导成员共计11人，分别分管不同的工作领域。

（漳州招商局经济技术开发区管委会）

泉州经济技术开发区

【经济发展】 2010年，泉州经济技术开发区（以下简称泉州开发区）实现工业总产值277.2亿元，比增21.9%，其中，规模以上工业企业完成产值275.2亿元，比增21.7%；实现财政收入11.07亿元，比增10.26%，其中，地方级一般预算收入4.37亿元，比增7.87%；外商实际到资（验资口径）1.03亿美元，比增2.8%；全年出口商品总值约4.4亿美元，比增25%。

【投资环境】 按照全市进一步简政放权和深化行政审批改革工作会议精神，扎实开展审批项目摸底工作，加大重点项目的服务，做好市级审批报务项目的前移对接。注重服务创新，实行特事特办，全力服务“五大战役”。进一步完善网上审批系统建设、中心服务功能不断强化，窗口形象不断改善，行政审批服务水平明显提高，服务事项办结率达100%。

【城市建设】 围绕国家卫生城市创建工作，加强城市建设和管理。完善市政设施，有序推进垃圾中转站及公厕的建设和维护；组织对德泰路、崇宏路等主要道路的人行道入口处进行无障碍坡道改造；对部分道路消火栓损坏进行维修维护；加强对综合通信管道及燃气管道开挖建设的管理，完成18公里管道施工建设。实施“亮化绿化”工程，建立路灯日巡查记录制度，确保路灯夜间亮灯率达98%以上；先后完成奥林匹克花园广场、创业广场、专家楼、诺林广场等地段的绿化种植，建成区绿化覆盖率达39.98%，绿地率36.4%。加强与周边镇村共建共享，支持周边被征地村公益事业建设，启动建设南片区排洪工程等一批民生工程，着手分步解决周边被征地村农民养老保险问题。

【项目建设】 历年来已批未建的30个项目已有10个项目陆续开工投建，5个市重点项目总投资10.2亿元，完成投资3.4亿元，其中神州电子、群峰机械2个项目已实现投产。列入泉州湾新增长区域发展战役的项目总投资69.81亿元，年度完成投资5.46亿元，完成市下达任务的100%。其中，承接八闽整车生产公告已于2010年11月30日~12月2日接受国家工信部审查组的初次审查验收，有望获得宝贵的整车公告资源；锐驰友达光电项目已完成1万平方米的厂房建设，设备已部分到位；汽车基地508亩土地报批取得新的进展，已上报国土厅审批；汽车基地约40亩的综合服务中心已完成初步规划。

【节能降耗】 积极推进企业节能改造和节能技术研发。宏远公司实施能量系统优化工程；星威、华珠实现智能变频改造系统项目；三宏公司采用废旧料利用技术，年回收利用废旧塑料近2万吨；永大新能源、万得利节能等项目入驻孵化基地开展节能技术研发。共申报省节能循环经济项目6个、市“十二五”循环经济项目6个。全区工业单位能耗低于全市平均水平，能源使用效率位于全市前列。

【技术创新】 积极打造国家级高新企业孵化基地的平台建设，努力朝电子信息专业孵化器方向发展，引进计算机系统集成及创业投资服务、产业投资基金管理孵化项目3个。申报省级工程研究中心2家、省级行业技术中心1家、市级企业技术中心2家、市级工程研究中心2家。推动神州电子等7家企业联合区外企业及福州大学、华侨大学等高校，组建泉州市数字视听产业技术创新战略联盟。全年电子信息特色产业新增产值近10亿元，实现翻番。组织申报科技部中小企业基金项目8个、科技部中小企业创新基金产业集群项目5个、省级科技项目12个、市级科技项目19个。高新技术企业完成工业产值98.45亿元，占泉州开发区工业产值的35.8%。积极培育自主知识产权，现有全国企事业知识产权试点单位1家、市级企事业专利试点单位5家，1家企业被评为“全市知识产权先进工作单位”，2人被评为“全市知识产权先进个人”。全年各类专利申请140件，专利授权150件。

【品牌创建】 建立开发区品牌后备企业库，鼓励优势产业实施技术标准战略，推动品牌经营。4家企业6项产品获省名牌称号，特库克、科立信、益明申报省著名商标，神州电子公司产品申报中国驰名商标。特步公司在台北市设置专卖店；金莱克公司新增1000家门店，并积极与网络媒体洽谈拓展网络销售；盛克公司策划在多家电视台上映《杰米熊》系列动画片；南琦、红瑞兴等多家品牌公司继续推行品牌专卖店扩张计划。

【社会事业】 健全创卫长效机制，落实网格化管理责任制。加大制止“两违”力度，无照经营、占道经营、违规户外广告招牌等影响市容市貌现象得到整治。建立健全“多证合一、多举并重、多位一体”的流动人口服务管理模式，强化企业自主管理，扎实开展劳动、计生、教育、医疗等服务管理工作，全区流动人口服务管理水平不断提高。不断加强安全生产工作，三年行动、消防安全防火墙等工作有序推进。教育事业进一步发展壮大，基础教育水平不断提高。通过公开招聘，在全省范围内遴选了22名教师到开发区实验学校，充实了实验学校的教师队伍。区内社区卫生服务所、计生服务所、卫生监督所日常监管职能得到强化，全区疾病预防能力进一步提高，人口出生率得到严格控制，计生工作走在泉州市前列。

（泉州经济技术开发区管委会）

宾西经济技术开发区

【概况】 宾西经济技术开发区（以下简称宾西开发区）地处黑龙江省中南部，松花江南岸，与哈尔滨市相距29公里，同（江）三（亚）高速公路和哈（尔滨）同（江）公路贯穿开发区全境，距哈市太平国际机场50余公里，区内将修建铁路专用线，并引进多家物流企业，开发区交通四通八达，运输畅通便捷，形成了具有较强能力的现代化主体交通运输网络。

2010年6月26日，宾西开发区经国务院批准为国家级经济技术开发区，成为建区最晚、申报用时最短的国家级开发区，以全国仅有的3个县管的国家级开发区之一的身份，正式成为全国90个国家级开发区的一个新成员。

【经济发展】 2010年，宾西开发区实现工业产值62亿元，同比增长51.2%，实现增加值14.26亿元，同比增长45%，其中：规模以上企业实现工业产值61.2亿元，同比增长52%；规模以上企业实现增加值14亿元，同比增长46.2%。全年销售收入62.12亿元，同比增长50.3%，其中规模以上企业实现销售收入61.7亿元，同比增长51%。全年利润5.1亿元，同比增长50.3%，其中规模以上企业实现利润5亿元，同比增长51%。全年税金3.5亿元，同比增长66.7%，其中规模以上企业实现税金3.4亿元，同比增长67.2%。

【投资环境】 宾西开发区坚持不懈地优化投资环境。进一步健全完善招商引资优惠、奖励政策，产业发展扶持政策，企业特殊礼遇政策等，全面营造最适宜企业建设、生产、发展和壮大的宽松环境，形成“重商、亲商、安商、富商”的良好氛围。与此同时宾西开发区不断优化金融环境，健全信贷担保机制，探索建立互助担保机制，对一些有成长性、信用好的企业提供流动资金支持。坚持政、银、企联席会议制度，健全协调沟通机制，实现企业融资需求与金融部门的信贷投放的有机结合和有效衔接。

【产业发展】 宾西开发区坚持集聚发展，培育主导产业。以引进生产加工型项目为重点，以培育优势产业集群和建设特色园区为目标，大力推进产业配套、集聚和提升，初步形成“1个基地”、“3个专项工业园”、“5个主导产业”的产业格局。“1个基地”，即对俄贸易出口加工基地。“3个专项工业园”，即LED光电园，依托哈工大奥瑞德原料基地，引进大连九久光电集团投资20亿元建设LED光照明项目；数码焊接园，与道外区合作建设交易场所，实现前店后厂的发展模式；玉米产业园，依托长春大成集团一期工程投资10亿元的玉米深加工项目，现已建成，年可加工玉米60万吨。“5个主导产业”，即先进制造、新材料、新能源、农副产品加工和现代服务业，现已初具规模。

【招商引资与利用内外资】 截至2010年底，开发区现有实际入区企业120家（建设在区外的企业8家，区内企业102家），其中规模以上工业企业已达35家。项目合同投资总额374亿元，合同固定资产投资总额280亿元，项目全部达产后，预计实现年产值543亿元、税金44亿元。120个项目中，投产项目59个（含区外8个）、在建项目38个、未开工项目23个，合资项目6个。其中投资亿元以上项目61个，投资5000万元以上项目32个。

突出招商重点。围绕壮大主导产业，促进产业升级，承接产业转移开展招商；围绕国际、国内500强企业，民营企业500强企业，国内行业百强企业开展招商；面向沿海发达地区、长江三角洲和珠江三角洲乃至海外等地区开展招商；面向高新技术企业、服务外包企业、上市公司、知名企业、知名品牌企业等开展招商；抓住国家新一轮促进外商投资企业发展机遇，围绕台港澳地区及俄罗斯、韩、日等国家开展招商；坚持“对财政税收有贡献、对产业发展有拉动、对就业岗位有提供、对农民增收有帮助”的原则开展招商。

提高招商质量。把好项目准入关，严格信息筛选，对拟入区项目做好严格考核，对“不符合国家产业政策、不符合环保要求、不符合区域规划、不集约利用土地、对经济增长无贡献”的项目不谈、不引、不落；对投资5000万元以下的项目除高新技术和高附加值项目外，原则上不入区；入区项目每万平方米固定资产投资应在2000万元以上，产值应不少于5000万，纳税不少于300万，建设容积率不低于0.6。

活化招商方式。采取以商招商、滚动招商、专业招商、定向招商、产业链招商和联合招商等方式，围绕重点产业龙头企业下游项目开展招商；同时应探索与发达地区的先进开发区合作开发建设分区方式，协作招商，合作共赢。

加快总部招商。高质量建设好总部经济基地，重点引进研发中心、结算中心、担保中心、金融证券等总部经济项目。到“十二五”末期，总部经济创税不低于15%，争取达到20%。

【科技创新和重点企业】 宾西开发区现有获得国家认证的高新技术企业6个，共申请专利23项。拥有2个“全国著名商标”、1个“中国驰名商标”、6个“省著名商标”。

宾西开发区有如下5家重点企业代表：黑龙江省宾州水泥有限公司，该企业是由浙江省海运集团投资建设的水泥生产项目，是黑龙江省建材生产规模最大、工业50强、纳税50强企业，是全省质量效益十佳及全国建材行业的先进单位。其生产的“虎鼎”牌水泥在投产之初就通过了“IS09000系列质量体系认证”，被批准为国家质量免检产品，是黑龙江名牌产品。

黑龙江吉庆大豆蛋白油脂有限公司，是一家以大豆综合加工为主的民营企业，于2008年3月在宾西开发区成功落户，注册资金3000万元，产品销售面覆盖黑、吉、辽东北三省及京、津、沪等地区，企业现有工作人员170人，大专学历人员65人，本科学历人员24人，具有高级职称技术人员2人、中级职称管理人员16人。项目总投资2亿元，固定资产投资1.2亿元，资金来源为企业自筹，占地面积6万平方米，建筑面积4万平方米。主导产品为：大豆蛋白、食用一、三级植物油、豆粕等。

今麦郎食品（哈尔滨）有限公司，是一家以生产销售方便面产品为主的民营企业，创建于1994年3月。今麦郎人凭着“团结拼搏、超前突破、争创最佳、挑战自我”的精神，从无到有、从小到大，经过10多年艰苦创业，总资产达60亿元，形成集方便面、精粉、饼业、调味品、包装、彩印和运输为一体的大型现代化食品企业集团。是中国民营企业500强之一。2004年4月与世界食品巨头日本日清食品公司合作成功，更名为今麦郎食品有限公司，并成为国内第一大方便面食品企业。集团总部位于河北隆尧县。2003年，该集团在宾西开发区注册成立了今麦郎食品（哈尔滨）有限公司。项目总投资为人民币1.2亿元，企业占地面积4.8万平方米，建筑面积2万平方米。共有6条班产12万包方便面生产线，年生产能力6万吨。

黑龙江宾哈钢结构有限公司，是在黑龙江宾西开发区独立投资建设的钢制品生产项目，项目计划总投资2.45亿元人民币，其中，固定资产投资1.8亿元，现有职工120人，技术人员30人。主要生产产品为箱型、柱形梁钢构件，H型钢，C、Z型钢，彩钢板等。项目全部投产后，实现销售收入3.6亿元，税金

2300万元。

哈尔滨四海数控科技股份有限公司，是以光机电一体化为主业的高新技术企业，是黑龙江省十大高新技术龙头企业之一，是国家重点新产品项目和国家级火炬计划项目承担单位，是黑龙江省基础装备工业的高科技骨干企业。产品远销俄罗斯、罗马尼亚、马来西亚等国家和地区。

【社会事业与文化建设】 宾西开发区拥有农技推广服务机构1个，农技推广服务从业人员4名，农业专业合作经济组织1个，农业专业合作经济组织成员5名，小学校12所，小学在校学生1400名，小学教师154名，中学2所，中学在校学生1200名，中学教师106名，幼儿园、托儿所8所，图书馆、文化站1所，影剧院1所，医院、卫生院4所，医生45名，病床数23张。

【机构设置与管委会领导】 中共宾西开发区工作委员会和宾西开发区管理委员会分别是中共宾县委和宾县人民政府的派出机构，按照国家级经济技术开发区要求，在行政区内代行使相当于地市级党务、经济和部分行政管理职权。宾西开发区党工委内设机构2个，管委会拟内设机构6个，直属事业单位3个。宾西开发区管理委员会核定行政编制70名（含党工委），全额事业编制40名。其中，副厅级领导2名（党工委书记1名、管委会主任1名），副主任3名，党工委副书记1名，内设局（部）长18名（副县处级），副局（部）长23名（正科级）。开发区党工委组成部门：办公室（与管委会办公室“一个机构、两块牌子”）、党群工作部；开发区管委会组成部门：招商局、建设局、企业服务局、市政局、土地分局、财政分局、社区事务管理服务中心。其中，招商局与宾县招商局“一套人员、两块牌子”；土地分局属于宾县土地局下派机构，归宾县土地局直管；财政分局和社区事务管理服务中心两个部门均未启动；直属事业单位：兴宾投资公司、市政工程公司、供排水公司。

领导成员为：宾西开发区党工委书记马旦曰、宾西开发区管委会主任赵革、宾西开发区党委书记尹承云、宾西开发区管委会常务副主任尹承云、宾西开发区管委会副主任田玉民、宾西开发区管委会副主任赵军强、宾西开发区党委副书记邵敬铭、宾西开发区党群工作部部长王大海、宾西开发区管委会办公室主任杨越、宾西开发区管委会建设局局长陈立新、宾西开发区管委会市政局局长王庆军、宾西开发区管委会企业服务局局长武建辉、宾西开发区管委会招商局局长李金鑫。

（宾西经济技术开发区管委会）

德阳经济技术开发区

【经济发展】 2010年6月26日，国务院办公厅正式复函四川省政府和商务部，同意德阳经济开发区升级为国家级经济技术开发区。2010年，开发区工业总产值突破500亿元，占全市工业总产值的近1/3，在全省重点培育的成长型特色产业园区“1525”工程中率先并提前两年实现500亿工业园区目标。全年实现产品销售收入405.89亿元，同比增长15.3%，实现利润总额27.5亿元，同比增长19.6%，实现利税总额42亿元，同比增长27.4%。

【财政税收】 财政税收再创历史新高。2010年开发区实现全口径财政收入18.3亿元，同比增长66%，占年计划12.2亿元的150%。实现入库税收15.5亿元，占年计划8.9亿元的174%，同比增长107%，其中：国税入库9.7亿元，占年计划4.5亿元的215%；地税入库5.8亿元，占年计划4.4亿元的133%，同比增长107%。一般预算收入完成4.6亿元，占年计划3.15亿元的145.3%，同比增长91%。

【招商引资】 招商引资实现新突破，位居全市首位。2010年，开发区共引进投资项目39个（其中增资项目19个），协议总投资219.04亿元，到位资金为52.2亿元，同比增长24.53%，完成年初目标任务（47亿元）的111%。其中工业项目24个，占项目总数的61.53%，协议资金140.6亿元，占总协议资金的64.19%，到位资金34.2亿元，占总到位资金的65.57%。全年共引进外资项目5个，到位外资3157.7万美元，完成目标任务（3150万美元）的100.24%，同比增长18.71%。

【产业发展】 开发区紧紧抓住实施新一轮西部大开发战略带来的历史性机遇，借力成功升级为国家级经济技术开发区带来的有利条件，按照“三为主、一致力”的方针，围绕发展新装备、新能源、新材料“三新”产业及发展现代服务业的产业结构布局，坚定不移地走新型工业化道路。被国家工信部授予“新型工业化示范基地”，成为联合国清洁技术与新能源装备国际示范城市的载体园区。

加强第三产业发展，打造城市副中心。2010年10月，与保利（成都）实业有限公司签订了投资150亿元的城南副中心示范项目，着力打造德阳未来以高端酒店、会议及文化创意消费为核心、融合现代服务与高端商务、人与自然和谐共处的世界级滨河都市生态商务休闲产业发展区。

【科技创新】 努力推进工业强区战略，全面提升创新能力和竞争能力。制定、完善了支持和促进优势企业以及科技型企业发展壮大的16项政策措施，集中财力加大“扶优、扶强、扶特、扶新”的力度，引导和鼓励企业加大研发投入，增强自主创新能力，积极培育具有核心竞争力的优势成长型企业和品牌产品。2010年开发区列入省市重点建设项目12个，2010年计划投资27.16亿元，全年完成投资31亿元，占年投资计划的114%。

大力做好知识产权科技创新工作。积极引导企业做好专利申请和科技创新的申报工作，组织企业开展业务学习和知识培训。全年区内共申请专利140余件，其中发明专利60件、实用新型专利75件、外观设计专利8件，超额完成市目标任务。申报重点科技计划项目5个，并积极组织企业参加高新技术企业的认定工作。

深入推进名牌战略。制订、实施名牌争创、培育计划，推动名牌战略向纵深发展，促进开发区产业集聚，名牌产品集群的形成，狠抓四川名牌产品培育和争创工作。全年启动维达纸业等6家企业争创第十届四川名牌产品，对东方阿海珐核泵等8家企业开展了第十一届四川名牌产品培育工作。东方汽轮机厂等4家企业被德阳市政府评为质量管理先进单位。

【基础设施建设】 紧紧围绕“两个加快”，以提升硬件环境为重点，以提高园区承载力为着力点，加快推进各项基础设施建设。根据德阳市新编城市总体规划，委托江苏省规划设计院编制的开发区控制性详细规划已完成评审。

2010年共计投入6257万元，完成了东汽铁路五小线迁改工程、东锅项目用电工程、金沙江路沿线企业正式用电工程和搬迁房用电工程建设；相继投入220万元，完成八角和东河搬迁房给水管道安装工程；相继投入1150万元，完成东汽新基地专用天然气管线工程、东汽铁路专业管线迁改工程等供气工程建设，对东汽新基地、东锅公司、上海岷川、蓝星机械、武汉耐特等企业项目用地内管线进行改造，并完善了企业生产用电、用水、用气的配套。

全力推进道路路网建设。计划投资3.6亿元的新、老“三纵一横”道路，金沙江路，纬一路，纬二路，秦岭山路等道路及其管网配套工程已进入设计或施工阶段，2010年共计完成投资3500余万元。八角井镇片区骨干路网基本成型。

【灾后恢复重建】 按照省、市“三年重建任务两年基本完成”的要求，全力推进产业重建、基础设施重建和住房重建，灾后恢复重建各项工作基本完成。根据四川省灾后恢复重建规划项目实施计划，开发区共有121个灾后恢复重建项目，计划总投资142.4亿元。截至2010年底，开工率100%，累计完成投资135.4亿元，占计划总投资的95.1%。在建项目6个，完工项目115个，完工率95%。以东方汽轮机灾后异地重建项目、蓝星机械灾后恢复重建项目等为代表的一批重大灾后重建项目已竣工投产。辖区内受损住房维修、加固工作已全面完成，村、社区办公场所灾后维修、加固工作基本完成，八角井镇卫生院重建等灾后重建项目顺利实施。

（德阳经济技术开发区管委会）

陕西航空经济技术开发区

【经济发展】 2010年，陕西航空经济技术开发区（以下简称航空开发区，即西安阎良国家航空高技术产业基地）实现工业总产值155.6亿元，同比增长16.5%；工业增加值45.2亿元，同比增长12.5%；进出口总额8.6亿美元，同比增长30.1%。

【投资环境】 为发挥区域优势，加快产业发展，航空开发区积极申报国家级产业发展平台，在商务部、工信部、科技部等相关部委的大力支持下，航空开发区于2010年1月18日被国家工信部批准为国家新型工业化产业化示范基地（航空产业），2月1日被科技部火炬中心批准为“国家火炬计划特色产业基地”，6月26日被国务院批准为“国家级陕西航空经济技术开发区”。

积极搭建公共服务平台，提高企业服务能力。建成西安航空科技创新服务中心7.7万平方米的办公楼、标准厂房和独立厂房，引进孵化企业75家；建成西安航空公用型保税仓库1.5万平方米，为西飞公司、三角航空、蓝天阳光等10余家企业提供了保税仓储服务；西安航空科技馆累计接待游客近1.5万人次，普及了航空知识，促进了产业发展。

全力推进基础设施建设，配套能力不断完善。邻里中心、中小航空园、航空科技走廊（一期）工程等项目相继竣工，污水再生、应急服务中心等项目进展顺利，热源厂、阎良南变电站、西安水业运营公司等正式运营，大幅提升了园区生产和生活配套服务能力。

【招商引资】 2010年，航空开发区实际引进内资13.04亿元，同比增长38.6%；实际利用外资1324万美元，同比增长30.3%；新增注册企业68家，累计入区企业达到326家。

航空产业作为国家战略性新兴产业，受国家产业布局因素影响较大，航空开发区紧抓西安建设国际化大都市的难得机遇，积极承接东部产业转移，健全与中航工业、中国商飞等国有龙头航空企业沟通机制。成立投资服务二局，新增招商中介6家，扩充招商力量，拓宽招商渠道。2010年引进项目涵盖航空技术研发、整机制造、零部件加工、国际转包、航空维修、人才培训和航空旅游博览等领域，其中，投资3亿元的西安热工院“科研产业化基地”，投资2亿元的皓森“飞机零部件精密铸造”等一批投资大、带动能力强的航空产业项目相继落户，产业链条不断完善。同时，引进住宅和商业配套项目8个，总投资21亿元，城市配套能力得到提升。

国际合作开创新局面。采取多种方式加强国际交流合作，推进国际航空产业向西安转移。一是深化同外国政府、驻华使馆、企业协会的紧密合作，分别与美国、德国、法国、英国等政府组织签署航空产业发展战略合作协议。二是加强区内企业与国外航空企业之间的交流与合作，组织区内企业参加澳大利亚、美国、西班牙等外企航空代表团招商活动9次，为企业参与国际竞争合作搭建了良好的交流平台。三是借助非洲航空及防务展、英国范保罗航展、迪拜航空航天展以及世博会、西洽会等会展平台促成了27个产业项目落户。其中，投资8000万美元的香港凯旋威公司飞机与汽车轮毂项目、投资3600万美元的精明香港有限公司汽车及航空镁铝合金零部件生产项目等一批重点外资项目的落户，加速了国外航空产业向园区的集聚。

“2009中国国际通用航空大会”通过评估。航空开发区发起承办的“2009中国国际通用航空大会”实现了总投资金额24亿元、22个航空产业项目签约落户，使得航空开发区产业聚集效应进一步增强。8月25~27日，商务部组织的评估组对“2009中国国际通用航空大会”进行了全面评估，评估组一致认为大会的各项指标均已达到国际会展举办的标准和要求，展示了中国通用航空的发展水平，对促进西部大开发和国内通用航空发展起到了积极推动作用，并建议将西安确定为“中国国际通用航空大会”长期会址。

【产业布局】 航空开发区按照“集群构建、园区承载、专业分工、市场运作”理念，立足陕西航空资源优势，依托阎良航空城原有航空基础，围绕民机产业链，重点发展航空配套，全面推进专业化、集群化、国际化航空特色园区建设，全力打造全球航空产品采购供应中心、航空人才培养中心和航空技术服务中心。培育了三角航空、赛龙航空、恒锵航空、康铖机械等一批发展潜力大、势头好的民营航空企业，拥有两所航空专业院校（在校人数3万人），在航空零部件、新材料、专用设备、维修培训、机载设备等领域发展迅速。

创新理念，通用航空率先突破发展。继续完善内府通航机场设施，提高运营服务质量，推进精功通航、中飞俱乐部等飞行培训项目正常运营。以构建航空培训产业集群为核心，依托宝鸡凤翔机场，重点发展飞行员培训、转场飞行训练及航空相关培训等产业，于2010年9月16日获得总参批准可使用空军宝鸡凤翔机场开展通航业务。宝鸡凤翔机场已建成1800米×45米的4B级跑道、36万平方米的停机坪和6万余平方米的公寓，航站楼、塔台和气象站等设施齐备，基础保障条件良好，已引进陕西凤凰国际飞行学院等12家企业入驻开展业务。

【对外贸易】 2010年，航空开发区将航空转包生产作为对外贸易的重要抓手，积极协助企业开拓市场，促进资本与市场有效对接。2010年，西安燎原、康铖公司、飞宇公司、赛龙公司等一批民营企业承揽了西飞公司、西航公司、庆安集团、宏远公司等国有大企业的零部件加工业务，航空开发区实现进出口总额8.6亿美元，同比增长30.1%；实现出口总额5.5亿美元，同比增长55.8%。其中，转包生产业务发展迅速，实现1.9亿美元，约占全国航空转包生产总额的25%。

【项目建设】 2010年，航空开发区共完成固定资产投资33.68亿元，同比增长32.1%。航空开发区推行项目开工联席会议制度、联合办公体制、项目开工协调与监督机制，大力协调解决项目建设过程中出现的环保、用地、规划、报建等系列问题。全年新开工飞机与汽车轮毂、弗兰德航空精密部件制造等21个产业项目，其中西安赛龙航空科技有限公司承担的航空叶片精加工生产线项目已建成投产。

为引导产业发展方向，加快重点项目建设，航空开发区积极协助企业申报各类扶持项目。2010年，共组织企业申报国家、省、市各类项目88个，立项26个，支持资金6521

万元。在政府资金的支持和引导下，重点项目建设进度明显加快。新舟60货运型飞机研制项目按照时间节点建设；西安赛龙叶片精加工生产线项目完成建设，投入运营；西安康本材料有限公司T400级高性能碳纤维产业化项目，完成了厂房建设以及设备的安装调试，碳化生产线已达到稳定运行状态。

【科技创新】 科技创新体系进一步完善。为提高航空技术创新能力，航空开发区围绕高端数控机床、航空新材料等航空发展关键技术，以大型航空企业为主体，重点推进大型航空模锻件工程研究中心、金属材料检测中心和碳纤维制备技术工程中心等公共技术平台的建设，建成航空航天特种陶瓷基复合材料研发与检测公共技术服务平台，为20多家企业提供了技术研发、产品配套和人才培养等服务。平台的优良创新能力，已成为重要科技成果转化的源泉，对提升航空关键技术研发和工程化能力，保障大型飞机研制发挥了重要作用。

【绿化工程】 航空开发区精心实施园区绿化工程，市政配套设施逐渐完善，努力完善社会公共服务体系。按照“三季有花、四季常绿”的目标，对蓝天路、小鹰路等路段的绿化效果进行形象改造，突出植物造型，增植花卉植物，改造面积完成8.5万平方米；完成了小鹰路、飞豹路等路段绿化，累计绿化面积6.5万平方米。

【管理与服务】 信息化建设稳步推进。编制完成航空开发区“十二五”信息化发展规划。建设完成“航空开发区网上协同办公系统、网上园区系统、人力资源管理系统”三大系统，“航空开发区信息化服务平台”全面投入使用。积极配合各驻区支撑服务体系的业务开展，完成了工商、国税和商务部业务专线的架通。

悉心为企业提供人才服务。2010年共为企业代为招聘30余家（次），累计接收企业档案托管129份，成立了航空开发区基层劳动人事争议调解组织，制定并完善劳动人事争议调解工作程序，调解劳动纠纷2次。共有就业见习单位25家，安排见习人员100余人，航空开发区人才服务中心被确定为“西安市高校毕业生就业见习基地”。

【机构设置与管委会领导】 航空开发区管委会下设办公室（信息中心）、发展策划局、经济发展局、投资服务一局（国际合作局）、投资服务二局（空港园）、人力资源局（人才服务中心）、财政局（财务管理中心）、规划局、建设环保局、社会事业局（城管执法局）、土地局（土地储备中心）、统筹城乡发展局、通用航空园管理办、出口加工区筹备办等部门。

航空开发区党工委书记为杨广信。航空开发区管理委员会主任为金乾生，副主任为何亮、刘宗峰、李西宁，纪工委书记为张炎，副主任为马胜利，主任助理为阎增选。

（陕西航空经济技术开发区管委会）

陕西航天经济技术开发区

【概况】 陕西航天经济技术开发区（以下简称西安航天基地），成立于2006年11月30日，是由陕西省政府、西安市政府与中国航天科技集团联合建设的以航天民用产业为主导的国家战略性新兴产业聚集区。一期规划面积23.04平方公里。2010年6月26日被国务院正式批复为国家级陕西航天经济技术开发区。同年，被国家科技部认定为“国家级西安国家半导体照明（LED）工程高新技术产业化基地”，被国家工业和信息化部认定为全国第一家“国家新型工业化产业示范基地（军民结合·航天）”。

西安航天基地秉承产业化和城市化并重的发展理念，积极推动军民结合产业发展，重点发展以卫星及卫星应用、航天特种技术应用、航天电子信息为主导的民用航天产业，以太阳能光伏和半导体照明为主导的新能源、新材料产业，兼顾发展现代服务产业。

【经济发展】 区域经济保持快速增长。规模以上工业增加值增速36.5%；实现工业总产值141亿元，同比增长57.9%；全年在建项目42个；完成固定资产投资33亿元，同比增长51.4%；进出口总额4亿美元；实际利用外资1554万美元，同比增长28.7%；实现财政收入20.37亿元，同比增长4.9倍。

【工业发展】 工业规模继续扩大。2010年实现工业总产值141亿元，规模以上工业增加值增速36.5%。其中民用航天和新能源、新材料产业的重点企业对全区经济发展发挥着重要作用，共完成工业总产值125亿元，占全区工业总产值的88.3%。全区工业企业实现主营业务收入130亿元，产销率达到98.3%。

【固定资产投资和城市建设】 固定资产投资平稳增长。2010年，航天基地完成固定资产投资33亿元，同比增长51.4%。工业项目完成投资10亿元，同比增长72.45%，占全区固定资产投资的25%。航天六院民品基地、7171厂三期、中电投太阳能项目、神光100MW太阳能电池、LED标准厂房、阳光能源硅产品生产等重大项目在其中发挥了重要作用。

基础设施保障能力继续提升。强力推进道路管网建设，完成航天大道等12条道路建设，全长11公里，管网敷设35公里，随行安装LED路灯700余套。完成陕西省历史上迁电压等级最高、里程最长、跨度最大的330KV高压线迁改工程及20KV配电网报批、10KV旧线路迁改、110KV慧谷变电站主体建设等配电网建设。

土地供应成果显著。实现报征批土地10896亩，其中报批建设用地4801亩、土地征收6095亩。供应建设用地26宗，总面积3368亩。西安航天基地被国土资源部确定为“全国征地制度改革试点单位”，成为西北地区唯一的试点单位。

【投资促进】 资金引进规模不断增大。全年完成签约项目29个，其中投资过亿元项目22个；合同引进内资211亿元；合同引进外资57.44亿美元；实际利用内资7.08亿元，同比增长27.6%；实际利用外资1554.3万美元，同比增长28.7%。

项目质量不断提升。中国加拿大卫星通讯产业园、航天四院民品产业化、陕西红旗民爆集团等5个重大项目相继签约入驻基地，总投资达54.7亿元。成功引进蓝宝石单晶片、陕西煤业化工集团等一批新能源和LED高端领军技术项目8个，并实现蓝宝石单晶片项目开工，西安隆基硅销售收入达到20亿元，位列行业前三；中电投1000MW太阳能电池一期、阳光新能源、神光新能源等项目主体基本完成，以太阳能光伏及半导体照明为主的新能源新材料产业核心竞争力进一步提升。

【财税金融】 财政收支快速增长。2010年，西安航天基地完成大口径财政收入20.37亿元，同比增长4.9倍，完成税收收入3.6亿元，同比增长50%，实现地方财政收入17.85亿元，增长715.07%。

融资模式不断创新。2010年，新增银行授信贷款12亿元；参与组建了“西安财源融资增信联合体”，区域融资空间达到55亿元；与海通证券和深圳市创新投资集团等合作，发起设立了总额达52亿元的投资基金，年度实现投资1.36亿元，为基地民用航天、新能源、新材料、清洁技术等高新技术企业和创新型创业企业快速成长提供了投资、融资和资产管理的战略性服务平台。参与并完成了由国家开发银行作为主承销商的“西安市文化和科技中小企业2010年度第一期集合票据”担保与发行工作，为区内企业西安隆基硅公司担保发行票据5000万元。

【科技创新】 专利规模继续扩大。全年申请专利275件，其中发明专利53件。全年授权专利140件，其中发明专利32件。

资金支持力度加大。积极争取专项支持资金，策划包装符合国家产业政策和区域发展要求的重大战略性新兴产业推广项目102个，成功批复30个，争取国家和省、市专项扶持资金5600万元。设立工业专项扶持资金，全年累计支持发放9649万元。

创新机构和成果不断增加。西安航天基地国际孵化器公司面积新增7525平方米，扩大至3.7万平方米，吸引入驻企业90家。西安航天恒星科技（实业）集团公司和西安航天华阳印刷包装设备有限公司被认定为“市级企业工程技术中心”。西安麟字半导体照明公司和西安航天远征流体控制公司的项目获得“2010年度西安市科学技术进步三等奖”。西安鼎元神光光电科技公司获得中国新时代认证中心ISO9000质量管理体系认证。西安航天远征流体控制公司的喷射式脉冲清洁角阀获得“国家重点新产品”称号。西安空间无线电技术研究所获得陕西省高新技术企业认定。

【城市和社会管理】 教育、医疗卫生体系逐渐成熟。截至2010年底，全区共有各级各类学校12所，其中大中专院校3所，在校学生8827人；教职工522人。中、小学9所，在校学生6030人，教职工360人。其中村办小学6所。全区有幼儿园6所，入学儿童960人，教职工180人。2010年，区内中学中考上线率88%，高中一本上线率28%。截至2010年底，区内有3家综合医院、2家专科医院和3家企业保健站，拥有各类卫生技术人员680人，其中高级职称的卫生技术人员70人，病床730张。2010年，开展H1N1甲流疫苗防治活动，免费接种1万余人，圆满完成接种工作保障辖区公共卫生安全。

日常市政建设维护逐渐加强。2010年，对老城区内已建成通车道路破损的人行道及不符合规范的无障碍设施进行翻建和改造，改造工程总量4.14万平方米，其中人行道翻建2.7万平方米，无障碍设施改造1.44万平方米，新装20块交通标志牌。

【法制建设和政府管理】 党建工作进一步推进。深入开展“创先争优”活动和推进学习型党组织建设工作，强化干部队伍执行力建设，不断加强党的思想、组织、作风、制度和党风廉政建设。全年新建企业工会4个、非公企业党组织1个，创建市直机关文明处室2个，管委会机关党委被评为市直机关“五个好”机关党组织，提拔和交流干部28人，培训干部1600余人（次），挂职锻炼干部4人。

社会秩序进一步稳定。应急机制进一步健全，大力开展“集体土地乱搭乱建违法建筑强制拆除”、“传销专项整治”等活动，有力维护了社会稳定。

政府管理水平进一步提升。坚持改革创新，进一步完善管理体制和机制。继续推进“项目包抓”活动，深入开展机关作风整顿和政风行风测评，制定《投资服务手册》、《各部门在项目建设中的职责及限时办结制度》和《企业投诉管理暂行办法》，强化工程招投标的全程监督。认真贯彻行政许可法，全面提高行政审批效率。推进电子政务和政务信息公开工作，积极打造公正、公平、公开的区域环境和政府形象。

【机构设置与管委会领导】 西安航天基地机构设置包括党工委办公室、管委会办公室、人事劳动社会保障局、纪检监察审计局、财政局、经济商务发展局、规划建设局、国土分局、招商局、社会事业局、综合执法局、投资服务局、房屋管理局、拆迁安置办公室、农村工作局、环保分局、卫星应用产业暨军民融合产业促进局、安全生产监督管理局等18个部门。

西安航天基地党工委书记、管委会主任为赵红专，党工委副书记、纪工委书记为逯雁春，管委会副主任为李岩、张新民、张继学、刘顺利、赵舰。

（陕西航天经济技术开发区管委会）

吴江经济技术开发区

【经济发展】 吴江经济技术开发区（以下简称吴江开发区），2010年11月11日经国务院批准，升级为国家级经济技术开发区，成为江苏省第9个国家级经济技术开发区。2010年，吴江开发区完成地区生产总值237亿元，比2009年（下同）增长25.4%；全口径财政收入53.3亿元，增长7.5%，其中地方一般预算收入22.4亿元，增长18.8%；全社会固定资产投入106.7亿元；新增注册外资9.66亿美元，到账外资4.92亿美元；新增注册民资32.9亿元；完成进出口贸易总额147.3亿美元，其中出口72.8亿美元，工业销售收入首次突破1000亿元达到1128.4亿元。

【投资环境】 交通优势凸显，苏州绕城高速、苏嘉杭高速和沪苏浙高速在区内呈“工”字形排列，与长三角各大城市的时空距离均在1小时车程内。开发区域基础设施完善，做到“七通一平”。区内建有日资工业园、韩资工业园、精细化工产业园、科技创业园等特色园区。建有海关直通式监管点和物流中心、加工贸易联网监管区。吴江出口加工区在南京关区率先施行保税物流功能，与上海、宁波、太仓等港口联系紧密，“虚拟港口”建设启动，物流便捷高效。家乐福全国首家县级市店顺利开业，五星级同里湖大饭店、海悦花园大酒店、静思园豪生大酒店相继运营，汇金中央广场、华东商业城、开发区汽贸城等旗舰型商业设施的影响力进一步显现，城市东区人气商气加快集聚。

【招商引资】 2010年，吴江开发区新批外资项目67个，注册资本7.5亿美元；增资项目49个，增资额2.3亿美元。新批项目中总投资1000万美元以上项目38个；新兴产业项目14个，注册资本3.04亿美元；国内外上市上柜企业23家。中科汇能、万阳能源、华上光电、北大青鸟等落户开发区。世界500强LG集团注资的亿瑞金光电、法国零售业巨头家乐福、上市公司项目美盈森相继开业；世界500强佳施加德士、卡特彼勒，美国财富500强康宁，以及亨通奥维信、通产丽星、南玻、金刚玻璃等118个项目168万平方米开工建设。

【产业发展】 吴江开发区电子信息产业保持高位运行。20强重点企业发展平稳，平均保持30%以上增幅，开发区被评为“省新型工业化（电子信息产业）示范基地”。装备制造业增势强劲，全年完成销售收入30亿元，同比增长96.1%，由世界500强企业卡特彼勒、英格索兰、斗山、美达王以及土力等知名企业引领的工程机械产业正快速向集群化推进，为区域经济转型升级和装备制造业的快速崛起注入了强大动力。

新能源新材料产业发展迅猛，全年完成销售44亿元，同比增长51%，亿光、旺能全年销售突破10亿元；膜华、赛伍、NEC等企业快速扩张；亨通光纤全年实现销售7亿元，光棒生产将成为新的增长点。生物医药产业起步发展，近岸蛋白质、莱克施德开始投产销售。

现代服务业稳步推进。麦考林全球营运中心和亚港科技签约落户；开发区物流中心主营业务稳步增长，共计完成营业额2.32亿元，成为全市首家省级技术先进型服务企业；分销中心建设取得新突破，继三星和台湾POP成功运作后，惠普和日本爱的思也成功签约；制造业企业分离发展现代服务业工作成效明显，中达、高创、安比斯等骨干企业已经或正在成立物流仓储和贸易公司。2010 年，全区服务业实现收入 102.2 亿元，同比增长 28.4%。

【高新技术产业】 2010 年，吴江开发区创新载体建设顺利推进，完成科技创业园 1500 亩研发及产业化基地控制性详规，科创园Ⅱ期 2.3 万平方米研发楼主体工程完工，生物医药公共实验平台正式投入运行，城中、江兴 2 幢人才公寓揭牌使用。膜华材料的洪耀良和赛伍科技的唐超进入国家“千人计划”，莱克施德的俞菊荣被评为省“双创”人才，另有 3 人被评为“姑苏领军”人才，34 人被评为市“科技领军”人才。全年开发区专利申请 1150 件，授权量 586 件。新设立省级研发中心 2 个、研究生工作站 6 个，申报国家创新基金项目 5 个、省重大成果转化项目 1 个、省科技支撑项目 3 个、省基础研究（自然基金）项目 2 个、省创新基金 4 个、苏州市攻关项目 4 个。中达电子研发中心建成使用。

【基础设施建设】 2010 年，吴江开发区新建道路 22 公里、雨污水管道 66 公里，完成苏嘉杭高速、云龙路、长安路等地段 2300 亩绿化工程。苏嘉杭高速吴江南站周边道路改建、227 省道复线改造、湖心东路、思贤路等工程竣工，高速公路以东片区路网结构基本形成。同津大道北延工程顺利推进，中山北路改造、学院东路Ⅱ标段工程进场施工；运东大道南延和江陵东路拓宽工程完成前期准备；鲈乡北路北接苏州工程进行前期筹备。完成西塘河景观灯光和苏震桃开发区入口楼宇灯光建设，以及江兴东路、山湖西路等路段 LED 路灯改造工程。

【社会事业】 2010 年，吴江开发区基础教育设施继续完善，完成实验初中教学楼、宿舍楼扩建工程；山湖、天和幼儿园工程进入前期设计和筹备。“五铁一号”环保执法专项行动强化对区内印染、化工企业的监管，污水接管工作继续提升。通过开发区环境质量双体系认证复审。档案工作成效明显，开发区档案室成功晋级省四星，农村档案规范化建设实现全覆盖。开发区计生服务站获“全国计划生育优质服务示范站”称号，叶泽湖社区获评“全国首批人口和计划生育基层群众自治示范村”称号。2010 年，吴江开发区村级实现净收入 4802 万元，增长 9.1%。村均收入 208.8 万元。农民人均收入 1.66 万元。推进农土保接轨城镇养老保险工作，新增接轨 3296 人。

【机构设置与管委会领导】 中共吴江经济技术开发区工作委员会、吴江经济技术开发区管理委员会（吴江出口加工区管理委员会）和中共吴江经济技术开发区纪律检查工作委员会，分别是中共吴江市委员会、吴江市人民政府和中共吴江市纪律检查委员会的派出机构，统一领导和管理吴江经济技术开发区党的建设和社会经济管理事务。中共吴江经济技术开发区工作委员会、吴江经济技术开发区管理委员会（吴江出口加工区管理委员会）内设 1 室 8 局，分别为党政办公室、招商局、建设局、财政局、组织人事劳动局（与非公企业党委合署办公）、经济发展局、农村发展局（与农村党委合署办公）、社会事业局、出口加工区管理局，均为正科级建制。另按规定设置机关党委、监察机构、人武部和工青妇组织。

中共吴江经济技术开发区工作委员会、吴江经济技术开发区管理委员会的领导成员为：吴江经济技术开发区党工委书记徐明，吴江经济技术开发区党工委副书记、管委会主任温祥华；吴江经济技术开发区党工委副书记、管委会副主任盛红明、李觉民；吴江经济技术开发区党工委委员、管委会副主任吴仲健、张金政、杜建华、范建龙；吴江经济技术开发区管委会主任助理吴卫中、金建伟。

（吴江经济技术开发区管委会）

常熟经济技术开发区

【经济发展】 2010年，常熟经济技术开发区（以下简称常熟开发区）实现地区生产总值497.7亿元，工业总产值、工业产品销售收入分别达1588亿元和1522亿元，同比增长均在20%以上；财政一般预算收入26.9亿元，同比增长32.8%；全社会固定资产投入199亿元，其中工业投入150亿元，同比分别增长60%以上。全区工业经济产销平衡，各项指标均实现正增长且增幅较大，总体经济运行良好。

【投资环境】 世界最大斜拉索大桥苏通大桥横贯南北，苏嘉杭、沿江高速公路穿境而过，区位优势十分明显。2010年，区内道路拓展延伸、环境景观改造、文化休闲区域等进一步得到完善。完成总计28公里的15项道路工程建设，兴港路综合改造工程全线竣工。浒浦高级中学顺利开学，医院、酒店、商业广场、商务办公楼等一批功能项目实现投用或进入后期扫尾施工。4.4万平方米的标准厂房和1.2万平方米的保税仓库等工业载体项目完成建设。同时，区域水系、管网设施、市政养护等更加完善。

【招商引资】 2010年，实现注册外资14.4亿美元，同比增长60%，净增民营经济注册资本55亿元，均创历史新高。实现到账外资5.24亿美元。一大批优质项目成功引进，特别是实现了龙头型基地型项目的突破。总投资150亿元、一期注册29.2亿元的奇瑞量子整车项目和总注册资本5.4亿美元的住友橡胶中国控股公司、总投资1.2亿美元的香港IPE集团项目、总投资1.5亿美元的台湾台宝电子以及世界500强——美国泰科等著名企业投资的大型项目完成注册。

【项目建设】 2010年，常熟开发区提出五大新兴产业培育工程，即优先发展先进装备制造、汽车及零部件、新能源、创新创意和现代物流产业。开发区全年完成26个创新创业项目注册落户，实现了常熟科创园的良好开局；20多个工业项目启动建设，合计总投资超过200亿元。苏南重工、亨通电缆、神隆医药、电厂扩建、常熟耀皮扩建、宏华机械、汇海化工扩建等一大批列入市政府重点督查的内外资项目抓紧建设，涵盖了开发区重点发展的装备制造、现代物流以及精细化工、钢铁能源等支柱产业。

【高新技术产业和重点企业】 长春化工加大技术改造和增资扩建力度，全年完成双酚A项目、铜箔项目、苯酚项目、环氧树脂项目等，增资注册资本2.36亿美元；1平方公里的常熟科创园引入7家大学研究院、25个创新创业项目，拥有江苏常熟高新技术创业服务中心、江苏常熟留学人员创业园、省级博士后科研工作站（并分别在诺华制药和UPM公司设立分站）等3个省级平台，入选省“双创人才”4人、苏州“姑苏人才”1人。

【社会事业】 2010年，开发区建立碧溪新区（碧溪街道办事处），实现区域经济发展、规划建设和财政收支的一体化管理，体制活力得到激发。开展了“作风效能建设年”活动。生态环境持续优化，成功创建“江苏省生态工业示范园区”。社会保障体系加速完善，以农保转接城保为切入点，有效推进城保扩面。

【文化发展】 深入开展平安建设，成为省交通安全示范镇，10个村（社区）成为市级民主法治示范村（社区），创建5A级村级综治办13个，吴市中心小学法治文化园成为全市首批“基层法治文化示范点”。

【出口加工区建设】 2010年，常熟出口加工区完成工业总产值7.48亿元，同比增长194%；实现工业销售收入5.03亿元，同比增长98%；年进出口总额首次突破1亿美元，达1.06亿美元，同比增长129%；完成海关税收1922万元，同比增长190%。

（常熟经济技术开发区管委会）

沧州临港经济技术开发区

【经济发展】 2010年11月11日，国务院正式批准沧州临港化工产业园区升级为国家级经济技术开发区，定名为“沧州临港经济技术开发区”，享受国家级开发区各项优惠政策，成为河北省第3家国家级开发区。2010年，沧州临港经济技术开发区（以下简称临港开发区）全年完成国民生产总值107.4亿元，同比增长7.4%；工业总产值268.46亿元，同比增长18.21%；固定资产投资265.15亿元，同比增长37.43%；税收36.13亿元，同比增长43.09%。

【投资环境】 提高项目承载力，加大基础设施建设。2010年，临港开发区强力推进几项重点基础设施项目，加强项目承载力。一是铺设电力线路及变电站。二是修建完成东区入厂路和精细化工区经五路。三是完成西区供热管网项目。供热管网一期工程管网全长约13公里，涉及精细化工区内40余家企业的生产生活用汽。管网一期工程的土建、安装、保温及计量仪表的入户安装等各分项工程均已完工，现已具备供汽运行条件。四是对污水处理厂进行升级改造。五是铺设燃气管线。六是对精细化工区进行绿化，完成绿化面积约9000平方米。七是完成铺设西区电信线路。

【招商引资】 招商引资实现新突破。2010年，临港开发区洽谈项目60余个，主要包括：中国化工集团异氰酸酯一体化项目、台湾长春石化环氧氯丙烷等项目、法国液化空气工业气体项目、天龙物流水泥物流项目、北京化工大学氢氧化镁阻燃剂项目、旭阳焦化煤化工项目等一批国内外知名企业，其中已备案的新企业共7个，总投资5.58亿元，主要包括：亚诺化工的农药中间体项目；广东红墙新材料有限公司35万吨高性能混凝土外加剂项目；天津大田公司年产160万只包装桶项目；龙鑫复合材料有限公司30万吨工业盐、20万吨食用盐及物流仓储项目；沧州临港陶朱化工有限公司1.5万吨/年对氨基苯磺酸、5000吨/年对氨基本磺酸钠项目；沧州临港亚诺化工有限公司医药中间体项目。原有企业新增投资及技术改造项目7个，总投资1.67亿元。土要包括：河北金牛化工的物流运输项目、副产氯化氢再利用年产7万吨PVC树脂工程项目，特科化工1万吨/年硫化黑项目，河北建新股份有限公司2000吨/年间羟基－N，N－二乙基苯胺粗品精制技术改造工程、废水处理技术工程，沧州大化的50万只/年包装桶项目，临港化工的8万吨/年三聚氯氰配套技改项目。

【产业布局】 产业持续完善升级。临港开发区突出主导产业扩张、大项目带动和开发区支撑，加快推进先进产业聚集，已形成公用工程、大炼油、TDI、PVC、特种板材、水泥、高档染料等以化工产业为主体，其他相关联产业快速发展的良好局面。临港开发区经过多年发展，精细化工产业已初具规模，获得河北省商务厅批复的“河北省精细化工（沧州）出口基地”称号，同时瀛海（沧州）香料有限公司和河北建新化工股份有限公司由于产品在世界市场占有率高，出口创汇效果明显，成功申报“出口基地企业（待培育）”称号。

【项目建设】 紧抓项目建设，支撑产业大聚集。2010年，临港开发区在建项目共计17个，总投资31.86亿元；近期计划开工项目共计22个，总投资177.29亿元。在谈项目17个，总投资740.68亿元。

【科技创新】 企业自主创新能力有新提高。2010年，临港开发区大力推进企业自主创新，积极鼓励企业申报国家、省级重大科技项目。沧州化工需海水综合利用项目成功申报为省重点科技支撑项目，成功争取科技支撑资金110万，并通过省科技厅验收，为临港开发区工业发展提供充足的淡水资源。截至2010年底，开发区授权专利24件，其中发明专利12件、实用新型专利11件；拥有省级技术中心1个。

广泛开展产学研联合。借助环京津这一优势，入区企业积极开展与京津地区高校产学研联合，充分发挥高等院校和科研院所的科技作用，为企业技术创新出力。如瀛海香料与天津大学、南开大学就新产品研发及设备设计等进行合作；丰源环保、信联化工与南开大学就产品生产工艺进行合作等。目前合作研发的项目大部分已经投产。

积极开发新产品。2010年临港开发区新开发产品10余个，投入研发资金2000多万元。如信联化工二期四甲基氢氧化铵项目投产后可实现产值3亿元，处于国内领先地位。国华沧东电厂研发的二期海水淡化装置，利用电厂低品质抽气作为制水汽源，在串联的一系列水平管降模器内，以较低的温度（低于70℃）将海水蒸馏，制得含盐量少、品质高的淡水。

【管理与服务】 提升软实力，打造高效服务体系。临港开发区依照“一切服从于科学招商，一切服务于项目建设”的工作思路，致力于打造高效的工作作风，对入区企业实行统一归口管理（即封闭式管理），实行一企一策，急事急办，特事特办，以最好的态度、最快的速度让客商高兴，让群众满意；建立健全项目引进审批“一站式”、项目建设“一条龙”和企业投产“保姆式”3个服务体系，同时做到边招商、边服务、边完善，精干高效地为企业提供全方位绿色通道服务。

【机构设置与管委会领导】 临港开发区管理委员会下设管委会党政办公室、财政局、招商局、规划建设局、安全监察局、环境保护局、国土资源局共7个部门。

临港开发区管委会党组书记、主任为张召堂，临港开发区管委会副主任为孙俊利、李盛春、鞠贵仁、李国庆。

（沧州临港经济技术开发区管委会）

淮安经济技术开发区

【经济发展】 2010年，淮安经济技术开发区（以下简称淮安开发区）实现地区生产总值245.9亿元，完成全社会固定资产投资229.5亿元，进出口总额10.75亿美元，注册外资实际到账3亿美元，地方一般预算收入30.4亿元，主要经济指标增幅超过40%，占到“十一五”5年总和的35%以上，实际利用外资对全市贡献额达到43%，全社会固定资产投资、一般预算收入等指标进入江苏省开发区前列。

【投资环境】 淮安开发区地处苏北腹地重要中心城市，公路、铁路、水路、航空四通八达，适合于原材料和产品大进大出，能较快地向全国辐射延伸，具有广泛的商机和极大的市场空间，区位优势十分明显。区内已达到“九通一平”的水准，基础设施处于江北领先水平。区内设有国家级出口加工区、国家级留学人员创业园、高等教育园区、海关通关点、公共保税仓库、台商工业园、韩国工业园、民营工业园、物流园区等功能区。区内地价、劳动力价格、电价、水价以及各种费用相对较低，拥有充足的产业工人和服务业人力资源，为外来客商提供了优越的发展平台、丰富的人力资源和完全能够满足生产生活需要的各类要素资源。

【产业发展】 截至2010年底，已有日韩、欧美、港台等20多个国家和地区的客商在淮安开发区内投资兴业，累计进区企业3000余家，形成了以富士康淮安科技城、明基达方为代表的IT产业，以台玻、韩泰轮胎为代表的盐化工新材料产业和以美的电机、大通电机为代表的机械产业。

【招商引资与利用内外资】 2010年，淮安开发区先后招引了投资30亿元的智能导线项目、投资20亿元的光伏太阳能项目、投资10亿元的多米诺骨牌项目、管业科技项目等超10亿元民资工业项目5个和总投资10亿美元的国宝空调项目、投资5亿美元的敏实汽车零部件项目、投资1亿美元的新国纺织、法液空、万邦香料等超亿美元外资项目5个，成功签约注册超5000万元项目88个，签约注册超千万美元项目19个，新批外资项目39个，重大项目招引数量为历年最多，注册外资、实际利用外资绝对量位列淮安市第一。

【科技创新】 截至2010年底，淮安开发区高新技术产业产值140亿元，开发市级以上新产品累计335个，其中重点新产品累计75个；省级以上高新技术企业累计达10家，省级以上高新技术产品11个；获专利数累计达160件；企业研究与开发经费占销售收入的比重达0.6%，新增财政支出中科研支出的比例达到2%；省级科技成果转化项目2个。国家级留学人员创业园、高新技术创业服务中心、高新技术成果转化基地的建立，有效促进了开发区产业转型升级，入园孵化企业超过100家，共吸引归国留学人员为主的高层创新创业科技人才30余位。与此同时，还建立了省级博士后科研工作站、省级中科院院士工作站、省级软件园、省级贴片技术服务平台以及省级快速制造服务平台。

【生态环保】 淮安开发区顺利完成国家环保模范城市创建工作，对2010年度污染源普查动态更新调查，完成了相关的技术报告及总结工作；继续强化项目管理与服务工作，审批项目130家，其中没有国家明令禁止的项目或有严重污染的项目，并且完成永浩精密电子、邦赛药业等19家建设项目“三同时”验收，完成了辖区内近80家企业单位的排污申报工作。

【土地利用】 近年来，淮安开发区始终把加快经济发展与严格资源保护紧密结合起来，认真贯彻“守土有责、护土有方、动土有据、用土有益”的工作方针，积极开展“保红线、保发展”行动，用地秩序呈现出规范、有序、健康的态势。2010年共获批土地387.38公顷，其中耕地227.75公顷。

【社会事业与文化建设】 淮安开发区始终把推进民生改善摆在突出位置，社会事业全面进步。倾心为民办好十件实事，城乡基本社会保险覆盖率为97%，被新征地居民参保率达75.16%，首创的“居家福”虚拟养老院被评为“江苏省示范性居家养老服务中心”。开工建设了景会寺、中华文字艺术园、文体活动中心等一批提升内涵的文化类城建项目；实施食品放心工程，卫生健康信息实行网络化管理；实施妇女健康促进工程，为全区育龄妇女进行了免费健康检查。

【机构设置与开发区领导】 中共淮安经济技术开发区工作委员会、淮安经济技术开发区管理委员会内设党政办公室、党群工作部、经济发展局、城乡事业局、招商局、项目审批服务中心等14个机构。

淮安开发区领导成员为：党工委书记、管

委会主任周毅；党工委副书记、管委会副主任，出口加工区党组书记、盐化工新区管委会主任刘建华；党工委委员、管委会副主任，高教园区党组书记、管委会主任冯大勇；调研员、党工委委员、管委会副主任王立喜；党工委委员、管委会副主任，留学人员创业园管委会主任徐业恕；党工委委员、管委会副主任，出口加工区管委会主任刘晓录；党工委委员、管委会副主任，空港产业园发展有限公司总经理王晓霖；党工委委员、管委会副主任曹曙春；党工委委员、管委会副主任，政法委书记、公安分局局长陈国平；党工委委员、纪工委书记张玉和；党工委委员、管委会副主任孔维华；党工委委员、管委会副主任张明。

（淮安经济技术开发区管委会）

江宁经济技术开发区

【概况】 江宁经济技术开发区（以下简称江宁开发区）创办于1992年6月，1993年被批准为省级开发区，2010年11月11日正式被国务院批准为国家级经济技术开发区。现已成为南京地区对外开放示范区、利用外资集聚区和高新技术产业密集区。

【投资环境】 江宁开发区形成开发区总部、科学园、空港工业园两大组团以及科技公司融合互动、竞相发展的生动格局。投入250多亿元建成了完善的基础设施和配套设施，区域范围内绿地面积达45%以上，通过了ISO14001环境管理体系认证和ISO9000质量管理体系认证，初步形成教育、居住、医疗、商贸、游乐等五大服务网络。多年来，开发区不断强化载体建设，精心打造了出口加工区、江苏软件园、智能电网及电力自动化产业基地、航空动力产业基地、风电产业园、总部基地、创意文化产业园、保税物流园、中国无线谷等产业平台，招商引资势头迅猛。共引进42个国家和地区的2000余个项目，其中千万美元以上项目500余个，累计实现合同外资90亿美元，到位外资60亿美元，累计实现利用内资300亿元，世界500强企业有45家入驻，初步形成电子信息和汽车制造及零部件两大主导产业，智能电网、新能源、航空动力、软件及服务外包、总部及研发中心、现代物流和文化创意等一批特色产业。

【经济发展】 2010年实现技工贸总收入1524亿元，同比增长20%；完成GDP 331亿元，同比增长20%；完成地方财政总收入82.3亿元，同比增长30.9%，其中地方一般预算收入39.9亿元，同比增长23.5%；全年新增千万美元以上项目40个，完成协议注册外资11.69亿美元，同比增长20%；实际到位外资6.79亿美元，同比增长35.7%；出口创汇30.7亿美元，同比增长20.6%；完成全社会固定资产投资315亿元，同比增长18%，其中工业固定资产投资177亿元，同比增长17.9%；实现规模以上工业总产值859亿元，增长42.9%。

【招商引资与利用外资】 2010年，园区举办汽车、新能源、智能电网、生物医药4个专场招商活动，组建了12个产业课题小组，全年完成注册合同外资11.69亿美元，同比增长20%；到位外资6.79亿美元，同比增长35.7%。新引进外资项目56个，新增千万美元以上项目40个，蒂森克虏伯、长安福特马自达发动机、统宝光电等20多个重大项目到位外资达4.8亿美元，占全部到位外资的71%。全年共有46个项目增资，合同外资达

3.5亿美元，其中南高齿、中电光伏等13个项目增资都超过1000万美元，南高齿先后3次增资达1.3亿美元。全年新引进泉峰工具销售、永安动漫等16个服务业项目，实现合同外资3.6亿美元，占全部合同外资的31%。加大在手项目推进力度，项目成熟度显著提高，当年引进注册项目到位外资率创新高。

【产业发展】 2010年，园区电子信息成功引进协鑫OLED等项目，全年实现产值338亿元，增长18%，长安福特马自达整车年产值突破百亿元，全年园区汽车产量达36万辆，产值接近300亿元，主导产业产值比重达65%。新兴产业增长迅猛，国网智能电网项目开工建设，智能电网博览馆改造加快推进，智能电网产业产值突破120亿元，增长32%；引进大唐科技园、协鑫太阳能产业基地等新能源龙头项目，新能源产值达124亿元，增长45%；中航轻型动力项目开工建设。现代服务业加速提升，新引进软件及服务外包项目15个，全年实现离岸服务外包合同额3.79亿美元、执行额3.4亿美元；软件收入达到195亿元，新引进物流企业6家，物流收入达75亿元，产业抗风险能力不断提升。园区成为全省首批“新型工业化示范基地”，汽车零部件、智能电网、通讯设备、风电装备、航空动力五大产业获得“省级特色产业基地”称号，牵头组建智能电网产业及其软件产业联盟。

【项目建设】 2010年，园区加快重点产业项目建设，实现了上海大众B级车、中环光伏等97个重点产业项目开工建设，其中工业项目76个；大全新能源、长风新能源等37个项目实现投产，其中工业企业35家。加速推进重点企业发展。统宝光电增资10亿美元，打造世界第一的中小尺寸面板基地；南高齿先后3次增资1.3亿美元，打造风电、机电设备制造基地；中电光伏启动建设研发大厦，42家企业列入全市“千企升级”计划。

【科技创新】 2010年，园区突出创新驱动，加快创新载体建设，中关村服务外包产业园被批准为“南京市服务外包孵化器”；无线谷一期8.8万平方米开工建设，北科产学研基地一期、归国博士创业园投入使用，全年新增创新载体面积34万平方米。创新合作成果丰硕，实施产学研项目25个，新增省级以上实验室、工程中心8个，新入驻孵化科技企业12家；科远自动化顺利登陆A股，新增高新技术企业8家，申请专利990件。创新人才加速汇聚，新引进高层次创新创业人才15名，其中1人入选国家“千人计划”、5人入选“省双创人才计划”；成功获批市级服务外包人才培训基地，为提升区域创新能力提供了有力支撑。

【社会事业】 2010年，江宁开发区进一步加大基础设施建设完善力度，改造新建道路设施，提升“绿化、亮化、美化”工作水平，全年投入21.8亿元。加快道路设施完善，全年投入14亿元，新建改造了秦淮路、龙眠大道、二环匝道和高湖路改造等道路工程。提升“绿化亮化”水平，全年投入3.2亿元，其中新增绿地20万平方米，完成秦淮路“亮化”、百家湖广场“亮化”、机场沿线“亮化”等重点工程。改善各类配套设施，全年投入约4.6亿元，建成凤凰广场、胜太广场、文鼎广场、商贸中心，完成方山北入口道路景观工程、天印宫花园、观景台以及钟楼和鼓楼等定林寺配殿建设工程等。会展中心、“1912”等加快建设，凤凰广场、胜太广场、文鼎广场、商贸中心等建成使用，城市公共服务功能和高端商务集聚能力有效提升。管理水平不断提升。推行精细化管理，开展机械化保洁，实施环境综合整治和长效管理，狠抓殷巷片区、104国道、天元路沿线的环境整治，现代化城市形象更加亮丽。完善三级就业安置体系，采取订单培训、定向培训和专题培训等形式，免费组织专业技能培训，帮助统宝、华宝等用工大户解决招工难题，全年推荐就业1.5万人（次），培训劳动力6900多人（次）。

（江宁经济技术开发区管委会）

金华经济技术开发区

【概况】 金华经济技术开发区（以下简称金华开发区）成立于1992年6月。1993年2月，经浙江省人民政府批准成为省级开发区。2010年11月11日，国务院批准金华开发区升级为国家级经济技术开发区。金华开发区管委会受金华市政府委托管理苏孟乡、秋滨街道、三江街道、西关街道和江南街道，管辖面积82.86平方公里，集聚人口35万。金华开发区和金华省级高新技术产业园区实行"一套班子、两块牌子"的运行模式，是长江三角洲经济圈南翼重要的先进制造业基地，金华重要的经济增长极。

【投资环境】 区位优势明显。金华市是浙江中西部中心城市，是闽浙赣皖四省九方协作区的龙头城市，是"长三角"经济协调会成员城市，是海峡西岸经济区与"长三角"的重要节点。境内8条高速公路、4条铁路贯穿其中，杭金衢、金丽温、甬金、台金、诸永高速已建成通车，浙赣铁路、金温铁路、金千铁路和杭长高速铁路（正在建设）交汇于市区，距上海360公里、杭州180公里，到义乌国际小商品市场、永康中国五金城仅20分钟车程。是国家级陆路交通主枢纽、沪浙闽赣四省物流走廊交汇点。金华开发区位于主城区，区位优势突出。

基础配套完善。按照建设"多功能综合性产业园区"目标，金华开发区大力实施"四大功能区"（工业园区、科技园区、高教园区、商贸中心区）的基础设施建设。功能配套全部实现"九通一平"（道路、上水、雨水、污水、电力、通讯、数字电视、热力、管理天然气、场地平整），并加速向"新九通一平"（信息、市场、法规、配套、物流、资金、人才、技术、服务、网络平台）转变，是浙江中西部基础设施配套最完善的多功能综合性产业园区。

服务高效便捷。金华开发区管委会秉承"规范、高效、便捷、透明"的服务宗旨，为入园企业提供"一门受理，限时办结"的全程代理服务，一般项目15个工作日办结，重大项目设有"绿色通道"，专人跟踪，随到随办。

【产业发展】 2010年，金华开发区管委会按照"大力发展汽车及配件产业、重点扶持电子信息产业、做优做精生物医药产业、改造提升传统产业"的产业发展思路，变"普惠制"扶持为"产业化"培育，主导产业发展迅猛。汽车及配件、电子信息两大主导产业双双实现产值超百亿目标，其中汽车及配件产业实现产值120亿元，电子信息产业实现技工贸总收入105亿元。全年实现规模以上工业总产值342.11亿元，同比增长32.09%。实现销售产值334.2亿元，同比增长29.11%。荣获"全市工业经济目标责任制考核一等奖"，在市区继续保持领跑地位。

【招商引资与利用内外资】 2010年，金华开发区深入实施"三驾马车抓招商，党群合力抓经济"工作举措，全年共引进工业项目31个，其中与开发区主导产业联系紧密，而且层次较高的重大工业项目29个，占93.5%。莲花L6系列乘用车一期项目已正式开工建设。全年实际利用内资15.32亿元，同比增长13.5%，完成市政府下达任务的102.13%。合同利用外资1.37亿美元，同比增长3.27%，完成市政府下达任务的152.5%；实际利用外资8502万美元，同比增长13.04%，完成市政府下达任务的141.7%。利用外资和引进内资均获全市一等奖。

【科技创新和重点企业】 2010年，金华开发区管委会积极引导企业开展自主创新，推进产品升级和产业升级。新增高新技术企业9家（其中国家级2家）、省软件企业6家、研发中心8家（其中省级1家），专利示范企业4家（其中省级1家）。高新园区企业技工贸总收入达到307亿元，同比增长42%以上。创业中心被认定为“国家级大学生科技创业见习基地”，被评为“全省孵化器信息推广先进单位第一名”。其博士后科研工作站成为全省唯一一家国家级优秀博士后科研工作站。

金华开发区有如下重点企业代表：青年汽车集团。集团下设商用车集团、乘用车集团和汽车部件集团三大子集团，是一家生产、销售NEOPLAN客车、MAN重型卡车、莲花轿车及汽车零部件的综合性汽车工业集团。其客车产品与德国NEOPLAN合作，产品覆盖长途旅游、公交、专用客车等全部领域，长途旅游客车在中国的占有比率超过85%，公交客车占据中国低地板公交车市场垄断地位，在北京奥运会公交车采购招标中中标1600余辆。其卡车产品与德国MAN合作，已成功开发出牵引车系列、专用车系列、专用车底盘系列、军车系列和轻卡五大系列，共计40多种车型。其轿车产品与英国莲花合作，首款青年莲花“竞速”于2008年1月9日上市，全国共有80余家4S加盟经销商；2010年7月15日青年莲华L6系列乘用车项目正式签约落地开发区，该项目一期达产后可新增销售额58亿元。目前集团拥有员工4300余人，其中研发人员600余人、外国专家100余人。企业先后获得“中国客车企业10强”、“中国机械工业500强”、“国家级重点高新技术企业”、“国家火炬计划”等荣誉。

5173.com（中国网络游戏服务网）。公司是一家专业从事虚拟数字产品网络交易服务管理系统研发及电子商务服务的新经济企业，现已成为国内规模最大、成长最快的C2C网游数字电子商务交易服务平台之一，主要提供寄售交易、担保交易、求购交易、点卡交易等多种交易服务及网站平台软件的技术开发等。5173网站旗下拥有金华利诚信息技术有限公司、金华比奇网络技术有限公司等，在金华有员工2800余名，在上海拥有研发技术团队400余人。公司先后荣获“中国互联网最具潜力项目奖”、国家新闻出版总署“中国游戏产业优秀服务商”奖、新浪网“游戏十年”优秀服务商、中国网络文化盛典“网络技术创新奖”称号；网站所属的金华比奇网络技术有限公司被评为2009年、2010年浙江省电子商务10强企业，金华利诚信息技术有限公司荣获“浙江省高新技术百强企业”、“浙江省优秀创新型单位”、“浙江省高新技术企业研究开发中心”、“国家A级信用企业”、“浙江省最佳创新软件企业”、“浙江省纳税大户”等称号。

【生态环保】 2010年，金华开发区管委会委托编制了《金华开发区生态化建设与改造规划和实施方案》，从开发区现有建设条件和产业发展状况出发，分阶段、分层次、有重点地推进开发区的生态化建设与改造工作。开展绿色招商。引进项目实行招商、建设环保、经济发展、国土、规划等部门联审制度，否决色氨酸项目1个，补充环评内容12家。根据“811”环境保护新三年行动计划要求，加大对重点企业、重点行业环境污染整治的工作力度，关停电镀企业2家。开展年综合能耗千吨标煤以上工业企业的节能降耗工作，2010年万元产值综合能耗0.0489吨标准煤，同比下降14.21%。

【土地利用】 2010年，金华开发区管委会按照“集约、节约”的用地原则，扎实做好项目供地和闲置低效用地的清理处置工作。新供工业用地1246亩，落地项目21个，全部实现当年引进、当年落地、当年开工建设。通过腾笼换鸟、收购兼并、股权置换、增资扩股等形式，盘活闲置低效用地517亩，工业企业投资强度285万元/亩，经济密度320万元/亩。

【开放型经济】 2010年，金华开发区实现外贸进出口总额6.35亿美元，同比增长25.72%。其中出口总额5.69亿美元，同比增长32.72%，进口总额6608万美元，同比下降13.54%。

【人才建设】 2010年，金华开发区新增人才（含外地引进和本地培养）3291人，其中引进和培养高层次人才（具硕士以上学历或副高以上职称）135人；人才结构得到进一步改善，本科学历以上人员占人才总数的比重，在2009年基础上增长5%；培训企业管理人才1900人；完成海外人才智力项目引进10个。据统计，全区人才总量达30717人。

【社会事业与文化建设】 2010年，金华开发区管委会认真开展创建“充分就业社区”活动，27个城市社区达到“充分就业”社区的标准，城市社区创建达标率为100%。全面开展城乡居民养老保险工作，共有13994人参加城乡居民养老保险，其中6385人享受城乡居民养老保险金，养老保险金发放率为100%。做好城镇居民医疗保险工作，共有36651人缴纳了城镇居民医疗保险费，占城镇居民应参保人数32100人的114.18%。做好被征地农民基本生活保障工作，做到即征即保。投资8000万元，迁建秋滨小学，扩建苏孟小学，开发区学校全部成为新建学校，城乡教育均衡化发展水平进一步提高。

【机构设置与管委会领导】 金华开发区下设办公室、维稳办、纪工委、经济发展局、招商中心、高新技术产业局、财政局、社会发展局、建设环保局、公用事业管理处等部门。另外，公安、工商、国土、规划、执法等市直部门在开发区设有分局。管委会主任为李郁华。

（金华经济技术开发区管委会）

漯河经济技术开发区

【概况】 漯河经济技术开发区（以下简称漯河开发区）创建于1992年5月，位于漯河市区东南部，辖区面积41平方公里，下辖1个后谢乡，共29个行政村和2个居委会，总人口近10万人。2010年11月经国务批准，漯河经济开发区升级为国家级经济技术开发区，12月被批准为“国家新型工业化产业基地”、全国首家“食品安全标准化示范区”、“国家中小企业创业基地”。目前，以双汇集团、银鸽集团、可口可乐公司、中粮集团、台湾旺旺集团等为代表的500多家企业已入驻开发区发展，其中世界500强企业8家、国内500强企业5家，进驻上市公司投资项目20多个，初步形成以食品产业为主导，高新技术、商贸物流业竞相发展的产业格局。

2010年开发区规模以上企业实现主营业务收入550亿元、增加值80亿元、税收19.2亿元，增速均在25%以上。主要经济指标的绝对量和增速在全省开发区中继续保持前列位置，被省政府评为“河南省先进开发区”、“河南省对外开放先进开发区”、“河南省十强产业集聚区”，“河南省标准化行为良好企业示范园区”、“河南省知识产权优势区域”。

【投资环境】 京广、漯阜（漯河—阜阳）铁路在此交汇，京珠高速、南洛（南京—洛阳）高速纵横交错，形成双十字架枢纽，6条国道、省道经市区向周边辐射，具有连南贯北、承东启西的区位优势。建区以来，累计投入资金10亿元，形成了“八纵九横”道路路网，绿化率达到36.7%，25平方公里区域实现了

“七通一平”，区内酒店、医院、学校、市场等公共服务设施完善，工商、税务、公安、土地、质监、房管、银行、保险等机构齐全，初步形成环境优美、设施齐全、交通便利、适宜居住的新城区。

开发区实行封闭式管理，坚持“思想上全心全意、作风上微观具体、方法上千方百计”的工作理念，对入区项目施行“领导分包制、部门负责制、具体到人，全过程、保姆式、个性化服务”，根据投资者需求量身定做服务项目。区招商局、投资服务中心、创业中心、土地储备中心、民营工业园等投资创业机构为客商提供一条龙式全程服务，全方位为企业解决入驻时的各种问题。

【产业发展】 截至2010年底，全区入驻各类企业累计达到500家，其中工业企业累计达到306家；新增规模以上企业9家，累计达到77家；新增销售收入超亿元企业1家，累计达到13家；新增销售收入超5000万元企业5家，累计达到24家；聚集中国中粮、可口可乐等世界500强企业投资项目和中国台湾旺旺、荷兰索维恩、东方华垦、河南花花牛、泓一食品等一大批国内外知名食品企业，食品产业增加值占全部工业增加值比重达到70%以上，食品产业得到长足发展，特色更加鲜明，产业链更为完善。

【招商引资与利用外资】 漯河开发区以产业招商规范年活动为总抓手，成功将可口可乐、华垦等一批世界500强和行业百强企业引进开发区。围绕新材料、新能源等行业领域，成功引进香港保利协鑫单晶硅生产项目、海奥通电动客车电池和天源环保高科项目。2010年共签订合同类项目53个，总投资135亿元。48个项目开工建设，其中投资5亿元以上项目3个、投资亿元以上项目21个，投资5000万元以上项目11个；世界500强企业投资项目2个。利用市外资金17.2亿元，其中省外资金16.6亿元，合同利用外资5929万美元，实际利用外资3300万美元。

【科技创新与重点企业】 漯河开发区将科技创新工作作为推动区域发展的重要动力源，组织开展了思想大研讨活动，先后到西安高新区、济宁高新区、武汉开发区等省内外先进开发区考察，邀请专家座谈指导，深入企业了解情况，形成具有现实指导意义的漯河开发区高新技术产业培育发展方案，成立了高新技术产业发展领导小组，定期研究技术创新工作，指导全区高新技术产业发展工作。2010年，企业申报各类专利156件，占全市申请总量的49%，较2009年同比增长22.8%，国家级高新技术企业达到2家，市级以上高新技术企业达到6家；省级以上企业研发中心达到9个，市级企业研发中心达到11个；省院士工作站为1家，省创新型企业为1家，省节能减排科技创新示范企业为1家；省、市级科技成果鉴定达到12个，科技成果达到7个，各类科技计划项目达到47个，其中国家火炬计划项目达到2个，国家中小企业创新基金项目达到3个，国际合作计划项目为1个，省高新技术产业化项目为1个，各类省级计划项目达到21个，市重大科技专项和市重点科技支撑计划项目达到24个。

区内重点企业有双汇集团、银鸽集团、可口可乐、中粮、东方华垦、旺旺、协鑫、荷兰索维恩集团、河南花花牛集团等。

【土地利用】 漯河开发区坚持走集约发展道路，提高项目准入门槛，严格入区条件。在签订项目引进合同时，对土地供应切实做到“三挂钩”，即供地量与投资额挂钩、与产出率挂钩、与容积率挂钩。同时，在标准厂房建设、盘活现有土地、推动企业联大重组等方面加大力度，提高土地利用率。

【开放型经济】 漯河开发区坚持走开放经济发展道路，牢固树立“走出去才是好办法，微观具体才是好作风，客商满意才是好环境，项目落地才是真本事，产生税收才是真成效”的招商理念，狠抓招商引资体制机制创新，逐步规范产业招商新体系，瞄准世界500强、国内500强或行业百强，编制专项招商计划，倒排工作进度，坚持大员上阵，严格实行“1/2

工作法”，领导带领招商小分队分赴珠三角、长三角、环渤海、海西经济区4个重点区域、26个城市开展驻地招商，大力实施产业招商。同时，设立三产海外招商局，专门负责海外的招商工作，取得良好成效。在区内的投资者遍及美国、意大利、日本、韩国，中国香港、澳门和台湾等30多个国家及地区，聚集了双汇集团、银鸽集团、可口可乐、中粮集团、华垦集团、荷兰索维恩集团、台湾旺旺集团等一批国内外知名企业，拥有世界500强企业8家、国内500强企业5家，进驻上市公司投资项目20多个。2010年，被河南省政府评为“河南省先进开发区”。

【社会事业与文化建设】 漯河开发区统筹抓好各项社会事业与文化建设，进一步加大民生投入，使辖区群众进一步分享开发区发展的成果。在后谢乡卫生院的基础上挂牌成立了“开发区慈善医院”，为全区五保户、残疾人就诊提供了优惠的就医平台。新建社区卫生服务中心1所，建筑面积4400平方米，总投资319.33万元。全年共为2949名失地老人发放生活补助129万余元；全面免除新农合农民自费部分112万余元，由区财政承担；为111位农村大学新生发放奖学金222万元。此外，“民间艺术大赛”、社区广场文艺演出、月末文化广场等活动的火热开展，丰富了基层文化生活。

【机构设置与管委会领导】 漯河开发区党工委、委管委会分别是漯河市委、市政府的派出机构，按照“小政府、大社会”的原则，组织机构精干高效。开发区党工委、管委会内设机构有党政办（目标办）、经发局、建设和环境保护局、财政局、科技局、招商局、组织人劳局（考核办）、社会事业局、监察室、城管办、城乡一体化办公室、三产招商局、土地储备中心、会计核算中心、机关后勤服务中心、投资服务中心（招商办）、信息中心、城市管理执法大队、轻工食品工业园建管委、投资发展公司、公用事业公司、园林公司、环卫公司，下辖后谢乡。

漯河开发区领导成员为：党工委书记刘国勤，党工委副书记、管委会主任赵改焕，党工委副书记尚汉生，党工委委员、管委会调研员魏斌，党工委委员、管委会副主任胡坤锋、付剑伟、程惠文、彭朝阳、王彦民，党工委委员、总工会主席宋金才，党工委委员、后谢乡党委书记罗国庆。

（漯河经济技术开发区管委会）

鹤壁经济技术开发区

【概况】 鹤壁经济技术开发区（以下简称鹤壁开发区）成立于1992年12月，位于河南省北部、晋冀鲁豫经济协作区的中心地带，2010年11月11日，经国务院批准，升级为国家级经济技术开发区。建区以来，开发区规划建设了城北、金山、东杨3个园区，明确产业主攻方向，推进产业集群发展，坚持以开放带动项目引进、以创新促进产业升级，实现项目集群式落地、产业组团式发展，大力发展以电子信息、金属镁精深加工为主的高新技术产业，形成了“一区三园、竞势发展”的良好态势。

2010年，鹤壁开发区实现地区生产总值62.72亿元，其中工业增加值51.83亿元，规模以上工业增加值46.35亿元；第三产业增加值9.25亿元；地区生产总值/年末全区从业人员19126元/人。开发区完成财政收入6.85亿元，其中地方一般预算收入4.47亿元；税收收入6.68亿元。税收收入/地区生产总值为10.65%。开发区工业总产值实现205.55亿元，其中规模以上工业总产值172.28亿元，外商投资企业工业总产值14.66亿元；全区“三上”企业主营业务收入181.21亿元，全区“三上”企业利润总额11.09亿元，其中规模以上工业利润总额10.36亿元。

【投资环境】 鹤壁开发区在硬环境建设方面，坚持现代化、生态化理念，加大园区基础设施和配套设施建设力度，提升产业承载和项目配套能力，夯实承接产业转移的基础和平台优势。在软环境建设方面，把创新服务平台、规范管理机制作为打造环境品牌的突破口，建立了完善的项目协调推进机制，在土地储备、规划、立项、环评、设计、建设等环节，采取大员上前线、领导分包、周例会督查、定期观摩通报等制度，明确时间节点、责任人和工期，超前准备、积极主动协调解决项目推进中的问题和困难，形成了“洽谈项目抓签约、签约项目抓落地、落地项目抓开工、开工项目抓投产”的环环相扣的项目递次推进格局，营造出高效优质的服务环境；完善投资优惠制度和企业帮扶措施，营造出宽松的政策环境；以骨干企业和大型项目为重点，全力优化企业和项目工程周边环境，打造出安全祥和的社会环境；加强干部职工业务知识培训，不断更新发展观念，营造出开放向上的人文环境。这种“重商、亲商、扶商、安商、护商”的投资环境，促进了经济社会更好更快发展。2010年，鹤壁开发区被评为“河南省新型工业化产业示范基地”、“河南省最具产业竞争力集聚区”、“河南省环境友好型产业集聚区”、“河南省战略性新兴产业示范园区”。

【产业发展】 鹤壁开发区电子信息产业上游产品包括电阻、电容、电工材料、光纤光缆等产品，现有企业50余家，下游产品包括数码电子、植保电器、仪器仪表微波通信设备等企业40余家。电子信息产业链完整、聚集度高，已经具备了升级的基本条件。金山产业集聚区已经形成从原镁冶炼到初加工到深加工，并以深加工为主的完整金属镁产业链。上游产品有镁粉、镁粒、高纯镁，有企业30余家，下游有镁牺牲阳极、高性能镁合金、压铸汽车零部件、大型挤压板材，有企业10余家。金属镁产业配套合理，工艺成熟。

【招商引资与利用内外资】 鹤壁开发区围绕电子信息、金属镁精深加工和节能环保等主导产业，把龙头项目和高新技术企业引进作为重点，紧盯深圳、江浙和北京等地区，坚持不懈地开展定向招商、坐地招商、产业招商和以商招商。

一是大力发展电子信息产业。进一步加强与深圳电子商会、中关村电子商会、中电长城、中科院、中冶科工等行业协会和电子信息龙头企业的联系，坚持引南靠北，推动电子信息龙头项目落地。由中科院和深圳仕佳通信科技公司联合投资6.5亿元的年产400万件光分路器芯片项目，国内最大的汽车电子龙头企业深圳航盛电子公司总投资8亿元的年产300万套汽车仪表、200万套汽车音响系统项目已开工建设。承办了“2010中国（鹤壁）电子信息产业区域合作发展峰会”，中农物联科技公司总投资5.5亿元的年产5000万套智能传感器项目等一批投资规模大、带动能力强的高科技项目签约，为电子信息产业发展增添了新的后劲。河南中科诺电子发展公司、河南科王实业公司数码电子产品项目相继建成投产，产品已销往全国各地及欧美等国；鹤壁（深圳）电子工业园A区已入驻迈奇科技、天众汽车电器、风光太阳能、天海衡邦、铭泰电器等项目；综合配套服务中心已基本具备使用条件。

二是积极推进金属镁产业招商，提升金属镁深加工水平。创世电机公司年产150万台便携式镁合金发电机项目一期生产线正式投产；天津自行车协会合作建设年产100万镁合金电动自行车配套产业园已启动，年产20万辆镁合金电动自行车项目、镁合金变压器项目已开工建设。

三是积极发展节能环保等新兴产业。充分发挥国家循环经济试点市、国家建筑节能试点市的优势，以金山环保科技工业园、东杨工业园区为依托，大力发展建筑节能装备、地源热泵中央空调、废水废气废物处理设备等产业集群，高起点谋划了节能科技产业园。产业园已签约入驻山东鲁能公司、郑州沃德公司、澳科公司等5家企业，建成投产后将成为河南省乃至全国重要的地源热泵中央空调生产基地。

鹤壁开发区招商引资到位市外资金16.5亿元，同比增长52.8%；新落地1亿元以上项目28个，其中5亿元以上项目5个，实际利用外商直接投资4554万美元，世界500强投资企业16个。省、市重点项目33个，完成投资33亿元。

【科技创新和重点企业】 鹤壁开发区拥有国家级企业技术中心、省级研发机构9个，高新技术企业4个；研究与试验发展（R&D）经费支出1.83亿元，其中规模以上工业企业研究与试验发展经费支出1.77亿元，开发区财政支持科技发展资金0.51亿元。高新技术企业工业总产值30.59亿元，占全区工业总产值的14.89%，高新技术产品进出口额3654.6万美元，其中高新技术产品出口额2349.4万美元，高新技术产品进口额1305.2万美元，高新技术产品进出口额占全区进出口总额的39.43%。规模以上工业企业专利申请数147件，其中发明专利59件，规模以上工业企业有效发明专利45件。

天海集团成为鹤壁市首家“国家级知识产权试点企业”、河南省国际知名品牌。沃德散热器被评为“河南省名牌产品”，全区省优产品增加到4个；无线电四厂工程技术研究中心、联昊化工有限公司荣获“河南省科技进步奖”；中科院院士工作站挂牌开始运行；天海集团、佳多电器、百运佳印务、沃德科技、仕佳通信等企业生产和销售形势良好，均呈现出旺盛的发展活力。

【社会事业】 鹤壁开发区全面加强基层组织建设、文化、体育、医疗、民政、劳动和社会保障、计划生育、精神文明建设、农村农业、信访稳定等社会事业管理工作，建立多层次、广覆盖的社会保险体系。在全面足额兑现对失地农民补偿同时，针对失地农民经常性开展“送岗位、送技能”下乡活动，累计进行农村劳动力转移就业技能培训1.3万人（次），妥善解决了失地农民的就业安置问题。截至2010年底，鹤壁开发区从业人员32790人，规模以上工业科技活动人员2441人，同级财政教育经费支出5558万元。社会保险参保29297人，社会保险缴费总额16206.91万元，同级财政社会保障和就业支出2368万元。

【人才建设】 鹤壁开发区加快推进人才引进、科技创新两个“3年计划”，财政每年拿出500万元，每年引进1500名高层次人才，大力发展职业教育。鹤壁市职业技术学院、技工学校、机电中专等一批专业技能人才培训学校，每年可为产业发展提供上万名技术工人，为金山产业集聚区发展奠定了人才基础。随着城乡一体化步伐的加快，周边许多乡村居民均转为城市居民，劳动力资源丰富，且劳动力价格较发达城市低，为金山产业集聚区发展提供了充裕的劳动力。鹤壁开发区被省人力资源和社会保障厅批准为首批“河南省博士后研发基地”，是河南省此次唯一获批的经济开发区。

【机构设置与管委会领导】 鹤壁开发区管委会内设机构“四局一办一委”，下设城北、金山、东杨3个园区管理机构，公安、工商、国税、地税、国土、规划等部门先后在开发区设立了派出机构，进一步完善了开发区的服务功能。

中共鹤壁开发区工委领导成员为：书记樊举格，副书记胡国权，工委委员王英群、赵中文、李长根、刘文耀、袁金虎、王雪红、杨蕾。鹤壁开发区管委领导成员为：主任樊举格，副主任王英群、赵中文、李长根、王雪红、杨蕾。

（鹤壁经济技术开发区管委会）

上饶经济技术开发区

【概况】 上饶经济技术开发区（以下简称上饶开发区）位于上饶市城区西部，辖区面积176平方公里，总人口10万人。上饶开发区是国家级经济技术开发区、国家加工贸易梯度转移重点承接地、台资企业转移承接基地，同时又是国家光伏、光学高新技术产业化基地和江西省前五强开发区。上饶开发区区位优势明显，坐拥“八省通衢”之便利，沪昆高速、上武高速、320国道和国家正在规划建设的杭南长高铁、京福高铁穿境而过，专设沪昆高速上饶开发区（三清山机场）互通，距离正在规划建设的上饶三清山机场仅2公里且3小时车程内可达周边6个机场，开通了至宁波、上海的“铁海联运”和“五定班列”等快捷物流服务。作为上饶市主攻工业的引领区和城市新区，上饶开发区平台建设迅速推进，建成主干道路60余公里，电、水、气供应和污水处理、居住小区等功能设施完善，生态环境得天独厚，城镇化水平不断提升；经济实力日益增强，汇聚了晶科能源、凤凰光学、大自然地板、圣达威电工、上饶客车等一批行业品牌企业，形成了光伏、光学和机械制造等产业集群。

【经济发展】 2010年，上饶开发区实现工业主营业务收入284.3亿元，同比增长53.3%；工业增加值71.9亿元，同比增长55%；税收8.9亿元，同比增长27.14%；财政总收入11.65亿元，同比增长38.2%；建成区面积达到9.5平方公里；就业人数达到4.1万人。获得“2010年度先进工业园区”、“2010年度全省节约集约用地先进开发区”等荣誉称号。

【项目与产业动态】 2010年，晶科能源在美国纽交所成功上市并实现增资扩股，全年销售收入达66亿元，是上饶市有史以来第一家销售收入过50亿元的企业。晶科能源新投130亿扩建3000兆瓦光伏一体化项目，在上饶开发区开工建设，预计实现投产后，产能规模达500亿元以上。上饶开发区加快推进产业基地建设，光伏产业形成“硅料—硅片—电池片—组件—应用产品”的链式发展。光学龙头企业凤凰光学致力于加快技术升级，产品转型，实现主营业务收入20亿元，并全面启动了退城进区工程，带动光学产业集聚发展。机电龙头企业圣达威电工实现年销售收入10亿元，正在筹划上市，进入资本市场；老牌企业上饶客车谋求高端化、特色化的发展方向，传统客车产值翻了两番，并成功与中国科学院合作，启动新能源汽车生产项目，成为上饶开发区机电产业重要力量。大自然木业、耐普实业、天佳新材料、远泉集团等重点企业着手启动上市计划，谋划更大发展。

【招商引资】 2010年，上饶开发区实际利用外资1.36亿美元，全部为现汇进资，同比增长272%；外贸进出口总额5.8亿美元，同比增长377%，其中外贸出口4.66亿美元，同比增长399%，进口1.14亿美元，同比增长297%。全年出口过1亿美元企业1家、过5000万美元企业1家、过1000万美元企业2家。内资引进固投5000万元以上工业项目11个，其中亿元以上项目4个。与晶科能源有限公司签订新投130亿扩建3000兆瓦光伏一体化项目，并于同年11月17日开工。与上饶中材机械有限公司签订固定资产投资10亿元大型输送设备制造基地项目。

【规划建设】 2010年，上饶开发区完善规划体系，完成近期建设区（板桥区、合口区、滨江区）控制性详规并经上饶市政府常务会审议通过；完成合口中路等项目的方案设计及论证工作。加快基础设施建设，完成基础设施投入2.3亿元，新建道路7.6公里、雨污管网2.3公里，平整土地1340亩。完成滨江西路1.3公里路基及管网建设，启动马鞍山、红石大桥建设，继续延伸上三路、上二路等主干道。完善功能配套设施，加紧实施新建22万伏变电站项目，全面实施公租房项目，推进自来水厂二期工程，完成上三路、工业四路、龙大路等主干道绿化工程。全面开展凤凰片区企业退城搬迁和原交大科技城征迁工作，继续实施“腾笼换鸟”工程，成功收储一村制药、顺鑫钨钼等低利用率土地，重新安置了一批企业。

【企业服务】 进一步完善领导挂钩服务重大项目制度，建立定期调度机制，加强机关效能建设，强化效能监察和督查考核机制，优化政务环境。深化行政审批改革，加强服务窗口建设，推行国地税联合办税。完善招工服务体系建设，自主开展大型招工活动。加强企业金融服务，搭建政银企融资平台，引进民营资本成立了小额贷款股份公司，与市工信委联合成立中小企业担保公司，解决了部分中小企业融资难问题；积极促成区内重点企业与银行联姻，全年帮助企业实现信贷融资近5亿元。

【农村事务与社会事业】 按照“统筹城乡、协调发展”的思路，重点抓好民生工程、病险水库除险加固、校舍危房改造、“一大四小”造林绿化、新农村建设等工作。2010年，对4座小型水库、6座重点山塘进行了整修；化解九年制义务教育遗留债务420万元，投资2000余万元启动董团中心小学整体搬迁，大地、董团中路明德小学等校园危房改造工程。

【机构设置与管委会领导】 上饶开发区内设机构12个，即：党政办公室、组织部、监察局、经济发展局、招商局、招商二局、财政局、规划建设局、农村事务与社会事业局、劳动保障与安全生产监督管理局、督查考核办公室、社会治安综合治理办公室；下属事业单位10个，即：行政服务中心、城市管理局、城市房屋拆迁办公室、金融工作办公室、土地储备中心、劳动就业培训中心、城市建设管理监察大队、劳动保障事务所、产业和政策研究中心、会计核算中心。设立了国土、工商、质监、国税、地税、环保、房管、消防、公安等市直派驻机构。

上饶开发区领导成员为党工委书记朱寅健（同时为市政府副市长，2010年1～9月为市委副书记尧希平兼），党工委副书记、管委会主任谢冠森，党工委委员、纪工委书记况华，党工委委员、组织部长叶震春，党工委委员、管委会副主任夏毅，党工委委员、管委会副主任危岩，党工委委员郑文，党工委委员、管委会副主任杨一虎，管委会副主任张连凤（挂职），党工委委员、管委会副主任王河，党工委委员、管委会副主任叶和彬，党工委委员、公安局长左小武。

（上饶经济技术开发区管委会）

宁乡经济技术开发区

【经济发展】 2010年11月11日，国务院批准宁乡开发区升级为国家级经济技术开发区（以下简称宁乡开发区）。2010年，宁乡开发区主体园区完成工业总产值167亿元，同比增长64.7%；工业增加值54.9亿元，同比增长56%；财政收入5.8亿元，同比增长48%；

工商税收收入3.1亿元，同比增长43%。

【投资环境】 2010年，宁乡开发区成功创建“中国食品工业示范园区”、“湖南十大最具投资价值产业园区”，顺利通过省级文明单位的创建验收，通过进一步强化服务意识，不断完善首问责任制、限时办结制、项目联系责任制等服务机制，明晰部门职能职责，科学再造服务流程，真正实现了“封闭式管理”和“一站式服务”，增强了行政服务效能。

【招商引资】 2010年，宁乡开发区成立由党工委、管委会领导担任组长的4个产业招商领导小组，设立与园区主导产业相对应的5个招商分局，健全完善项目准入、土地出让、内部考核等招商制度，强化了产业招商力度，壮大了招商队伍力量，提升了入园项目品质。全年共签约引进东洋铝业、远大住工、格力股份、青啤纯生、文象环保等21个项目，招商引资到位资金50.83亿元，其中亿元以上项目8个，10亿元以上项目有远大住工和加加调味品基地2个。

【产业发展】 食品、机电、新材料与现代服务业“3+1”产业依托重点骨干企业，产业链条逐渐拉长加粗，产业架构基本明晰。加加集团、青岛啤酒、台湾宏全继续领跑食品产业，美怡乐顺利投产，加加调味品基地、青啤纯生线签约上马，液态食品基地已初具雏形；机电产业在凯瑞重工顺利投产、湘路机械加速建设、盛泓机械扩大产能后，产业集群不断壮大。飞翼成功股改，差异化发展成效显著，已成为长沙工程机械第二梯队的主力军；新材料产业中松井化学、建益新材料、神宇新材料和远大住工等陆续投产，东洋铝业、文象环保、顺泰新材等成功落户，杉杉二期即将竣工，中财二期抓紧建设，新材料产业后发优势明显。

产业发展是产业升级与项目包装的结果。园区在已有产业普查成果的基础上，着手编制了园区产业升级实施方案，按照五级分类标准分别采取个性化的整改扶持措施，整合优势资源，优化产业结构。全年共完成技改升级企业14家，基本完成促改增效企业8家，初步完成整改盘活企业11家。同时，积极研究产业政策，全年共为园区和企业争取政策性扶持资金5000万元。通过成立专门机构、组织专业人员实施专项运作，建立健全园区项目库，高水平、高质量策划包装了现代物流园、战略性新兴产业基地、再制造产业基地、食品安全示范基地等项目，其中再制造基地项目已通过省发改委审批并上报国家发改委，有望获得上级的大力支持。

【项目建设】 2010年，宁乡开发区围绕“合同项目抓开工、在建项目抓投产、投产企业抓扩改”的思路，全力推动项目建设进程。主体园区全年实现固定资产投入48.3亿元，在建项目达43个，其中续建项目28个、新建项目17个。有远大住工、美怡乐、恒佳铝业、恒源包装、松井化学、东宜粉末等32个项目实现竣工投产，为园区发展注入了强劲动力。基础配套项目中，永佳路、谐园北路、创业服务中心启动建设，五路提质改造全部完成，天宁热电、四水厂正式运行，和润生鲜超市开张营业，园区生产、生活配套日趋完善。

【人才建设】 2010年，宁乡开发区深入推进干部人事制度改革，实行全员竞聘上岗，先统一解聘13名科级领导干部和47名工作人员，将空出职位面向社会公开招聘。吸引来自全省各地的200多人的广泛参与，经过公平、公正、公开竞聘选拔，72名县内外优秀人才成为了区机关新主力，5名不能胜任本职工作的人员被解聘或调离。竞聘后，园区管委会干职工队伍平均年龄34岁，比原来下降3岁；本科以上学历87人，占92%，其中博士2人、硕士12人；中级以上职称人员35人，其中高级职称人员9人。

【文化建设】 宁乡开发区定期举办全区综合性运动会。从建园开始，坚持运动会3年一届，目前已经成功举办四届。2010年举办的“第四届园区运动会”共有80余家企业、3000多名干部群众、企业员工参与，盛况空前，成为宁乡县规模最大的综合性群众活动之一。成功举办“奥特杯”首届焊工技能比赛，共吸引全县35家企业200多名选手参加。为方便园区住户与企业员工的生产与生活，学校、医院、超市与公园等配套建设相继启动运行。

【机构设置与管委会领导】 宁乡开发区管委会下设工会联合会、办公室、产业发展局、招商合作局、规划建设局、社会事务局、财政局、公安分局、城管分局、国土分局、环保分局、工商分局、房产分局、劳动分局。

宁乡开发区领导成员为：党工委书记戴中亚，党工委副书记、管委会主任陈海波，党工委副书记、纪工委书记刘辉，党工委委员、管委会副主任王子进，党工委委员、管委会副主任喻锦东，党工委委员、总经济师袁钊。

（宁乡经济技术开发区管委会）

武汉吴家山经济技术开发区

【概况】 2010年，武汉吴家山经济技术开发区（原武汉吴家山台商工业园区）初步形成集机械电子、现代食品、生物制药、新型材料和现代物流等于一体的产业体系，拥有海峡科技园、台资密集区、机电产业园、保税物流园、食品加工区、循环经济园等余家特色园区，落户企业2500余家，其中世界500强企业15个，国内500强企业24个，三资企业300余个，台资企业100余个，累计直接利用外资15亿美元。开发区（东西湖区）全年实际利用外资1.55亿美元，比2009年增长2.5%。实现规模以上工业总产值351.76亿元，比2009年增长24.8%。全口财政收入87.15亿元，比2009年增长72.8%。2010年5月，经省政府同意，“武汉吴家山台商工业园区”更名为“武汉吴家山经济开发区”。2010年11月，经国务院批准，武汉吴家山经济开发区升级为国家级经济技术开发区。

【投资环境】 2010年，武汉吴家山经济技术开发区（以下简称吴家山开发区）强化服务措施，简化审批程序，提高办事效率。对企业在建过程中遇到的问题及时予以解决，提供24小时不间断服务。开发区管委会积极协助外来企业调查市场、开拓市场，使企业增强投资的信心。出台地差补贴政策，对认定的符合园区标准的投资企业，尤其是台资高新技术产业项目，在土地批租时，可在国家规定的取费标准内，政府、园区给予30%～50%的财政补贴奖励政策；对增资扩产的企业在确定基数的基础上，以“企业发展金”形式在一定年限内给予补贴，奖励给企业用于发展生产；在城配费和契税方面给予一定减免和补贴；设立区级奖励，对创国家级品牌产品奖80万元，创省级品牌奖20万元，还有科技创新奖等；积极帮助企业争取省、市有关部门产学研补贴、技改贴息、产业集群基金、出口补贴、节能补贴等项目补助资金。

【产业发展】 2010年，吴家山开发区坚持以“园区为载体、产业为支撑”，深入推进新型工业化。围绕打造台资密集区为突破口，将道路建设、污水处理、水电气配套工程等统筹考虑、分步实施，彻底改变“围绕项目做基础、有了项目才配套”的落后做法。突出抓好食品、机电、物流等支柱性产业，加快产业结构调整，提高产业核心竞争力。同时，大力发展节能环保、新能源、生物医药、新一代移动通讯、服务外包、文化创意等六大新兴产业。年产值销售过亿元企业达22个。一批烟草、食品饮料企业成为纳税大户。武汉统一食品有限公司连续3年实现税收过1亿元，区内税收过

1000万元企业10余个，武汉统一食品公司、森六汽配、中国石化三机厂、联塑科技、荷贝克工业电源等企业税收高速增长，增幅达20%以上。同时，一批骨干企业已经或正在步入新一轮的增资扩产，TCL空调、森六、荷贝克、联塑、百事可乐、统一和中百仓储等通过扩产后可增加税收5亿元以上。

【招商引资与利用外资】 2010年，吴家山开发区通过招商引资体制机制的调整与完善，加大招商引资力度，全年在重大项目的引进上取得明显突破，年内正式签约引进项目16个：投资1.8亿美元，预计产值可达15亿元的台玻集团项目；投资8000万美元，预计产值可达20亿元的港资敏实集团项目；投资4000万美元，预计产值可达12亿元的日资斯坦雷电器项目；投资3000万美元，预计产值可达10亿元的台湾大觉明LED照明项目；投资均在3000万美元以上，预计可实现产值6亿元的台资汉华实业、台资李时珍药业两个项目。还有投资过亿元，税收可达2000万元的盛佳电器等一批国内品牌项目签约落户开发区。全年实际利用外资1.55亿美元，比2009年增长2.5%。全年内资项目实际引进区外资金49.6亿元，比2009年增长22.8%。全年实际出口创汇1.348亿美元，比2009年增长33.7%。

【科技创新和重点企业】 2010年，吴家山开发区新创建高新技术企业7个，使全区高新技术企业数累计达到27个。实施国家级科技项目2个（武汉光发科技有限公司的广播电视安全播出管理系统、武汉海斯普林科技发展有限公司的高档松木水洗性木器漆），市级科技项目7个，区级科技项目35个。其中工业类科技项目14个。

【生态环保】 2010年，吴家山开发区投入污染治理费用4515.78万元，完成环境污染限期治理项目4个。据29家工业企业环境统计调查，工业废水排放量717.33万吨，达标率98.52%；需要经过处理的工业废气处理率100%。吴家山地区垃圾无公害处理率达87%。全区环境空气质量优良率为72.9%。

【土地利用】 2010年，吴家山开发区在吴家山主城开展旧城改造项目，盘活存量建设用地共计12.22公顷。开发区平稳和谐地完成了台资密集区首期2.75平方公里土地上460户农民的退地补偿和安置工作，拆除各类房屋建筑面积2万多平方米，退地4000多亩。园区总里程9.1公里的7条道路路面建设基本完成。“六通一平”、“三网合一”工程同步配套建设。首期友谊花城约8万平方米的还建房工程正式启动建设。设计26层的台商大厦于2010年12月13日按计划进度封顶，进入装修阶段。

【开放型经济】 2010年，吴家山开发区积极开展各类针对性招商活动，积极组织参加中部投资博览会、机博会、厦洽会、华创会等各类大型招商活动，通过各种形式对外宣传，推荐优势产业和重点项目；赴长三角、珠三角、京津等发达地区开展定点招商，针对重点项目登门协调积极争取；还组团赴境外开展针对性的招商活动。先后组织或参加了各类招商考察团队赴澳大利亚、新西兰、日本、韩国及中国台湾、中国香港等国家和地区，考察和深入洽谈食品生产、汽车零配件等多个项目，并促成台玻集团等项目成功落户区内。

【社会事业与文化建设】 2010年，吴家山开发区新增就业6507人；城镇下岗失业人员实现再就业1108人；城镇就业困难对象实现就业215人。已围绕项目建设成功介绍4141名失业人员和有求职愿望的劳动者实现就业。安置就业困难人员74人。扶持55名失业人员实现了自谋职业和自主创业。鼓励扶持233名失业人员实现灵活就业。2010年为9350人（其中：企业679人、灵活就业8671人）落实社会保险补贴705.9万元（其中：企业58.8万元、灵活就业人员647.1万元）。组织开展各类培训7526人（其中：再就业培训1522人、就业前培训1054人、企业在岗职工培训1500人、创业培训1420人、进城务工的农民工培训2030人），完成目标任务的101.7%。

2010年，全区社会保险参保人数累计达

376308 人次，其中：基本养老保险参保 153382 人（城镇企业 77609 人、农垦企业 75773 人），失业保险参保 48226 人，基本医疗保险参保 71196 人，工伤保险参保 47907 人，生育保险参保 55597 人。社会保险扩面净增 9625 人（其中：基本养老保险净增参保 2317 人、城镇职工基本医疗保险净增参保 2178 人、失业保险净增参保 2053 人、工伤保险净增参保 1495 人、生育保险净增参保 1582 人）。

2010 年，吴家山开发区组织参加市级以上群众文体活动 10 次、区级群众文体活动 30 次、基层群众文体活动 15 次，组织参加全国、省、市文体竞赛获奖 44 个（枚），开展“文艺三下乡”活动 5 次，参与群众超过 20 万人。积极组队参加了武汉市文化局组织的“第十六届舞龙赛”和“第七届锣鼓赛”、“马良杯少儿书画大赛”、“青少年体育比赛”、“庆五一·和谐拔河比赛 友情置物互换”活动。其中舞龙赛、锣鼓赛取得了金奖、特别奖和优秀组织奖。

【人才建设】 2010 年，吴家山开发区深入实施人才强区战略，夯实人才工作基础。将人才规划与经济发展规划统筹考虑、共同发展。借助国家实施高层次人才引进“千人计划”契机，在开发区建成国家级武汉海峡两岸高新技术创业服务中心，建立企业孵化、技术研发 2 个中心和技术、信息和资金 3 个服务平台，调整园区规划，建设 100 万平方米海峡科技城、万安创业城和归国人员创业城等创新创业平台。实施基地建设的“3332 工程”，共引进 18 个科技团队入驻创业，提高了园区的科技水平和创新能力。根据经济、社会发展的需要，大力引进教育、卫生、农业、城建等方面的高层次急需人才 339 名，其中本科及以上学历人员 240 名、中级以上职称人员 35 名。接收 22 名选调生，引进 46 名“三支一扶”（支农、支教、支医和扶贫工作）高校毕业生，聘用 40 名“村官”，为各项建设增添了新鲜活力。

【机构设置与管委会领导】 吴家山开发区下辖海峡科技园、台资密集区、机电产业园、保税物流园、食品加工区、循环经济园等多个特色园区。

管委会领导成员为：管委会主任（中共武汉市东西湖区委书记）张平，管委会常务副主任（武汉市东西湖区人民政府区长）刘子清。

（武汉吴家山经济技术开发区管委会）

钦州港经济技术开发区

【经济发展】 2010 年 11 月 11 日，经国务院批准，广西钦州港经济技术开发区（以下简称钦州港开发区）升级为国家级经济技术开发区。2010 年，全区国内生产总值完成 92.1 亿元，同比增长 56%；规模以上工业总产值完成 288.2 亿元，同比增长 144.4%；财政收入完成 27.1 亿元，同比增长 121.5%；港口货物吞吐量完成 3022 万吨，同比增长 50.1%，集装箱完成 25.1 万标箱，同比增长 148.5%。

【投资环境】 区位优势独特。开发区地理位置优越，处于北部湾湾顶，面向东南亚，背靠大西南，是西南地区最近的出海口，是中国—东盟自由贸易区最前沿阵地。

交通条件便利。开发区已形成海、陆、空立体交通网络，南北、钦防、六钦、崇钦等

20余条高速公路、高速铁路、高等级公路、海航干线均在钦交汇，距离南宁、北海机场也只有110公里，融入了广西北部湾经济区“半小时”经济圈，是广西沿海地区海陆交通枢纽。

建港资源优越。钦州港三面环山，南部向海，具有岸线长、航道深、港池宽、避风好、回淤少、腹地广、易开挖等自然特点，属天然深水良港，是孙中山先生在《建国方略》中规划建设的“中国南方第二大港”。开发区拥有86多公里长的码头岸线，其中深水岸线54公里，可建1万～30万吨级码头200多个，建成后可以形成5亿吨以上的吞吐能力。

基础设施完善。开发区航道、码头、道路、供水、供电等设施完善。截至2010年底，已建成码头泊位50余个，其中万吨级以上泊位20余个，港口吞吐能力5000多万吨，已建成10万吨级航道；建成四座110KV和220KV输变电工程，开通了勒沟作业区、鹰岭作业区和大榄坪作业区等铁路支线；日供水能力10万吨。

【产业发展】 以石化、能源、造纸、物流加工、粮油加工为主的大型临海工业产业已经形成。截至2010年底，建成投产了中石油1000万吨炼油项目、金桂林浆纸一期项目、钦州燃煤电厂、东油沥青等23家规模以上工业企业，临海大工业产业集聚效应已经形成。

石油化工产业。开发区石油化工产业主要规划在金谷工业园区内，该产业将以中石油1000万吨炼油项目为龙头，围绕把石化工业园建设成为炼化一体化的大型综合石化基地的目标，通过加快中石油1000万吨炼油项目，中石油二期（第二套1000万吨炼油生产线，100万吨芳烃、300万吨原油储备库、100万吨成品油储备库）的建设，吸引国内外知名企业建设一批石化产业链后续工程，预计全部建成中石油一、二期工程及下游产业链项目，可实现年工业产值3000亿元。

浆纸产业。该产业主要布局在金光工业园区，产业依托广西丰富的林产资源，利用适宜种植速生林的优势，以广西金桂浆纸一体化项目为龙头，大力打造林浆纸一体化基地建设，并积极发展纸制品，包装装潢等下游产业，做大做强林浆纸一体化产业，以形成沿海林浆纸一体化产业群，建成亚洲最大的造纸城。金桂林浆纸一体化项目发展浆纸产业，总投资417亿元，建设总规模为180万吨浆/年、310万吨纸/年；其中一期投资79亿元建设30万吨浆/年、60万吨纸/年项目。依托该浆纸产业发展液体包装纸、文化用纸、生活用纸等纸的下游产业，还有为浆纸配套的乳胶、钛白、双氧水、纯碱等产业。2010年9月，金桂林浆纸一体化项目一期30万吨制浆项目已建成投产。

能源产业。开发区通过充分利用国外国内两个市场两种资源，依托深水良港海上资源运输成本低的优势，利用国内外煤炭资源和国外油气资源，建设进口原油商业储备基地和大型煤炭储备基地，大力发展电力、酒精、热电等能源产业。目前开发区主要能源项目有总规模720万千瓦的燃煤电厂项目、广西新天德能源有限公司木薯酒精项目、中电投热电项目及商业储备油库项目、7万吨煤炭储备基地等项目。

冶金产业。开发区依托深水港口，区位优势，发展铁合金、镍铁、锰钛加工、铝材加工等，同时开发高端铝板常箔材和铝箔坯料、复合包装用材等精细产品。开发区冶金产业目前主要规划在金谷工业园东南面，另外开发区还在金光工业园区规划冶金工业园区，将发展不锈钢、电解金属等新材料金属工业。目前进入开发区的冶金类项目有7个，分别是金属镍、锰铁、镍铁、铬铁以及轧钢等项目，其中5个已经投产。已投产的5个项目，初步形成了近50万吨/年加工能力。预计项目全部投产后，产值可达80亿元。

粮油加工产业。钦州港区粮油加工类产业主要规划布局于金谷工业园中的勒沟作业区，目前入驻工业园区的粮油加工企业主要有大洋粮油、汇海粮油、中粮油脂等项目。其中，大洋粮油80万吨大豆综合加工项目年加工大豆80万吨，年可产油脂约14万吨，豆粕66万吨，工业产值25亿元；汇海粮油项目年加工大豆60万吨，工业产值约28亿元，年利税约3亿元；中粮油脂广西钦州4000D/T大豆蛋白饲料加工项目总投资18.5亿元，年进口加工大豆120万吨，建成投产后年可形成40亿元的工业产值。

物流产业。主要发展以保税物流为重点的物流产业。2009年以来，开发区充分利用保税港区的有利条件，推动码头物流业及其他产业发展。随着保税港区两个10万吨级泊位及一期工程通过国家验收，慕名而来的物流项目意向投资商络绎不绝，国投交通煤炭码头、吉运扩建码头、正新码头、祥龙物流等部分码头项目也开始施工建设。2010年，钦州保税港区已相继引进了中石油、中海集团、中外运等16家航运、物流、贸易公司，其中中石油国际储备油库项目一期420万立方米已建成投产。

【科技创新和重点企业】 钦州港开发区工管委高度重视企业科技创新工作，立足产业优势，围绕建设创新型企业，出台了一系列鼓励企业自主创新的政策措施，加大了奖励力度，企业自主创新能力显著提高，尤其是在承担科技项目、开发新产品、科技创新平台建设、知识产权等方面取得明显成效。

中石油广西石化千万吨炼油项目：国家“十一五”炼油发展规划项目、广西“十一五”重点建设项目，项目建设规模为每年1000万吨炼油能力，总投资152亿元。该炼油工程炼化装置集中控制，均为世界级规模，主要工程包括1000万吨/年常减压蒸馏、350万吨/年重油催化裂化等10套主体生产装置以及公用工程、铁路专用线、码头及码头库区等配套设施。项目于2007年11月破土动工，2010年9月8日建成投产。

国投钦州燃煤电厂项目：国家重点电力建设工程，其一期工程建设两台60万千瓦超临界燃煤发电机组，总投资47.17亿元，2005年5月动工建设，2007年11月两台机组投产运营，每年发电60亿度以上，年均销售收入约18亿元。该工程是国投集团建设的第一个超临界电源项目，项目将等离子点火技术与大型的双进双出钢球磨煤机及超临界锅炉前后墙对冲燃烧方式三者有机结合，填补国内一项节能技术结合应用空白。国投钦州燃煤电厂的目标是打造成为广西能源基地，建设规模为总容量720万千瓦的全国最大火力发电厂。

【招商引资与利用外资】 2010年，开发区新签重大项目9个，总投资额154亿元，新建和续建项目到位资金累计达103亿元，其中实际利用外资11295万美元。全年新引进300万吨/年改性沥青、50万吨/年石脑油芳构化、100万吨油母页岩低温催化干馏、10万吨/年催化干气制乙苯/苯乙烯、200万吨重油制芳烃等石化项目5个，引进胜科污水处理厂项目、热电联供项目2个石化园区公用工程配套项目，引进汇海100万吨/年大豆加工项目和韩国斗山机械配套厂项目。另有27个石化、物流、粮油加工项目在洽谈中。2010年，开发区被广西自治区政府评为“广西招商引资工作先进开发区”。

【社会事业和文化建设】 社会事业方面：2010年，开发区享受低保和生活困难补助对象共3746户6104人，分别占总户数、总人数的68%和33%，人均享受标准提高到每月150元以上。在医疗惠民上，继续实行农村籍群众个人参合费由政府全额补贴制度，18366名群众免费参加“新农合”，参合率达100%；同时，对大病患者给予1000～3000元不等的大病救助金，救助人数达64人（次）。在教育惠民上，投入290余万元对部分学校教学楼、宿舍楼、饭堂、学生活动场所进行修缮和改造，继续实行开发区农村籍学生免费就读本地高中制度，共有174名学生受惠。在搬迁群众的住房保障上，全年投入资金近5000万元，新建临时回建房1515套，安置群众2286人。在农村基础设施建设上，投入233.7万元资金用于改善社区卫生医疗条件、社区生活环境，广大农民群众的生产生活条件得到明显改观。

文化建设方面：2010年，开发区以实施文化惠民工程为契机，以社区采茶队、狮子队、舞蹈队、放映队、篮（排）球队等群众业余文体队伍为带动，组织开展了社区迎新春篮球、拔河比赛，开展“送戏下乡”活动30余场（次）；开展送采茶戏慰问1.2公里敏感区搬迁群众36场（次），开展送电影下乡活动10余场（次）；投入6万余元积极组织各社区群众参加钦州市第一届“欢乐田园”文艺汇演并获得全市第一名的好成绩，社区群众的文体娱乐生活丰富多彩。

【机构设置与管委会领导】 钦州港开发区工委、管委是钦州市委、市政府派出的正处级机构，实行党政合署办公，“一套人马、两块牌子”。开发区工委设4个工作部门：工委办公室、纪律检查工作委员会、工委组织部、社会治安综合治理委员会办公室。开发区管委设6个工作部门：管委办公室（与工委办公室合署办公），人力资源和社会保障局（与工委组织部合署办公），经济发展局（挂招商局牌子），社会工作局（挂计划生育局、民政局、人民武装部、教育局、残疾人工作办公室、搬迁安置办公室、扶贫开发领导小组办公室牌子），建设规划办公室，安全生产监督管理局。市里还设了钦州港开发区（市）石化产业办公室，由开发区管委管理。此外，开发区还按有关规定设置工会、共青团、妇联等群团组织。

管委会领导成员为：中共钦州港开发区工委会书记、钦州港开发区管委会主任陈润良。

（钦州港经济技术开发区管委会）

武清经济技术开发区

【经济发展】 2010年12月30日，经国务院批准天津武清经济技术开发区（以下简称武清开发区）升级为国家经济技术开发区，是天津市唯一具有国家级经济技术开发区和国家级高新技术产业园区两块牌子的开发区，战略地位全面提升。2010年，武清开发区实现地区生产总值128亿元，同比增长29%；工业总产值421亿元，增长30%；吸引注册资本65.8亿元，增长40.3%；税收45.3亿元，增长28%；固定资产投资74亿元，增长40%；新增就业岗位9000个，增长10%。

【投资环境】 武清开发区地处京津之间，是中国环渤海经济区的中心，区位优势得天独厚。北距北京市区71公里、首都国际机场90公里，南距天津市区25公里、天津滨海国际机场35公里、天津港71公里。周边10分钟车程范围内有京津、京沪和京津塘等3条高速公路，设有出入口4个；有京津、京福等2条国道；有京津城际铁路经停站1处，至京津两大城市车程仅需20分钟。

基础设施达到“十一通一平”，分别为道路、给水、雨水、污水、供电、通讯、宽带网络、供热、蒸汽、天然气、有线电视通和土地平整。生态环境优美，园区绿化率达到35%。在质量管理和环境管理方面通过了ISO国际标准认证。

开发区配套服务体系完善，设施齐全。有保税物流区、大型商务写字楼、星级酒店、温泉公寓、高级会馆、廉租公寓、双语国际学校、连锁超市等。行政服务环境优良，设有行政许可服务中心，能为企业提供“一站式”办公、“一条龙”服务。区内设有武清海关、检验检疫局，使武清具备所有进出口业务服务功能。引进了法律、金融、财务等服务机构。

【产业发展】 建区以来，武清开发区共吸引投资总额400亿元（其中外资35亿美元），引入50个国家和地区的企业近1000家，其中有美国艾默生和英格索兰、日本东棉和住友、韩国LG、中粮等世界500强企业14家，有丹佛斯、天狮、南玻、信义、娃哈哈、戴纳派克、EKC工业等50余家国内外行业龙头企业。形成了电子信息、机械制造、生物医药、汽车及零部件、新材料、新能源等六大主导产业，六大主导产业投资总额和经济效益占到开发区总量的70%以上。建区以来，累计实现税收130多亿元，年上缴税金占武清区财政收入的一半以上；吸引直接就业6.5万人，带动配套企业200多家，间接就业3万多人。

【招商引资与内外资利用】 共引进项目91个，投资总额105.75亿元，增长74.3%；注册资本65.8亿元，增长67%。其中，内资项目47个，投资总额67.6亿元，注册资本44.4亿元；外资项目44个，投资总额5.45亿美元，注册资本3.05亿美元。其中，投资超亿元优质项目共19个。

现代服务业招商实现高起步。引进了一批高质量的旅游、动漫、高档服务业和企业总部项目。其中有投资10亿元的玉圭园五星级酒店和投资30亿元的凯旋王国项目，投资10亿元的蓝猫卡通传媒，投资20亿元玉柴重工全球营销中心和融资租赁公司，分别投资7亿元的台湾华纳集团、香港俊安集团商务办公项目，以及上市公司九安医疗结算中心，商联总部基地等。

先进制造业引进一批大项目、好项目。其中，信义节能环保玻璃生产基地投资30亿元、占地1008亩；伊利酸奶奶酪生产基地投资3亿元、占地200亩；中工马泰克投资2亿元、占地305亩；三全食品投资6亿元、占地278亩；大连机床投资2亿元、占地78亩；广州威莱日化用品投资1000万美元、占地82亩；美国维益食品投资1200万美元、占地28亩；国能飞腾对位芳纶投资6亿元、占地251亩；卡秀堡辉工业涂料投资500万美元、占地35亩；信堡节能玻璃投资2.2亿元、占地78亩；亚宝药业投资2亿元、占地63亩；韦斯伐里亚投资4800万欧元、占地240亩；敏华工业城投资3亿美元、占地723亩。

现代物流业招商开局良好。引进深圳人人乐连锁超市物流配送中心，投资4亿元、占地300亩。

现有企业增资扩产踊跃。天狮生命源、中粮包装、艾尔姆、南玻、信义玻璃、丹佛斯、大真空等企业共增加投资总额45.3亿元，其中外资3.28亿美元；增加注册资本34.57亿元，其中外资1.75亿美元。中粮包装两片罐项目增加投资总额9000万美元，建成后将成为中粮集团国内最大的包装生产基地。

【科技创新和重点企业】 武清开发区有国家级、省级企业技术中心，致力于新产品、新技术的开发和研究。先后获得国家及天津市多项荣誉：

天津红日药业股份有限公司“中药血必净注射液制备及防治SIRS和MODS的研究”、“盐酸法舒地尔注射液”分别荣获“天津市科技进步二等奖”。

天津红日药业股份有限公司2006年“国家二类新药物盐酸法舒地尔”项目获天津市科委推进计划转化认定支持；2008年“Ⅰ类抗肿瘤创新药物基因重组藻胆蛋白—雷普克的临床前研究”项目获天津市科委支撑计划医药专项支持；2009年“血必净注射液自动化生产在线质量控制”项目获科技部科技服务计划支持；2010年成为“天津市制造业信息化示范单位”。

天津天狮生物发展有限公司2007年“抗氧化功能食品的研究与产业化”项目获天津市科委部项配套计划支持；2010年成为“天津市制造业信息化示范单位”。

天津中敖生物科技有限公司2007年“酸枣仁提取物防治出口家禽病害”项目获天津市农委合作计划支持；2008年“淡水养殖水

体复合生物净化剂的开发”获天津市科委创新资金支持；2008年“可提高家禽饮水免疫效果的天然指示剂”项目获天津市科委成果转化认定支持；2009年“新型高效猪用补铁剂的中试与示范”项目获天津市科委农转资金计划支持；2010年“兽用蔗糖铁在配制猪预混料中的应用示范”项目获天津市农委转化计划支持。

天津海迈医用科技有限公司研制的“激光采血仪”2010年获科技部创新基金的支持。

【项目建设】 广东玉圭园游乐场项目落户武清。2010年1月10日，广东玉圭园集团、武清开发区管委会现代服务业项目投资协议签约仪式在开发区总公司举行。签约的玉圭园游乐场项目，总投资30亿元，占地644亩。其中一期占地450亩，将于2010年10月建成并开业。该项目的成功引进将有效提升武清服务业的功能和水平，带动武清服务业整体快速发展。

佛罗伦萨小镇建设进展顺利。该项目由美国和意大利共同投资开发，规划占地581亩，投资总额2.2亿美元，建筑面积20万平方米。将建成世界名牌总汇，集休闲、娱乐、餐饮、购物、景观于一体的欧式风情高档购物街区，主要经营300多个高档世界名品服饰，年销售额30亿元。其中一期占地271亩、建筑面积10万平方米。

2010年7月9日，武清开发区创业总部基地推介会顺利召开，意味着创业总部基地正式对外亮相。大会上，首批入驻企业、在谈项目代表，招商中介机构、行业组织代表，软件、服务外包等业内知名企业代表及国内各媒体近300人齐聚一堂，共同见证了京津之间“新智库”的诞生。该创业总部基地项目位于武清开发区内，占地1.26平方公里，建筑面积120万平方米，总投资60亿元，主要发展商务、办公、创意、动漫、研发、IT、服务外包、企业总部等。由北京清华城市规划设计研究院规划设计，规划建设6个区域：中心服务区、企业总部区、商务酒店区、服务外包区、综合办公区、专家公寓区。其中，中心服务区占地130亩、建筑面积6万平方米。将建成集展览展示、信息服务、文化娱乐、高档餐饮和生态观光等功能于一体的配套服务支撑体系。

【机构设置及管委会领导】 武清开发区包括以下部门及公司：综合部、招商部、创业拓展中心、规划建设部、城市开发部、企业管理部、劳动就业部、财务部、城市管理部；自来水公司、热力公司、栖仙物业公司、绿化公司、工业物业公司。

武清开发区领导成员为：中共武清区委书记、武清开发区管委会主任袁桐利，中共武清区委副书记、武清开发区管委会副主任李宝锟，中共武清区委常委、武清开发区工委书记、武清开发区管委会办公室主任、总公司总经理钟书明，中共武清区委开发区工委副书记张绍锋，武清开发区管委会办公室副主任、总公司副总经理李富国，武清开发区管委会办公室副主任、总公司副总经理、中共武清区委开发区工委委员黄巨山，武清开发区总公司副总经理、中共武清区委开发区工委委员李刚，中共武清区委开发区工委委员王继斌，武清开发区总公司总会计师张武民。

（武清经济技术开发区管委会）

萍乡经济技术开发区

【概况】 萍乡经济技术开发区（以下简称萍乡开发区）创建于1993年，1995年批准为省级开发区，2010年12月30日经国务院批准为国家级经济技术开发区。辖区总面积57.6平方公里，人口12万。萍乡开发区已形成“三园六基地”（三园即转型经济园、循环经济园、高新经济园，六基地即洪山新能源产业基地、高丰汽车及零配件产业基地、清泉生物医药食品产业基地、白源金属材料产业基地、上柳源非金属材料产业基地、万新国家新材料产业基地）的工业经济布局和“三轴三心”（以安源大道、萍实大道、迎宾大道为城市主动力轴，将城区范围划分为老城区商贸流通中心、田中片区文化生态休闲中心、新城区行政商务中心）的城市功能分区，对全市经济发展、城市转型和社会管理起到了重要的示范、辐射和推动作用，成功获得“国家级经济技术开发区”、“全国中小企业信用体系试验区”、“国家新材料产业化示范基地”三项桂冠；连续4年荣获“江西省先进工业园区”称号和“工业崛起”奖。招商引资、出口创汇、固定资产投资、工业增加值等主要经济指标均实现5年翻两番，科教文卫体等社会各项事业协调发展，各项惠民政策全面落实，已发展成为中部地区最具竞争力的国家级经济技术开发区。

【投资环境】 基础设施完备。自成立以来，萍乡开发区根据总体规划、分区规划和“五网”专项规划（水、电、路、气、通讯），累计投入近40亿元用于城市基础设施建设，铺设连接城区的供水、排污管网100公里，建设和改造道路120公里，架设10千伏以上输变电线路80余公里，通信网络全覆盖，区内煤气（天然气）管道均铺设到位，学校、医院、宾馆布局合理，实现了基础设施完善、配套功能齐全。

交通物流便利。萍乡开发区有两条国道、两条高速、两条铁路贯穿全境，319国道和320国道在区内交汇、沪瑞高速和萍洪高速在开发区均设有出口，杭南长城际高速铁路区内设立车站，浙赣电气化铁路在开发区设有大型铁路集装箱货运站，年吞吐量达250万吨，可实现海铁联运，货物直接出口。离萍乡火车站2公里，距长沙黄花机场105公里，距南昌昌北机场280公里。经沪昆高速到京珠高速仅60公里，至赣粤（大广）高速仅80公里，货运直达广州680公里。贯穿全区的杭南长高铁将在萍乡开发区设立客运站，建成后到上海仅需3个小时，到株州乘武广高铁至广州仅需1个小时。

人力资源充足。萍乡人口密度每平方公里达476人，183万人口中城镇人口约55万人，农村人口128万人。同时，以萍乡为中心，辐射到周边60公里范围的宜春、吉安、株州、浏阳等地有600万农村人口。萍乡作为传统老工业城市，多年的工业积累为萍乡培养了大量的企业管理人员和专业技术人员。萍乡教育服务体系完善，拥有萍乡高等专科学校、江西应用工程职业学院、江西工业工程职业学校等三所高等院校和十余家职业技术高中，每年可输送大量的务工人员。萍乡普通工人工资水准相对较低（最低工资标准为450元/月），平均工资每月约800元。萍乡开发区还以大富汽车工程学校为依托，建设了全省示范性职教中心、园区劳动力培训基地、下岗职工再就业培训基地、返乡务工人员再就业培训基地，可为企业培训管理人才、熟练工人，为再就业人员提供就业技能培训。

政策优势明显。萍乡拥有7张“国家级名片”，即“享受东北老工业基地优惠政策城市”、“全国第二批循环经济试点城市”、“全国首批资源枯竭型城市可持续发展转型试点城市”、“全国园林城市”、“创建全国文明城市工作先进城市”、“全国新型材料产业基地”、“全国中小企业信用体系实验区”。新办企业享有扩大增值税收抵扣范围，固定资产投资可抵税收的特殊优惠政策，对投资商具有一定吸引力。此外，国务院批准萍乡为“国家资源枯竭型城市”、“循环经济试点城市”，还将有一系列扶持政策出台。

产业结构优化。按照市委、市政府关于三县三区“错位发展”的要求，萍乡开发区在做大原有冶金、机械制造、汽车及配件、化工陶瓷、玻璃等传统产业基础上，近几年培育了光伏能源、数码电子、新型材料、新生物医药等产业，正在形成以汽车、冶金、机械为主体的现代制造业和新型材料、新生物医药的三大主导产业。目前区内拥有工业企业260余家，分布在洪山新能源产业基地、高丰汽车及零配件产业基地、清泉生物医药食品产业基地、白源金属材料产业基地、上柳源非金属材料产业基地、万新国家新材料产业基地等6个产业基地。

金融体系健全。区内现有商业银行8家，分别为中国银行、工行、建行、农行、农发行、南昌银行、城市信用社、中信银行。七大商业银行全口径全年存款达250亿元，全口径发放各类贷款达156亿元，具有一个有效的投融资平台，对企业生产能够起到良好的促进作用。萍乡开发区与各大商业银行建立了良好的协作关系，在七大银行都具有很高的信誉，累计向各商业银行融入资金10亿多元，投资兴建了玉湖生态区、齐民路、建设东路、安源大道、工业大道等重要建设项目。管委会设立了汇丰投资公司和汇源担保中心两个平台，为园区企业提供融资担保。连续3年被市人民政府、中国人民银行评为“经营生态信用县区”，被中国工商银行、中国建设银行评为“AA级优质客户”，被列为全省唯一的“全国中小企业信用体系实验区”。

投资成本低廉。电气价格较低。萍乡开发区执行江西省最低的水电气价格标准，大工业用电约0.55元/度，工业用水约1.75元/立方米，经营用气约1.25元/立方米。建厂成本较低。萍乡开发区地势平坦、地质结构较好，拥有丰富的煤炭、石灰石、铁矿石资源，有大型的钢铁、水泥、砖厂等建筑用材生产企业，钢材、水泥、砖块、砂石等建筑材料在当地均可就地取材，且价格便宜，并有多家专业承建厂房的建筑企业，建筑成本比沿海地区至少节省1/3。

【招商引资】 2010年，萍乡开发区招商引资实际到位资金30.28亿元，同比增长33.2%；引进项目78个，其中亿元项目21个；实际利用外资2644.2万美元，同比增长31.5%，新批外资企业8家，同比增长33%；出口创汇1.05亿美元，同比增长195%。建成投产工业项目55个，其中当年开工当年投产项目30个。

2010年，萍乡开发区工业项目与往年相比质量明显提升：一是科技含量高。三瑞科技、飞虎化工、神硅科技等均属于高新技术和循环经济产业项目；捷英达电子、安源万向等产品均为国内外同类行业先进水平。二是产业结构新。不含尼古丁的非烟草项目三长花烟开创了烟草替代产业先河；神硅科技、佳鼎光电科技、昌兴微电声、昌佳鑫科技等电子项目的落户，为萍乡开发区光电产业提升奠定了基础。三是社会效益好。投产项目的劳动力刚性需求高，可新增就业近两万人，仅诗多拿皮具达产后就可安排劳动力6000余人。四是投资回报高。年产800万片钢化玻璃绝缘子的三瑞科技达产后年产值可超10亿元，税收超亿元；日产炭黑200吨的飞虎化工达产后年产值可达15亿元，税收超亿元；神硅科技达产后年产值可达50亿元，税收5亿元以上。

【基础设施建设】 2010 年，萍乡开发区继续完善和新开工城市基础设施及配套项目 86 个（含中央、省、市投资项目），总投资 98 亿元。其中城市路网项目 30 个、房地产项目 17 个、城市景观项目 20 个、商务写字楼项目 10 个、市政设施项目 16 个。围绕“一湖、一桥、四园、十路”等重点基础设施，加快了新型城镇化建设步伐：一是田中湖景区建设全面推进，启动泄洪道、防洪工程和挖湖工程，完成征地近 2000 亩，完成 3 个安置小区地勘和放线。二是“十路”建设加速推进。玉湖路改造、洪山路、齐民路、万新路、清泉路等道路主体工程全面完成；中环路开发区段、建设东路延伸段成功启动、进展顺利；鹅湖路已完成征地拆迁工作。三是未开工项目建设前期准备工作基本完成。萍实公园、玉湖广场公园、桃花岭健康公园已完成规划设计。迎宾大桥已完成项目招标。

【社会事业与文化建设】 2010 年，萍乡开发区全面开展民生工程建设，在全市率先实现零就业家庭安置、城镇养老保险、城乡医疗保险、城乡基本公共卫生服务等 4 个全覆盖，各项民生指标任务全面完成。一是就业创业不断加强。新办创业大学（大富汽车培训学校）1 所，培训农民工 2000 余人；新增城镇就业人员 4560 人，新增转移农村劳动力 4300 余人。二是社会保障不断完善。在全市率先开展企业职工“五保合一”工作，结合国家新农保政策制定了被征地农民养老保险办法，待市政府审批后实施。三是医疗卫生不断推进。在 15 个村级卫生所及社区卫生服务中心全部达标的基础上，新建成一家占地 3800 平方米的一级综合乡镇卫生院，提升了全区城乡医疗卫生服务能力和水平。四是维权体制不断健全。全年受理劳动监察投诉举报 57 起，结案 54 起，帮助 420 余名农民工追回被拖欠工资 200 余万元，有效维护了劳动者的合法权益。

2010 年，萍乡开发区各项社会事业均得到快速发展：教育体育事业均衡发展，在全省 18 个开发区的教育工作省级综合督导评估中获得第二名，高考实现“两个翻番”，光丰小学被评为“省级素质教育示范校”；新农村建设全面推进，投入资金 1900 余万元打造了 13 个新农村建设点，在全区范围内全面实施了农村清洁工程；12 个社区居委会的硬件和软件设施全面改造提升，社区管理和规范化建设走在全市前列。开展创建全国残疾人爱心城市工作，民政优抚、救灾救济、城乡低保、五保供养、殡葬改革等工作均有序开展。

【机构设置与管委会领导】 萍乡开发区管委会下设管委会办公室、党群工作部（党委办）、监察（审计）局、财政局、招商局、安商局、规划建设局、经贸科技发改局（安全监督交通局）、社会发展局、城市管理局、武装部（政法办）、教育体育局、社区管理局、行政执法局、民生工程事务管理局、信访局、环保局、测绘院、人口与计划生育委员会、公共政务管理局、人大政协联络处、汇丰投资公司等区属部门。

萍乡市委常委、市委秘书长、萍乡开发区党委书记为孙家群。市政府副秘书长、萍乡开发区管委会主任为彭济庆，萍乡开发区党委副书记、管委会副主任为黄永强、陈建主，萍乡开发区党委委员、管委会副主任为汤萍方，萍乡开发区党委委员、纪委书记为刘树韬，萍乡开发区党委委员、管委会副主任为颜云红、周若愚，萍乡开发区党委委员、公安分局局长为钟振秋，萍乡开发区党委委员、管委会副主任为康峰。

（萍乡经济技术开发区管委会）

长春西新经济技术开发区

【概况】 长春西新经济技术开发区（以下简称西新开发区）是长春市政府和一汽集团合作共建的省级开发区，2005年9月29日挂牌成立。区域范围东起普阳街、长沈铁路，南至公主岭市范家屯镇，西到西新开河，北接长沈高速客运铁路。幅员面积118.59平方公里，建成区面积23平方公里。区内总人口22.1万人，其中非农人口18.6万人。中小学31所。2010年，驻区企业总数2490家，其中工业企业364家，交通运输仓储业114家，服务业625家，批发零售贸易业1209家，金融业51家，建筑业72家，房地产业9家，农业48家，住宿餐饮业49家。主要承担3项任务：一是加快发展长春汽车产业，二是建设长春西部新城区，三是承接一汽社会管理职能。2010年，西新开发区成功晋升为国家级经济技术开发区。

【经济发展】 2010年，西新开发区GDP实现333.2亿元，同比增长19%；一般预算全口径财政收入实现40.8亿元，同比增长46.7%；固定资产投资实现393.8亿元，同比增长31.3%；实际利用内资实现75.9亿元，同比增长15%；实际利用外资实现3.6亿美元，同比增长13%。主要经济指标继续位居全市前列，其中，利用内资总量、利用外资增速、城镇固定资产投资总量全市第一，固定资产投资增速列4个市直开发区首位。连续3年被评为“长春市经济目标责任制优秀奖”。

【招商引资】 2010年，西新开发区先后组织10余次招商活动。举办了“欧美日韩汽车零部件产业峰会”，成为长春市招商历史上规模和层次最高的一次国际招商推介活动。全年共引进工业项目83个，其中3亿元以上项目23个、10亿元以上项目7个、世界五百强项目2个，计划总投资303.2亿元，预计可实现产值486.8亿元。

【项目建设】 2010年，西新开发区新建续建项目106个，其中工业项目69个、3亿元以上项目16个、10亿元以上项目6个。大众T99、富奥工业园、模具工业园等30个项目竣工投产。轿车研发中心、大众MQ200变速箱等一大批项目开工建设，丰越扩建项目进展顺利，五大厂房实现暖封闭。

【园区和服务平台】 2010年，西新开发区加快推进特色园区建设，全面打造综合服务平台，努力提升区域特色产业竞争实力。日系工业园、大众动力总成园、汽车电子园建设初具规模。新能源及汽车电子园全面启动。研发中心电动汽车电机、电控技术取得较大突破，研制装配了3台电动车样车，新上一条电机生产线。信息中心成功推出新的产品，得到市领导的肯定和认可。金融担保中心共为36家中小企业解决担保贷款1.7亿元。

【科技创新】 西新开发区具有较强的科技创新实力和潜力。长春汽车研究所、机械工业第九设计研究院、长春国家汽车零部件检测中心、长春汽车工业高等专科学校等科研院所坐落区内。区内拥有国家级企业技术中心1个、省级企业技术中心5个。全区大专以上学历就业人口占就业总人口的18.2%，区内高新技术产值占工业总产值的23.94%，拥有专利54项，区内投入科技研发经费支出占GDP的2.35%。

【基础设施建设】 2010年，区内共铺设电缆20公里，架线3公里，供水管线4公里，供气管线2公里，供热管线3.2公里，通信管线

2公里。完成10KV电路、农电线路迁移工作。完成东风大街下穿高速公路涵洞等16条道路排水工程。启动丰越、西湖两个二次变电站及3个开闭所建设工程，改造西湖大路5公里6.6万千伏高压线路。

【城市建设】 快速推进新城建设。核心区3平方公里配套设施及环境打造全部完成，汽车新城主体框架初步形成。改造提升建成区。拓宽翻新奔驰路等6条道路，启动了飞跃路下穿桥工程。3个物业小区得到全面改造，12个物业小区环境得到进一步美化。对岱山公园等3个公园以及所有改造后的街路、小区进行了绿化补植，环境质量不断提升。

【商贸服务】 西新开发区汽贸城、汽配商业街发展迅速，成为全国有影响力的汽车零部件集散中心。长沈路精品一条街快速拓展，已拥有奔驰、保时捷、大众、讴歌等11家整车销售店。2010年，区汽车贸易总额达到109.6亿元，完成了核心商务区、西湖生态区总体规划以及前期招商工作。

【汽车文化】 国际汽车公园主体全面竣工，2010年10月正式开园，成为全国最大、最有品味的汽车主题公园。汽车博物馆主体合拢，汽车广场主题雕塑竣工剪彩，汽车大厦正式投入使用，这些充满汽车文化内涵的景观建筑已经成为西新开发区独特的风景。成功举办“第十一届中国长春国际雕塑作品暨首届长春国际汽车公园艺术邀请展”，26个国家和地区的31件精品雕塑留驻汽车公园。重新组建汽车区“解放艺术团”，开展“第三届中国长春汽车节”等系列汽车文化活动，进一步提升区汽车文化氛围。

【民生工作】 按照年初制定的民生行动计划，投资5亿元，全面完成10个方面、107件实事。就业工作成效显著。全区城镇新增就业3964人，下岗失业人员再就业1870人，农村转移就业1653人，零就业家庭就业率达到100%。社保工作稳步推进。城镇居民医保扩面7.4万人，新增参保7919人，养老保险650人。为1100多个低保户和各类优抚对象办理了医疗保险，累计金额达30余万元。加大社会救助力度。深入开展“大救助、大就业、大查访”等活动，与311个困难家庭结成救助对子，走访慰问优抚对象542人，发放各类补助资金800余万元。教育事业蓬勃发展。中高考成绩继续排在全市前列，在全省率先启动“全国区域教育优质均衡发展示范区”创建活动。投资1800万元，完成13所中小学楼体加固工程。重视安居工程。建设廉租住房25000平方米，完成3587户被拆迁居民回迁。实施“暖房子”和“爱心门”工程，完成84栋外墙保温以及150栋室内采暖管更换，安装“爱心门”435个。为一汽困难职工解决廉租房100套。全面做好抗洪救灾工作。及时转移受灾百姓567人，发放救灾物资180万元。对口支援二道区防汛，援助物资、现金总计140余万元。深入实施健康工程。加强甲型H1N1流感和手足口病的预防工作。发展文化体育事业。广泛开展“农民文化艺术节”和“送文化、体育、健康下乡”活动，完成9个国家标准“农家书屋”建设，新增社区体育设施20件。高度重视维稳工作。加强社会治安综合治理，及时化解各类矛盾纠纷，有效维护了社会和谐稳定。

【党建工作】 加强领导班子建设。坚持党工委重大事项议事制度，进一步规范决策程序。深化人事制度改革。推行中层干部岗位交流，对34个正、副处长岗位进行公开竞聘，一般干部双向选择，极大调动了广大干部职工的积极性。扎实开展“创先争优”活动。紧扣“二次创业”主题，积极开展服务一汽“十二五”规划大讨论、“创业开拓梦想、汽车铸就辉煌”演讲赛等活动，召开全区“二次创业”动员誓师大会，进一步增强了党员干部凝聚力。加强干部廉政教育。深入开展“四个一”教育活动，完善管理和考核制度，进一步提升党员干部拒腐防变能力。加大软环境建设力度。将全区39个涉软部门软环境建设情况纳入到目标责任制中，大力开展诚信服务、“软环境查改”和“民主评议机关”、“民主评议站办所”等活动，全区软环境水平进一步提高。重视群团组织建设，工会、共青团、妇联组织的作用得到有效发挥。各驻区机构服从、服务于开发建设大局，公检法、国地税、工商、消防、监督、环保、交通队都积极开展工作，为开发区发展作出重要贡献。

【机构设置与管委会领导】 西新开发区内设党政机构 24 个，人员总数 247 人。管辖 1 个园区、2 个街道办事处和 9 个行政村。管委会领导共 11 人，党工委书记（市委常委、一汽集团副总经理）为孙国武，管委会主任（市长助理）为李相国。

（长春西新经济技术开发区管委会）

其他开发区篇

上海外高桥保税区

【概况】 2010年，上海外高桥保税区投资企业实现增加值1247.69亿元，比2009年增长25.7%。从产业上分析：以国际贸易等服务业为主体的第三产业实现增加值1117.93亿元，比2009年增长28.8%，所占比重从2009年的87.4%提高到89.7%；以先进制造业为主体的第二产业实现增加值129.76亿元，比2009年增长3.8%，占10.3%。

2010年，区内投资企业完成经营总收入达到9036.73亿元，比2009年增长36.3%，实现利润总额402.44亿元，比2009年增长41.7%。投资企业资产结构更趋合理，期末资产总额达到4614.9亿元，比2009年增长24.2%，其中流动资产3971.5亿元，占资产总额的86.1%，比重比2009年提升5.1个百分点。投资企业共吸纳从业人员23.20万人，比2009年增长7.5%；全员劳动生产率达到53.75万元/人，比2009年增长16.9%。

【对外经济】 国际贸易是上海外高桥保税区经济发展最核心的功能，也是产业融合发展的基础。2010年，保税区致力于政策突破和功能创新，进一步提升贸易便利化程度，进一步转变国际贸易增长方式的优化转变，进一步突出国际贸易基地尤其是进口贸易基地的示范效应，促使保税区的进出口贸易规模日益扩大，为上海国际贸易中心建设作出重要贡献。据上海海关统计，2010年区内投资企业完成进出口总额770.01亿美元，比2009年增长39.7%，增幅比全市高6.9个百分点，占全市进出口总额的比重从2009年的19.8%提升至20.9%，是上海市进出口总额上升的重要推动力量。其中进口额593.34亿美元，比2009年增长40.3%，占全市进口额的31.5%；出口额176.67亿美元，比2009年增长37.7%，占全市出口额的9.8%。

区内投资企业紧抓跨国公司业务整合契机，依托贸易便利化程度的提升以及国际贸易结算中心外汇管理试点政策的实施，充分发挥保税区综合优势，使得从事进出口业务的企业数量呈现持续上升态势。2010年区内直接开展进出口业务活动的投资企业达到3281家，比2009年增长1.9%，净增61家。其中以一般贸易方式从事进出口业务的企业数量增加较多，达到2155家，比2009年增长8.9%，净增176家，已经超过保税区仓储转口方式的企业数量，占进出口企业数量的65.7%，比重比2009年提高4.2个百分点；以保税区仓储转口方式从事进出口业务的企业数量为1964家，占进出口企业数量的59.9%。此外，保税区内开展进口业务的企业达到3008家，比2009年增长2.7%，净增78家；开展出口业务的企业达到2122家，比2009年增长1%，净增22家。2010年上海外高桥保税区与189个国家和地区发生进出口业务往来，不仅与欧、日、美等传统贸易伙伴的进出口额持续攀升，而且与亚、非、拉等区域的发展中国家的进出口额也快速增长。全年进出口额超过10亿美元的国家和地区达到18个，比2009年净增5个，这些国家和地区合计完成进出口额659.58亿美元，占保税区进出口总额的85.7%。

2010年，上海外高桥保税区完成进口额593.34亿美元，比2009年增长40.3%，增幅比全市高1.8个百分点，占全市进口额的比重从2009年的31.1%提升至31.5%。列全市进口额前10位的重点进口企业中有6家是保税区企业。

区内出口额达到176.67亿美元，比2009年增长37.7%，占上海市出口额的9.8%。从事一般贸易出口业务的企业数量逐年递增，达到1053家，比2009年增长10.4%，净增99家。一般贸易出口额所占比重进一步提升，全年完成25.41亿美元，比2009年增长65.5%，占保税区出口额的14.4%，所占比重比2009年提高2.4个百分点。以保税区仓储转口方式从事出口业务的企业达到1280家，出口额持续上升，全年达到115.77亿美元，比2009年增长58%，占保税区出口额的比重由2009年的57.1%提高至65.5%。

【产业发展】 上海外高桥保税区贸易企业是保税区经济总量和税收贡献的主要来源。随着全球经济回暖后加工贸易对原材料需求的回升和国内市场消费需求的持续升温，保税区贸易企业充分发挥保税区功能优势和服务优势，进一步加快营销模式的整合优化，努力拓展更加多元化的业务模式和销售渠道，增强对国内市场的销售力度，促使贸易业商品销售额显著上升。2010年保税区实现商品销售总额7931.12亿元，比2009年增长41.6%。保税区贸易企业充分利用政策服务和区位功能的优势，继续发挥先进营销模式理念，做大做强销售规模，使得市场份额不断巩固提高。2010年保税区销售额超过100亿元的贸易企业有9家，比2009年增加5家，合计销售额1782亿元，比2009年增长84.5%，占保税区商品销售总额的22.5%；销售额超过10亿元的贸易企业达到142家，比2009年增加39家，合计销售额5431亿元，比2009年增长59.3%，占保税区商品销售总额的68.5%；销售额超过1亿元的贸易企业达到930家，比2009年增加206家，合计销售额7385亿元，比2009年增长53.8%，占保税区商品销售总额的93.1%，重点贸易企业的发展速度明显快于保税区平均水平。随着国内经济的快速发展和居民生活水平的不断提高，国内市场对国外优质商品和中高档消费品的需求日趋旺盛，保税区贸易企业充分发挥连接国内外两个市场的优势，将各类进口商品销售至国内市场，进一步提升国内市场的销售份额。据统计，2010年保税区贸易企业完成国内商品销售额6342.62亿元，比2009年增长47%，增幅高出保税区平均水平5.4个百分点，占保税区商品销售总额的80%。

随着保税区进一步加快物流功能的拓展，不断创新物流业务模式，完善物流设施配套以及提升物流运作效率，保税区的物流企业与贸易企业、加工企业之间的业务联动水平进一步提升，物流功能对内、对外的辐射和服务作用更加凸显，成为服务上海、服务长三角、服务全中国并且面向世界的重要国际物流平台。据统计，2010年保税区从事物流业务的900余家企业共拥有仓储面积249.1万平方米。全年保税区物流企业完成经营收入2904亿元，比2009年增长24.8%。分拨企业是保税区物流企业中的一种特殊类型，具有集贸易、物流等多种功能于一体的综合优势。主要依托保税物流功能，运用现代物流的管理措施和手段，通过自营型保税仓库对自有的商品货物进行仓储、拼拆、简易加工、包装、分拨配送等一系列营销活动。2010年保税区600余家物流分拨企业完成经营收入（含分拨货值）2745.6亿元，比2009年增长25.1%，占保税区物流企业经营收入的94.5%，是保税区完成物流企业经营收入的主体。随着保税区经济规模的不断扩大以及进出口业务的加速发展，外高桥港区继续充分发挥区位优势和口岸功能，在航线资源受到一定局限的情况下，深挖潜力、完善服务，增强对沿江沿海的辐射作用以及对外贸货物的支持作用，港区货物吞吐量和集装箱吞吐量双双呈现两位数增幅。2010年外高桥港区合计停靠各类船舶31819艘（次），比2009年增长5.1%，其中外籍货轮增速较快，达到8390艘（次），比2009年增长11.7%；完成货物吞吐量13569.9万吨，比2009年增长10.2%，占上海港20.8%；集装箱吞吐量1498.7万标箱，比2009年增长10.7%，占上海港51.6%，为上海港跃居世界第一大集装箱港起到了重要推动作用。

2010年保税区加工企业依托国内市场需求增长和欧美经济复苏等有利因素，优化产品结构、提升产业能级、创新经营模式、扩大生产规模，经济效益显著提高，促使保税区工业经济呈现较快发展。截至2010年底，保税区正式投产加工企业209家，其中当年新增投产企业1家，筹建及试生产企业3家。工业企业厂房占地面积145.55万平方米，厂房建筑总面积170.34万平方米。全年保税区完成工业总产值707.64亿元，比2009年增长29.9%，工业产品销售率达到100.2%。外高桥保税区通过产业政策的引导，进一步加快产业结构的优化调整，积极促进先进制造企业提升能级，使得众多跨国公司生产企业呈现不同程度的增长态势，推动保税区工业产值的增长。2010年保税区产值超亿元的工业企业达到73家，比2009年净增5家，合计完成工业产值661.54亿元，比2009年增长30.3%，占保税区工业产值的93.5%。外高桥保税区工业企业加大科研创新投入，提升新产品能级，促使高技术产业产值实现较快增长，全年完成453.86亿元，比2009年增长24.3%，占保税区工业产值的64.1%。保税区生产的产品主要有："联想"电脑842万台、"金士顿"存储盘3628万个、"安靠"集成电路65460万片、"凯斯"工程机械1907台、"统宝"手机液晶显示屏1615万片、"安捷伦"分析仪器及装置520台、"珂纳"冰箱压缩机343万台。

上海外高桥保税区作为一个综合性的产业园区，通过多年的发展已经形成以贸易、物流、加工三大产业为主体，以房产、金融、商务等服务产业为配套的综合产业体系。近几年来，随着跨国公司的产业转移和保税区投资企业的升级转型，以技术服务和离岸外包为特征的研发、软件、维修等新型业态加快发展。跨国公司纷纷将原来布局在国外发达地区的产品研发中心或研发部门转移到保税区来，开展新产品的研发、设计等业务活动，加快了保税区投资企业自主创新能力的提升，也提高了保税区经济发展的质量。据统计，2010年保税区有20余家企业开展科技研发活动，科研投入合计超过8亿元，涉及科技项目150余个，从事科技活动的研发人员4000人。其中从事研发设计业务的研发企业合计完成经营收入21.56亿元，比2009年增长20%。随着市场需求的提升和加工企业的转型发展，外高桥保税区部分投资企业的业务范围逐步向制造业后端的维修、检测等售后服务环节延伸，为保税区贸易产业的发展提供重要的支撑，成为加工贸易升级转型的一条新路。2010年保税区共有90家企业开展维修和检测业务，这些企业共完成维修服务收入14.56亿元。软件服务业作为现代服务业的重要组成部分，也是外高桥保税区重点扶持发展的产业之一，软件企业继续发挥人才集聚的优势，大力拓展业务范围，提升客户服务水平，促进了软件服务业务的稳定发展。2010年保税区从事软件设计、系统集成等业务的软件服务企业共有33家，这些企业共完成软件服务收入14.94亿元，比2009年增长5.3%。外高桥保税区巨大的经济规模和企业群体，也吸引了众多金融机构纷纷入区开展各类金融业务活动，这既保障了保税区综合经济的健康发展，也为保税区金融业的发展提供了机遇。截至2010年底，在保税区设立经营网点并开展业务活动的金融机构共有12家。其中各类银行11家，包括工商银行、农业银行，中国银行、建设银行四大国有银行和交通银行、招商银行、民生银行、上海银行、华夏银行、光大银行、浦东发展银行等国内股份制银行；从事保险业务的1家，为中国人民保险公司。

从2006年起，上海外高桥保税区开始培育和发展以销售管理中心为核心的跨国公司区域性营运中心，以顺应跨国公司业务功能的整合趋势。通过高效的企业服务机制、强有力的扶持力度、便利化的贸易环境，推动了跨国公司纷纷整合业务功能，发展具有实体性经济功能的营运中心，并进一步推动其向区域性管理或投资总部升级，促进保税区经济的蓬勃发展。截至2010年底，经保税区管委会认定的跨国公司营运中心累计达到154家，其中2010年认定15家。在这些营运中心中：贸易型123家，占79.9%；物流型17家，占11%，加工型14家，占9.1%。此外，保税区已有13家跨国公司升级或新设为中国区地区总部。保税区营运中心企业通过加快整合在华乃至亚太区销售或物流业务，不断扩大经营规模，不仅增长速度连续高于保税区整体增幅，而且所占比重不断提高，对保税区的经济发展起到了重要的引领作用。2010年154家跨国公司营运中心企业完成经营收入4220.91亿元，比2009年增长的46.2%，占保税区投资企业经营收入的46.7%，比重比2009年提高8.2个百分点。其中经营收入实现增长的营运中心达到131家，占85.1%。保税区123家贸易型营运中心企业完成商品销售额3723亿元，比2009年增长50.8%，占保税区商品销售额的46.9%。保税区的营运中心企业以2.5%的数量，创造了保税区47%的收入、46%的利润以及42%的税务部门税收，是保税区经济发展的重要基石，更是保税区经济增长的助推器。

【招商引资】 2010年，保税区新批投资项目277个，比2009年增长8.2%，吸引投资总额达到17.36亿美元。保税区增资项目达到316个，实现增资额16.09亿美元，比2009年增长0.9%，占保税区投资总额的92.7%，其中合同外资增资额达到6.46亿美元，占保税区合同外资的94.6%，继续成为保税区完成投资额和合同外资的主体。2010年保税区增资额超过1000万美元的大项目达到28个，合计增资额达到11.71亿美元，占保税区增资额的72.8%，合同外资增资额4亿美元，占保税区合同外资增资额的61.9%。外商投资项目一直是外高桥保税区招商引资的主要来源。在经历了2004年商务部8号令以来连续6年的下降后，保税区新批外资项目数量首次呈现触底回升的现象。2010年保税区新批外资项目102个，比2009年增长13.3%，占保税区新批项目的36.8%，其中外商独资项目96个，比2009年增长12.9%。吸引外商投资额则出现下降，完成12.01亿美元，比2009年减少13.1%，占保税区投资额的69.2%。

（上海外高桥保税区管委会）

张家港保税区

【经济发展】 2010年，张家港保税区（金港镇）实现地区生产总值433亿元，比2009年增长15%；工业开票销售收入935亿元，比2009年增长19%；进出口总额114亿美元，比2009年增长25%；地方一般预算收入22.5亿元，比2009年增长14%；入库税收53.5亿元，比2009年增长17.8%。9月，在2010年“第十四届中国国际投资洽谈会”上，张家港保税港区荣获“中国最具投资潜力经济园区”称号，位居国家级园区第四位。

【投资环境】 2010年，段山重装园、滨江新城、香山风景区和汽车零部件再制造基地四大规划编制完成。双山星级酒店主体完工，长源热电五期扩建工程顺利投运，金港路南延、长山装备园通道、晨港路拓宽、十字港江堤加固等36个基础配套工程相继竣工，全年基础设施投入超过20亿元。

【产业发展】 34家规模企业完成工业产品销

售收入720亿元，占区镇总额的73%；入库税收24.9亿元，占区镇总额的47%。培育工业产品销售收入超10亿元的企业17家，新增上市企业1家。落实国盛电子、芯动神州、多维科技、锐合通信、斯威森生物医药研究中心等新兴产业项目10个，其中领军型人才项目9个，引进博士（后）35个。新兴产业投资65亿元，产值280亿元，占工业产值的26%。编制完成“现代服务业五年发展规划”和“物流发展三年行动计划”，新规划了粮油交易市场、红酒交易市场、海港钢材交易市场、高端消费品交易市场、高档木材专业市场，并启动申报江苏石化交易所，完成新建石化交易大厦规划，加速推进现货交易向期货交易转型。2010年实现进出区货运总量1137万吨，增长6.7%；货值130亿美元，增长35%；征收关税及代征税54.4亿元，增长37%。化工市场现货成交额302亿元，税收2.2亿元；纺织原料市场成交额188亿元，税收1.3亿元。

【招商引资和利用内外资】 2010年，张家港保税区完成注册外资9.5亿美元，占全市总量的52%；到账外资5.04亿美元，增长12%，占全市总量的50%；注册外地资本20.5亿元，增长28%。工业投资73.8亿元，增长26%，新开工工业项目20个。成功落实投资超亿元的内资项目19个，超5000万美元的外资项目（含增资）6个，其中超亿美元的4个。总投资4亿美元的扬子江石化丙烯、总投资3亿美元的马来西亚IOI、总投资3.25亿美元的银河锂电池、总投资1.5亿美元的四海氨纶纤维、总投资20亿元的安远物流装备等重大项目成功落户。

【科技创新】 2010年2月，为推动科技创新，促进产业转型升级，《张家港保税区科技资金管理办法》、《张家港保税区科技资金管理实施细则》出台。成功申报环保新材料特色产业园，新规划总容量14万平方米的新兴产业育成基地，一期3.5万平方米年内完成主体工程。申报省级高新技术企业4家、省级高新技术产品18个、省级科研项目10个，申报国家火炬计划、国家重大科技专项项目、国家中小型企业创新基金等国家级科研项目6个，获得科技转化专项资金1100多万元

【生态环保】 2010年8月，张家港保税区暨江苏扬子江国际化学工业园顺利通过“国家生态工业示范园区”验收，成为国家生态示范园区中第一个以综合类标准通过验收的化工园区。

【土地利用】 张家港保税区争取点供用地指标680亩；争取镇山路（342亩）、东新路（129亩）、晨港路（88亩）3条道路独立选址用地指标559亩；落实异地占补平衡指标1200亩。

【开放型经济】 张家港保税区引进新兴产业项目和领军团队10个，新开工工业项目20个，储备重大项目39个，总投资496亿元，其中外资项目28个，占74%。

【人才建设】 新引进市级领军型创新创业人才8名，苏州姑苏领军人才1名，省高层次创新创业人才1名。

【社会事业与文化建设】 张家港保税区编制完成“1+3+6”城乡一体化镇村布局规划。率先成立“城乡一体办和万顷良田公司”，全面实施“万顷良田建设工程”。推动农保转城保，7308名超龄人员纳入城保体系，扩面绝对数列全市第一。完成住房公积金扩面5089人，超额近一倍。万余名退休人员全部纳入社会化管理，17105名老年人享受了老年农（居）民补贴。投入近2000万加大教育设施改造，南沙小学、占文小学等一批学校硬件设施及现代化装备得到完善。投资1000多万元维修改造镇区道路管网、安置房和“亮化工程”建设。完成8000亩国家农业综合开发土地治理项目和1300亩标准化农田建设。新增高效农业2560亩，大棚设施栽培种植3800亩。新建土地股份合作社12家，土地规模经营面积扩大到3.53万亩。村均可用财力达540万元，农民人均收入1.54万元左右。举办或协办“古韵今风”中华经典诗文诵读、“第七届香山文化艺术节舞蹈大赛”、“江苏省

第十七届青少年科技模型竞赛”、“2010 中国·张家港环双山岛自行车大奖赛”等活动。

【机构设置与管委会领导】 张家港保税区管委会是江苏省人民政府的派出机构。张家港保税区党工委、管委会下设党工委、管委会办公室（外事办公室）、金港镇、经济发展局（科技人才局）、招商局、物流贸易局、财政局、规划建设局、安全环保局、国土资源局、企业服务管理局、工商行政管理局、国家税务局、地方税务局等部门。

张家港保税区领导成员为：张家港市市委书记、保税区党工委书记徐美健，张家港市市长、保税区党工委副书记、管委会主任姚林荣，张家港市市委常委、保税区党工委副书记、管委会副主任徐仲高，保税区党工委副书记、管委会副主任汤建中，保税区管委会副主任许剑波、王惠忠，保税区党工委委员、纪工委书记张建平，保税区管委会副主任葛晓明、周伟、张雷，保税区管委会主任助理童扣林、顾秋雁、孙济刚、季峰。

（张家港保税区管委会）

宁波保税区（出口加工区）

【经济发展】 2010 年，宁波保税区（出口加工区）实现生产总值 119.97 亿元，其中第二产业增加值 50.8 亿元、第三产业增加值 69.2 亿元，分别同比增长 36.4%、52.5% 和 26.6%；完成财政收入 26.1 亿元，其中中央级收入 13.02 亿元、地方级收入 13.1 亿元，分别同比增长 22.5%、26.8% 和 18.6%；海关税收总额 18.34 亿元，同比增长 70.5%。与“十五”期末相比，“十一五”期末地区生产总值、财政收入、海关税收总额、外贸进出口额年均增长分别达到 14.9%、17.2%、12.3% 和 34.1%，全面完成“十一五”目标。

宁波保税区集约发展水平亮点突出，按实际运作面积计算，全区每平方公里产出生产总值 24 亿元、工业产值 100 亿元、外贸进出口 26 亿美元、财政收入 5 亿元，分别为“十五”末的 2.1 倍、5.3 倍、5 倍和 1 倍，被浙江省国土资源厅和浙江省商务厅授予“浙江省集约用地示范开发区”称号。

【投资环境】 2010 年，宁波保税区（出口加工区）完成固定资产投资 12.9 亿元，其中厂房仓储投资 0.72 亿元，设备购置投资 10.3 亿元，在建项目 31 个，其中 2010 年度开工项目 19 个。完成进口市场建设总体规划和进口市场主体展示贸易区、进口商品仓库方案设计，启动宁波保税区商务大楼等建设工程，全面提升区域形象。

2010 年，宁波保税区管委会不断创新政府服务模式，出台了支持企业拓市场、引导创新、鼓励技改的“1 + X”政策，企业转型发展政策环境得到优化。创新实施“预约报关”、“集中报关、分批出区”、“分类管理”、诚信企业“绿色通道”、“抽批抽项目检验模式”和“免费预检验模式”等监管服务模式，并完善“进区备案、出区核销”监管模式，建立了“区港查验联动机制”，推进了人民币跨境结算业务试点，企业运营环境得到优化；工商部门开发了行政许可事项查询系统软件，及时为企业提供权威的政策咨询服务，提高了市场准入登记服务效能；税务部门推出了市场企业集中开票、网上申报和联网电子缴税，降低企业办税成本；税务稽查部门通过告知约谈、宣传辅导、跟踪回访等方式优化稽查服务，促进企业健康发展；外汇管理部门开发了企业外汇年检系统和名单管理查询系统，提高了效率，方便了企业；深化了校企合作、对口培养模式，服务企业引进各类人才3.7万余名、提供各类培训7200人次，人才引进、培养和使用环境得到优化。

全面推进区域和谐发展，将节能减排作为调整经济结构、转变发展方式的重要抓手。2010年全区万元工业增加值能耗同比下降20%，圆满完成“十一五”节能目标，COD排放量继续控制在“十一五”进度水平；开展企业安全生产管理标准化创建，推进企业创安工作，企业创安合格率达98%；深入推进和谐企业创建，健全了劳资纠纷调处体系和劳动用工预警机制。

【招商引资】 截至2010年底，宁波保税区（出口加工区）累计引进外资企业985家，总投资59.4亿美元，合同外资38.1亿美元，实际利用外资18.3亿美元。2010年新批外资企业17家，总投资1.2亿美元，同比增长58.1%；合同外资6066万美元，实际利用外资9532万美元。全年引进内资项目479个，其中注册资本500万元以上项目75个、1000万元以上项目36个，新引进税源项目331个，当年纳税6050万元，实际引进大市外内资3.04亿元。

【对外贸易】 2010年，宁波保税区（出口加工区）完成外贸进出口总额133.6亿美元，其中出口48.5亿美元、进口85.1亿美元，同比分别增长47.4%、38.8%和52.7%。全区国际贸易继续在宁波市外贸发展中保持重要地位，外贸进出口额居宁波各县（市）区第2位，占宁波市总值的16.1%、外贸进口额、加工贸易出口额均居宁波各县（市）区首位，被评为“2010年度宁波市开放型经济集体外贸工作”先进奖银奖。转口贸易持续高速增长，全年转口贸易总值29.4亿美元，同比增长93.6%。

保税进口专业市场建设进展加快，2010年新引进会员项目162个、注册资本5亿元，实现市场交易总额620亿元、税收4亿元，分别同比增长74%和80%。其中：进口葡萄酒市场全年进口葡萄酒489万升，占宁波口岸进口量的75%；金属交易市场2010年完成交易额550亿元，同比增长88%；固体化工市场实现交易额65亿元；进口水果市场建成展示中心并实现了网上交易，全年进口水果1.2万吨，经宁波保税区口岸进口量约占宁波口岸进口总量的1/4；船舶交易市场共交易船舶18艘，交易额3.25亿元，被国家交通运输部评定为全国首批7家符合《船舶交易管理规定》条件的船舶交易服务机构之一。

【产业发展】 工业。2010年，宁波保税区（出口加工区）完成工业总产值529.4亿元，实现工业增加值50.8亿元，产品销售收入528.6亿元，分别同比增长29.4%、52.5%和32.5%。全区工业企业整体扭亏为盈，实现盈利15.5亿元。工业企业加快转型升级，液晶光电企业内销得到有效拓展，引进上游配套企业，产业链得到延伸，全年液晶模组产量达5496万件，同比增长16.5%，再创历史新高；实现产值395亿元，利润6.33亿元，同比分别增长25.2%和247%；战略新兴产业快速发展，实现高新技术产品产值485亿元，同比增长26.5%，中小科技企业全年实现销售总额9.6亿元，同比增长16%。

物流业。2010年，宁波保税区（出口加工区）仓储物流企业完成进出口总值36.1亿美元，其中进口值27.8亿美元，同比分别增长87.3%和87.6%；进出口贸易总量602万吨，其中出口贸易量65.1万吨，同比分别增长8.6%和45.3%。仓储业全年完成进出仓货量117.6万吨，实现进出仓货值37亿美元。期货交割业务高速发展，高新货柜固体化工品期货交割量达3.17万吨。进口分拨和第三方物流快速增长，启动与央企合作，实施交割库扩容并规划建设远期合约市场。两个第三方物流项目获国家物流业调整和振兴项目中央预算投资700万元，占当年宁波市获资助总额的70%。

【科技创新】 2010年，全区企业创新创牌成效显著，全年申报各级科技计划项目36个，立项科技项目24个，其中国家级项目7个；认定高新技术企业2家、省级创新型示范企业1家；获得授权专利142件，同比增长468%，其中路宝科技的桥梁伸缩装置获“中国专利金奖”，是宁波市在专利奖项中获得的最高荣誉。新增注册商标50余件，全区拥有注册商标突破800件，其中驰名商标2件、著名商标6件、知名商标12件。立立电子成功获得国家“十一五”重大科技专项立项，中央财政给予1亿多元资金扶持，是目前宁波市唯一获得国家重大专项立项的企业；比亚迪成功研发具有自主知识产权的电动汽车芯片并实现量产；迈达医疗自主研发的消化道动力技术填补国内空白。

【保税物流园区】 2010年，宁波保税物流园区完成进出区货运量12.6万吨，货运值4.8亿美元，同比分别下降30.3%和12.1%；完成海关税收3045万元，同比下降85.9%。国际采购配送业务增长稳定，已吸引美国沃茨、智佳等余家国际知名采购集团以及全国20多个省市的上千家企业开展业务，2010年实现国际采购配送货值1.5亿美元，同比增长36.4%。

【机构设置与管委会领导】 宁波保税区、宁波出口加工区是由国务院批准设立的海关特殊监管区，由市政府派出机构——宁波保税区管委会统一管理，下设管委会办公室、人事劳动社会保障局、经济发展局（统计局和安监局）、财政局、建设管理局（环境保护局）、贸易合作局、市场物流合作局、工业科技合作局、审计局（监察室）、行政审批管理办公室等部门；海关、检验检疫、工商、税务、外汇、规划、国土等单位在区内设立了分支机构。

宁波保税区管委会领导成员为：党工委书记、管委会主任马兆祥，党工委委员、管委会副主任徐红，党工委委员、管委会副主任严荣杰，党工委委员、管委会副主任夏群，党工委委员、管委会副主任、巡视员汪闻勇，党工委委员、纪工委书记杜占春，巡视员刘存华，党工委委员、办公室主任叶万档，党工委委员、组织部部长、人事劳动社会保障局局长沈勤儿。

（宁波保税区管委会）

福州保税区

【投资环境】 福州保税区加强区域运行环境建设，积极、主动、高效地为企业做好服务。一是加强机关效能建设。加大机关效能建设广度和力度，加大督查督办力度，提高干部服务企业的意识和为企业办事的效率。二是加强窗口建设。加强投资服务中心和经发局两个对外窗口的建设，不断深化服务机制建设，对企业投资生产、经营中的各种问题实行“一条龙”服务。2010年为企业办理有关项目审批、变更、进口设备审批、加工贸易审批等350余项，外企年检40余家。三是加强企业服务。定期走访企业、召开企业座谈会，协调海关、国检、工商、税务等驻区机构，及时解决企业困难和问题，确保企业安心生产。四是改善通关环境。优化监管模式，完善“以核代验”、“VMI”运作模式，简化“一日游”货物流程，提供24小时预约通关和加班服务，推广试行“四三三”新监管模式，促进企业高效运作。

【现代物流产业】 新引进宏捷国际供应链、

迅捷物流、东星汽车运输、新天地物流、添骏达储运、大象物流、泰航国际物流、中化盐业等8家物流企业，区内物流企业已达61家，其中有3家全国百强物流企业，形成了出口拼箱、进口分拨和贸易配送等三大物流特色。区内物流企业为冠捷、捷联、华映光电、福耀玻璃、清禄鞋业、南孚电子、佳通轮胎、南方铝业、力恒化纤等福州市及周边地区大型制造企业提供了60.46亿美元的物流配送服务。

【招商引资】 2010年，福州保税区（含保税物流园区）引进项目280个，同比增长273.33%；项目总投资2.62亿美元，同比增长189.19%；实际利用外资470.68万美元，同比增长4.42%。财政收入达2.75亿元，同比增长20.43%。进出口总值为43.31亿美元，同比增长3.58%。

【国务院批复设立福州保税港区】 2010年5月18日，福州保税港区经国务院批准设立，成为国家批准成立的第14个保税港区，规划面积9.26平方公里，包括福州保税物流园区1.2平方公里、福清出口加工区2.95平方公里、福州港江阴港区1-9号泊位4.45平方公里、铁路物流园区0.66平方公里。

【福州保税港区与台湾基隆自由贸易港区签订对接协议】 2010年5月4日，福州保税港区与台湾基隆自由贸易港区在台北签订《两区对接协议》，开创了两岸特殊经济区域对接之先河。

2010年6月18日，福州保税港区与台湾自贸港区对接圆桌会议在福州召开，台湾高雄、台中、基隆等三大自由贸易港区参加了会议。双方以“合作、先行、共赢”为主题，就深入推进福州保税港区与台湾自贸区“两区通关无纸化、互设办事处和互为中转口岸等”议题进行实质性探讨。双方均表示，愿以务实、诚信的合作态度，加快在海运、港口等方面业务的对接合作，并以此为先导，推广推进为两岸制造业配套的现代国际物流业、金融业、物流信息技术等多领域深层次的合作。

【福州保税港区与武夷山陆地港签订战略合作协议】 2010年11月25日，福州保税港区与武夷山陆地港正式签订战略合作协议，建立“福州保税港区—武夷山陆地港物流集散中心”，利用保税港区政策功能优势与武夷山毗邻江西地缘优势，开展业务对接合作，打通福州保税港区—武夷山陆地港—江西物流绿色通道。武夷山陆地港经由福州保税港区出口的第一票报关业务于2010年12月26日试运作。

【和谐园区建设】 以创建省级文单位为契机，推进和谐园区建设。一是推进机关文化建设，组织两次机关工作人员考试，开展福州保税港区首届演讲比赛，促进干部职工不断提升学习能力和综合素质。二是开展“平安先行单位”创建活动。与区内60余家企业签订了安全生产责任制，全面加强企业安全生产培训，对企业安全生产和消防进行定期重点检查。切实加强治安综合治理工作，营造团结和谐、规范有序、安全稳定的企业投资发展环境。三是创建和谐劳动关系。组建保税区和谐企业创建工作领导小组，新成立11家企业工会，改善企业用工环境，成功调解了金诚、长宏、万利等近20起劳资及债务纠纷，把矛盾消灭在基层。

【机构设置与管委会领导】 福州保税区管委会与福州保税港区管委会实行“两块牌子、一套人马”管理模式，设有办公室、财政局、经发局、开发建设局、投资促进局、马尾保税区办事处、加工贸易区办事处和综合投资服务中心8个工作部门。

福州保税区管委会领导成员为：党组书记、管委会常务副主任陈承茂，党组副书记、管委会副主任李平，党组成员、纪检组长程红梅，党组成员、管委会副主任李克亭，党组成员、管委会副主任黄武闽，管委会副调研员林继红。

（福州保税区管委会）

厦门象屿保税区

【经济发展】 2010年，厦门象屿保税区完成区域生产总值38.9亿元，比2009年增长18.6%；进出口总额39亿美元，比2009年增长26.2%；工业生产总值14.9亿元，比2009年增长35.4%；物流营业收入51.7亿元，比2009年增长17.9%；商贸营业收入237亿元，比2009年增长31%；港口集装箱吞吐量284万标箱，比2009年增长14.7%；财政总收入4.02亿元，比2009年增长23%。园区对厦门及海西经济发展的服务功能进一步增强，产业集聚及示范效应更加显著。

【投资环境】 不断创新政策功能。经过积极努力和争取，商务部2010年3月特批了保税区内贝莱胜电子公司开展进口旧医疗器械配件维修复出口业务。该项政策的取得，标志着厦门象屿保税区内可开展国外生产产品售后维修业务，是保税区政策的又一重大突破。管委会牵头召开检测维修业务协调会，积极有效促进此项业务的顺利开展。继实现了海运集装箱、空运快件国际中转之后，保税物流园区又运用“区港联动”优势成功运作了海铁联运国际中转业务。

切实加强服务。认真做好“走进与服务千家企业”和“五帮”企业工作，提高服务质量和效率。加大政策调研力度，认真评估2009年保税区在应对国际金融危机中出台的各项政策措施的运作绩效，结合变化的经济形势和园区的实际，出台《厦门现代物流园区关于培养和发展进口酒类交易市场扶持办法》和《厦门现代物流园区支持企业拓展出口集拼业务的若干办法》等专项扶持办法，进一步推动相关政策研究和及时调整相应的工作举措，不仅巩固了传统优势产业的地位，而且进一步拓展了园区商贸业。积极协调驻区机构，形成合力，有效解决园区企业经营难题和问题，促进区域经济又好又快发展。

不断完善投资环境。积极实施项目带动战略，把贝莱胜三期、澳信诺酒业、港务叶水福仓库、香港佳德保税物流中心等项目作为园区打好“重点项目建设”战役的重中之重，合力攻坚，全力保障。2010年7月初，厦门国际航运中心投入使用。管委会、国检、工商、国税、地税等驻区机构集体入住集中办公，为园区企业提供更为方便的“一站式”服务。落实石湖山铁路道口的开通，全线打通港中路；完成保税区二期超过3.2万平方米的停车场建设，260余个大货车、小车停车位投入使用，有效改善园区及港区交通运输条件，解决周边道路停车难、乱停车的老大难问题。积极协调，加快推进保税区信息化辅助管理系统的建设，确保新系统2011年1月1日正式投入运行。

加强安全生产工作。经积极争取，市编办同意，在管委会建设处加挂区安监局牌子，配备专职工作人员，专司安全生产监督管理职责。认真贯彻落实全国、全省、全市安全生产工作会议精神，坚持“安全第一、预防为主、综合治理”方针，积极推进开展落实企业安全生产主体责任活动，全面抓好重点时段、重大活动期间的安全生产工作落实。开展以“安全发展、预防为主”为主题的“安全生产月”系列活动，分发《企业安全生产监督管理常用法律法规汇编》、《安全生产事故隐患排查治理和监督管理暂行规定选编》、《企业员工安全常识读本》和《消防安全基础》等读本近700份，举办了“安全第一、防患未然”为主题的安全知识宣传图片展，进一步强化安全生产意识。

着力构建和谐园区。厦门象屿保税区是厦门市两个和谐企业创建工作试点单位之一。制定了创建活动的实施方案和考核评价体系，明确具体内容和责任分工，狠抓创建工作任务的落实，确定了区内10家企业作为和谐企业创建工作的试点先行单位，组织开展“拖头车技术比赛”、“职工歌手比赛”、“和谐企业大家谈”征文比赛、“创建工作观摩交流会”等活动，努力构建和谐园区。此次和谐企业创建活动为劳动关系和谐、环境和谐、社会效益和谐“三位一体”的创建活动。第一轮创建计划用5年时间，分为创建企业、创建先进单位、和谐企业3种创建模式。

【贸易业】 2010年园区贸易业继续呈现较高增速，全年贸易业收入237.1亿元，比增31%。商贸业发展呈现3个特点：一是进出口实现较快增长。全年进出口额39亿美元，增长26.2%，为近3年来最高增速；保税区和保税物流园区一线进出口额分别增长22.1%和141.9%。二是主导商品贸易形势向好。全区形成化工、电子、轻工、矿砂、粮食五大门类商品集散基地，总销售收入超过200亿元。三是业态发展多元化。进口酒专业市场蓬勃发展，从无到有，全年配送额超2亿元；五金机电市场开工，农水产品市场整合完成；以万翔网商、名鞋库为代表的电子商务贸易快速增长，总收入达到2.4亿元，增幅达到数倍。

【招商引资】 2010年全区共引进企业274家，引资总额21.72亿人民币。合同利用外资2468万美元，完成市里下达任务的246.8%；合同内资9.2亿元（市国内招商引资考核口径），完成全年任务的306.7%。台湾台盐实业在保税区设立大中华区总部，美国红十字会的全球最大供应商——GFA医疗用品有限公司落户保税物流园区。象屿工业厂房招商已全面完成。象屿物流配送中心注册资本由500万元增资至1亿元，为全省目前规模最大的陆路物流配送中心；象屿资产管理公司增资额达5亿元，成为园区注册资本最高的企业。计划投资4亿元的佳德保税物流中心项目被市政府推荐作为“第六届泛珠三角经贸洽谈会”的重大招商成果，受到各界广泛关注。

【对台交流】 管委会把加强两岸交流，发展对台业务作为“四个提升”的重要载体，认真做好台中港务局、台湾全球运筹协会、金门企业代表团等台湾港口、自由贸易港区管理部门和物流行业组织来访的接待工作，促进交流，密切联系。2010年2月，中国台湾地区台盐实业在保税区设立大中华区总部，并与象屿集团签订战略合作意向和台盐入驻大嶝台湾免税商场意向协议。2010年5月，管委会随省、市代表团赴台交流访问，并在黄小晶省长、中国台湾地区国民党曾永权副主席的见证下，与台中港务局签订了《厦门象屿保税区管委会与台中港务局合作备忘录》。双方一致认为，以务实的方式推动台中港自由贸易区与厦门象屿保税区业务交流合作，在两岸物流合作中具有重要意义。同时，在台期间，象屿集团签订了6600万美元的采购合同，优传酒业与中国台湾地区4家酒类企业洽谈了合作意向，引进中国台湾地区巨路国际股份有限公司在保税区设立分公司经营保税业务。

大嶝对台小额商品交易市场谋求新发展、新突破，加快推动0.8平方公里市场改扩建项目的规划设计，进一步提升市场的档次，充分发挥对台交易市场功能和作用。2010年，市场共接待游客187.8万人次，比增33%；进口中国台湾地区商品4138万美元，比增40.9%；实现交易额5.69亿元，比增28.1%。市场改扩建工程启动区项目5月动工建设，主体工程11月底封顶。

【保税物流园区】 2010年是厦门象屿保税物流园区封关5周年。5年来，一线进出口额从2006年的1140万美元跃升至2010年的9.4亿美元，平均增长201%；二线进出区货值则从2006年的10亿元美元增长到2010年的69.7亿美元，实现了63%的增长速度。园区产业集群不断壮大，国际物流规模位居全国同类园区前列；区港联动顺利实现，成为全国保税物流园区运作的典范，并逐步成为辐射海西、面向全球的国际性物流中心。2010 年，园区全年累计审核进出口报关单 9.5 万份，监管货物 99.26 万吨，货值 83 亿美元，同比分别增长 18.09%、35.41%、55.98%，取得封关 5 年来的最好水平。

【机构设置与管委会领导】 厦门象屿保税区管委会作为市政府的派出机构，机构级别为副厅级，内设办公室、政治处、经济发展处、建设管理处（安全生产监督管理局）、计划财政处（计划财政局）、监察室等 6 个处室。

厦门象屿保税区党工委书记、管委会主任为王军，厦门象屿保税区党工委副书记为陈章福，厦门象屿保税区管委会副主任为马自力，厦门象屿保税区纪工委书记为陈敏。

（厦门象屿保税区管委会）

燕郊高新技术产业开发区

【经济发展】 2010 年 11 月 29 日，经国务院批准，燕郊高新区技术产业开发区升级为国家高新技术产业开发区。2010 年，燕郊高新技术产业开发区（以下简称燕郊高新区）完成国内生产总值 210 亿元，增长 20%；财政收入 38.5 亿元，增长 40%；固定资产投资 164 亿元；实际利用外资 1.03 亿美元，增长 13%；进出口总额 10.6 亿美元，增长 32%。规模以上工业企业总产值 266 亿元，增长 36%；工业增加值 88 亿元，增长 63%；利润 20 亿元，增长 107%。

【投资环境】 按照“大投入、大配套、大发展”的原则，燕郊高新区实施了一批重点基础设施工程，城市承载力显著提升。制定出台《供热管理办法》，完成主管网勾调、热力站和二次管网改造；完成重点道路工程 13 条，总长 28 公里，完成思菩兰西路改造、汉王路改造、北一路改造、北蔡路改造、华堂高尔夫南路、迎宾路大修等道路工程；市政管网不断完善，城区“绿化”、“美化”和“亮化”进一步加强，完成 7 处给水接水工程、12 条道路的燃气管线、11 条道路的通讯和 7 条道路的“亮化”工程，新增绿化面积 45 万平方米，启动了燕郊植物园建设，公共配套服务设施建设力度空前加大，城市功能日益完善。

在加快建设的同时，不断加大城市规划编制力度，编制完成《燕郊地区城乡统筹空间发展战略规划》、各专项规划、重要节点城市设计、102 国道和迎宾路等主要街道夜景规划、京津人才家园项目规划等，完成三维地理信息系统建设，启动了京东新城战略规划和环首都经济圈规划展馆方案设计。

开展为期 3 个月的综合整治活动，经济发展环境极大改善，并全面落实依法治区，维护了良好的城市发展秩序。制度化服务体系广泛推行，封闭式管理和集中收费制度进一步落实。开展企业大调研活动，全体班子领导亲自带队，深入企业走访调研，解决问题。全年组织召开 8 次企业联络人例会，为企业解决疑难问题 200 余件。金融环境明显优化，与工商银行廊坊分行签订了全面合作框架协议，注册成立燕新开发建设投资有限公司，积极酝酿大规模区域开发融资。人力资源保障不断加强，累计举办招聘会 42 场，介绍企业用工 27000 多人，组织“第一届职业技能大赛”，切实加强专业技能培训，有力保障了企业对高质量人力资源的需要。

【产业发展】 汽车配件产业继续保持强劲势

头，随着北京现代汽车第三工厂选址的确定，明和汽车部件、塔金属汽车部件、海拉车灯、慎独汽车科技、世原汽车科技二期已经建设完成并开始投产，星宇株式会社、东熙产业株式会社等一大批韩国汽车配件项目正在积极洽谈，加上原有的世原汽车科技、三友汽车部件、因派克汽车部件、现代 EP、慎独汽车部件等数家韩国汽车配件生产企业，区内已聚集了生产韩国现代汽车外壳、内饰配件的多个企业，并基本具备了整车以外的大部分汽车部件生产能力。

新能源产业。随着总投资 7000 万美元，占地 400 亩，主要生产太阳能级硅单晶片和电弧石英坩埚的阳光硅峰电子科技有限公司一期工程破土动工，已形成以阳光硅谷、珈伟太阳能、阳光硅峰、经纬电子等项目为主的单晶硅切片产业集群，其中阳光硅谷电子科技有限公司是国内最大的硅片加工中心之一；随着桑宝金太阳新能源技术有限公司的投产，以华隆新能源、桑宝金太阳新能源为龙头的太阳能热水器和集热器等产品为主导光热产业不断壮大，使区内太阳能新能源产业产值达到近 50 亿元的规模。

电子信息产业。随着汉王制造有限公司于 2010 年成功上市，中兴北方产业基地 1 号至 8 号楼全部竣工且已有 4 家企业入驻，以汉王制造有限公司、中兴通讯北方产业基地、电子科技集团第 45 研究所、北京世维通光通讯技术有限公司为代表的电子信息产业不断壮大，已建成投产项目 23 个。

新材料产业。集聚了日本富士星光（世界 500 强）、新加坡平易印刷和中国印刷集团 3 家大型 PS 版生产项目，仅此 3 家企业产品销量就占全国 40%，已成为国内最大的 PS 版生产基地；引入中印合资晶日金刚石有限公司等项目，成为国内最大的人造金刚石生产基地之一；北京当升材料科技有限公司是国内唯一有能力向国际锂电巨头提供锂电材料的供应商；河北晶锐瓷业有限公司研发、生产蜂窝陶瓷过滤器及蜂窝陶瓷制品，产品广泛出口美国、加拿大、意大利、韩国、日本等国家。晶锐瓷业有限公司与清华大学合作开发的 SCR（选择性催化还原）蜂窝状脱硝催化剂项目通过省级新产品鉴定。

软件及服务外包业。聚集了中兴燕郊软件技术有限公司、华通科技有限公司、环波软件有限公司、北京超盛越宇科技发展有限公司等一批高端软件研发及服务外包企业。

【现代服务业】 近几年，燕郊充分发挥自身优势，把现代服务业产业作为构建现代产业体系的战略主导产业，逐步形成以现代物流、文化创意、服务外包、医疗养老、休闲旅游为主的现代服务业。

旅游休闲产业。由马来西亚成功集团独资建设的成功（中国）大广场，将成为国内最大的综合性休闲娱乐中心，1 号楼已成功封顶，其他工程正在稳步推进。华北地区首屈一指的旅游休闲示范区港中旅海泉湾项目，集航天主题乐园、酒店及家庭式特色公寓、零售及餐饮娱乐区、总部基地等于一体的天洋未来城项目皆已取得阶段性进展，正在努力推动项目落地。

现代物流产业。正在建设和运作 3 个物流项目，其中空港物流一期 1 号至 3 号仓库建设完成，汇福现代物流开始试运行，弗玛物流已建成 2 个仓库。

医疗健康产业。于 2007 年 7 月 1 日破土动工的燕达医疗健康城项目，其中燕达医院、老年养护中心、燕达医护陪训中心、国际会议中心已于 2010 年 10 月 1 日投入试运行。在燕达国际健康城、汇福国际健康中心两大龙头项目的带动下，健康产业异军突起，成功举办“第五届世界养生大会暨首届燕郊健康论坛”。

文化创意产业。京东数字文化创意产业基地已启动时代天华数字出版创意、超星数字图书馆、明德数字教育与出版 3 个项目。

【项目建设】 区内全年新注册各类项目 500 余个，其中注册外资项目 9 个，合同总投资 7874 万美元，合同外资额 3277 万美元。全年新注册千万元以上项目 50 余个，总投资 130

亿元。超大项目纷至沓来，总投资200亿元的韩国首尔园、总投资70亿元的航天科普城、总投资50亿元的港中旅燕郊海泉湾、总投资30亿元的安邦财险后援服务中心、总投资35亿元的物美集团物流园区等项目成功签约。项目储备后劲十足，有30余个项目正在积极推进，其中中国新闻出版产业园区、华润集团科学城东区、中国水利水电集团科学城西区、河北建设投资集团现代服务产业园、燕郊国际采购自由贸易城5个投资百亿元以上项目正在紧密洽谈。在建的项目共有92个，项目总投资448.49亿元，累计完成投资237.86亿元，其中，中兴北方产业基地一期工程项目、优能太阳能光电有限公司的单晶硅及多线切割项目、三河万联电子的微型扬声器项目、欧伏电气公司的配电柜生产项目、世原汽车二期工程项目等多个项目已竣工或部分投产；以长城重机、新宏昌专用车为代表的众多项目也已完成厂房封顶。此外，谊安医疗设备、德国丝吉利娅窗门五金、塔金属汽车部件、明和汽车科技、阳光硅峰等一批项目按照建设计划表如期或超前建设。

【社会事业和文化建设】 区内进一步深化“畅通燕郊、卫生燕郊、祥和燕郊”创建活动，主要路口均设置了红绿灯、减速带，主要道路安装了隔离栏，交通秩序逐步规范；启动数字化城管，建立全新城市管理模式；设立17个智能式公厕，改造2座水冲式厕所，清理散存垃圾4700立方米、“垃圾山”3处，打造了整洁优美的城市形象；切实推进休闲娱乐、文化教育、医疗卫生、商业服务等公共服务设施建设，妥善处理社会矛盾，依法维护群众利益，广泛开展群众喜闻乐见的文体活动。进一步规范社区基层组织建设，开展社区居委会星级化评定，为44个居委会安装了宽带网。全面落实国家、省、市社会保障政策，低保、救助、五保、优扶等各项工作扎实开展。成立志愿者服务协会，社会事业繁荣发展，精神文明建设水平显著提高。上网公开全体领导干部和机关各部门的手机和办公电话，直接接受社会投诉，为百姓解决了一大批热点、难点问题。

【机构设置和管委会领导】 中共燕郊高新区工委、燕郊高新区管委是中共三河市委、三河市人民政府派出机构，内设机构分别是：党政综合办公室、投资促进局、经济发展局住房和规划建设局、人力资源和社会保障局、财政局、社会发展局；市直部门派出机构分别是：国土资源局、安全生产监察大队、城市管理综合执法局；高新区管委下属事业单位分别是：园林绿化管理局、创业中心、市政管理局。

燕郊高新区工委书记、管委会主任为谷正海，工委副书记为刘炜，工委副书记、管委会副主任为白志成，工委委员、管委会副主任为卢金力，工委委员、管委会副主任为王晓东，工委委员、管委会副主任为王志民。

（燕郊高新技术产业开发区管委会）

哈尔滨利民经济开发区

【概况】 哈尔滨利民经济开发区（以下简称开发区）位于松花江北岸的哈尔滨市呼兰区境内，地处哈大齐工业走廊，是哈尔滨市实施“北跃”战略新的发展空间，是未来黑龙江省经济社会发展的中心区域。开发区内现已形成现代医药、绿色食品、机械制造、文化教育、信息及服务外包及商贸物流、配套服务等主导产业，综合竞争力、单位面积产出率、高科技产业集聚度不断提高，迈入了新一轮的高速发展期。科技部认定的国家火炬计划利民医药产业基地（省级医药科技园区），国务院信息化产业办公室、国家测绘总局和黑龙江省政府共建的黑龙江省地理信息产业基地，国家服务外包基地城市示范区，国家生物产业高技术示范基地和省级新型工业化医药产业示范基地等多个专业园区及食品药品研发检测中心、大学生创业园、职业技术培训中心落户于开发区内。2010 年，开发区实现工业总产值 213 亿元，同比增长 25.3%；工业增加值实现 56.5 亿元，同比增长 24.18%。全口径财政收入 21.24 亿元，同比增长 158.2%。出口创汇 7274 万美元。

【招商引资】 面对新一轮竞相发展的激烈竞争，开发区不断扩大对外开放，坚持理性招商，整合招商资源，强化招商职能，主动由“引资”向“选资”转变，重点围绕医药、食品、现代服务业等产业和产业链进行定向招商，着力引进品牌型、龙头型、旗舰型的高新技术项目和高附加值的生产型项目，引资总量和质量大幅提升。2010 年，引进黑龙江影视城、摇篮乳业万吨包装、正阳楼食品、大连中晖高纯氧化铝、迪康电梯立体停车设备等 36 个新项目，协议投资总额 220 亿元，实际到位资金 89.7 亿元。这些大项目的引进，进一步增强了开发区的可持续发展能力。

【项目建设】 2010 年，开发区推进“项目建设提速年”活动，落实项目包保责任，优化项目发展环境，重点组织实施了一批投资大、效益高、牵动力强的重大项目，其中列入“北跃”项目 34 个，列入市重点项目 8 个，列入省重点项目 5 个。全年开工建设的项目 57 个，其中，续建项目 23 个、新开工项目 34 个，总建筑面积 366 万平方米，完成固定资产投资 80.7 亿元，同比增长 44.7%。哈轴新厂、中国酿酒二期、汇赢城中村改造、哈药生物、誉衡药业 GMP 技改、老鼎丰食品等续建项目及哈药物流配送中心、四川高金、摇篮乳业、正阳楼食品、康普生物、哈尔滨电碳厂等新项目的开工建设，进一步增强了开发区的发展活力。

【城区建设】 主动对接“北跃”战略，以提升载体功能、改善人居环境为重点，投入 4.7 亿元进行城市基础设施配套建设。加快一站（哈铁北站综合体）、一路（松浦大桥北延线呼兰段）、一桥（大耿家立交桥）、一厂（新城区污水处理厂）建设，实现了与松北、江南老城区载体功能无缝链接。积极开展“北国水城”建设，长盈渠利民示范段工程全面竣工，“松江避暑城”被确定为“北国水城”样板区。实施“美化、硬化、绿化、亮化”工程，对学院路哈伊公路桥、利民大道四环桥段进行了桥体装饰，安装了学院路 LED 电子屏，建成欧式风格公交站亭 5 处，设置雕塑小品 8 组；新建上海大街、西宁大街、四平路长沙路等 17 条道路，景观绿化沈阳大街、长青大街、广州路、世纪路等 10 条道路，对学院路、利民大道、南京路、北京路进行了绿化提档升级；安装朱家至呼兰河桥段路灯 356 盏，实现新老城区结合部“亮化”全覆盖，城市品味和内涵得到较大提升。

（哈尔滨利民经济开发区管委会）

衢州经济开发区

【经济发展】 2010 年，衢州经济开发区实现工业总产值 255.65 亿元，同比增长 27%，其中规模以上企业251.6亿元，同比增长31%，实现工业增加值63亿元，同比增长29%，工业出口交货值15.57亿元，同比增长38%。财政总收入14.09亿元，同比增长17%，其中国税入库8.06亿元、地税入库6.03亿元，实现地方财政收入7.54亿元，同比增长25%。

【投资环境】 衢州经济开发区设立行政服务分中心，实行“窗口式”、“保姆式”服务，对所有引进的招商引资项目都确定服务责任人，为企业全程代办协办各项手续，协调解决项目落地过程中遇到的问题，协助企业加快建设进度。在区内32家企业设立了投资发展软环境监测点，对企业反映的问题及时办理。每月15日定期举办企业用工招聘会，联合劳动部门在云南等地设立了劳务用工输入基地，为企业提供用工服务。

【产业布局】 工业产业结构继续升级。衢州经济开发区风动机械、金属制品等特色产业规模日益壮大，光伏、电子信息等新兴产业发展势头迅猛，先后被命名为“国家火炬计划浙江衢州空气动力机械产业基地”、“浙江省光伏产业基地”、“浙江省电子元器件及材料产业（衢州）基地”。2010年各行业规模以上企业产值情况为：黑色金属冶炼及金属制品业产值129.91亿元，同比增长29%。通用专用设备制造业47.2亿元，增长40%。食品加工制造业19.95亿元，增长27%。纺织皮革业13.87亿元，增长20%。塑胶制品业8.17亿元，同比下降2%。化学原料制品业8.04亿元，同比增长108%。造纸及纸制品业6.33亿元，增长145%。电气制造业6.46亿元，同比增长24%。新能源及电子信息4.24亿元，增长84%。交通运输设备制造业3.16亿元，增长24%。非金属矿物制品业2.21亿元，同比下降2%。燃气及水的生产和供应1.07亿元，同比增长18%。医药制造业7131万元，增长22%。木材加工2633万元，同比增长9%。

【招商引资】 2010年，衢州经济开发区新引进市外投资项目60个，项目协议投资总额72.59亿元，其中投资额5亿元以上项目3个、亿元以上项目30个，实际到位资金24.49亿元，同比增长15.9%。引进了浙江健恒实业投资5.2亿元的不锈钢管项目、浙江瑞远投资6亿元的精密卧式数控机床项目、浙江赛福实业投资5亿元的彩色B超机项目等大项目。全年共有29个项目建成投产、32个项目完成全部证照程序办理、31个项目新开工建设、30个项目做开工前期准备工作。全年共决策咨询工业项目63个，总投资75.89亿元。总用地面积2088.46亩，平均投资强度263万元/亩。

【对外贸易】 2010年，衢州经济开发区的进出口额为3.73亿美元，出口额1.46亿美元，进口额2.27亿美元，三项指标分别比2009年同期增长74%、47%、97%。

【科技创新】 围绕“创新、创牌”，衢州经济开发区积极推进企业创新和品牌建设。启动浙江大学科技园建设，与浙江大学生命医学院建立了科技合作关系，与中科院信息咨询中心合作建立信息发布平台。区内有省级高新技术企业9家、省级科技型中小企业3家、省级技术（研发）中心6个；拥有国家驰名商标1个、浙江著名商标9个、浙江名牌11个。

【基础设施建设】 2010年，区内基础设施建设与功能性配套快速推进，全年完成投资额约1.6亿元。完成百灵中路等道路工程12.68万平方米，宁波山海协作园行道树、绿化带等园林绿化7.32公顷，166.3万立方米东港园区土方平整以及26公里水电配套工程，完成上三溪防洪堤、汽车城基础配套等基础设施建设。

【人才建设】 以创建衢州市海外高层次人才创业“村落”为目标，引进外籍专家14名，其中创业投资者4人、企业管理4人、技术研发5人、销售1人，主要分布在装备制造、输变电、食品和新材料等行业。其中开山压缩机公司总经理汤炎博士入选国家第四批“千人计划”；浙江贝爱达公司董事长约翰·贝利入选省“千人计划”。

【社会事业】 2010年末，衢州经济开发区新星学校和东港学校两所义务教育学校共有在校学生4547人、教职工246人。新星学校初中部开工建设，占地面积98亩，总投资1亿元，设计规模36个班级。

2010年，开发区财政预算内资金用于“三农”支出增长率达7.6%，农村居民人均纯收入比2009年增长16.25%，完成“农村社区”建设规划编制。

社会保障事业稳步发展。2010年，全区累计投保单位达505家，全年养老保险征缴2.08万人，医疗保险征缴1.89万人，失业保险征缴1.94万人，工伤保险征缴1.17万人，生育保险征缴2万人。养老、医疗、失业、工伤和生育五个险种社会保险征缴1.62亿元，比2009年增长43%，其中养老保险缴费额为1.12亿元，医疗保险缴费额为3112万元，失业保险缴费额为1123万元，工伤保险缴费额为355万元，生育保险缴费额为394万元。

【机构设置与管委会领导】 衢州经济开发区管理委员会下设办公室、组宣处、监察室、招商局、经济发展局、社会发展局、财资管理局、建设管理局8个部门，派驻在开发区的工作部门有市规划局城东分局、市国土资源管理局城东分局、市建设局城东分局、市工商行政管理局开发区工商所、市人事劳动社会保障局城东分局、市环境保护局城东分局、市公安局经济开发区分局、市综合行政执法局开发区支队、国税管理科、地税管理科10个部门。下设事业单位1个，为衢州经济开发区办事中心；国有企业1家，为浙江汇盛投资集团有限公司；受衢江区委托，管理衢江区东港街道办事处。

衢州市政府副秘书长、衢州经济开发区党工委书记、管理委员会主任为吴宝骏，党工委副书记为吾炳才，党工委副书记、管理委员会副主任为吴自力，党工委委员、管理委员会副主任为邵新安、姚宏峰、谢剑锋，党工委委员、纪工委书记为余建军，党工委委员为李韬、汪胜、吴俊生。

（衢州经济开发区管委会）

张家港经济开发区

【经济发展】 2010年，江苏省张家港经济开发区（以下简称张家港开发区）完成地区生产总值455.01亿元，同比增长30%；财政收入65.61亿元，其中地方一般预算收入31.51亿元，分别同比增长45.4%、43.1%；入库税收59.80亿元，同比增长35.2%；完成固定资产投资130.54亿元，同比增长31.5%。在2010年江苏省开发区科学发展综合评价排序中，张家港开发区位列同类开发区第三位。

【投资环境】 开发区紧靠张家港市主城区，沿江高速、锡张高速从境内穿过，距上海、苏州、无锡、常州、南京等城市1小时左右车程。拥有现代装备制造产业园、高世代玻璃基板产业园、国际服务外包示范园等七大特色产业园和科技创业园（国家级高新技术创业服务中心）、华东国际技术创新园两大创新创业载体。2010年，开发区被江苏省经信委命名为“江苏省新型工业化产业示范基地”，《张家港软件（动漫）产业园发展规划》通过江苏省发改委批准，江苏张家港高世代玻璃基板产业园经江苏省商务厅批准设立。

【产业发展】 2010年，张家港开发区完成工业总产值 1346.21 亿元，同比增长 28.7%；工业增加值 385.36 亿元，同比增长 30.1%。主导产业为纺织服装、金属冶金、机械电子制造和食品加工四大门类，代表企业有澳洋集团有限公司、江苏骏马集团责任有限公司、苏州海陆重工股份有限公司等。重点发展新材料、新能源、新装备三大新兴产业，集聚了张家港市骏马钢帘线有限公司、彩虹（张家港）平板显示有限公司、苏州爱康光伏新材料有限公司、保定天威集团（江苏）五洲变压器有限公司、张家港富瑞特种装备股份有限公司等一批知名企业。2010 年，开发区完成服务业增加值 69.65 亿元，集聚了江苏国泰国际集团有限公司、江苏国泰新点软件有限公司、江苏如意通动漫产业有限公司等一批企业。江苏国泰国际集团有限公司、江苏张家港农村商业银行股份有限公司、张家港市第一人民商场有限责任公司等 3 家服务业企业被评为“2010 年中国服务业企业 500 强”。

【科技创新】 张家港开发区全年研究与试验发展经费支出 10.47 亿元，其中，规模以上工业企业研究与试验发展经费支出 8.01 亿元，占规模以上工业增加值的 2.45%。同级财政支持科技发展基金 1.24 亿元。2010 年末，全区规模以上工业科技活动人员 4239 人，占区内从业人数的 5.05%，拥有研发机构 61 个，高新技术企业 46 家。全年实现高新技术产品企业工业总产值 371.02 亿元，占全区工业总产值的 27.56%；高新技术产品进出口额 9.04 亿美元，占全区进出口总额的 15.5%。

【招商引资】 张家港开发区全年实际利用外资 1.83 亿美元，同比下降 8.4%。新增内资企业注册资本 22.79 亿元，同比增长 87.7%。天威集团天威五洲输变电项目、江苏爱康光伏新材料项目 2 个总投资超 10 亿元项目开工建设，彩虹玻璃基板项目、江苏永能光电项目、张家港红星美凯龙全球家居生活广场等一批重点项目竣工投产。

【开放型经济】 2010 年，张家港开发区完成进出口总额 58.42 亿美元，同比增长 54.1%，其中出口额 41.59 亿美元、进口额 16.83 亿美元，分别同比增长 64.1% 和 33.9%。新增世界 500 强入区投资企业 1 家，年末累计 17 家。

【生态环保】 2010 年，开发区通过 ISO14000 认证。16 家企业通过 ISO14000 认证，年末累计 68 家。规模以上工业企业单位增加值能耗、规模以上工业企业单位增加值新鲜水耗分别为 0.73 吨标煤/万元和 0.56 立方米/万元。规模以上单位工业增加值废水排放量为 0.72 吨/万元，工业固体废弃物综合利用率 99.86%。单位 GDP 化学需氧量排放强度为 0.46 千克/万元，单位 GDP 二氧化硫排放强度为 0.48 千克/万元。建设项目环评执行率、生活垃圾无害化处理率均达到 100%。

【土地利用】 2010 年末，累计开发工业用地面积 23.34 平方公里。区内单位土地 GDP 产出强度为每平方公里 2.97 亿元，工业用地工业增加值产出强度为每平方公里 16.51 亿元。

【社会事业】 2010 年，全区农村居民人均纯收入 16337 元，城镇居民人均可支配收入 30829 元，分别增长 6.7% 和 13.9%。国泰北路、西区大道、东莱北桥道路、东七公路改造工程竣工。实施塘市、乘航集镇街景改造和污水管网改造工程。乘航污水管网二期工程竣工，晨阳南新花苑有动力地埋式污水处理站建成，城南污水处理厂建成投运。区内从业人员平均劳动报酬 33542 元/人，2 月 1 日起上调企业月最低工资标准为 960 元。社会保险参保人数 83745 人，社保覆盖率达到 99.8%；从业人员社会保险缴费总额 5.92 亿元，占从业人员工资总额的 20.15%。同级财政教育经费支出 4.48 亿元。2010 年末，共有各类学校 33 所，其中高级中学 1 所、职业中学 1 所、初级中学 6 所、九年一贯制实验学校 2 所、小学 8 所、外来民工子女学校 3 所、幼儿园 10 所，教师 2788 名，在校学生 36213 人。成立暨阳文化研究会，举办“首届暨阳文化论坛”，编辑出版《暨阳历史文化丛书》。黄泗浦遗址入选“2009 中国重要考古发现”。

【机构设置与管委会领导】 张家港开发区管

委会下设党政办公室、经济发展局（科技人才局）、招商局、综合管理局（安全环保局）、建设局、财政局、组织人事局、监察室、服务业发展办公室。

2010 年，张家港开发区工作委员会书记为梁一波、庞伟中，副书记为徐根法、葛晓明、谢刚，委员为：徐根法、陶惠兴、李良、石锡贤。管理委员会主任为庞伟中，副主任为葛晓明、谢刚、徐根法、陶惠兴、李良、季宗、季冬。

（张家港经济开发区管委会）

泉州台商投资区

【**概况**】 2009 年 5 月，国务院《关于支持福建省加快建设海峡西岸经济区的若干意见》明确提出新设立泉州台商投资区。2010 年 3 月 8 日，福建省人民政府批准设立泉州台商投资区管理委员会（以下简称泉州台商投资区管委会），作为省政府的派出机构，委托泉州市政府管理。3 月 25 日，泉州台商投资区党工委、管委会正式挂牌成立，承接管辖洛阳镇、东园镇、张坂镇、百崎回族乡 4 个乡镇和惠南工业园区，规划面积约 200 平方公里，人口 22.78 万人。

【**经济发展**】 2010 年，泉州台商投资区完成地区生产总值 115 亿元，三次产业结构为 3.2:70.6:26.2。投产企业 545 家，其中规模以上工业企业 235 家，实现产值 242.76 亿元；全社会固定资产投资 36.5 亿元，财政总收入 6.19 亿元，一般预算收入 2.8 亿元；社会消费品零售总额 26.83 亿元。实际利用外资 5800 万美元，出口商品总值 1.7 亿美元。新批合同外资 1.46 亿美元，实际到资 0.58 亿美元，外贸出口 1.69 亿美元，实现外贸进出口总额 2.02 亿美元。全区共有台资企业 26 家，2010 年实现总产值约 8 亿元，其中规模以上企业 12 家，实现产值 6.85 亿元，外贸出口 4250 万美元。

【**投资环境**】 泉州台商投资区是泉州中心城市重要组成部分，东起惠安七一围垦区，西至洛阳江，南临泉州湾，北靠沈海高速公路，依山傍海、临江拥湖，区位优越，是泉州今后 30 年最具发展潜力的地方，也是广大客商投资兴业的热土。其发展优势为：城市依托。泉州台商投资区与泉州市现有中心城区隔江相望，可以充分接收中心城市完善的基础设施延伸辐射，承接中心城区的人才、科技、教育、经贸、文化、金融服务。环境优美。拥有江岸线 21 公里、海岸线 25 公里和湖岸线 26 公里，百崎湖面积为 3.57 平方公里，是福建省乃至全国不可多得的城市自然景观湖。交通完善。北有沈海高速公路、福厦高速铁路，漳泉肖铁路、国道 324 线经过辖区；南有石湖港区和即将兴建的 10 万吨级秀涂港区；西有泉州晋江机场；正在建设的泉州市环城高速公路、泉州湾跨海大桥以及规划设计中的金屿大桥、宁漳高速铁路客运专线均从区域经过。政策优势。省市赋予台商投资区特殊的管理体制和管理权限，实行“小政府、大社会”的管理体制，并在财政、金融、土地、项目等方面享受着先行先试的特殊政策。

新设立的泉州台商投资区承载着建设海西先行先试示范区、泉州市重要的经济新增长极的历史使命。未来泉州台商投资区将积极弘扬“抢抓机遇、先行先试、团结拼搏、建设新区”的新区精神，以“产业、港口、城市”为主题，着力建设先进制造业、现代物流业、现代服务业等三大片区以及新材料产业园、光电产业园、现代装备制造产业园和轻工产业提升园等若干个专业园区，建设生态型滨水城市新区和现代化港口保税物流工业园区。至2022年形成产值超千亿元的新经济增长极，城市人口规模达到70万人，城市建设用地84平方公里。

【工业经济】 引导企业技改扩营，加大技术改造和新技术、新产品开发力度，全区累计新增备案企业技术改造项目18个，推荐上报市技术改造项目14个、省技术改造项目4个；加大企业节能降耗监管，完成对圣泉制釉、泉祥织造、圣莎拉制衣、科一超纤等4家企业清洁生产审核。制定出台关于招商中介奖励、工业招商项目供地及相关优惠政策的暂行规定；成功引进北车轨道装备、玖龙纸业、南方路机、台湾晋亿物流、台湾天岗精密机械等11个项目，总投资额124.65亿元；策划储备轻工、光伏、文化创意、现代装备制造等招商项目62个，其中台资项目12个；继续推进崧山等农业基地建设，扶持壮大渔业和水产养殖业，推动海产品深度加工业规模化发展。

【招商引资】 泉州台商投资区积极完善招商优惠政策，强化政策研究和项目策划。制定出台关于招商中介奖励、工业招商项目供地及相关优惠政策的暂行规定。做好招商推介，积极跟踪在谈项目，已储备项目52个。先后引进北车修造、玖龙纸业、南方路机、台湾晋亿物流、台湾天岗精密机械等11个项目，总投资额124.65亿元。积极做好落地项目的手续报批、征地等工作，促进项目开工。全年新批外资项目8个，合同利用外资1.46亿美元，实际利用外资5800万美元；商品出口总值1.7亿美元，比增26.9%。

【项目建设】 2010年，泉州台商投资区列入市级以上在建重点项目8个，其中省级项目5个、市级项目3个，年度计划投资6.59亿元，累计完成投资9.1亿元，占年度计划投资的138.1%。参照省重点项目管理的玖龙纸业项目以及北车轨道装备2个项目年度计划投资2.45亿元，累计完成投资6.03亿元，占年度计划投资的246%，项目进展远超预期。全区确定“五大战役”项目55个，其中新增长区发展战役项目42个，总投资247.43亿元；省市重点项目8个；民生工程战役项目13个，总投资1.31亿元。42个新增长区域发展战役项目完成投资14.6亿元，完成年度计划的105%，“9.30”新开工重点项目14个，项目累计总投资141.1亿元。全区市级归口管理在建重点项目共6个，其中区报重点项目3个（南北主干道一期、杏田起步区“七通一平”、污水处理厂及配套管网项目）；惠安县转来重点项目3个（舒华健身器材项目、贵人鸟鞋业项目、嘉泰成品鞋生产项目）。

【城市管理】 创新机制，高效运作。制定《党工委议事制度》、《管委会工作制度》、《党政联席会议事制度》等制度，建立13项机关工作制度，行政管理服务工作进入规范化运作轨道。

理顺体制，扩大影响。积极推进行政事项的移交托管工作，接受市直部门授权行政执法事项1755项；加大新区宣传推介力度，积极联系海内外同乡会、商会等，扩大新区影响。

强化要素，服务保障。加强与金融机构的合作，争取多方资金信贷支持，落实南北主干道、东经二路等项目银行贷款资金5.7亿元，基础设施项目获准授信10亿元和承诺贷款15亿元；探索工程总承包、项目代建、BOT、BT等多种投融资方式；强化土地资源运作，土地获批6028亩。

【社会事业】 教育体系继续完善。设立区学校代码，规范学籍管理，狠抓控辍保学，推进教科研制度建设，顺利通过教育“两项督导”省级评估；合理调整学校布局，提高办学效益，撤并3所薄弱小学，3所乡镇中心幼儿园改制为公办幼儿园，惠安将军希望小学顺利建成。

医疗卫生保障水平进一步提高。全面实施九类基本公共卫生任务，实现全区职工医保参保率95%以上，新农合参合率97.92%；完成东园中心卫生院医技综合楼主体工程和玉埕医院医技楼装修工程；抓好孕产妇、儿童系统保健管理工作，完成适龄儿童麻疹疫苗强化免疫，建立居民健康档案4.31万份；支持建设农村无害化卫生厕所650个、农村饮水水质卫生监测点8处；深入开展食品安全重点专项整治和“家园清洁行动”。

做好科技文体工作。做好重大科技项目申报工作，组织县级科技计划项目结题验收，开展2009年各级各类科技计划项目执行情况与“三项经费”管理使用情况的检查；抓好农村科技信息服务体系建设，做好“世纪之村”软件应用推广与管理；建设4个乡镇青少年校外体育活动场所、新建5家农家书屋，完成9个“省农民健身工程点”竣工验收；4个乡镇数字电视平移工作与惠安县同步进行。

狠抓人口和计生工作。逐步建立计生信息数据资料库，做好计生例会、两查督促、计生案件查处等有关事宜；深入开展打击“两非”专项整治行动，督促各医疗机构规范B超诊疗工作；认真组织开展第六次人口普查。2010年度共出生2588人，出生人口政策符合率94.59%。

高度重视社会保障工作。做好救灾救济、低保款发放工作，东园、洛阳镇敬老院等两个省委省政府为民办实事项目进入邀标阶段，9个低保户安居工程建设基本完成；提前启动2011年10个校安工程建设项目，惠安五中食堂、百崎民族中学实验楼、白奇民族小学综合楼、张坂小学和锦溪小学教学楼等项目建设工作稳步推进。

加强社会治安综合治理。设立区公安分局，成立区综治委、依法治区领导小组等工作机构，组建区巡逻应急队伍和交通协勤员队伍；启动中小学、幼儿园安全管理和治安防范专项整治百日行动，开展区内民办幼儿园清理整顿自查行动，加强流动人口和出租私房的服务管理；全面落实“五五”普法任务，认真排查化解各类社会矛盾。

深入开展精神文明建设。组织学习文建明、沈浩等楷模勤政为民的先进事迹，开展职工篮球赛、乒乓球赛等文体活动，培育健康向上的机关文化；开展比学赶超的创先争优活动。

【机构设置与管委会领导】 泉州台商投资区管委会下设管委会办公室、公务员局、国土规划建设局、经济发展局、社会事业局、财政局、监察局等7个行政部门。市直部门和惠安县的行政事项大部分已移交泉州台商投资区管委会。

泉州台商投资区管委会主任为吴汉宗，管委会副主任为林华伟、陈贻萍、邱经良、黄斌专、骆育敏。

（泉州台商投资区管委会）

上海化学工业区

【经济发展】 2010年上海化学工业区（不包括金山、奉贤分区）主要经济指标完成情况如下：工业总产值完成728.9亿元，同比上升67.8%；销售收入完成779亿元，同比上升73.6%；区内注册企业工业利润总额完成61.6亿元；上缴税金约42.7亿，同比上升60.5%；固定资产投资完成54.3亿元，同比下降42.2%；实现进出口总额13.17亿美元，同比上升15.93%；土地投资强度达到158亿元/平方公里，土地产出达到124.2亿元/平方公里。截至2010年底，上海化学工业区（包括金山、奉贤分区）累计批准项目总投资168.9亿美元，累计完成固定资产投资915.3亿元。工业总产值占全市同行业的比重由2009年的18%上升到23.4%。

【投资环境】 2010年，上海化学工业区先后被国家工业和信息化部评为全国第一批“国家新型工业化产业示范基地”，被联合国开发计划署、联合国环境规划署和上海市环保局授予“环境友好型城市动议示范项目”称号，被评为“上海品牌园区”、“上海市开发区服务企业优秀园区”，被国家环保部、商务部、科技部批准创建国家生态工业园区。同时，区管委会还被授予“第一次全国污染源普查先进集体”、“2010年全国安全生产月活动优秀单位”等荣誉称号，获得“上海市工业统计工作综合评比一等奖”、“上海市能源统计工作综合评比三等奖”。

《上海化学工业区区域安全风险评价报告》和《上海化学工业区光气安全风险评价报告》通过专家论证，为摆脱制约园区未来发展的限制因素、推动化工区持续发展提供决策依据；完善化工区土地管理机制，积极争取并获准建立上海化工区土地储备中心和土地招拍挂办公室。此外，管委会继续强化经济运行分析，加强对重点企业和主要产品动态跟踪，及时掌握企业生产经营中遇到的困难，帮助解决实际问题；继续在项目审批以及天然气、电力、蒸汽等能源供需方面满足企业需要，落实能源价格补贴，为企业正常的生产运营创造条件；积极协调市财政局，落实专项发展资金，确保了年内开发建设各项资金的用款需求；帮助企业协调、梳理项目开展前期工作的重点和难点问题，及时出具规划、土地等征询意见、办理项目施工许可等，提高办事效率和服务水平，保持了园区良好的投资环境。

【招商引资】 区管委会积极争取市政府、市外办的支持，紧跟项目动向，成功组团六批次出访招商，分别拜访了德国赢创德固赛公司、巴斯夫聚氨酯公司、朗盛化工公司、布登海姆公司、意大利马贝公司、博莱科医药公司、荷兰舒驰公司、法国法液空集团公司、瑞士亨斯迈先进技术材料公司、沙提公司、西班牙西萨化工公司、泰国正大公司以及日本三菱瓦斯鹿岛生产基地、拜耳美国贝塔基地和裕廊、关丹等化工区，就有关投资项目选址和具体项目进展情况进行了洽谈和推进，增强了外商到上海化工区的投资信心，同时提高了国家安全生产总局等相关职能单位和部门对光气项目安全可控的认识，解决了久拖未决的拜耳TDI扩建项目的安全确认事宜，为园区未来发展带来新的动力。

【项目建设】 突出以重大项目为抓手，设计制定“重大外商投资项目申请报告审批进展情况表”，梳理细化重大投资项目各个审批环节的具体步骤和内容，跟踪审批进度。2010年，有效推进了亨斯迈聚氨酯有限公司和上海联恒异氰酸酯有限公司24万吨/年MDI扩建项目的申报以及西萨化工公司40万吨/年苯酚丙酮项目申请报告核准文件的催批工作；通过加强与高桥石化公司、三菱瓦斯化学公司以及三井化学公司的沟通联系，促进投资2.9亿美元的40万吨苯酚丙酮、投资2亿美元的聚碳酸酯增资、投资1.5亿美元的三元乙丙橡胶（EPT）等扩建项目前期工作的开展。此外，促成上海市政府和拜耳材料科技签署合作备忘录，进一步明确了拜耳一体化基地“十二五”期间总投资10亿欧元的扩产项目。

【管理与服务】 编制完成《化工区生产安全事故综合应急预案》、《上海化学工业区突发事件人员疏散撤离和应急防护预案》；开展与奉贤、金山分区应急响应对接工作，两个分区的应急响应分中心正式启用，编制完成《上海化学工业区金山分区生产安全事故综合应急救援预案》和《上海化学工业区奉贤分区生产安全事故综合应急救援预案》，进一步提高了园区整体应急处置能力；开展危险化学品综合处置演习和园区突发公共事件信息发布桌面演习，落实和加强突发职业中毒事故和公共卫生应急工作，全年进行各项医疗急救及化救演习15次，进一步提高了应急队伍的快速反应能力和园区应急救援能力。

【节能减排】 2010年全球经济逐步回暖，上海化工区企业生产状况较2009年明显好转，装置生产负荷显著提高，加上德固赛、赛科、拜耳等公司新项目相继投产，园区整体能耗达688.2万吨，较2009年同期上涨39%。但管委会积极鼓励企业深挖节能潜力，赛科、巴斯夫、拜耳、德固赛、中法水务等公司积极实施节能改造，园区单位产值能耗较2009年同期显著降低，重新回到了持续多年的下降趋势。全年上海化学工业区单位产值能耗为0.994吨标煤，同比下降17.2%。全年化学需氧量（COD）共排放526.6吨，较2009年同比上升42.7%，但仍低于市政府核准排放控制标准（市政府核准COD排放量：1460吨/年）。SO2排放量为628.6吨，较2009年同期下降29.5%。

【循环经济】 2010年是上海化学工业区全面落实国家发改委关于《上海化学工业区循环经济试点实施方案》的复函的第5年。5年来区内坚持贯彻落实以主导化工产业为基础，构建高效、完整的产业链的指导思想，坚持高起点、高标准的招商引资政策，通过建立园区资源能源循环利用体系，使得园区产业、企业和资源利用为主导的循环经济体系逐步完善，形成以乙烯为主的乙烯产品链和以氯气为核心的氯化工产业链，154.6亿美元的总投资中，约有117亿美元的投资项目具有上下游关系，产品之间的关联度约为75.6%。根据园区循环经济工作计划和安排以及区内企业实际情况，上海化学工业区启动并完成了以赛科公司苯乙烯装置加热炉增加吹灰器节能改造项目为代表的7个循环经济示范项目。

【一体化管理】 2010年是金山分区、奉贤分区正式纳入上海化学工业区一体化管理的第一年，管委会加强与金山区政府、奉贤区政府的沟通和联系，进一步完善工作措施，使各项工作逐步走上正轨。充分发挥“三区”联席会议的作用，商议确定了涉及“一体化”发展的一些重要事项。同时，安排金山区、奉贤区8名干部到管委会业务处室开展工作，为实施一体化管理工作提供人力保障。根据区域管理一体化工作的要求，启动化工区区域详细规划编制工作，两个分区应急响应分中心已经启用，两个分区的统计工作与上海化学工业区统计工作基本做到同步，促成了中法水务公司与奉贤分区恒逸公司就部分工业用水与生活用水置换达成一致，进一步优化了园区水资源的综合利用。

【党的建设】 重视新经济组织党建工作，成立上海化学工业区外商投资企业第一党支部。继续推进“双结对、好邻居”活动，拓展扶贫帮困、促进就业、互访互学互助等活动内容，创新活动机制；总结了“双结对、好邻居”活动经验，有6个党支部和6家企业受到表彰，组织人事处党支部与漕泾镇海涯村党支部进行结对签约，促成相关党支部与漕泾镇海涯村、金山工业区胥浦村共2个经济薄弱村签订“城乡党组织结对帮扶（共建）协议书”。区内已有管委会系统8个党支部、区内14家企业与周边村结对，进一步完善了区域间的共建机制。开展平安世博先锋行动，深化岗位党性锻炼，成立了机关平安世博志愿者队伍并开展活动，1名同志被上海市委授予“创先争优、世博先锋行动”“五带头”共产党员荣誉称号。

（上海化学工业区管委会）

江苏泗阳经济开发区

【经济发展】 2010年，江苏泗阳经济开发区（以下简称泗阳开发区）完成业务总收入130.59亿元，同比增长58.55%；完成工业增加值26.48亿元，同比增长54.31%；净增工业企业注册资本18.96亿元，同比增长48.13%；完成工业项目固定资产投资49.58亿元，同比增长27.18%；新批外资企业15个，同比增长25%；完成进出口总额2.17亿美元，同比增长110.67%；实际到账外资2576万美元，同比增长7.33%；期末就业人数6.4万人，同比增加16.4%。主要经济指标全面超额完成年度目标任务，连续五年夺得市级目标考核一等奖。

【投资环境】 泗阳开发区秉承“全方位、全身心、全过程、全天候”的服务理念，不断完善“区事区办”、“驻厂帮办”、“领导督办”等一系列的帮办服务机制，将帮办服务制度化、程序化、常规化。对签约和在建项目实行手续代办、全程帮办，为签约项目提供周到、细致的帮办服务，缩短项目建设周期，提高企业建设效率。对投产企业，通过政策“松绑”、服务“输血”、创新“强身”等方式，让企业专心经营，增强企业应对风险的能力，提高企业自主创新能力和增强发展后劲。2010年经市级认定亿元以上新开工项目18个，亿元以上竣工项目7个；实现销售收入超亿元企业13家，新增纳税超千万元企业3家。

【招商引资】 2010年，泗阳开发区紧紧围绕“3+4”产业体系，广开招商渠道，引进一大批重点产业项目，壮大了开发区产业集群。全年共引进项目102个，协议总投资258.2亿元，其中亿元以上项目67个、5亿元以上项目14个、15亿元以上项目3个。共举行集中开工仪式3期，新开工项目87个。

【基础设施建设】 2010年，泗阳开发区先后完成文城路东延、葛东河桥、疏港大道等工程建设任务，新增绿化7.5万平方米，架设路灯320盏，开发区形象全面出新。区内配套设施全面完善，基本实现“七通一平”。建成区达27.3平方公里，区内形成“11横13纵”环状路网，基本实现“八通一平”。开发区双语学校在校生达3000余人，开发区医院、商务酒店等项目先后启动建设，泗阳农村合作银行开发区支行等金融网点已逐步入驻，进一步提升了开发区的承载功能和发展品位。

【人才建设】 泗阳开发区引导企业加强技术创新和人才培育，协助企业引进省级高层次人才3名，各获得100万元的资助；引进市级百名创业创新领军人才2名；申报“苏北急需人才专项资金补助”对象68人；与苏州大学纺织工程学院合作成立博士后科研工作站。

【党群事业】 泗阳开发区全年新成立非公企业党组织17个，其中公司党委1个；团组织47个；工会35家；妇联21个。认真开展第三批科学发展观学习实践、创先争优和责任主体教育活动，推动开发区机关的作风整顿和效能提升，在企业中深入开展“三争一树”主题活动（即争当旗帜、争做学习型党员、争做开拓型党务工作者、树好自身良好形象），推动非公企业党组织功能提升、形象出新。

（江苏泗阳经济开发区管委会）

黑龙江宝泉岭经济开发区

【经济发展】 2010年，黑龙江宝泉岭经济开发区（以下简称宝泉岭开发区）实现地区生产总值8.52亿元，比2009年增长55%，工业总产值20亿元，比2009年增长66%，工业增加值5.5亿元，比2009年增长57%，工业利润6320万元，比2009年增长152%。新增就业岗位达2000余个；屠宰加工生猪88万头，生产冷鲜肉6万吨、低温肉制品1万吨，加工豆酱及系列酱产品1.6万吨，加工有机蔬菜成品1650吨；处理水稻15万吨。

【投资环境】 2010年，宝泉岭开发区积极协调解决特大项目在入园过程中立项、可研等环节的手续和材料收集，多次去黑龙江省萝北县相关部门为国能宝泉岭生物发电项目的前期可研中地下有无文物、有无矿产资源等支持性文件奔走，为国能落户开发区铺平道路。在黑龙江省农垦率先实现“一站式”行政审批程序，实现“引得来、留得住、效益好、发展快”的项目落户目标，全力打造宝泉岭分局优良的投资环境。规范优惠政策的落实，按照宝泉岭分局要求，开发区起草并下发《工业投资项目减免收行政事业性收费办法》，为企业落户区内提供了有力保障。制定招商引资项目册，明确招商目标，从“招商引资”到“招商选资”，招商方向着力引进大项目、好项目，重点引进高能低耗、绿色环保型项目。帮助协调中小企业贷款融资工作中遇到的问题，多次与中国银行黑龙江省分行、哈尔滨商业银行鹤岗分行沟通和协调，为银行与中小企业之间搭建破解贷款难题的平台。

【招商引资】 2010年，宝泉岭开发区新建、续建项目17个，协议投资额14.9亿元。完成固定资产投资5.5亿元。其中超亿元的项目2个：国能宝泉岭生物质发电项目投资2.7亿元，兴汇粮食深加工续建项目投资2亿元；超2000万元的项目9个。

【产业布局】 2010年，宝泉岭开发区在资源、品牌、基地、市场等方面的优势日益明显。区内有各类企业及在建项目60余个，其中国家级产业化龙头企业控股及参股经营5个；省级产业化龙头控股经营2个；垦区级产业化龙头企业2个。宝泉岭开发区基本上形成了依托水稻资源的人和米业为龙头稻米加工产业，以依托大豆资源的宝泉、香其酱业为龙头豆类产品加工产业，以依托生猪资源的双汇北大荒为龙头肉类食品加工产业，以依托生态有机蔬菜资源的日鲁北大为龙头蔬菜出口加工产业，以依托玉米资源的兴汇粮食为龙头玉米深加工产业，以依托农畜产品资源的山林粮食为龙头物流产业，食品产业门类齐全、初具规模。

【项目建设】 2010年，宝泉岭开发区新扩续建项目17个，其中新建项目9个、扩建续建项目8个。

重点推进项目：国能生物发电项目。国能生物发电集团计划在宝泉岭开发区内建设一座1×30MW生物质发电厂。预计投资2.7亿元，占地面积7万平方米。投产后可实现工业产值9030万元，利润1000万元，工业增加值2079万元，安排就业人员150人。该项目2010年3月8日正式与开发区签订投资协议，投资保证金200万元已打入开发区账户，此项目前期可研已经完成，正在进行土地预审。

众和大豆酱项目。该项目由烟台博远建材有限公司投资，项目占地1.8万平方米，总投资2900.59万元，主要生产大豆酱及其附属产品，年产值6000万元，利润200万元以上。

已开工建设项目：督促服务在建项目，争取尽早达产达效。宝泉酱业5万吨大豆酱项目二期工程、黑龙江省人和米业有限公司二期工程及兴泽粮食深加工项目三期工程等正在施工项目，为其积极帮办服务，协调解决用地、用电等施工中的矛盾，敦促建设进度，争取尽早达产达效。

督促开工建设项目：积极督促、协调和帮助宏鑫鹤米业、宝昌食品、东港冷冻厂等项目加快建设、早日竣工。

积极办理中的项目：年加工稻谷10万吨，投资1500万元的万通米业扩建项目；年加工稻谷3万吨，投资763万元的宝泉岭农垦宝承粮贸项目；年加工稻谷10万吨，投资2500万元的天实米业项目；投资400万元的景云废旧物资维修项目；投资800万元的宝泉岭农垦瑞邦变压器厂加工项目。

已签订入园协议项目：投资1200万元的金谷米业扩建项目；投资630万元的欣盛木材综合加工项目；投资900万元的黄汝兵塑料管材加工项目。

积极洽谈中的项目：纳兰德土特产加工项目；宝泉岭龙江源冷冻食品加工项目；宋延滨蔬菜加工项目。

【管理与服务】 创新开发区的管理体制。建立精干高效的宝泉岭开发区管理委员会。按照“精简、统一、效能”的原则和“小政府、大服务”的要求，因地制宜地进行综合设置。开发区管委会是分局的派出机构，经宝泉岭分局授权对开发区范围内的经济和行政事务实行统一领导、统一规划、统一管理。2010年，宝泉岭开发区完善管理机构，配备了6名专职人员。

建立健全开发区封闭运作体制。建立规划、人、财、物相对独立的运作体制，在宝泉岭分局审批权限内的项目由开发区行使立项权和批准权。按照“精简、统一、效能”的原则，加强宝泉岭开发区领导班子和队伍建设。对领导班子成员实行任期目标责任制，做到能上能下。对宝泉岭开发区管委会直属部门负责人及工作人员，由宝泉岭开发区管委会聘任，实行竞争上岗，岗位业绩工资制。宝泉岭开发区管委会下一步要建立健全各项规章制度和约束、激励制度，不断创新工作方式，提高工作效率。

建立健全开发区财务管理体制。建立宝泉岭开发区一级财务，今后开发区内各项行政事业性规费由区内财务部门统一征收，按规定纳入预算管理或专户管理。在继续保持宝泉岭分局对宝泉岭开发区建设投入的同时，宝泉岭开发区今后从政府分成的各项税收和新发生的土地补偿费及其他收入统一纳入宝泉岭开发区财务，用于区内项目建设和基础设施建设。

建立开发区统计信息报表制度。宝泉岭开发区有专人负责，按照规定时间，及时准确地向黑龙江省开发区办公室、宝泉岭分局经委、统计局报送经济指标统计数据、经济发展信息。

【机构设置与管委会领导】 宝泉岭开发区下设综合办公室和投资服务中心。其中投资服务中心进驻部门有：计划财务处、商务局、卫生局、建设局、工商局、国土资源局、环保局、技术监督局、公安局、水务局、供电局、城管局、交通局等13个部门。

宝泉岭开发区管委会主任为李炳祥，宝泉岭开发区管委会综合办公室科长为李涛。

（黑龙江宝泉岭经济开发区管委会）

云南楚雄经济开发区

【经济发展】 2010年，云南楚雄经济开发区（以下简称楚雄开发区）实现生产总产值23.85亿元，同比增长23.32%，其中第一产业增加值1.12亿元，同比增长3.21%；第二产业增加值16.06亿元，同比增长31.16%；第三产业增加值6.68亿元，同比增长19.11%。实现财政总收入7.67亿元，同比增长23%；完成地方财政总收入5.57亿元，同比增长21.87%，其中地方财政一般预算收入3.59亿元，同比增长21.84%。完成固定资产投资26.4亿元，同比增长27.29%。

【基础设施建设】 2010年，楚雄开发区紧紧围绕“东扩、西进、北上”的开发建设思路及“建设环境促招商、抓好招商促发展”的理念，充分利用城投公司及土地储备中心两个融资平台，以“拉开骨架、拓宽空间、配套建设、完善功能”为目标，大力实施一批市政道路建设工程，拓展了城市发展空间，城市路网、水、电、通讯等基础设施建设进一步完善。结合新建铁路线改线方案，完成楚雄开发区42平方公里的分区规划修编和41.5平方公里苍岭工业园区1∶500数字化测量及苍岭工业园概念性规划；完成东瓜片区35平方公里概念性规划和城市设计招标方案。实施观音山铁路桥——东瓜货运站道路和三家塘12米联络线，工业园区主干路延长段和水泥厂北侧18米路延长段，绿色食品园康居路、长青路等市政路网建设。完成丰盛路路段“亮化”工程，完成龙川江4号至5号桥之间河堤栏杆、绿篱隔离的加装；完成区内建成街道修补、建成道路人行道铺设；完成龙川江沿岸绿化用水节水改造、垃圾桶购买、路灯、检查井等公共设施维修等的建设。进一步完善区内交通红绿灯、标线等设施建设，完成城网改造配套电缆沟、城市供水主管网、通信、电力线路迁改等配套工程。新建垃圾中转站（含公厕）1座（万裕药厂后），新建公厕1座、进行星级公厕改造1座。2010年，全区共实施基础项目22个，完成投资9533万元。

【招商引资】 2010年，楚雄开发区不断加强招商引资的环境平台、政策平台和服务平台建设，建立健全招商引资协调服务机制，实行招商引资现场办公会议、协调联席会议、责任追究、收费控制、表彰、投诉等制度；认真落实招商引资各项优惠政策，完善招商项目服务跟踪制度，对拟投资或计划增资的大项目，做到每个项目都有专人跟踪服务，实施对招商引资项目的全程化服务；进一步拓宽招商渠道，创新招商方式，围绕天然药业、冶金建材化工业、机电制造加工业、绿色食品业和商贸旅游服务业五大产业，积极依托外来投资企业开展二次招商、感情招商、以商招商、园区招商、会展招商、网络招商，成功引进国资水泥、云南铜业、盘龙云海等一批国内大中型企业，稳步推进云南白药集团健康产品产业化、太阳历文化园二期提升改造等一批大项目、好项目，圆满完成招商引资的各项目标任务。全年共实施招商引资项目19个，其中：续建项目7个、新建项目12个、省外投资项目11个、工业生产性项目11个，完成招商引资州外到位资金15.61亿元，位居全州第一名，同比增长44.65%，超额完成楚雄州人民政府下达12亿元任务数的30.06%，其中省外到位资金7.6亿元，完成楚雄州人民政府下达任务数6.3亿元的120.5%；工业生产性项目到位资金7.84亿元，完成州政府下达任务数7.8亿元的

100.5%；外资到位资金147.43万美元。新签约招商引资项目12个，分别是：楚雄经济开发区工业园区标准厂房建设项目，新型建材项目，楚雄经济开发区庄甸医药园区标准厂房建设项目，云南邦桥节能科技有限公司LED医用照明系统建设项目，楚雄天泰农业开发有限公司年产2000吨魔芋精粉深加工项目，云南草本堂药业有限公司接管经营万裕药业有限公司生产线项目，云南本草精素生物科技有限公司入驻庄甸医药园区标准厂房项目，云南保元堂药业有限公司异地搬迁技改扩建入驻园区标准厂房项目，云南佑生药业有限公司技改扩建入驻楚雄医药园区标准厂房项目，楚雄汇东实业有限责任公司乳制品生产加工厂搬迁技改扩建项目，楚雄云星铜材有限公司搬迁扩建铜型材及铜合金产品项目，楚雄经济开发区与楚雄云农生物科技有限公司天然药业项目。

【产业发展】 2010年，楚雄开发区以产业园区建设为平台，以招商引资为抓手，以重点项目建设为支撑，全力推进天然药业、冶金建材化工业、机电制造加工业、绿色食品业和商贸旅游服务业的发展，取得较大成效。2010年，五大产业实现产值52.18亿元，同比增长35.42%，实现增加值13.53亿元，同比增长31.89%，增加值占当期生产总值的56.74%。其中，天然药业产值5.03亿元，同比增长19.18%；冶金建材化工业产值32.83亿元，同比增长40.59%；机电制造加工业产值10.13亿元，同比增长28.30%；绿色食品加工业产值1.37亿元，同比增长43.9%；商贸旅游服务业产值2.92亿元，同比增长21.39%。

【项目建设】 2010年，楚雄开发区牢固树立项目第一的理念，把推进产业的发展落实到抓具体项目之中，强化项目建设工作责任制，完善一个项目、一套班子、一套责任目标的协调服务工作机制，狠抓项目的管理服务和跟踪问效，努力提高各类新建、技改、扩建产业项目的开工率、完成率和达产率，极大地促进了重点项目的顺利建设，进一步增强了楚雄开发区的发展后劲。（1）中国彝族文化大观园彝人古镇四至八期项目。项目占地面积约1500亩，由楚雄汇通房地产开发公司投资建设，总投资25亿元。（2）中国彝族文化大观园彝人民居商贸城项目。项目由彝人外滩—商业步行街、阳光水城商业住宅小区、枫华盛景商住小区、源泰天籁花语商住小区、金沙泊岸商住小区等子项目组成。（3）楚雄金时代华庭住宅区项目。项目占地面积约224亩，建设高档住宅小区，投资1.2亿元。（4）盘龙云海国际商贸城、国际公寓建设项目。项目占地面积76.426亩，主要建设药品、医疗器械、中药材展示及物流、仓储区和部分配套住宅，总投资1.3亿元。（5）永盛花园居住小区三期项目。项目占地面积603.3亩，投资8亿元。（6）滇中楚雄汽车城项目。集驾驶员停车、住宿、物流信息配载、汽车交易、汽车修理、汽车美容、货运仓储为一体的综合性项目。项目已于2010年12月全部完成，总投资1.46亿元。（7）云南云开电气股份有限公司（云南开关厂）中低压成套开关技改项目。项目总投资4960万元。（8）楚雄仁恒化肥20万吨/年生产线搬迁技改扩建项目。项目计划建成10万吨/年喷浆转鼓造粒生产线和10万吨/年压密法与喷浆转鼓造粒工艺混合生产线。年产10万吨复合肥生产线已建成投产，10万吨/年压密法与喷浆转鼓造粒工艺混合生产线试车生产结束。（9）云南幸福农业蚕豆产业综合开发及出口加工基地建设项目。项目占地面积35.91亩，总投资4500万元。（10）云南依玛同佳食品有限公司二期项目。项目占地面积10亩，总投资800万元。（11）楚雄云泉酱园有限责任公司4250吨/年出口调味品技改搬迁扩建项目。项目占地面积25亩，总投资3388.07万元。（12）云南新世纪中药饮片有限公司新建GMP生产项目。项目占地面积66亩，总投资4980万元。项目已通过GMP认证。（13）云南楚雄天利药业有限公司二期项目。项目占地面积15亩，总投资2000万元。（14）云南广泰生物科技开发有限公司年产

3.2 亿粒沙棘红花软胶囊产业化建设项目。项目占地面积 20 亩，总投资 3900 万元。(15) 楚雄昆钢奕标新型建材有限公司年产 90 万吨水泥粉磨站建设项目。项目占地面积 85 亩，总投资 9465.27 万元。(16) 楚雄鑫华化工有限公司年产 30 万吨过磷酸钙异地搬迁建设项目。项目占地面积 30 亩，总投资 4696.56 万元。(17) 云南楚雄东宝生物资源开发有限公司核桃系列产品深加工项目。项目占地面积 23 亩，总投资 3950 万元。(18) 太阳历文化园二次提升改造项目。项目主要建设高尔夫练习场、民族文化板块及五星级酒店，总投资 5000 万元以上。(19) 楚雄开发区管委会自建标准化厂房项目。项目位于楚雄工业园区医药产业片区，占地面积 120.34 亩，建设 4.53 万平方米标准化厂房，总投资 4400 万元。(20) 昆明市宇斯药业有限责任公司年产 8400 万瓶（袋）大输液生产线建设项目。项目占地面积 80 亩，总投资 8000 万元。

【社会事业】 2010 年，楚雄开发区坚持以科学发展观为指导，大力实施“科教兴区”发展战略，科技、教育、文化、医疗、卫生、计划生育等各项社会事业不断向前推进。

教育。加强名优学校建设，区内学校办学条件显著改善，教学质量稳步提升，办学效益得到增强，教师队伍素质全面提高，2010 年，天人中学高考应届生综合上线率达到 99.5%；全力保障义务教育经费落实到位，积极实施贫困家庭学生救助，全年共拨付义务教育保障经费 1677 万元，划拨贫困生救助专项经费 10 万元；认真履行“两基”包保责任，分解责任、细化任务，确保包保工作落到实处，“两基”工作得到进一步加强。

精神文明建设。依托市民广场、活力广场、“三老”电影广场等平台，认真组织开展一系列寓教于乐的广场文化活动，极大地丰富了人民群众的业余文化生活，精神文明建设进一步加强。

劳动就业。深入实施劳动就业再就业工程，为下岗失业人员、大中专毕业生及复转退役军人提供优质的就业服务，全年完成招用下岗失业人员 28 人，完成劳务派遣 51 人。

社会保障。加大宣传，扩大服务，覆盖全区的劳动和社会保障网络初步建立，全年共有 312 家单位 18900 人（次）参加了五项社会保险；不断扩大新型农村合作医疗和农村养老保险试点覆盖面，农村养老保险累计参保 9802 人，参合率达 100%。

【机构设置与开发区领导】 楚雄开发区管委会下设 7 个正科级局室（党政办公室、财政局、招商局、经贸局、规划建设局、综合行政执法局、社会事业发展局），2 个州级部门派出机构（州地税局开发区分局、州工商局开发区分局），2 个市级部门派出机构（市公安局开发区派出所、市国土局开发区分局），1 个全职能局（开发区国税局），共 12 个行政部门。

楚雄开发区管理委员会主任为袁鹏，楚雄开发区党委书记、管理委员会副主任为马军，楚雄经济开发区党委副书记、纪委书记为周明，楚雄开发区管理委员会副主任为王浩忠、孙春荣、荆庆华、杨晋。

（云南楚雄经济开发区管委会）

统计资料篇

2010年国家级经济技术开发区主要经济指标

经济指标	全国		90个经济技术开发区			47个东部经济技术开发区		
	2010年	同比	2010年	2009年	同比	2010年	2009年	同比
地区生产总值（亿元）	397983.00	10.30%	26849.13	21364.43	25.67%	19137.54	15304.12	25.05%
其中：工业增加值（亿元）			18660.50	15185.21	22.89%	12937.50	10716.19	20.73%
其中：第三产业增加值（亿元）			6404.93	5087.53	25.89%	4958.64	3940.88	25.83%
工业总产值（亿元）	707772.00	30.40%	77541.52	61660.16	25.76%	57880.25	46413.89	24.70%
财政收入（亿元）	83080.00	21.30%	5627.07	4089.93	37.58%	4250.14	3182.46	33.55%
其中：地方一般预算收入（亿元）			1961.77	1654.67	18.56%	1441.01	1253.77	14.93%
税收收入（亿元）	77390.00	22.64%	4650.30	3594.55	29.37%	3636.35	2793.82	30.16%
其中：外商投资企业（亿元）			2636.96	2120.15	24.38%	2254.91	1816.17	24.16%
出口总额（亿美元）	1541.49	17.90%	2536.32	1979.96	28.10%	2348.79	1853.49	26.72%
其中：高新技术产品出口额（亿美元）			1643.76	1356.25	21.20%	1557.17	1283.36	21.34%
进口总额（亿美元）	1410.70	25.60%	2430.12	1765.40	37.65%	2228.80	1634.11	36.39%
其中：高新技术产品进口额（亿美元）			1272.14	890.38	42.88%	1186.06	850.95	39.38%
实际利用外资金额（亿美元）	1057.35	17.44%	305.85	255.76	19.59%	242.92	201.60	20.50%
历年累计合同利用外资金额（亿美元）			3913.18	3386.21	15.56%	3264.24	2934.65	11.23%
历年累计实际利用外资金额（亿美元）			2371.95	1993.49	18.98%	1917.81	1672.91	14.64%
本年完成固定资产投资（亿元）			12870.40	10222.69	25.90%	8085.80	6641.66	21.74%
新批准设立企业数（家）			40794	32344	26.13%	28133	20686	36.00%
其中：外商投资企业数（家）			2205	2075	6.27%	1923	1809	6.30%
历年累计已开发土地面积（平方公里）			2392.94	2111.34	13.34%	1679.91	1502.29	11.82%
年末全区从业人员（万人）			898.23	818.48	9.74%	612.38	557.30	9.88%

经济指标	全国		21个中部经济技术开发区			22个西部经济技术开发区		
	2010年	同比	2010年	2009年	同比	2010年	2009年	同比
地区生产总值（亿元）	397983.00	10.30%	4756.39	3664.80	29.79%	2955.21	2395.51	23.36%
其中：工业增加值（亿元）			3635.31	2853.67	27.39%	2087.70	1615.34	29.24%
其中：第三产业增加值（亿元）			835.51	585.58	42.68%	610.78	561.07	8.86%
工业总产值（亿元）	707772.00	30.40%	12962.96	10087.21	28.51%	6698.30	5159.06	29.84%
财政收入（亿元）	83080.00	21.30%	767.94	523.74	46.63%	608.98	383.73	58.70%
其中：地方一般预算收入（亿元）			298.59	223.18	33.79%	222.17	177.72	25.01%
税收收入（亿元）	77390.00	22.64%	655.22	490.68	33.53%	358.73	310.06	15.70%
其中：外商投资企业（亿元）			325.58	213.16	52.74%	56.47	90.81	-37.82%
出口总额（亿美元）	1541.49	17.90%	107.30	69.22	55.02%	80.24	57.25	40.15%
其中：高新技术产品出口额（亿美元）			74.74	34.36	117.53%	11.85	38.53	-69.25%
进口总额（亿美元）	1410.70	25.60%	120.00	73.82	62.57%	81.31	57.47	41.49%
其中：高新技术产品进口额（亿美元）			70.66	31.81	122.14%	15.42	7.62	102.33%
实际利用外资金额（亿美元）	1057.35	17.44%	46.80	35.15	33.17%	16.13	19.02	-15.17%
历年累计合同利用外资金额（亿美元）			373.88	302.13	23.75%	275.06	149.43	84.08%
历年累计实际利用外资金额（亿美元）			350.44	232.97	50.42%	103.71	87.61	18.37%
本年完成固定资产投资（亿元）			2732.40	1924.79	41.96%	2052.20	1656.24	23.91%
新批准设立企业数（家）			5349	4617	15.85%	7312	7041	3.85%
其中：外商投资企业数（家）			205	158	29.75%	77	108	-28.70%
历年累计已开发土地面积（平方公里）			396.57	319.79	24.01%	316.46	289.26	9.40%
年末全区从业人员（万人）			164.36	148.38	10.77%	121.49	112.79	7.71%

2010年90个国家级经济技术开发区税收收入情况

2010年47个东部国家级经济技术开发区税收收入情况

单位：亿元

序号	开发区名称	2010年	2009年	同比
1	大连经济技术开发区	157.75	132.65	18.92%
2	秦皇岛经济技术开发区	23.92	19.02	25.77%
3	天津经济技术开发区	274.62	224.12	22.53%
4	烟台经济技术开发区	103.19	80.56	28.09%
5	青岛经济技术开发区	196.52	156.08	25.91%
6	连云港经济技术开发区	36.50	29.03	25.75%
7	南通经济技术开发区	41.79	32.88	27.09%
8	宁波经济技术开发区	72.82	59.21	22.99%
9	福州经济技术开发区	31.30	26.01	20.36%
10	广州经济技术开发区	316.26	267.65	18.16%
11	湛江经济技术开发区	64.56	11.57	458.01%
12	闵行经济技术开发区	36.88	38.26	-3.62%
13	虹桥经济技术开发区	9.00	5.09	76.88%
14	漕河泾新兴技术开发区	67.32	60.83	10.66%
15	温州经济技术开发区	17.34	10.53	64.69%
16	萧山经济技术开发区	35.61	30.13	18.19%
17	营口经济技术开发区	34.90	28.79	21.24%
18	威海经济技术开发区	20.63	17.39	18.64%
19	福清融侨经济技术开发区	12.59	11.46	9.81%
20	广州南沙经济技术开发区	215.21	133.71	60.96%
21	惠州大亚湾经济技术开发区	136.67	97.76	39.81%
22	昆山经济技术开发区	121.91	104.78	16.35%
23	东山经济技术开发区	3.94	1.44	174.19%
24	沈阳经济技术开发区	117.52	68.70	71.06%
25	杭州经济技术开发区	80.21	69.08	16.10%
26	北京经济技术开发区	212.34	173.88	22.12%
27	南京经济技术开发区	60.50	46.59	29.87%
28	宁波大榭开发区	79.18	61.29	29.20%
29	海南洋浦经济开发区	97.52	85.04	14.68%

续表

序号	开发区名称	2010 年	2009 年	同比
30	苏州工业园区	258.41	209.89	23.12%
31	上海金桥出口加工区	252.44	164.27	53.67%
32	厦门海沧台商投资区	82.83	68.13	21.57%
33	扬州经济技术开发区	52.68	39.59	33.06%
34	廊坊经济技术开发区	35.64	27.06	31.70%
35	嘉兴经济技术开发区	21.66	18.44	17.43%
36	徐州经济技术开发区	43.05	24.01	79.30%
37	东营经济技术开发区	12.97	7.57	71.47%
38	湖州经济技术开发区	21.11	17.64	19.72%
39	增城经济技术开发区	42.51	28.28	50.34%
40	镇江经济技术开发区	33.94	24.77	37.00%
41	锦州经济技术开发区	8.90	6.56	35.71%
42	漳州招商局经济技术开发区	7.83	6.28	24.66%
43	绍兴袍江经济技术开发区	14.35	14.03	2.30%
44	日照经济技术开发区	24.65	20.50	20.25%
45	潍坊滨海经济技术开发区	18.85	13.49	39.80%
46	大连长兴岛经济技术开发区	14.94	9.77	52.90%
47	泉州经济技术开发区	11.07	10.04	10.26%
	合　　计	3636.35	2793.82	30.16%

2010 年 21 个中部国家级经济技术开发区税收收入情况

单位：亿元

序号	开发区名称	2010 年	2009 年	同比
1	哈尔滨经济技术开发区	71.71	43.40	65.23%
2	长春经济技术开发区	63.37	46.57	36.08%
3	武汉经济技术开发区	158.16	100.35	57.61%
4	芜湖经济技术开发区	54.65	46.14	18.43%
5	合肥经济技术开发区	60.54	45.59	32.79%
6	郑州经济技术开发区	24.94	17.81	40.01%
7	长沙经济技术开发区	50.08	35.01	43.05%
8	南昌经济技术开发区	30.65	26.62	15.13%
9	太原经济技术开发区	10.84	7.66	41.57%
10	常德经济技术开发区	4.66	3.53	32.08%
11	吉林经济技术开发区	7.31	6.66	9.79%
12	海林经济技术开发区	6.05	5.05	19.80%
13	宾西经济技术开发区	5.98	4.10	45.80%
14	岳阳经济技术开发区	9.64	9.67	-0.26%
15	九江经济技术开发区	22.18	18.28	21.32%

续表

序号	开发区名称	2010 年	2009 年	同比
16	安庆经济技术开发区	9.64	7.35	31.08%
17	马鞍山经济技术开发区	12.05	7.89	52.86%
18	黄石经济技术开发区	10.67	8.72	22.24%
19	赣州经济技术开发区	22.85	21.70	5.30%
20	井冈山经济技术开发区	8.50	6.12	38.92%
21	襄樊经济技术开发区	10.76	22.47	-52.10%
	合　计	655.22	490.68	33.53%

2010 年 22 个西部国家级经济技术开发区税收收入情况

单位：亿元

序号	开发区名称	2010 年	2009 年	同比
1	重庆经济技术开发区	27.95	76.91	-63.65%
2	乌鲁木齐经济技术开发区	29.91	19.00	57.45%
3	西安经济技术开发区	39.17	29.37	33.37%
4	成都经济技术开发区	60.20	42.50	41.66%
5	昆明经济技术开发区	20.34	13.36	52.23%
6	贵阳经济技术开发区	10.49	8.74	19.95%
7	石河子经济技术开发区	11.95	8.88	34.57%
8	西宁经济技术开发区	12.74	10.81	17.88%
9	呼和浩特经济技术开发区	15.12	13.01	16.18%
10	南宁经济技术开发区	8.64	6.66	29.83%
11	银川经济技术开发区	14.37	9.36	53.45%
12	兰州经济技术开发区	10.79	7.85	37.44%
13	拉萨经济技术开发区	9.63	3.32	190.14%
14	陕西航空经济技术开发区	7.93	6.10	30.00%
15	金昌经济技术开发区	21.90	12.16	80.04%
16	天水经济技术开发区	9.00	8.45	6.53%
17	曲靖经济技术开发区	12.93	11.59	11.56%
18	广安经济技术开发区	7.80	6.50	19.99%
19	遵义经济技术开发区	4.60	3.51	31.12%
20	德阳经济技术开发区	15.50	7.52	106.03%
21	万州经济技术开发区	4.16	3.16	31.79%
22	陕西航天经济技术开发区	3.60	1.29	178.83%
	合　计	358.73	310.06	15.70%

2010 年 90 个国家级经济技术开发区实际利用外资金额情况

2010 年 47 个东部国家级经济技术开发区实际利用外资金额情况

单位：亿美元

序号	开发区名称	2010 年	2009 年	同比
1	大连经济技术开发区	31.66	20.04	58.00%
2	秦皇岛经济技术开发区	1.47	0.68	114.71%
3	天津经济技术开发区	36.60	30.20	21.20%
4	烟台经济技术开发区	4.63	3.71	24.79%
5	青岛经济技术开发区	12.80	12.07	6.08%
6	连云港经济技术开发区	3.40	3.33	2.33%
7	南通经济技术开发区	4.86	4.39	10.74%
8	宁波经济技术开发区	6.49	5.71	13.65%
9	福州经济技术开发区	2.55	1.57	62.61%
10	广州经济技术开发区	12.26	11.65	5.23%
11	湛江经济技术开发区	0.12	0.10	15.31%
12	闵行经济技术开发区	0.81	0.50	61.00%
13	虹桥经济技术开发区	0.78	2.62	-70.40%
14	漕河泾新兴技术开发区	1.52	1.55	-1.87%
15	温州经济技术开发区	0.26	0.19	37.35%
16	萧山经济技术开发区	3.01	3.00	0.26%
17	营口经济技术开发区	2.74	2.01	36.08%
18	威海经济技术开发区	1.01	0.99	1.82%
19	福清融侨经济技术开发区	0.92	1.04	-11.76%
20	广州南沙经济技术开发区	6.28	6.22	1.00%
21	惠州大亚湾经济技术开发区	2.74	2.66	3.01%
22	昆山经济技术开发区	8.73	7.90	10.50%
23	东山经济技术开发区	0.23	0.03	718.34%
24	沈阳经济技术开发区	9.24	9.08	1.73%
25	杭州经济技术开发区	6.08	5.90	3.04%
26	北京经济技术开发区	3.18	0.69	363.20%
27	南京经济技术开发区	2.83	2.58	9.63%
28	宁波大榭开发区	0.70	0.51	38.81%
29	海南洋浦经济开发区	1.03	0.08	1136.19%

续表

序号	开发区名称	2010年	2009年	同比
30	苏州工业园区	18.50	18.05	2.51%
31	上海金桥出口加工区	3.18	1.57	101.77%
32	厦门海沧台商投资区	3.27	3.32	-1.49%
33	扬州经济技术开发区	7.20	6.02	19.65%
34	廊坊经济技术开发区	2.12	1.20	75.98%
35	嘉兴经济技术开发区	1.52	1.21	25.49%
36	徐州经济技术开发区	5.52	4.07	35.54%
37	东营经济技术开发区	1.04	0.42	147.34%
38	湖州经济技术开发区	1.48	1.48	0.35%
39	增城经济技术开发区	0.03	0.10	-74.42%
40	镇江经济技术开发区	8.70	6.87	26.64%
41	锦州经济技术开发区	1.83	1.70	7.85%
42	漳州招商局经济技术开发区	0.18	0.10	73.51%
43	绍兴袍江经济技术开发区	1.14	1.01	13.14%
44	日照经济技术开发区	1.57	2.00	-21.58%
45	潍坊滨海经济技术开发区	0.42	0.47	-9.65%
46	大连长兴岛经济技术开发区	15.27	10.00	52.70%
47	泉州经济技术开发区	1.03	1.00	2.79%
	合　计	242.92	201.60	20.50%

2010年21个中部国家级经济技术开发区实际利用外资金额情况 单位：亿美元

序号	开发区名称	2010年	2009年	同比
1	哈尔滨经济技术开发区	7.67	1.48	419.81%
2	长春经济技术开发区	9.09	8.27	9.88%
3	武汉经济技术开发区	1.75	1.25	39.65%
4	芜湖经济技术开发区	1.67	1.38	20.67%
5	合肥经济技术开发区	3.56	3.36	5.99%
6	郑州经济技术开发区	2.83	2.38	18.66%
7	长沙经济技术开发区	1.92	1.75	9.51%
8	南昌经济技术开发区	3.00	2.75	9.04%
9	太原经济技术开发区	3.14	1.46	115.05%
10	常德经济技术开发区	0.40	0.38	5.83%
11	吉林经济技术开发区	0.49	0.42	16.69%
12	海林经济技术开发区	0.31	0.27	15.03%
13	宾西经济技术开发区	0.56	0.50	12.00%
14	岳阳经济技术开发区	0.26	0.21	24.42%
15	九江经济技术开发区	1.21	1.10	9.21%

续表

序号	开发区名称	2010 年	2009 年	同比
16	安庆经济技术开发区	0.70	0.60	16.86%
17	马鞍山经济技术开发区	3.45	2.71	27.49%
18	黄石经济技术开发区	1.22	1.21	1.23%
19	赣州经济技术开发区	1.69	1.54	10.01%
20	井冈山经济技术开发区	1.46	1.12	30.17%
21	襄樊经济技术开发区	0.42	1.00	-57.70%
	合　计	46.80	35.15	33.17%

2010 年 22 个西部国家级经济技术开发区实际利用外资金额情况　单位：亿美元

序号	开发区名称	2010 年	2009 年	同比
1	重庆经济技术开发区	0.18	4.00	-95.41%
2	乌鲁木齐经济技术开发区	0.99	0.73	35.10%
3	西安经济技术开发区	4.26	3.37	26.58%
4	成都经济技术开发区	3.10	2.51	23.72%
5	昆明经济技术开发区	1.88	1.29	45.46%
6	贵阳经济技术开发区	0.18	0.26	-31.17%
7	石河子经济技术开发区	0.03	0.04	-18.26%
8	西宁经济技术开发区	0.60	0.54	11.38%
9	呼和浩特经济技术开发区	1.67	1.78	-6.35%
10	南宁经济技术开发区	0.31	0.28	8.92%
11	银川经济技术开发区	0.24	0.51	-52.92%
12	兰州经济技术开发区	—	0.30	—
13	拉萨经济技术开发区	—	0.18	—
14	陕西航空经济技术开发区	0.13	0.10	29.23%
15	金昌经济技术开发区	—	—	—
16	天水经济技术开发区	1.00	1.80	-44.44%
17	曲靖经济技术开发区	0.05	0.02	150.00%
18	广安经济技术开发区	0.62	0.58	6.53%
19	遵义经济技术开发区	0.01	0.05	-85.20%
20	德阳经济技术开发区	0.33	0.27	22.47%
21	万州经济技术开发区	0.29	0.40	-27.06%
22	陕西航天经济技术开发区	0.26	—	—
	合　计	16.13	19.02	-15.17%

2010年90个国家级经济技术开发区出口总额情况

2010年47个东部国家级经济技术开发区出口总额情况

单位：亿美元

序号	开发区名称	2010年	2009年	同比
1	大连经济技术开发区	72.92	58.61	24.43%
2	秦皇岛经济技术开发区	10.01	8.12	23.23%
3	天津经济技术开发区	165.53	133.41	24.08%
4	烟台经济技术开发区	166.34	140.03	18.79%
5	青岛经济技术开发区	75.48	70.68	6.80%
6	连云港经济技术开发区	9.95	7.31	36.16%
7	南通经济技术开发区	19.13	14.04	36.20%
8	宁波经济技术开发区	60.22	46.76	28.78%
9	福州经济技术开发区	22.31	16.66	33.91%
10	广州经济技术开发区	136.77	102.32	33.67%
11	湛江经济技术开发区	5.46	4.56	19.79%
12	闵行经济技术开发区	17.02	11.27	50.96%
13	虹桥经济技术开发区	0.69	0.43	59.34%
14	漕河泾新兴技术开发区	127.33	136.96	-7.03%
15	温州经济技术开发区	11.35	7.74	46.62%
16	萧山经济技术开发区	17.09	15.58	9.71%
17	营口经济技术开发区	11.00	4.30	155.81%
18	威海经济技术开发区	19.14	14.76	29.65%
19	福清融侨经济技术开发区	62.15	51.73	20.15%
20	广州南沙经济技术开发区	35.46	24.81	42.93%
21	惠州大亚湾经济技术开发区	18.42	13.53	36.15%
22	昆山经济技术开发区	464.88	365.33	27.25%
23	东山经济技术开发区	4.70	2.23	110.41%
24	沈阳经济技术开发区	15.98	15.67	1.98%
25	杭州经济技术开发区	47.79	35.35	35.21%
26	北京经济技术开发区	130.31	117.46	10.93%
27	南京经济技术开发区	59.50	45.90	29.62%
28	宁波大榭开发区	4.20	4.17	0.61%
29	海南洋浦经济开发区	6.80	5.90	15.25%

续表

序号	开发区名称	2010 年	2009 年	同比
30	苏州工业园区	343.25	241.61	42.07%
31	上海金桥出口加工区	45.20	38.61	17.07%
32	厦门海沧台商投资区	37.66	20.55	83.26%
33	扬州经济技术开发区	23.28	14.07	65.44%
34	廊坊经济技术开发区	14.01	4.77	193.82%
35	嘉兴经济技术开发区	11.16	9.62	16.01%
36	徐州经济技术开发区	13.50	7.89	71.05%
37	东营经济技术开发区	1.85	1.47	25.46%
38	湖州经济技术开发区	6.69	4.88	37.15%
39	增城经济技术开发区	3.16	1.49	112.69%
40	镇江经济技术开发区	10.95	9.26	18.21%
41	锦州经济技术开发区	1.63	0.48	238.63%
42	漳州招商局经济技术开发区	2.66	1.44	85.10%
43	绍兴袍江经济技术开发区	19.28	11.95	61.29%
44	日照经济技术开发区	4.15	2.51	65.23%
45	潍坊滨海经济技术开发区	2.99	2.31	29.56%
46	大连长兴岛经济技术开发区	5.00	1.40	257.14%
47	泉州经济技术开发区	4.44	3.55	25.02%
	合　　计	2348.79	1853.49	26.72%

2010 年 21 个中部国家级经济技术开发区出口总额情况

单位：亿美元

序号	开发区名称	2010 年	2009 年	同比
1	哈尔滨经济技术开发区	12.99	5.12	153.87%
2	长春经济技术开发区	13.80	3.53	291.10%
3	武汉经济技术开发区	13.07	10.31	26.78%
4	芜湖经济技术开发区	10.58	5.12	106.57%
5	合肥经济技术开发区	11.38	7.14	59.44%
6	郑州经济技术开发区	3.06	1.85	65.07%
7	长沙经济技术开发区	8.66	6.78	27.78%
8	南昌经济技术开发区	3.80	3.68	3.13%
9	太原经济技术开发区	5.90	5.13	15.02%
10	常德经济技术开发区	0.35	0.16	121.97%
11	吉林经济技术开发区	0.63	0.90	-30.21%
12	海林经济技术开发区	2.61	2.53	3.26%
13	宾西经济技术开发区	2.20	1.75	26.00%
14	岳阳经济技术开发区	0.52	0.40	31.32%
15	九江经济技术开发区	3.41	2.87	18.96%

续表

序号	开发区名称	2010年	2009年	同比
16	安庆经济技术开发区	1.46	0.81	79.53%
17	马鞍山经济技术开发区	0.74	1.09	-32.59%
18	黄石经济技术开发区	3.70	3.22	14.71%
19	赣州经济技术开发区	3.53	3.01	17.15%
20	井冈山经济技术开发区	3.62	2.99	21.25%
21	襄樊经济技术开发区	1.30	0.84	55.12%
	合　计	107.30	69.22	55.02%

2010年22个西部国家级经济技术开发区出口总额情况　　单位：亿美元

序号	开发区名称	2010年	2009年	同比
1	重庆经济技术开发区	1.61	4.16	-61.39%
2	乌鲁木齐经济技术开发区	31.44	23.51	33.72%
3	西安经济技术开发区	10.01	8.34	20.05%
4	成都经济技术开发区	3.31	2.23	48.14%
5	昆明经济技术开发区	6.12	3.38	81.30%
6	贵阳经济技术开发区	0.57	0.62	-9.00%
7	石河子经济技术开发区	3.00	0.94	218.85%
8	西宁经济技术开发区	2.08	2.31	-10.14%
9	呼和浩特经济技术开发区	1.02	0.60	70.34%
10	南宁经济技术开发区	1.31	0.59	122.44%
11	银川经济技术开发区	2.11	1.74	21.78%
12	兰州经济技术开发区	0.12	0.14	-11.81%
13	拉萨经济技术开发区	—	—	—
14	陕西航空经济技术开发区	6.53	3.27	99.76%
15	金昌经济技术开发区	2.11	0.94	125.31%
16	天水经济技术开发区	1.15	0.30	281.97%
17	曲靖经济技术开发区	0.77	0.06	1180.67%
18	广安经济技术开发区	1.66	1.21	37.63%
19	遵义经济技术开发区	0.37	0.37	1.17%
20	德阳经济技术开发区	1.67	0.58	185.61%
21	万州经济技术开发区	0.28	0.29	-3.51%
22	陕西航天经济技术开发区	3.00	1.68	78.88%
	合　计	80.24	57.25	40.15%

2010 年 90 个国家级经济技术开发区进口总额情况

2010 年 47 个东部国家级经济技术开发区进口总额情况

单位：亿美元

序号	开发区名称	2010 年	2009 年	同比
1	大连经济技术开发区	106.32	83.49	27.34%
2	秦皇岛经济技术开发区	13.82	14.99	-7.77%
3	天津经济技术开发区	174.22	135.14	28.92%
4	烟台经济技术开发区	127.39	108.36	17.56%
5	青岛经济技术开发区	72.52	54.45	33.20%
6	连云港经济技术开发区	16.81	15.38	9.35%
7	南通经济技术开发区	16.32	14.79	10.32%
8	宁波经济技术开发区	65.80	52.95	24.26%
9	福州经济技术开发区	17.00	14.47	17.55%
10	广州经济技术开发区	194.97	119.39	63.31%
11	湛江经济技术开发区	2.16	1.33	62.53%
12	闵行经济技术开发区	15.30	10.37	47.45%
13	虹桥经济技术开发区	2.25	1.09	105.99%
14	漕河泾新兴技术开发区	52.92	39.90	32.63%
15	温州经济技术开发区	1.71	1.69	1.46%
16	萧山经济技术开发区	5.66	5.14	10.00%
17	营口经济技术开发区	4.20	3.18	32.08%
18	威海经济技术开发区	16.52	11.62	42.11%
19	福清融侨经济技术开发区	51.05	42.38	20.46%
20	广州南沙经济技术开发区	66.10	36.90	79.13%
21	惠州大亚湾经济技术开发区	13.12	11.10	18.21%
22	昆山经济技术开发区	228.47	168.14	35.88%
23	东山经济技术开发区	0.34	0.29	18.85%
24	沈阳经济技术开发区	13.02	12.04	8.21%
25	杭州经济技术开发区	32.06	22.03	45.54%
26	北京经济技术开发区	130.25	105.12	23.91%
27	南京经济技术开发区	83.87	69.25	21.12%
28	宁波大榭开发区	17.45	11.43	52.70%
29	海南洋浦经济开发区	54.90	42.40	29.48%

续表

序号	开发区名称	2010 年	2009 年	同比
30	苏州工业园区	395.20	271.21	45.71%
31	上海金桥出口加工区	69.92	50.05	39.71%
32	厦门海沧台商投资区	24.02	22.47	6.90%
33	扬州经济技术开发区	10.72	6.34	68.94%
34	廊坊经济技术开发区	12.65	5.51	129.67%
35	嘉兴经济技术开发区	6.75	4.76	41.82%
36	徐州经济技术开发区	11.96	5.79	106.66%
37	东营经济技术开发区	27.47	9.57	186.96%
38	湖州经济技术开发区	1.04	1.44	-28.09%
39	增城经济技术开发区	0.55	0.42	30.77%
40	镇江经济技术开发区	22.05	14.00	57.47%
41	锦州经济技术开发区	0.39	0.54	-27.19%
42	漳州招商局经济技术开发区	1.07	1.16	-7.16%
43	绍兴袍江经济技术开发区	8.54	5.82	46.84%
44	日照经济技术开发区	36.68	23.61	55.34%
45	潍坊滨海经济技术开发区	0.39	0.20	93.45%
46	大连长兴岛经济技术开发区	2.88	1.92	49.99%
47	泉州经济技术开发区	—	0.51	—
	合　计	2228.80	1634.11	36.39%

2010 年 21 个中部国家级经济技术开发区进口总额情况

单位：亿美元

序号	开发区名称	2010 年	2009 年	同比
1	哈尔滨经济技术开发区	19.80	12.00	65.00%
2	长春经济技术开发区	23.50	7.67	206.58%
3	武汉经济技术开发区	23.18	16.15	43.54%
4	芜湖经济技术开发区	7.56	4.60	64.18%
5	合肥经济技术开发区	14.22	7.02	102.66%
6	郑州经济技术开发区	2.23	1.79	24.88%
7	长沙经济技术开发区	10.46	5.83	79.41%
8	南昌经济技术开发区	3.53	3.33	6.00%
9	太原经济技术开发区	3.75	4.24	-11.59%
10	常德经济技术开发区	0.74	0.49	52.27%
11	吉林经济技术开发区	0.38	0.90	-58.06%
12	海林经济技术开发区	0.58	0.84	-30.00%
13	宾西经济技术开发区	0.19	0.01	1388.00%
14	岳阳经济技术开发区	1.08	1.38	-22.24%
15	九江经济技术开发区	1.05	1.11	-5.88%

续表

序号	开发区名称	2010 年	2009 年	同比
16	安庆经济技术开发区	1.14	0.62	84.86%
17	马鞍山经济技术开发区	1.14	1.00	13.86%
18	黄石经济技术开发区	1.03	1.01	2.13%
19	赣州经济技术开发区	1.89	1.79	5.37%
20	井冈山经济技术开发区	1.37	1.23	11.84%
21	襄樊经济技术开发区	1.19	0.82	44.87%
	合　计	120.00	73.82	62.57%

2010 年 22 个西部国家级经济技术开发区进口总额情况

单位：亿美元

序号	开发区名称	2010 年	2009 年	同比
1	重庆经济技术开发区	0.55	10.68	-94.86%
2	乌鲁木齐经济技术开发区	9.44	8.05	17.29%
3	西安经济技术开发区	2.69	2.18	23.79%
4	成都经济技术开发区	7.49	3.56	110.15%
5	昆明经济技术开发区	3.69	0.64	473.46%
6	贵阳经济技术开发区	0.27	0.25	7.38%
7	石河子经济技术开发区	0.45	0.16	185.22%
8	西宁经济技术开发区	0.02	0.22	-88.97%
9	呼和浩特经济技术开发区	1.78	1.11	60.79%
10	南宁经济技术开发区	0.10	0.04	185.36%
11	银川经济技术开发区	2.54	1.45	74.27%
12	兰州经济技术开发区	—	0.02	—
13	拉萨经济技术开发区	—	—	—
14	陕西航空经济技术开发区	4.58	3.30	38.79%
15	金昌经济技术开发区	38.88	21.80	78.30%
16	天水经济技术开发区	0.17	1.80	-90.76%
17	曲靖经济技术开发区	—	—	—
18	广安经济技术开发区	0.02	—	—
19	遵义经济技术开发区	0.06	0.08	-26.91%
20	德阳经济技术开发区	5.10	—	—
21	万州经济技术开发区	0.60	0.80	-25.27%
22	陕西航天经济技术开发区	2.90	1.34	116.36%
	合　计	81.31	57.47	41.49%

2010年90个国家级经济技术开发区工业总产值情况

2010年47个东部国家级经济技术开发区工业总产值情况

单位：亿元

序号	开发区名称	2010年	2009年	同比
1	大连经济技术开发区	2919.25	2331.67	25.20%
2	秦皇岛经济技术开发区	483.04	413.35	16.86%
3	天津经济技术开发区	5101.28	4202.10	21.40%
4	烟台经济技术开发区	2480.10	2230.03	11.21%
5	青岛经济技术开发区	3110.00	2430.38	27.96%
6	连云港经济技术开发区	621.21	471.30	31.81%
7	南通经济技术开发区	1150.43	951.36	20.93%
8	宁波经济技术开发区	1647.84	1236.63	33.25%
9	福州经济技术开发区	653.13	547.01	19.40%
10	广州经济技术开发区	4227.52	3437.79	22.97%
11	湛江经济技术开发区	444.61	146.06	204.40%
12	闵行经济技术开发区	400.99	364.06	10.14%
13	虹桥经济技术开发区	—	—	—
14	漕河泾新兴技术开发区	1256.20	1253.26	0.23%
15	温州经济技术开发区	416.80	339.53	22.76%
16	萧山经济技术开发区	581.12	496.27	17.10%
17	营口经济技术开发区	798.44	622.94	28.17%
18	威海经济技术开发区	390.11	334.00	16.80%
19	福清融侨经济技术开发区	661.33	533.46	23.97%
20	广州南沙经济技术开发区	1419.13	1125.18	26.12%
21	惠州大亚湾经济技术开发区	1278.32	751.33	70.14%
22	昆山经济技术开发区	4606.20	3753.44	22.72%
23	东山经济技术开发区	70.54	36.96	90.85%
24	沈阳经济技术开发区	2383.21	2074.60	14.88%
25	杭州经济技术开发区	1322.85	1078.97	22.60%
26	北京经济技术开发区	2221.74	1959.03	13.41%
27	南京经济技术开发区	1710.13	1506.08	13.55%
28	宁波大榭开发区	363.57	255.64	42.22%
29	海南洋浦经济开发区	572.77	440.29	30.09%

续表

序号	开发区名称	2010年	2009年	同比
30	苏州工业园区	3527.95	3010.12	17.20%
31	上海金桥出口加工区	2097.30	1672.91	25.37%
32	厦门海沧台商投资区	760.36	606.02	25.47%
33	扬州经济技术开发区	1371.70	965.50	42.07%
34	廊坊经济技术开发区	425.22	337.08	26.15%
35	嘉兴经济技术开发区	280.67	222.35	26.23%
36	徐州经济技术开发区	1205.52	729.13	65.34%
37	东营经济技术开发区	718.41	451.45	59.13%
38	湖州经济技术开发区	439.86	315.56	39.39%
39	增城经济技术开发区	342.19	277.63	23.25%
40	镇江经济技术开发区	1291.60	850.50	51.86%
41	锦州经济技术开发区	177.01	131.11	35.01%
42	漳州招商局经济技术开发区	109.41	68.47	59.79%
43	绍兴袍江经济技术开发区	506.84	417.17	21.49%
44	日照经济技术开发区	558.14	465.00	20.03%
45	潍坊滨海经济技术开发区	394.11	298.17	32.17%
46	大连长兴岛经济技术开发区	104.90	47.00	123.19%
47	泉州经济技术开发区	277.19	226.01	22.65%
	合　计	57880.25	46413.89	24.70%

2010年21个中部国家级经济技术开发区工业总产值情况

单位：亿元

序号	开发区名称	2010年	2009年	同比
1	哈尔滨经济技术开发区	1248.01	850.90	46.67%
2	长春经济技术开发区	1543.08	1222.99	26.17%
3	武汉经济技术开发区	1508.42	1101.93	36.89%
4	芜湖经济技术开发区	1247.01	913.33	36.53%
5	合肥经济技术开发区	1338.74	1028.66	30.14%
6	郑州经济技术开发区	316.65	160.24	97.61%
7	长沙经济技术开发区	1029.17	780.66	31.83%
8	南昌经济技术开发区	739.65	614.48	20.37%
9	太原经济技术开发区	210.40	168.12	25.15%
10	常德经济技术开发区	146.00	97.07	50.40%
11	吉林经济技术开发区	241.22	226.97	6.28%
12	海林经济技术开发区	65.61	61.90	6.00%
13	宾西经济技术开发区	114.67	88.21	30.00%
14	岳阳经济技术开发区	414.96	300.63	38.03%
15	九江经济技术开发区	465.15	408.00	14.01%

续表

序号	开发区名称	2010 年	2009 年	同比
16	安庆经济技术开发区	309.05	230.40	34.13%
17	马鞍山经济技术开发区	215.00	172.40	24.71%
18	黄石经济技术开发区	378.63	321.18	17.89%
19	赣州经济技术开发区	482.01	468.67	2.85%
20	井冈山经济技术开发区	282.16	215.02	31.22%
21	襄樊经济技术开发区	667.38	655.44	1.82%
	合　　计	12962.96	10087.21	28.51%

2010 年 22 个西部国家级经济技术开发区工业总产值情况

单位：亿元

序号	开发区名称	2010 年	2009 年	同比
1	重庆经济技术开发区	464.94	778.49	-40.28%
2	乌鲁木齐经济技术开发区	603.95	355.26	70.00%
3	西安经济技术开发区	1193.17	886.46	34.60%
4	成都经济技术开发区	594.77	381.89	55.74%
5	昆明经济技术开发区	224.83	171.57	31.04%
6	贵阳经济技术开发区	120.62	100.52	19.99%
7	石河子经济技术开发区	201.01	159.53	26.00%
8	西宁经济技术开发区	397.40	267.48	48.57%
9	呼和浩特经济技术开发区	350.56	322.11	8.83%
10	南宁经济技术开发区	232.21	163.70	41.85%
11	银川经济技术开发区	166.48	131.50	26.60%
12	兰州经济技术开发区	121.00	98.00	23.47%
13	拉萨经济技术开发区	4.02	1.00	302.00%
14	陕西航空经济技术开发区	161.27	145.72	10.67%
15	金昌经济技术开发区	408.83	354.27	15.40%
16	天水经济技术开发区	58.96	52.36	12.60%
17	曲靖经济技术开发区	200.18	166.31	20.36%
18	广安经济技术开发区	141.56	96.62	46.51%
19	遵义经济技术开发区	173.86	14.14	1129.67%
20	德阳经济技术开发区	501.10	232.04	115.96%
21	万州经济技术开发区	242.98	163.20	48.88%
22	陕西航天经济技术开发区	134.63	116.89	15.18%
	合　　计	6698.30	5159.06	29.84%

2010年90个国家级经济技术开发区工业增加值情况

2010年47个东部国家级经济技术开发区工业增加值情况

单位：亿元

序号	开发区名称	2010年	2009年	同比
1	大连经济技术开发区	740.21	606.23	22.10%
2	秦皇岛经济技术开发区	110.34	102.57	7.57%
3	天津经济技术开发区	1157.31	884.91	30.78%
4	烟台经济技术开发区	565.90	563.51	0.42%
5	青岛经济技术开发区	632.00	548.17	15.29%
6	连云港经济技术开发区	155.70	120.51	29.20%
7	南通经济技术开发区	294.23	230.77	27.50%
8	宁波经济技术开发区	294.86	238.33	23.72%
9	福州经济技术开发区	177.93	158.71	12.11%
10	广州经济技术开发区	1159.00	959.99	20.73%
11	湛江经济技术开发区	140.64	56.00	151.16%
12	闵行经济技术开发区	153.76	135.23	13.70%
13	虹桥经济技术开发区	—	—	—
14	漕河泾新兴技术开发区	361.79	350.00	3.37%
15	温州经济技术开发区	103.82	90.65	14.53%
16	萧山经济技术开发区	131.60	130.21	1.07%
17	营口经济技术开发区	231.73	176.50	31.29%
18	威海经济技术开发区	88.52	98.32	-9.97%
19	福清融侨经济技术开发区	135.72	112.03	21.15%
20	广州南沙经济技术开发区	371.23	299.00	24.15%
21	惠州大亚湾经济技术开发区	289.66	144.07	101.05%
22	昆山经济技术开发区	963.22	788.22	22.20%
23	东山经济技术开发区	20.10	9.98	101.45%
24	沈阳经济技术开发区	58.78	495.79	-88.14%
25	杭州经济技术开发区	276.82	240.05	15.32%
26	北京经济技术开发区	380.42	316.45	20.21%
27	南京经济技术开发区	298.21	236.98	25.83%
28	宁波大榭开发区	102.66	69.77	47.14%
29	海南洋浦经济开发区	124.10	61.66	101.26%

续表

序号	开发区名称	2010 年	2009 年	同比
30	苏州工业园区	870.04	677.96	28.33%
31	上海金桥出口加工区	482.38	385.44	25.15%
32	厦门海沧台商投资区	214.10	138.32	54.78%
33	扬州经济技术开发区	321.85	217.60	47.91%
34	廊坊经济技术开发区	116.45	99.53	17.00%
35	嘉兴经济技术开发区	55.32	49.55	11.64%
36	徐州经济技术开发区	320.06	123.35	159.47%
37	东营经济技术开发区	165.45	115.70	43.00%
38	湖州经济技术开发区	78.35	68.89	13.73%
39	增城经济技术开发区	91.98	73.79	24.66%
40	镇江经济技术开发区	282.70	204.20	38.44%
41	锦州经济技术开发区	39.77	27.95	42.30%
42	漳州招商局经济技术开发区	26.53	12.68	109.23%
43	绍兴袍江经济技术开发区	88.05	82.93	6.17%
44	日照经济技术开发区	144.00	120.00	20.00%
45	潍坊滨海经济技术开发区	92.21	80.87	14.03%
46	大连长兴岛经济技术开发区	28.00	12.80	118.75%
47	泉州经济技术开发区	—	—	—
	合　　计	12937.50	10716.19	20.73%

2010 年 21 个中部国家级经济技术开发区工业增加值情况

单位：亿元

序号	开发区名称	2010 年	2009 年	同比
1	哈尔滨经济技术开发区	334.81	191.02	75.27%
2	长春经济技术开发区	412.84	349.87	18.00%
3	武汉经济技术开发区	412.03	335.89	22.67%
4	芜湖经济技术开发区	300.95	227.78	32.12%
5	合肥经济技术开发区	367.08	284.94	28.83%
6	郑州经济技术开发区	86.63	45.03	92.39%
7	长沙经济技术开发区	301.58	218.10	38.28%
8	南昌经济技术开发区	225.71	188.16	19.96%
9	太原经济技术开发区	53.32	51.12	4.31%
10	常德经济技术开发区	36.27	25.04	44.81%
11	吉林经济技术开发区	58.64	42.49	38.01%
12	海林经济技术开发区	18.37	17.33	6.01%
13	宾西经济技术开发区	34.36	26.43	30.00%
14	岳阳经济技术开发区	105.19	83.51	25.97%
15	九江经济技术开发区	144.55	136.28	6.06%

续表

序号	开发区名称	2010 年	2009 年	同比
16	安庆经济技术开发区	95.29	71.54	33.19%
17	马鞍山经济技术开发区	56.00	51.90	7.91%
18	黄石经济技术开发区	148.43	118.76	24.98%
19	赣州经济技术开发区	146.06	140.60	3.88%
20	井冈山经济技术开发区	86.06	62.36	38.01%
21	襄樊经济技术开发区	211.15	185.53	13.81%
	合　计	3635.31	2853.67	27.39%

2010 年 22 个西部国家级经济技术开发区工业增加值情况

单位：亿元

序号	开发区名称	2010 年	2009 年	同比
1	重庆经济技术开发区	116.82	164.62	-29.04%
2	乌鲁木齐经济技术开发区	232.52	120.04	93.70%
3	西安经济技术开发区	334.07	258.65	29.16%
4	成都经济技术开发区	221.20	154.80	42.89%
5	昆明经济技术开发区	66.45	47.50	39.92%
6	贵阳经济技术开发区	26.63	27.37	-2.72%
7	石河子经济技术开发区	54.34	42.11	29.04%
8	西宁经济技术开发区	145.42	106.00	37.19%
9	呼和浩特经济技术开发区	109.46	119.98	-8.77%
10	南宁经济技术开发区	63.13	55.11	14.57%
11	银川经济技术开发区	58.08	41.75	39.12%
12	兰州经济技术开发区	30.75	26.30	16.92%
13	拉萨经济技术开发区	0.45	—	—
14	陕西航空经济技术开发区	38.67	32.79	17.94%
15	金昌经济技术开发区	134.72	116.14	16.00%
16	天水经济技术开发区	20.99	17.84	17.65%
17	曲靖经济技术开发区	58.51	45.69	28.06%
18	广安经济技术开发区	48.96	37.36	31.06%
19	遵义经济技术开发区	55.26	44.36	24.59%
20	德阳经济技术开发区	160.35	71.22	125.16%
21	万州经济技术开发区	73.21	52.71	38.88%
22	陕西航天经济技术开发区	37.70	33.01	14.21%
	合　计	2087.70	1615.34	29.24%

2010年90个国家级经济技术开发区地区生产总值情况

2010年47个东部国家级经济技术开发区地区生产总值情况

单位：亿元

序号	开发区名称	2010年	2009年	同比
1	大连经济技术开发区	1200.12	1001.55	19.83%
2	秦皇岛经济技术开发区	180.29	160.98	12.00%
3	天津经济技术开发区	1545.86	1231.10	25.57%
4	烟台经济技术开发区	791.18	704.73	12.27%
5	青岛经济技术开发区	1038.00	850.00	22.12%
6	连云港经济技术开发区	200.55	158.37	26.63%
7	南通经济技术开发区	378.08	296.43	27.54%
8	宁波经济技术开发区	468.89	375.93	24.73%
9	福州经济技术开发区	259.68	227.79	14.00%
10	广州经济技术开发区	1617.83	1321.80	22.40%
11	湛江经济技术开发区	210.31	92.20	128.10%
12	闵行经济技术开发区	155.76	137.02	13.68%
13	虹桥经济技术开发区	96.13	68.01	41.34%
14	漕河泾新兴技术开发区	675.71	562.13	20.21%
15	温州经济技术开发区	150.25	131.81	13.99%
16	萧山经济技术开发区	177.64	157.37	12.89%
17	营口经济技术开发区	400.01	304.00	31.58%
18	威海经济技术开发区	149.53	159.12	-6.02%
19	福清融侨经济技术开发区	174.51	141.02	23.75%
20	广州南沙经济技术开发区	485.68	405.23	19.85%
21	惠州大亚湾经济技术开发区	343.17	202.49	69.48%
22	昆山经济技术开发区	1201.67	964.93	24.53%
23	东山经济技术开发区	38.80	17.47	122.10%
24	沈阳经济技术开发区	836.50	699.96	19.51%
25	杭州经济技术开发区	359.97	312.15	15.32%
26	北京经济技术开发区	700.14	570.69	22.68%
27	南京经济技术开发区	330.13	265.64	24.28%
28	宁波大榭开发区	145.07	130.04	11.56%
29	海南洋浦经济开发区	178.16	102.50	73.82%

续表

序号	开发区名称	2010 年	2009 年	同比
30	苏州工业园区	1380.00	1120.09	23.20%
31	上海金桥出口加工区	554.42	443.77	24.93%
32	厦门海沧台商投资区	307.43	206.73	48.71%
33	扬州经济技术开发区	401.12	311.30	28.85%
34	廊坊经济技术开发区	195.25	156.15	25.04%
35	嘉兴经济技术开发区	103.96	92.25	12.70%
36	徐州经济技术开发区	356.49	161.35	120.94%
37	东营经济技术开发区	199.15	140.13	42.12%
38	湖州经济技术开发区	118.95	105.98	12.24%
39	增城经济技术开发区	93.67	73.79	26.95%
40	镇江经济技术开发区	326.00	252.20	29.26%
41	锦州经济技术开发区	95.64	71.35	34.05%
42	漳州招商局经济技术开发区	33.23	23.93	38.84%
43	绍兴袍江经济技术开发区	134.48	114.11	17.85%
44	日照经济技术开发区	168.01	140.01	20.00%
45	潍坊滨海经济技术开发区	120.10	104.12	15.35%
46	大连长兴岛经济技术开发区	60.00	34.40	74.42%
47	泉州经济技术开发区	—	—	—
	合　计	19137.54	15304.12	25.05%

2010 年 21 个中部国家级经济技术开发区地区生产总值情况

单位：亿元

序号	开发区名称	2010 年	2009 年	同比
1	哈尔滨经济技术开发区	459.43	227.07	102.33%
2	长春经济技术开发区	603.33	502.78	20.00%
3	武汉经济技术开发区	458.25	367.94	24.54%
4	芜湖经济技术开发区	320.76	247.05	29.84%
5	合肥经济技术开发区	464.37	369.72	25.60%
6	郑州经济技术开发区	214.07	110.07	94.48%
7	长沙经济技术开发区	423.55	300.87	40.78%
8	南昌经济技术开发区	294.96	252.10	17.00%
9	太原经济技术开发区	58.89	56.79	3.69%
10	常德经济技术开发区	46.99	34.17	37.52%
11	吉林经济技术开发区	72.47	53.14	36.37%
12	海林经济技术开发区	19.98	18.22	9.65%
13	宾西经济技术开发区	45.88	35.29	30.00%
14	岳阳经济技术开发区	132.71	106.65	24.44%
15	九江经济技术开发区	199.37	176.35	13.05%

续表

序号	开发区名称	2010年	2009年	同比
16	安庆经济技术开发区	147.91	120.64	22.60%
17	马鞍山经济技术开发区	90.00	82.15	9.56%
18	黄石经济技术开发区	171.59	145.42	18.00%
19	赣州经济技术开发区	200.09	190.00	5.31%
20	井冈山经济技术开发区	98.13	72.36	35.62%
21	襄樊经济技术开发区	233.65	196.00	19.21%
	合　计	4756.39	3664.80	29.79%

2010年22个西部国家级经济技术开发区地区生产总值情况

单位：亿元

序号	开发区名称	2010年	2009年	同比
1	重庆经济技术开发区	138.57	279.22	-50.37%
2	乌鲁木齐经济技术开发区	307.01	175.21	75.22%
3	西安经济技术开发区	473.79	364.54	29.97%
4	成都经济技术开发区	368.54	268.90	37.05%
5	昆明经济技术开发区	108.55	74.21	46.27%
6	贵阳经济技术开发区	57.28	50.14	14.24%
7	石河子经济技术开发区	75.57	60.07	25.81%
8	西宁经济技术开发区	184.67	135.06	36.73%
9	呼和浩特经济技术开发区	122.01	131.14	-6.96%
10	南宁经济技术开发区	98.79	87.02	13.53%
11	银川经济技术开发区	87.03	64.74	34.43%
12	兰州经济技术开发区	70.95	59.01	20.23%
13	拉萨经济技术开发区	23.50	22.97	2.31%
14	陕西航空经济技术开发区	100.15	78.45	27.66%
15	金昌经济技术开发区	138.64	120.14	15.40%
16	天水经济技术开发区	27.80	25.06	10.94%
17	曲靖经济技术开发区	85.30	71.51	19.28%
18	广安经济技术开发区	60.27	46.60	29.35%
19	遵义经济技术开发区	116.86	95.15	22.81%
20	德阳经济技术开发区	178.35	85.32	109.04%
21	万州经济技术开发区	73.58	52.71	39.59%
22	陕西航天经济技术开发区	58.00	48.33	20.00%
	合　计	2955.21	2395.51	23.36%

2010 年 90 个国家级经济技术开发区财政收入情况

2010 年 47 个东部国家级经济技术开发区财政收入情况

单位：亿元

序号	开发区名称	2010 年	2009 年	同比
1	大连经济技术开发区	250.39	198.10	26.40%
2	秦皇岛经济技术开发区	25.38	20.38	24.54%
3	天津经济技术开发区	361.13	280.10	28.93%
4	烟台经济技术开发区	106.01	84.52	25.43%
5	青岛经济技术开发区	281.90	190.09	48.30%
6	连云港经济技术开发区	55.30	44.09	25.42%
7	南通经济技术开发区	64.28	45.59	40.99%
8	宁波经济技术开发区	127.62	89.72	42.24%
9	福州经济技术开发区	32.20	26.16	23.08%
10	广州经济技术开发区	388.56	311.41	24.78%
11	湛江经济技术开发区	39.48	14.17	178.56%
12	闵行经济技术开发区	—	—	—
13	虹桥经济技术开发区	—	—	—
14	漕河泾新兴技术开发区	—	—	—
15	温州经济技术开发区	20.63	17.83	15.70%
16	萧山经济技术开发区	35.61	30.13	18.19%
17	营口经济技术开发区	34.25	23.64	44.88%
18	威海经济技术开发区	40.44	20.64	95.96%
19	福清融侨经济技术开发区	12.79	11.82	8.25%
20	广州南沙经济技术开发区	247.18	155.45	59.01%
21	惠州大亚湾经济技术开发区	166.76	30.69	443.35%
22	昆山经济技术开发区	150.48	119.78	25.63%
23	东山经济技术开发区	4.52	1.48	204.43%
24	沈阳经济技术开发区	150.26	79.32	89.44%
25	杭州经济技术开发区	95.55	93.40	2.31%
26	北京经济技术开发区	244.01	198.69	22.81%
27	南京经济技术开发区	61.29	47.32	29.52%
28	宁波大榭开发区	79.03	59.80	32.15%
29	海南洋浦经济开发区	147.81	124.35	18.87%

续表

序号	开发区名称	2010年	2009年	同比
30	苏州工业园区	360.42	299.99	20.15%
31	上海金桥出口加工区	77.00	169.20	-54.49%
32	厦门海沧台商投资区	84.08	69.99	20.13%
33	扬州经济技术开发区	64.02	53.48	19.71%
34	廊坊经济技术开发区	35.91	27.30	31.55%
35	嘉兴经济技术开发区	41.71	21.43	94.63%
36	徐州经济技术开发区	68.61	35.37	93.97%
37	东营经济技术开发区	38.34	19.46	97.01%
38	湖州经济技术开发区	21.11	17.64	19.72%
39	增城经济技术开发区	—	—	—
40	镇江经济技术开发区	48.05	34.52	39.20%
41	锦州经济技术开发区	12.16	10.89	11.65%
42	漳州招商局经济技术开发区	7.89	6.42	22.83%
43	绍兴袍江经济技术开发区	35.12	22.54	55.80%
44	日照经济技术开发区	25.66	20.80	23.37%
45	潍坊滨海经济技术开发区	22.85	16.89	35.32%
46	大连长兴岛经济技术开发区	73.26	27.83	163.26%
47	泉州经济技术开发区	11.07	10.04	10.26%
	合　　计	4250.14	3182.46	33.55%

2010年21个中部国家级经济技术开发区财政收入情况

单位：亿元

序号	开发区名称	2010年	2009年	同比
1	哈尔滨经济技术开发区	72.57	44.20	64.18%
2	长春经济技术开发区	100.64	58.82	71.08%
3	武汉经济技术开发区	182.80	104.94	74.19%
4	芜湖经济技术开发区	64.01	55.20	15.97%
5	合肥经济技术开发区	72.52	60.14	20.57%
6	郑州经济技术开发区	23.21	22.01	5.45%
7	长沙经济技术开发区	67.18	41.25	62.88%
8	南昌经济技术开发区	34.01	29.54	15.13%
9	太原经济技术开发区	11.95	7.93	50.72%
10	常德经济技术开发区	4.80	2.39	100.58%
11	吉林经济技术开发区	9.81	—	—
12	海林经济技术开发区	6.96	6.58	5.70%
13	宾西经济技术开发区	6.50	5.13	26.76%
14	岳阳经济技术开发区	11.52	8.86	30.04%
15	九江经济技术开发区	22.41	19.20	16.71%

续表

序号	开发区名称	2010年	2009年	同比
16	安庆经济技术开发区	9.83	7.79	26.31%
17	马鞍山经济技术开发区	14.00	11.21	24.92%
18	黄石经济技术开发区	10.92	8.94	22.15%
19	赣州经济技术开发区	25.21	23.03	9.48%
20	井冈山经济技术开发区	3.11	2.12	47.04%
21	襄樊经济技术开发区	13.99	4.47	213.20%
	合　计	767.94	523.74	46.63%

2010年22个西部国家级经济技术开发区财政收入情况

单位：亿元

序号	开发区名称	2010年	2009年	同比
1	重庆经济技术开发区	32.02	94.64	-66.16%
2	乌鲁木齐经济技术开发区	39.15	25.13	55.76%
3	西安经济技术开发区	68.30	30.36	124.97%
4	成都经济技术开发区	100.68	70.23	43.36%
5	昆明经济技术开发区	38.02	14.02	171.28%
6	贵阳经济技术开发区	10.92	9.22	18.45%
7	石河子经济技术开发区	13.47	9.82	37.11%
8	西宁经济技术开发区	15.53	11.07	40.27%
9	呼和浩特经济技术开发区	16.06	14.11	13.82%
10	南宁经济技术开发区	8.82	6.91	27.54%
11	银川经济技术开发区	18.66	15.50	20.45%
12	兰州经济技术开发区	12.18	9.05	34.53%
13	拉萨经济技术开发区	3.05	1.00	205.00%
14	陕西航空经济技术开发区	9.66	9.58	0.82%
15	金昌经济技术开发区	132.22	12.59	950.00%
16	天水经济技术开发区	9.04	8.45	7.06%
17	曲靖经济技术开发区	19.76	12.13	62.88%
18	广安经济技术开发区	8.25	7.40	11.45%
19	遵义经济技术开发区	9.10	7.11	27.94%
20	德阳经济技术开发区	18.34	11.04	66.10%
21	万州经济技术开发区	5.39	4.36	23.6%
22	陕西航天经济技术开发区	20.37	0.00	100.00%
	合　计	608.98	383.73	58.70%

秦皇岛经济技术开发区
秦皇岛经济技术开发区
QINHUANGDAO ECONOMIC & TECHNOLOGICAL DEVELOPMENT ZONE
QETDZ
北京大学
北京大学（秦皇岛）科技产业园项目
签约仪式
秦皇岛出口加工区
秦皇岛出口加工区
秦皇岛开发区青馨家园社区

秦皇岛经济技术开发区
诚信赢天下

天威保变（秦皇岛）变压器有限公司车间

哈电重装秦皇岛有限公司生产车间

秦皇岛秦冶重工有限公司内景

秦皇岛天业通联重工有限公司产品

万科地产——金域华府项目在贵阳开发区正式启动

2010 年 3 月 30 日，贵阳开发区与清

AVIC
贵州云马客车制造有限公司产业园
奠基仪式
小河区人民政府主办
程系签订战略合作协议
贵阳经济技术开发区

博德润滑剂项目开业典礼现场

“双结对、好邻居”活动总结表彰暨经验交流推进会现场

“2010 公众开放日 化学致力于美好生活”活动现场

德阳经济技术开发区
德阳·保利国际城项目签约仪
国家级德阳经济技术开发区
上海汇益控制系统股份有限公司
崛起
东方汽轮机有限公司新基地

漳州招商局经济技术开发区

漳州开发区正式升级为国家级开发区

漳州开发区金海峡项目开工启动

漳州开发区新建的山地生态园一角